Michael H. Müller

Anwenderhandbuch PageMaker
Version 3.0

Michael H. Müller

Anwender-handbuch PageMaker

Version 3.0

Friedr. Vieweg & Sohn   **Braunschweig/Wiesbaden**

Der Verlag Vieweg ist ein Unternehmen der Verlagsgruppe Bertelsmann International.

Umschlaggestaltung: Ludwig Markgraf, Wiesbaden

ISBN-13: 978-3-528-04706-1   e-ISBN-13: 978-3-322-87783-3
DOI: 10.1007/978-3-322-87783-3

Vorwort

Dieses Buch vermittelt Ihnen das nötige Grundlagenwissen für die Arbeit mit PageMaker, angefangen von der Terminologie bis zu Layout- und Designüberlegungen. Vorkenntnisse sind dabei kaum erforderlich.

Nach einem kurzen Überblick über die Hardware-Voraussetzungen wird die Installation des Programmes beschrieben. Ein komplettes Tutorial führt Sie in 7 Tagen zur professionellen Beherrschung von PageMaker. Schritt für Schritt werden die wichtigsten Methoden anhand einfacher Beispiele vorgestellt. Der Referenzteil bietet Ihnen PageMaker im Überblick. Hier finden Sie alle Befehle und Dialogfelder mit Abbildungen der Reihe nach beschrieben. Die im PageMaker-Paket mitgelieferten Mustervorlagen werden anschließend besprochen, ebenso verschiedene Textverarbeitungs- und Graphikprogramme, die mit PageMaker verwendet werden können.

Die folgenden Kapitel geben Ihnen eine typographische Einführung, befassen sich mit dem nötigen typographischen Grundwortschatz und mit der praktischen Anwendung in PageMaker. Dem Ausdruck, entweder über einen hauseigenen Laserdrucker oder über eine professionelle Laserbelichtungsanlage, wird als dem eigentlichen Endziel der Arbeit der entsprechende Platz eingeräumt. Verwendung und Anschluß von PostScript- und PCL-Druckern werden ausführlich besprochen, ebenso die Anwendung des im PageMaker-Paket enthaltenen Programms Fontware, mit dem Sie ladbare Zeichensätze für PCL-Drucker selbst herstellen können.

Verfügen Sie über einen Computer mit erweitertem Arbeitsspeicher, wird Ihnen gezeigt, wie Sie die Arbeitsgeschwindigkeit von PageMaker weiter steigern können. Eine Liste möglicher Probleme und entsprechender Lösungen hilft Ihnen, Schwierigkeiten bei der praktischen Arbeit schnell zu überwinden. Ein ausführliches Sachwortverzeichnis bietet Ihnen schnellen Zugang zu allen angesprochenen Themen.

In der vorliegenden Version 3.0 bietet PageMaker mehr denn je eine ausgewogene Kombination an Bedienerfreundlichkeit und Leistung. Dieses Buch, geschrieben für Leute, die nicht zuletzt auch ansprechend publizieren wollen oder müssen, soll Ihnen dabei helfen.

Danken möchte ich an dieser Stelle allen, die auf verschiedenste Weise zu diesem Buch beigetragen haben, mit Rat und Tat und mit dem Erdulden mancher Eigenheiten meinerseits:

Den Freunden bei Aldus, Clara, Linda, Ole, Steve, Ben, Kelly, Ciro sowie Jackie, Tom, Susanne und Christine und nicht zuletzt dem Team bei Vieweg.

Seattle, August 1989   Michael H. Müller

Inhaltsverzeichnis

Stichworte: Starten. Öffnen einer bestehenden Datei. Arbeitsfenster.
Zoomen. Bewegen der Seite. Markieren. Bewegen und Verzerren von
Elementen. Standard-, Normalseiten. Seiten hinzufügen. Speichern.
PageMaker beenden.

Stichworte: Öffnen einer bestehenden Datei. PageMaker-Funktionen.
Löschen. Rückgängig. Editor. Lineale. Nullpunkt. Maßeinheit. Flächen.
Elementebenen. Speichern. PageMaker beenden.

Stichworte: Drucker festlegen. Markieren mit Editor. Schriftfestlegung.
Druckformate. Drucken.

Stichwort: Druckformate.

Stichworte: Löschen. Rückgängig machen. Ausschneiden. Einfügen.
Kopieren. Montagefläche. Schatten erzeugen. Ausblenden von
Standardelementen. Speichern unter. Text exportieren.

Stichworte: Neues Dokument anlegen. Seitenformat definieren. Drucker
festlegen. Standardseiten anlegen. Seitenzahlen. Hilfslinien. Konturenführung. Bild positionieren. Abschneidefunktion. Druckformat kopieren.
Text positionieren.

Stichworte: Nachträgliche Korrekturen. Text erneut positionieren.
Beschnittzeichen. Mehrfarbiges Dokument. Ausdruck von Farbauszügen.

1 Desktop-Publishing

Desktop-Publishing (DTP) ist eine relativ neue Sparte auf dem Software-Markt. PageMaker ist das älteste und das am weitesten verbreitete Programm dieser Art. DTP nennt man die Herstellung von Drucksachen jeder Art mit einem Personal Computer. Satz und Layout werden dabei direkt am Bildschirm gemacht. Im Gegensatz zum herkömmlichen Fotosatz steht die Integration von Text und Grafiken.

Das ist das Faszinierende an DTP: Sie können direkt am Bildschirm eine Seite nicht nur gestalten, sondern diese auch so darstellen, wie sie später ausgedruckt wird. Und diese Seite kann nicht nur Text, sondern auch Fotos, Grafiken und andere Schmuckelemente wie Raster, Kästen oder Rahmen enthalten.

Daß dabei die Grafiken und der Text dort auf dem Bildschirm zu sehen sind, wo sie später auf dem Papier erscheinen werden, ist selbstverständlich; ebenso, daß die Zeilen- und Seitenbrüche genau dem Ausdruck entsprechen. Sogar das Schriftbild am Bildschirm ist dem Ausdruck sehr ähnlich. Das Zauberwort heißt WYSIWYG. Dahinter verbirgt sich der Slogan *What you see is what you get*, was soviel heißt wie: Sie bekommen genau das, was Sie auf dem Bildschirm sehen.

1.1 PageMaker

Die weite Verbreitung von PageMaker hat einen Grund: die enorme Bedienungsfreundlichkeit. PageMaker ist einfach und intuitiv zu erfassen. Mit einem relativ billigen PC und diesem Programm kann nach ein paar Stunden Übung (nahezu) das geleistet werden, was noch vor ein, zwei Jahren nur einem Spezialisten mit einer Satzanlage möglich war, deren Kosten sechsstellige Beträge erreichten.

Bei PageMaker müssen Sie keine komplizierten und schwer erlernbaren Codes und Befehle benützen. Sie arbeiten einfach und anschaulich, indem Sie die verschiedenen Text- und Bild-Elemente direkt am Bildschirm manipulieren, so wie Sie es früher vielleicht schon am Montagetisch mit Schere und Klebstoff getan haben. Sie haben dabei jederzeit das Ergebnis Ihrer Bemühungen vor Augen.

Das Arbeitsbild von PageMaker ist einem Montagetisch nachgebildet. Sie sehen auf dem Bildschirm ein Blatt Papier, auf dem Sie Text und Bilder placieren und einfache Grafiken wie Balken, Kästen und Raster direkt herstellen können. Die

Maus ist dabei Ihre elektronische Hand: Sie können Texte wie Bilder ganz einfach mit der Maus anfassen, hin und her schieben und sogar in der Größe verändern. Was Sie auf dem Bildschirm sehen, entspricht genau dem, was nachher vom Drucker aufs Papier gebracht wird. Diese direkte Möglichkeit, das Aussehen Ihrer Druckseite zu beeinflussen, ermöglicht es Ihnen, schon nach einigen Stunden Praxis professionell aussehende Dokumente herzustellen.

Neben dieser leichten, intuitiven Erlernbarkeit ist PageMaker obendrein ein stabiles und sehr ausgereiftes Programm. Es ist seit einigen Jahren auf dem Markt und wurde laufend verbessert.

1.2 Wer braucht PageMaker?

Wenn Sie bisher Druckvorlagen manuell mittels Schreibmaschine, Schere und Klebstoff hergestellt haben, sind Sie ein potentieller PageMaker-Benutzer. Wenn Sie das bisher nicht gemacht haben, weil Ihnen die ganze Angelegenheit zu kompliziert oder zu umständlich erschien, sind Sie geradezu für die Benutzung von PageMaker prädestiniert.

Ein populäres Anwendungsgebiet sind kleine Drucksachen wie z.B. Rundbriefe oder firmeninterne Mitteilungen. Ein weiterer großer, wenn nicht gar der größte Anwendungsbereich ist bei der Dokumentation zu sehen. Firmen, die bis jetzt ihren Produkten keine oder nur eine mehr oder weniger notdürftig erstellte Beschreibung oder Gebrauchsanleitung beilegen konnten bzw. diese für teures Geld außer Haus herstellen ließen, werden über kurz oder lang auf DTP umsteigen.

Sie können mit PageMaker alles herstellen, vom Flugblatt bis zum Buch. Die vorliegende Version läßt Sie sogar Volltonfarbauszüge herstellen. In den USA werden bereits ganze Zeitschriften mit PageMaker erstellt. Auf einem Laserdrucker werden die Korrekturfahnen hergestellt, die endgültigen Druckvorlagen werden dann über einen professionellen Laserbelichter ausgegeben.

1.3 Grenzen von PageMaker

Die Möglichkeiten bei der Seitengestaltung mit PageMaker gehen durch WYSIWYG und die Möglichkeit, Text und Grafik zu verbinden, weit über das hinaus, was übliche Textverarbeitungsprogramme leisten können.

PageMaker ist jedoch kein Textverarbeitungsprogramm. Zwar können Sie damit kleine Änderungen und Korrekturen am Text durchführen und auch kürzere Textstücke wie etwa Bildunterschriften oder Kapitelüberschriften schreiben. Zum Erfassen längerer Texte ist PageMaker aber nicht besonders geeignet. Das müssen Sie nach wie vor über ein Textverarbeitungsprogramm.

PageMaker ist dazu zu langsam, und es fehlen ihm einige Notwendigkeiten eines Textverarbeitungsprogrammes.

Am schmerzlichsten vermißt man das automatische Suchen und Ersetzen eines Begriffes. PageMaker bietet zwar ein ausgezeichnetes Trennprogramm, kann aber (noch) keine orthographischen Fehler korrigieren. Und auch für die automatische Herstellung eines Index', Inhaltsverzeichnisses oder von Fußnoten muß man sich auf eine der nächsten Versionen gedulden.

Daß es auf der anderen Seite auch Leistungsunterschiede zwischen DTP und dem herkömmlichen Photosatz gibt, kann niemand bestreiten. DTP-Programme wie Pagemaker wollen die traditionellen Photosatzanlagen auch nicht ersetzen - noch nicht!

Ein Problem bildet zum einen die derzeitige Druckqualität der beim DTP üblichen Laserdrucker mit ihrer Auflösung von 300 dpi (dpi = dots per inch, das sind knapp 12 Punkte pro Millimeter), ein anderes die noch nicht vollkommene Kontrolle über den Satz. Die Ausgabequalität kann man zwar durch die Verwendung einer Linotronic verbessern. Dennoch muß Satz immer noch im herkömmlichen Stil erstellt werden, wenn höchste Qualität gefordert ist. Dasselbe gilt für die Behandlung von Bildern. Strichzeichnungen werden von PageMaker in guter Qualität verarbeitet, während die Wiedergabe von Halbtonbildern wieder stark vom Auflösevermögen des Ausgabegerätes abhängt. Die Anforderungen an Arbeitsspeicherkapazität und Rechnergeschwindigkeit sind ebenfalls hoch. Gegebenenfalls können Halbtonbilder aber auf herkömmliche Weise gerastert und in die Druckvorlage einmontiert werden.

Der Vorteil von PageMaker liegt in der Anschaulichkeit und der intuitiven Erlernbarkeit ohne die Verwendung komplizierter kodierter Befehle. Zugegeben, das WYSIWYG-Ziel ist noch nicht vollständig erreicht. Das unterschiedliche Auflösungsvermögen von Bildschirmen und Druckern ist dafür ein Grund. Selbst die Auflösung eines Laserdruckers mit nur 300 dpi ist mindestens dreimal so hoch wie die eines Bildschirms. Die Position einzelner Buchstaben innerhalb eines Wortes auf dem Bildschirm ist deshalb nicht ganz verläßlich. PageMaker kann auch aus Speicherkapazitätsgründen nicht alle Schriftarten, die Sie drucken können, entsprechend auf dem Bildschirm darstellen. PageMaker zeigt aber genau, wo ein Wort anfängt und wie der Zeilenumbruch aussieht.

Sie können mit PageMaker viel machen, aber eben noch nicht alles. So sind Probeausdrucke, die nach dem WYSIWYG-Prinzip eigentlich überflüssig sein müßten, deshalb immer noch notwendig.

1.4 PageMaker und Windows

PageMaker läuft unter dem Programm WINDOWS von Microsoft. Diese Windows-Umgebung bringt die vielgerühmte graphische Benutzeroberfläche mit beweglichen Menüs und dem WYSIWYG-Prinzip. Dadurch wird das anschauliche Arbeiten mit PageMaker erst möglich.

Windows erlaubt, zumindest theoretisch, das gleichzeitige Benutzen mehrerer Programme, etwa PageMaker auf der einen Hälfte des Bildschirms und ein Textverarbeitungsprogramm wie Windows Write auf der anderen Hälfte. In der Praxis wird allerdings dann die Arbeit durch die stark reduzierte Geschwindigkeit zur Qual.

Sie müssen mit Windows bzw. der Systemsteuerung von Windows nur dann arbeiten, wenn Sie z.B. einen anderen Drucker anschließen oder Ihre Bildschirmfarben verändern wollen. Diese Dinge werden im vorliegenden Buch selbstverständlich erklärt, weiteres zu Windows müssen Sie jedoch in einem Windows-Handbuch nachlesen.

Sie können PageMaker mit der mitgelieferten Windows-Kurzfassung oder mit der separat zu erstehenden Voll-Version betreiben. Wenn Sie zu einem späteren Zeitpunkt von der Kurzfassung auf die volle Version aufrüsten wollen, müssen Sie PageMaker neu installieren. Löschen Sie vorher am besten alle Windows-Kurzfassungsdateien und alle PageMaker-Dateien.

1.5 Unterschiede zur PageMaker-Version 1.0

Die vorliegende 3.0 Version von PageMaker wurde gründlich überarbeitet. Eingebaut wurden Funktionen wie automatischer Textanschluß und die Möglichkeit, Text beim Positionieren automatisch um Bildkonturen herumzuführen sowie Volltonfarben zu verwenden. Durch das Einführen von Druckformatvorlagen und das Liefern von Mustervorlagen wurde die Bedienungsfreundlichkeit entscheidend verbessert.

Ein weiterer Unterschied ist, daß die Dateinamen nicht mehr das Suffix .PUB tragen, sondern .PM3 bzw. .PT3 für Mustervorlagen. Die PageMaker-Version 3.0 kann jedoch Dateien, die mit früheren PageMaker-Versionen hergestellt wurden, ohne weiteres lesen und bearbeiten. Bei der Weiterbearbeitung solcher Dateien ist jedoch die andere Art der Durchschußmessung zu berücksichtigen. Eventuell müssen Sie eine andere Einstellung wählen. Lesen Sie dazu gegebenenfalls den Abschnitt über die Option »Zeilenabstand« im Menü »Typographie« unter dem Befehl »Abstände...«. Es muß die Option »Absolut« gewählt werden statt der Option »Relativ«.

1.6 Aufrüsten zu PM 3.0

Falls Sie bereits mit PageMaker 1.0 gearbeitet haben, wird Ihnen die Umstellung zur 3.0 Version nicht schwerfallen. Sie können ohne weiteres Ihre alten Publikationen mit der neuen PageMaker Version lesen und weiterbearbeiten. Allerdings können Dokumente, die mit PageMaker 3.0 erstellt wurden, nicht mit PageMaker 1.0 gelesen werden.

Bei der Umstellung ist folgendes zu beachten:

- PageMaker 3.0 läuft nur unter der neuen Windows-Fassung 2.0. Das heißt, Sie müssen zunächst Windows 2.0 installieren.

- Wenn Sie weiterhin die alte PageMaker-Fassung benutzen wollen, müssen Sie die 3.0-Version in einem anderen Verzeichnis unterbringen (vorausgesetzt, die alte PageMaker-Version befindet sich im Verzeichnis PM). Das Installationsprogramm schlägt das Verzeichnis PM vor. Wählen Sie einen anderen Namen, etwa PM3. Da PageMaker 3.0 aber die alten Dateien lesen kann, besteht wenig Grund, die alte PageMaker-Version zu behalten.

- Wollen Sie dennoch die alte PageMaker-Version behalten, sollten Sie die alte Windows-Version 1.0 auf der Festplatte löschen, um unerwünschte Störungen zu vermeiden. Die Dateien und Anwendungsprogramme der Windows-Version 2.0 sind nicht mit der alten Windows-Version kompatibel. PageMaker 1.0 läuft unter Windows 2.0, wenn Sie die Bildschirmzeichensätze PMFONTA.FON, PMFONTB.FON und PMFONTE.FON mit dem Programm NEWFONT.EXE oder CONVFONT.BAT umwandeln. Diese Programme sind im PageMaker-Paket enthalten.

1.7 Verwendete Begriffe

Die von den verschiedenen Software-Firmen verwendeten Begriffe sind leider nicht einheitlich. So wird etwa die Windows-Kurzfassung auch *Runtime Windows* genannt. Es kann sogar vorkommen, daß im Handbuch ein Begriff benutzt wird, der sich von dem auf dem Bildschirm (z.B. während der Installation) benutzten unterscheidet. Das ist bei der immer schneller wachsenden Geschwindigkeit, mit der neue Software-Produkte auf den Markt kommen, anscheinend nicht zu vermeiden. Lassen Sie sich nicht verwirren, normalerweise gibt es bei der Entschlüsselung keine Probleme.

2 Voraussetzungen und Installation

Es genügt leider nicht, einen PC und das PageMaker-Programm zu besitzen, um sich stolz unter die Desktop-Publisher zu zählen. Sie müssen zumindest Zugang zu einem Ausgabegerät haben, am besten zu einem Laserdrucker. Um die Texte zu erstellen, brauchen Sie auch ein Textverarbeitungsprogramm. Wenn Sie zudem noch Bilder oder Grafiken verarbeiten wollen, benötigen Sie auch dazu ein entsprechendes Programm, evtl. auch einen Scanner.

Sie sollten bereits eine gewisse Erfahrung im Umgang mit DOS-Befehlen haben und wissen, was eine Datei und ein Verzeichnis ist. Optimal ist es, wenn Sie schon Erfahrung im Umgang mit dem Programm Windows besitzen.

2.1 Bevor Sie installieren

Bei der Installierung der Programme müssen Sie wissen, wie Ihr System zusammengesetzt ist. Sie werden jeweils aufgefordert, eine bestimmte Angabe zum verwendeten Bildschirm- oder Maustyp etc. zu machen.

2.2 Computer

Von folgenden Hardwarevoraussetzungen ist auszugehen:

- Sie brauchen einen Windows-kompatiblen Computer, der mit einem 80286- bzw. 80386-Prozessor ausgerüstet ist, außerdem mit einer Festplatte mit mindestens 20 MByte. Bei allen DTP-Programmen gilt: je schneller Ihr Computer, desto angenehmer ist die Arbeit damit! Es hat keinen Sinn, PageMaker auf einem älteren PC mit einem 8086-Prozessor betreiben zu wollen.

- Um Windows und PageMaker installieren zu können, benötigen Sie auf der Festplatte eine freie Speicherkapazität von ca. 4 MByte. Mehr ist besser, denn die Dateien, besonders Grafiken, benötigen ebenfalls umfangreichen Speicherplatz. Um die Arbeitsgeschwindigkeit zu erhöhen, können Sie vor der Installation eine Festplatten-Utility wie z. B. Norton Speed Disk laufen lassen, um den vorhandenen Platz auf der Festplatte zu optimieren.

- Als Arbeitsspeicher sollten mindestens 640 KByte vorhanden sein. Vermeiden Sie die Benutzung aller speicherresidenten Programme, nicht nur weil diese den vorhandenen Arbeitsspeicher verkleinern, sondern auch, weil sich nicht alle Programme mit Windows und PageMaker vertragen. Vermeiden Sie vor allem Programme, die den Bildschirm bei Nichtbenutzung der Tastatur nach einiger Zeit löschen. Es könnte sonst der Fall eintreten, daß Ihnen eine Datei abstürzt.

- Eine Erweiterung des Arbeitsspeichers ist nicht unbedingt nötig, aber hilfreich, vor allem, wenn Sie viel mit umfangreichen Grafikdateien arbeiten müssen. Lesen Sie dazu das Kapitel über die Verwendung von erweitertem Arbeitsspeicher.

- Windows 2.0 benötigt mindestens die Version 3.1 von Microsoft DOS.

2.3 Bildschirm

Als Bildschirm benötigen Sie entweder einen hochauflösenden Farbbildschirm (z.B. den EGA- oder VGA-Standard) oder einen monochromen Bildschirm. Lassen Sie sich dazu gegebenenfalls von Ihrem Händler beraten.

2.4 Drucker

Der zu verwendende Drucker muß mit Windows kompatibel sein. Es empfiehlt sich ein Laserdrucker, etwa ein Hewlett-Packard Drucker oder ein anderer Drucker, der mit der PCL-Sprache kompatibel ist, oder ein Postscript-Drucker, etwa ein Apple Laserwriter oder eine Linotronic Photosatzmaschine. Dazu müssen Sie den entsprechenden Druckertreiber installieren, der sich auf der PageMaker-Diskette befindet bzw. vom Druckerhersteller geliefert wurde. Installieren Sie auf jeden Fall folgende Drucker, wenn Sie die Übungen im Buch machen wollen:

- Ihren eigenen, der an Ihr System angeschlossen ist

- Apple Laserwriter II Plus

- HP Laserjet

- Außerdem installieren Sie bitte auch den oder die Drucker, auf denen Sie später den Endausdruck herstellen wollen, etwa eine Linotronic, auch wenn diese nicht an Ihr System angeschlossen ist.

2.5 Maus und Tastatur

Eine Maus ist zum Arbeiten mit PageMaker unerläßlich. Wenn Sie noch nie mit einer Maus gearbeitet haben, werden Sie verblüfft sein, wie hilfreich ihre Verwendung ist. Zwar können viele Kommandos mit der Tastatur eingegeben werden, aber die Bedienerfreundlichkeit von PageMaker zeigt sich erst in Verbindung mit einer Maus.

Trotzdem soll die Maus die Tastatur nicht verdrängen. Außer den Kommandos,
die Sie nur mit der Maus eingeben, gibt es auch noch Kommandos, bei denen
Sie zusätzlich zum Mausklicken gleichzeitig auch die Tastatur benützen
müssen. Meist müssen Sie die Shift-, Ctrl- oder Alt-Taste gedrückt halten.
Dadurch ändert sich die Funktion des Klickens.

Oft ist es auch sinnvoll, bestimmte Befehle gar nicht mit der Maus, sondern
über die Tastatur einzugeben. Wenn Sie in einem Dialogfeld bei einer Option
einen Buchstaben unterstrichen sehen, führt das Tippen dieses Buchstabens bei
gedrückter Alt-Taste den Cursor zu dieser Option. Mit der Tab-Taste springen
Sie zur nächsten Option. Bei der Erläuterung der Befehle finden Sie auch
jeweils die entsprechenden Tastatureingaben.

2.6 Textverarbeitungsprogramme

Wie bereits oben gesagt, will PageMaker kein Textverarbeitungsprogramm
ersetzen. Wahrscheinlich arbeiten Sie ja schon mit einem Programm wie
Microsoft Word oder Wordperfect und erstellen damit Ihre Texte. Das müssen
Sie auch in Zukunft tun, um dann die mit einem dieser Programme erstellten
Texte in PageMaker weiterzuverarbeiten und in ein Dokument einzubauen.

Falls Sie noch kein Textverarbeitungsprogramm besitzen und die Anschaffung
erwägen, sollten Sie wissen, daß PageMaker am besten mit Microsoft Word
zusammenarbeitet. Die in diesem Programm möglichen Textgestaltungsmerk-
male werden nahezu alle von PageMaker erkannt und übertragen.

2.7 Graphikprogramme

Während Textverarbeitungsprogramme die Dateien automatisch in einem
bestimmten Format speichern, lassen graphische Programme oft eine Auswahl.
Welches Format Sie für Bilddateien verwenden, um diese in ein PageMaker-
Dokument einbauen zu können, hängt auch davon ab, welchen Drucker Sie
verwenden. Für manche Formate (z.B. EPS) benötigen Sie einen PostScript-
Drucker. Im Zweifelsfall können Sie verschiedene Filter ausprobieren.
Außerdem existieren Konvertierungsprogramme, mit denen Sie Dateien in ein
anderes Format übersetzen können.

2.8 Import/Exportfilter

Beim Placieren von Texten und auch Grafiken werden diese durch ein
sogenanntes Importfilter automatisch in ein eigenes PageMaker-Format
umgewandelt, ohne daß Sie etwas tun müssen.

Umgekehrt können Textblöcke (jedoch nicht Grafiken) auch wieder aus PageMaker herausgenommen und in das Format einiger bestimmter Programme umgewandelt werden, etwa nach der Bearbeitung eines Textes in PageMaker. Dazu wird dann ein Exportfilter benötigt. Wollen Sie die Übungen in diesem Buch durchführen, installieren Sie bitte das Exportfilter für Microsoft Word.

2.8.1 In PageMaker integrierte Filter

Für folgende Programme bzw. Formate hat PageMaker bereits einen Importfilter eingebaut:

ASCII-Dateien (reine Textdateien)	.TXT
(auch Exportfilter)	
AutoCAD	.DWG
Encapsulated PostScript-Dateien	.EPS
Euroscript 2	.XYW
GDI-Metadateien aus Windows	.WMF
In*a*Vision	.PIC / DRW
MacPaint	.PNT
Multimate	.DOC
PC Paintbrush	.PCX
Tag Image File Format	.TIF
Windows Draw!	.PIC
Windows Paint	.PIC
Windows Write	.WRI
Word	.DOC / TXT
Wordperfect	.WP

2.8.2 Zusätzliche Filter

Bei der Installation von PageMaker werden Sie außerdem aufgefordert, eventuell von Ihnen benötigte Filter für folgende Formate bzw. Programme zu installieren. PageMaker hat eine Beschränkung in der Zahl der installierten Filter, Sie können bis zu 10 Import- und bis zu 20 Exportfilter wählen. Es lohnt sich nicht, gewissermaßen vorsorglich alle angebotenen Filter bis zur Maximalanzahl zu installieren, da sonst Speicherkapazität auf der Festplatte vergeudet wird. Gegebenenfalls können Sie den benötigten Filter nachträglich ohne großen Aufwand installieren. (*Hinweis:* Für die Übungen in diesem Buch sollten Sie den Word-Exportfilter installieren.)

Filter für folgende Programme sind im PageMaker-Paket enthalten. Die Liste wird ständig erweitert. Fragen Sie Ihren Händler, falls Sie ein Filter für ein anderes Programm benötigen.

Exportfilter	.DCA
Computer Graphics Metafile Grafikdateien	.CGM
dBase	.DBF
HP Advance Write	.AW
HP-GL Plotterdateien	.PLT
Lotus 1-2-3	.WK1
MS Word (Exportfilter)	.TXT / DOC
Olitext Plus	.OTX
Samna Word	.SAM / DCA
Symphony	.PIC
Videoshow (NAPLPS-Grafikdateien)	.PIC
Wang	.IWP
Zenographics Mirage	.IMA

Texte, die mit WordPerfekt 5.0 erstellt sind, benötigen einen besonderen Filter, der bei Ihrem PageMaker-Händler erhältlich ist.

2.9 Die Installation von PageMaker

PageMaker kommt mit Disketten in verschiedenen Formaten, entweder in 5 1/4-Zoll und 360 KByte, 5 1/4-Zoll und 1,2 MByte oder 3 1/2-Zoll und 720 KByte, je nachdem, welches Diskettenlaufwerk Ihr Computer besitzt. Wenn Sie das falsche Diskettenformat für Ihren Computer haben, wenden Sie sich bitte an Ihren Händler. Es ist nicht möglich. die Dateien einfach auf ein anderes Diskettenformat zu überspielen.

Um Windows bzw. PageMaker zu installieren, müssen Sie angeben, wie Ihr Computersystem zusammengesetzt ist. Sie müssen jeweils eine der folgenden Optionen angeben:

2.9.1 Computertyp

Folgende Modelle werden von PageMaker unterstützt:

        IBM Personal System/2 Modell 25

        IBM Personal System/2 Modell 25 oder 30

        IBM Personal System/2 Modell 50, 60 oder 80

IBM PC, XT, AT (oder 100% kompatible)

Olivetti Personal Computer mit MS-DOS Version 3.1 oder 3.2

Olivetti Personal Computer mit MS-DOS Version 3.2 oder höher

Ericsson Personal Computer

Tandy Model 1000

HP Vectra

HP Portable Vectra

Digital VAXmate

2.9.2 Bildschirmtyp

Die folgenden Modelle werden von PageMaker unterstützt. Verwenden Sie einen anderen Bildschirm, müssen Sie die vom Hersteller gelieferte Software installieren.

IBM (oder 100% kompatibler) CGA (Farbgrafikadapter)

IBM (or 100% kompatibler) EGA (> 64KB) mit EGA-Bildschirm

IBM EGA mit hochauflösendem Monochrom-Bildschirm

IBM EGA mit EGA-Bildschirm (schwarz/weiß)

IBM EGA mit EGA-Bildschirm oder CGA-Farbbildschirm

IBM MCGA (Multi-Color Graphics Array)

IBM (oder 100% kompatibler) VGA (Video Graphics Array)

Hercules Adapter mit hochauflösendem Monochrom-Bildschirm

Olivetti 640x400 monochromer Bildschirmadapter

Olivetti 640x400 Farbgrafikadapter

Compaq Portable Plasma

Ericsson monochromer Bildschirmadapter 3111, 3712 oder 3715

Ericsson Farbbildschirm 9116 oder Ericsson Portable Computer

Ericsson monochromer Bildschirmadapter 3111

Tandy 1000 Farbbildschirmadapter

HP Multimode, Monochrom- oder Farbbildschirm

HP Display/Printer Adapter mit 400-Linien LCD

HP Monochrome Plus

HP EGA mit Enhanced Graphics Display

WYSE WY-700 Bildschirmadapter

Micro Display Genius 736 x 1008

Neftis I

Atris

Digital VAXmate Display

2.9.3 Tastaturtyp

Unter anderem können Sie eine der folgenden Tastaturtypen verwenden:

Belgische Tastatur

Dänische Tastatur

Deutsche Tastatur

Niederländische Tastatur

Schweizer Tastatur (angelehnt an Deutsche)

Schweizer Tastatur (angelehnt an Französische)

U.S. Tastatur (IBM und Kompatible)

U.S. Tastatur (Olivetti)

2.9.4 Maustyp

PageMaker unterstützt die im folgenden aufgeführten Maustypen:

Microsoft Maus (Bus oder serielle)

Microsoft Maus verbunden mit serieller PS/2-Schnittstelle

IBM Personal System/2 Maus

Mouse Systems Maus verbunden mit COM1

Mouse Systems Maus verbunden mit COM2

VisiOn Maus verbunden mit COM1

VisiOn Maus verbunden mit COM2

Logitech Mouse

Olivetti Tastaturmaus

HP Maus, HP Touch, oder HP Graphics Tablet (HP-HIL)

Digital Maus

2.9.5 Druckertyp

Die folgenden Drucker werden von PageMaker unterstützt. Verwenden Sie
einen anderen Drucker, müssen Sie die vom Hersteller gelieferte Software

installieren. Der Drucker muß nicht tatsächlich an Ihr System angeschlossen sein, es genügt, wenn Sie angeben, auf welchen Druckern Sie später ausdrucken wollen.

Apple LaserWriter (Postscript Drucker)

Apple LaserWriter Plus (Postscript Drucker)

Apricot Laser (PCL / HP LaserJet)

C-Itoh 8510

Canon LBP8 Laserdrucker

Dataproducts LZR 2665 (Postscript Drucker)

Digital LN03R ScriptPrinter (Postscript Drucker)

Digital LPS PrintServer 40 (Postscript Drucker)

Epson LQ Drucker (Epson 24 Pin)

Epson MX,FX,LX Drucker (Epson 9 Pin)

Epson JX,EX,RX Drucker (Epson 9 Pin)

AMT Office Drucker (AMT)

MT910 Laserdrucker (MT910)

Digital LA50/75 Treiber

HP DeskJet (HP DeskJet)

HP LaserJet (PCL / HP LaserJet)

HP LaserJet Plus (PCL / HP LaserJet)

HP LaserJet 500+ (PCL / HP LaserJet)

HP LaserJet Series II (PCL / HP LaserJet)

HP LaserJet 2000 (PCL / HP LaserJet)

IBM Proprinter 24 Pin

IBM Farbdrucker (S/W)

IBM Graphics

IBM Personal Pageprinter (Postscript Drucker)

IBM Proprinter (IBM Proprinters)

IBM Proprinter II (IBM Proprinters)

IBM Proprinter XL (IBM Proprinters)

Kyocera F-1010 Laser (PCL / HWP LaserJet)

Linotronic 100/300/500 (Postscript Drucker)

NEC P2/P3

NEC 24-Nadeldrucker

Okidata 92/192 (IBM)

Okidata 93/193 (IBM)

Okidata 24 pin

Olivetti DM Drucker

Olivetti DM600

QMS-PS 800 (Postscript Drucker)

QMS-PS 800 Plus (Postscript Drucker)

QuadLaser I (PCL / HP LaserJet)

TI 850

TI 855

TI OmniLaser 2108 (Postscript Drucker)

TI OmniLaser 2115 (Postscript Drucker)

Toshiba P1351

Universal / nur Text

Wang LCS15 (Postscript Drucker)

Wang LCS15 FontPlus (Postscript Drucker)

Wenn Sie einen PCL-Drucker verwenden und Ihrem PageMaker-Paket das Programm Fontware beiliegt, können Sie selbst Zeichensätze anlegen und auf Ihrer Festplatte speichern. Lesen Sie dazu das Kapitel über Fontware.

• Für die Übungen in diesem Buch installieren Sie bitte außer Ihrem eigenen Drucker auch noch den Apple Laserwriter Plus sowie den HP Laserjet Series II.

2.9.6 Installation von Windows 2.0/286

Bevor Sie PageMaker installieren, müssen Sie zuerst Windows 2.0 installieren. Die Kurzfassung und die vollständige Version von Windows unterscheiden sich kaum in der Installation. Zusammen mit PageMaker haben Sie die Kurzfassung von Windows (Runtime Windows) erhalten.

Haben Sie schon eine alte Version von Windows auf Ihrer Festplatte, löschen Sie diese am besten vor der Neuinstallierung. Sonst müssen Sie den bei der Installation vorgeschlagenen Verzeichnisnamen ändern. Wenn Sie bisher schon mit PageMaker 1.0 gearbeitet haben und Ihr altes PageMaker-Verzeichnis auf der Festplatte löschen wollen, vergewissern Sie sich, daß Ihre bisher erstellten Dokumente in einem eigenen Verzeichnis abgelegt sind. Löschen Sie sie nicht versehentlich, fertigen Sie vor der Neuinstallation von PageMaker eventuell Sicherungskopien an.

Bei der Installation gehen Sie so vor:

- Legen Sie die Windows-Diskette 1 in das Laufwerk A: ein und geben Sie den Befehl *A:* ein.

- Schreiben Sie *SETUP* und drücken <Return>.

- Das Installierungsprogramm sagt Ihnen direkt am Bildschirm, was Sie tun müssen, um Windows für Ihren Computer, Bildschirm, Tastatur und Maus zu konfigurieren. Falls Sie einen speziellen Bildschirm benützen, der nicht in der obigen Liste aufgeführt wurde, müssen Sie vermutlich eine Diskette mit den Bildschirmtreibern einlegen, die zusammen mit dem Bildschirm geliefert wurde.

- Jetzt können Sie einen Drucker anschließen. Es kann sein, daß Sie eine PageMaker-Diskette einlegen müssen, um die Druckertreiber zu laden.

- Am Ende werden Sie aufgefordert, die PageMaker-Diskette 1 einzulegen und mit der Installation von PageMaker zu beginnen.

2.9.7 PageMaker

Bevor Sie PageMaker installieren, muß Windows installiert sein. Zur Installierung gehen Sie so vor:

- Legen Sie die PageMaker-Diskette Nr. 1 in das Laufwerk A: ein und geben Sie den Befehl *A:* ein.

- Schreiben Sie *INSTALL* und drücken <Return>.

- Folgen Sie dann den Anweisungen auf dem Bildschirm. Zunächst müssen Sie angeben, welche der folgenden Optionen Sie installieren wollen:

    lediglich das PageMaker-Programm

    Import- oder Exportfilter (siehe oben)

    Lerndateien, die im Verzeichnis PMTUTOR gespeichert werden

    Mustervorlagen

    alle obigen Möglichkeiten

- Um Ihre Wahl zu bestätigen, müssen Sie nach der Returntaste noch F1 drücken.

(*Hinweis:* Für die Übungen in diesem Buch müssen Sie die Mustervorlagen und die Lerndateien installieren.)

Während der Installation werden Sie aufgefordert, die entsprechenden Disketten einzulegen. Manchmal ist die richtige Diskette bereits im Laufwerk, manchmal wird evtl. sogar ein falsche Nummer verlangt. Lassen Sie sich nicht verwirren, wenn Sie eine falsche Diskette einlegen, kann nichts passieren. Sie werden dann eben erneut aufgefordert, eine Diskette einzulegen. Probieren Sie notfalls alle Disketten durch.

2.10 Mögliche Probleme

Falls Sie Probleme bei der Installation haben, prüfen Sie zunächst nach, ob Sie das richtige Diskettenformat haben. Disketten mit 1,2 MByte können in einem 360 KByte-Laufwerk nicht gelesen werden.

Prüfen Sie nach, ob genug freier Arbeitsspeicher vorhanden ist. Für die Installierung benötigen Sie mindestens 512 KByte freien Speicher. Entfernen Sie gegebenenfalls alle residenten Programme.

2.11 Anpassen von AUTOEXEC.BAT und CONFIG.SYS

Die Datei AUTOEXEC.BAT muß folgende Zeilen in der angegebenen Reihenfolge enthalten:

```
PATH C:\WINDOWS;C:\PM;

SET TEMP=C:\PM
```

Der PATH-Befehl ist notwendig, damit PageMaker auf Programme in diesen Verzeichnissen zugreifen muß. Durch den TEMP-Befehl werden temporäre Dateien im Verzeichnis PM abgelegt. Das setzt voraus, daß Windows im Verzeichnis WINDOWS und PageMaker im Verzeichnis PM gespeichert ist. Sie können auch jedes andere Verzeichnis dafür wählen. Das Installationsprogramm legt diese beiden Zeilen selbsttätig an.

Die Datei CONFIG.SYS muß folgende Zeilen enthalten:

```
FILES=20

BUFFERS=30
```

Hinweis: Damit die Änderungen in diesen Dateien von Ihrem Computer gelesen werden, müssen Sie ihn neu starten (booten).

2.12 Konvertieren alter Bildschirmzeichensätze

Dieser Abschnitt ist dann für Sie interessant, wenn Sie Bildschirmzeichensätze aus Windows 1.0 haben und diese in Windows 2.0 verwenden wollen. Zur Konvertierung benutzen Sie am einfachsten den im PageMaker-Paket enthaltenen Befehl CONVFONT.BAT. Dadurch wird das Konvertierungsprogramm NEWFONT.EXE gestartet.

Dabei müssen Sie folgendes beachten:

- Sie konvertieren die Bildschirmzeichensätze auf der DOS-Ebene. Die Zeichensätze befinden sich normalerweise im Windows-Verzeichnis.

- Kopieren Sie die Datei NEWFONT.EXE und CONVFONT.BAT in das Windows-Verzeichnis bzw. in das Verzeichnis, in dem sich die Bildschirmzeichensätze befinden.

- Wechseln Sie in dieses Verzeichnis .

- Schreiben Sie *CONVFONT C:\WINDOWS* und drücken die Return-Taste. Statt *WINDOWS* müssen Sie gegebenenfalls den Namen des Verzeichnisses eingeben, in dem sich die Zeichensatzdateien befinden.

Darauf werden die Zeichensätze konvertiert. Außerdem wird gleichzeitig ein neues Verzeichnis OLDFONT angelegt, in dem automatisch eine Sicherungskopie der ungeänderten alten Zeichensätze gespeichert wird.

Als nächstes müssen Sie die konvertierten Zeichensätze über die Systemsteuerung von Windows installieren:

- Laden Sie PageMaker. Rufen Sie die Systemsteuerung von Windows auf.

- Wählen Sie im Menü »Installation« den Befehl »Schriftart hinzufügen...«. In dem auftauchenden Dialogfeld geben Sie nun den Namen des betreffenden Zeichensatzes an und klicken anschließend »OK«.

- Wiederholen Sie den letzten Schritt für alle konvertierten Zeichensätze.

2.13 Zusammenfassung der notwendigen Schritte zur Inbetriebnahme von PageMaker 3.0

2.13.1 Falls Sie bereits mit PageMaker 1.0 gearbeitet haben

- Legen Sie Sicherungskopien alter PageMaker-Dokumente an.
- Löschen Sie die Verzeichnisse von Windows 1.0 und PageMaker 1.0.

Führen Sie anschließend die Schritte im nächsten Abschnitt durch.

2.13.2 Falls Sie noch nicht mit PageMaker 1.0 gearbeitet haben

- Installieren Sie Windows 2.0/286 (die Kurzfassung oder die vollständige Version).

- Installieren Sie PageMaker 3.0.

- Prüfen Sie die Anpassung der Dateien AUTOEXEC.BAT und CONFIG.SYS.

- Starten Sie Ihren Computer neu.

- Laden Sie PageMaker durch das Kommando *WIN PM* (oder durch das Kommando *PM*, wenn die Kurzfassung von Windows installiert ist).

3 Der Arbeitsablauf

Dieses Kapitel ist für diejenigen Leser bestimmt, die zum ersten Mal mit PageMaker arbeiten. Bevor Sie im nächsten Kapitel mit den Übungen beginnen, finden Sie hier eine kurze Zusammenfassung, die Ihnen den Arbeitsablauf mit PageMaker vergegenwärtigen soll.

3.1 Planung und Konzeption

Sie können jede beliebige Drucksache mit PageMaker gestalten, vom Flugblatt bis zum Buch. Am Anfang der Herstellung einer jeden Drucksache steht die Planung.

- Legen Sie den Zweck und Inhalt Ihrer Drucksache fest, also welcher Text und und welche Bilder oder Grafiken darin aufgenommen werden sollen.

- Auf welchem Drucker wollen Sie die Reinfassung ausgeben? Die besten Ergebnisse liefert eine hochauflösende Photosatzanlage.

- Wollen Sie ein mehrfarbiges Dokument herstellen?

- Bestimmen Sie das Aussehen der Drucksache, also das Format und das Layout. Dazu gehört die Seitenausrichung, Stegbreite und die Anzahl der Spalten.

- Für Überschriften, den Fließtext und Bildunterschriften müssen Sie Schriftarten und Schriftgrade festlegen. Diese hängen auch von dem von Ihnen verwendeten Drucker ab. Ebenso sollten Sie die Einzüge und die Abstände der einzelnen Absätze festlegen.

- Umfang- und Kostenberechnungen sind ein letzter wichtiger Punkt, den Sie bei der Planung berücksichtigen müssen.

3.2 Texterfassung

Sämtlicher Text wird mit einem separaten Textverarbeitungsprogramm vollständig erfasst und sollte in Form einer Datei vorliegen. (Hinweis: Näheres zu verschiedenen Textverarbeitungsprogrammen und den übertragbaren Formatmerkmalen finden Sie weiter hinten im Buch.) Wenn Sie den Text nicht mit Windows Write, Microsoft Word oder Wordperfekt 4.0 erstellt haben, müssen Sie einen Importfilter für das entsprechende Textverarbeitungsprogramm im PageMaker-Verzeichnis installiert haben. Redigieren Sie den Text, falls notwendig, *bevor* Sie ihn mit PageMaker weiterbearbeiten. Größere Textänderungen in PageMaker sind zeitraubend und möglichst zu vermeiden.

3.3 Bilderfassung

Sämtliche Bilder und/oder Grafiken, die in das Dokument eingebaut werden sollen, müssen ebenfalls vorliegen. Es kann sich dabei um mit einem Scanner digitalisierte Bilder handeln oder um solche, die mit einem Grafikprogramm erstellt wurden. Bilder, die konventionell gerastert werden sollen, können später in die Druckvorlage einmontiert werden.

3.4 Zusammenfügen von Text und Bild mit PageMaker

Die Analogie zu einem Montagetisch ist nahezu vollkommen: Nach dem Einschalten von PageMaker legen Sie ein neues Dokument an, bestimmen die Größe der Seiten und den Umfang, wählen den gewünschten Drucker und placieren wie beim herkömmlichen Klebeumbruch die Grafiken an den gewünschten Stellen auf dem Bildschirm. Verschiebungen können später jederzeit vorgenommen werden.

Dann importieren Sie Ihren Text und lassen ihn entweder automatisch die Seiten um die placierten Bilder herum füllen, oder Sie tun dies manuell. Bildunterschriften oder Überschriften können jetzt an der passenden Stelle eingefügt werden. Schriftgröße, Schriftschnitt und Schriftart können jederzeit geändert werden, ebenso Ausschluß und Durchschuß, um nur einiges zu nennen.

Sie haben das Dokument jetzt so vor sich auf dem Bildschirm, wie es nachher vom Drucker ausgedruckt wird. Nun können Sie die Datei speichern und einen ersten Probeausdruck vornehmen.

3.5 Nachträgliche Änderungen

An der ausgedruckten Korrekturfahne können Sie sehen, was geändert werden muß. Sie können nahezu alle Parameter noch nachträglich ohne Probleme ändern. Völlig problemlos geht das bei allen Schriftfestlegungen oder bei einer Neuanordnung eines Textes. Wenn Sie sich nachträglich entschließen, Ihre Seite statt im Hoch- im Querformat anzulegen, steht Ihr Text allerdings plötzlich nicht mehr wie gewollt auf der Seite. Sie müssen dann den Text neu arrangieren.

Unter keinen Umständen sollten Sie jedoch Ihren anfangs gewählten Drucker ändern. Die Schriften der verschiedenen Drucker sind nicht identisch. PageMaker rechnet bei einem Druckerwechsel den Platzbedarf Ihres Textes neu aus, und Ihre mühsam ausgeklügelte Verteilung ist plötzlich unwiederbringlich verloren.

Sie können aber ohne weiteres mit der Seitengestaltung spielen, hier eine Überschrift größer machen, dort einen Balken ziehen, bis Sie mit Ihrer Seite völlig zufrieden sind und die korrigierte Fassung wieder abspeichern.

3.6 Ausdruck

Wenn Sie den Reindrucker direkt bzw. über ein Netz an Ihren Computer angeschlossen haben und alles richtig eingestellt ist, gibt es keine Probleme. Probleme können dagegen dann auftauchen, wenn Sie Ihre Datei zum Ausdruck aus der Hand geben. Stellen Sie sicher, daß Sie Ihr Dokument für den Drucker erstellen, auf dem es später ausgedruckt wird. Wählen Sie diesen Drucker als Reindrucker, auch wenn er nicht an Ihren Computer angeschlossen ist. Eventuell müssen Sie dazu noch den entsprechenden Druckertreiber installieren.

3.7 Zusammenfassung der notwendigen Schritte zur Herstellung einer Drucksache

Voraussetzung: Der zu verwendende Text liegt in korrigierter und endgültiger Fassung als Datei vor. Die zu verwendenden Bilder oder Grafiken liegen als Datei vor.

- Konzeption und Planung der Drucksache.

- Legen Sie fest, auf welchem Drucker Ihr Dokument ausgedruckt wird.

- Öffnen Sie eine neue PageMaker-Datei. Wählen Sie den gewünschten Reindrucker. Legen Sie das Seitenformat fest.

- Sie kombinieren Grafik und Text auf den Seiten auf Ihrem Bildschirm.

- Sie fügen Bildunterschriften, Überschriften und gegebenenfalls Raster, Balken und andere Hervorhebungen oder Schmuckelemente hinzu.

- Speichern Sie das Dokument.

- Drucken Sie eine Korrekturfahne aus.

- Führen Sie nachträgliche Korrekturen am Bildschirm aus.

- Stellen Sie die endgültige Druckvorlage auf dem Reindrucker her.

- Vervielfältigen Sie die Vorlage in der gewünschten Auflage.

4 Ein komplettes Tutorial: PageMaker in 7 Tagen

Nach dem Durchspielen der folgenden Übungen sind Sie mit den wichtigsten Möglichkeiten von PageMaker vertraut. Sie sind dann in der Lage, sofort mit der Herstellung eines eigenen Dokumentes anzufangen. Sie können aber auch zuerst das Kapitel durcharbeiten, der sich mit der Benützung der im PageMaker-Paket mitgelieferten Mustervorlagen befaßt. Mustervorlagen sind Dokumentschablonen, aus denen Sie eine eigene Datei nach Ihren Wünschen erstellen können.

Falls Sie spezielle Fragen zu einem der Befehle haben, lesen Sie bitte im entsprechenden Abschnitt des nächsten Kapitels nach. Dort werden alle Menüs und Befehle der Reihe nach behandelt. Tips und Design-Überlegungen finden Sie weiter hinten im Buch, ebenso die Vorbereitung von Texten und importierten Bildern.

In den Übungen werden Sie zunächst mit einigen der mitgelieferten Mustervorlagen arbeiten, an denen Sie die wichtigsten Arbeitstechniken und Möglichkeiten von PageMaker kennenlernen. Durch das Üben an bereits existierenden Dokumenten stehen Sie unter keinerlei Zwang, sofort ein komplettes Dokument erstellen zu müssen.

4.1 Voraussetzungen

Für die folgenden Übungen müssen folgende Voraussetzungen gegeben sein:

- Die Mustervorlagen und die Datei FOTO.TIF aus dem PageMaker-Programmpaket ist installiert.

- Installieren Sie den Word-Exportfilter.

- Folgende Drucker müssen installiert haben: Apple Laserwriter II und HP Laserjet. Sie müssen die entsprechenden Druckertreiber installieren, auch wenn diese Drucker nicht tatsächlich an Ihr System angeschlossen sind.

- Ihr eigener Drucker sollte an Ihr System angeschlossen sein, d.h., der betreffende Druckertreiber muß installiert sein.

Nehmen Sie sich für jede der folgenden Übungen etwa 30 Minuten bis zu einer Stunde Zeit.

4.2 So arbeiten Sie mit einer Maus

Die Maus ist die Verlängerung Ihrer Hand auf dem Bildschirm. Mit ihr können Sie Gegenstände auf dem Bildschirm anfassen, bewegen, verändern und löschen.

Jede Maus für IBM-kompatible Computer hat mindestens zwei Tasten. Sie benutzen jedoch fast immer nur die Haupttaste. Dies ist normalerweise die linke Taste. Mit Hilfe der Systemsteuerung von Windows können Sie jedoch auch die rechte Maustaste zur Haupttaste machen.

Die Maus ist nicht zerbrechlich, fassen Sie sie ruhig kräftig an. Am besten halten Sie sie zwischen Daumen und Ring- bzw kleinem Finger, dann haben Sie Zeige- und Mittelfinger, um die Maustasten zu bedienen. Halten Sie die Maus während des Drückens der Taste unbedingt weiter fest, um ein Verschieben der Maus auf der Arbeitsfläche zu verhindern. Es kommt nämlich auf die Position des Mauspfeils auf dem Bildschirm an. Durch Betätigen der Maustasten auf bestimmten Stellen am Bildschirm können Sie ganz verschiedene Funktionen aufrufen.

4.2.1 Bedienungsarten

Zur Arbeit mit PageMaker brauchen Sie für die Maus die folgenden vier Bedienungsarten:

* **Klicken:** die Maustaste einmal kurz drücken und wieder loslassen;

* **Doppelklicken:** die Maustaste schnell hintereinander zweimal kurz drücken und wieder loslassen;

* **Drücken:** die Maustaste einmal drücken und gedrückt lassen;

* **Ziehen:** Verschieben der Maus bei gedrückter Taste.

Wenn Sie beim Mausklicken die Shift-, Ctrl- oder Alt-Taste gedrückt halten, können Sie manchmal eine andere Funktion aufrufen.

Oft ist es sinnvoll, bestimmte Befehle nicht mit der Maus, sondern über die Tastatur einzugeben. Wenn Sie in einem Dialogfeld bei einer Option einen Buchstaben unterstrichen sehen, führt das Tippen dieses Buchstabens bei gedrückter Alt-Taste den Cursor zu dieser Option. Mit der Tab-Taste springen Sie zur nächsten Option.

4.3 Erster Tag: Kleine Schritte

Diese erste Übung dient zu Einführung, wenn Sie noch nie mit PageMaker oder Windows gearbeitet haben. Deshalb werden die einzelnen Schritte hier etwas ausführlicher besprochen. Sind Sie bereits ein erfahrener Benutzer, genügt es, wenn Sie dieses Kapitel nur durchlesen. Nach dieser Übung werden Sie folgende Begriffe und Arbeitstechniken beherrschen:

* Starten von PageMaker
* Öffnen einer bestehenden Datei
* Das Arbeitsfenster
* Zoomen
* Bewegen der Seite auf dem Bildschirm
* Markieren von Elementen
* Bewegen und Verzerren von Elementen
* Standard- und Normalseiten
* Seiten zu einem Dokument hinzufügen
* Speichern der Datei
* Beenden von PageMaker

Zur Beruhigung

Sie können völlig ruhig sein - was immer Sie auch mit der Übungsdatei machen, Sie können absolut nichts zerstören und vor allem keine Programmdatei versehentlich vernichten. Das schlimmste, was passieren kann, ist, daß Sie die Datei mit sovielen Elementen überladen, daß der Arbeitsspeicher überlastet wird und PageMaker immer langsamer auf Befehle reagiert.

Am einfachsten lassen Sie dann das Chaos zurück, indem Sie mit der **Tastenkombination Alt + F4** PageMaker verlassen. In dem Dialogfeld, das daraufhin auftaucht, klicken Sie auf die Frage: Wollen Sie Ihre Änderungen speichern? in dem Feld »Nein«. Darauf taucht das MS-DOS-Fenster auf und Sie können, wenn Sie wollen, PageMaker neu starten und die Übung ganz einfach wiederholen.

4.3.1 PageMaker Starten

Um PageMaker von der DOS-Ebene zu starten, geben Sie beim C:\>-Prompt folgendes Kommando ein:

```
WIN PM <Return>
```

Dieser Befehl gilt nur, wenn Sie die vollständige Windows-Version installiert haben. Bei der Kurzfassung genügt der Befehl:

   PM <Return>

Befinden Sie sich bereits in Windows, müssen Sie auf der PageMaker-Programmdatei PM.EXE zweimal klicken.

Nach einiger Zeit erscheint das Grundbild von PageMaker mit der Copyrightmeldung.

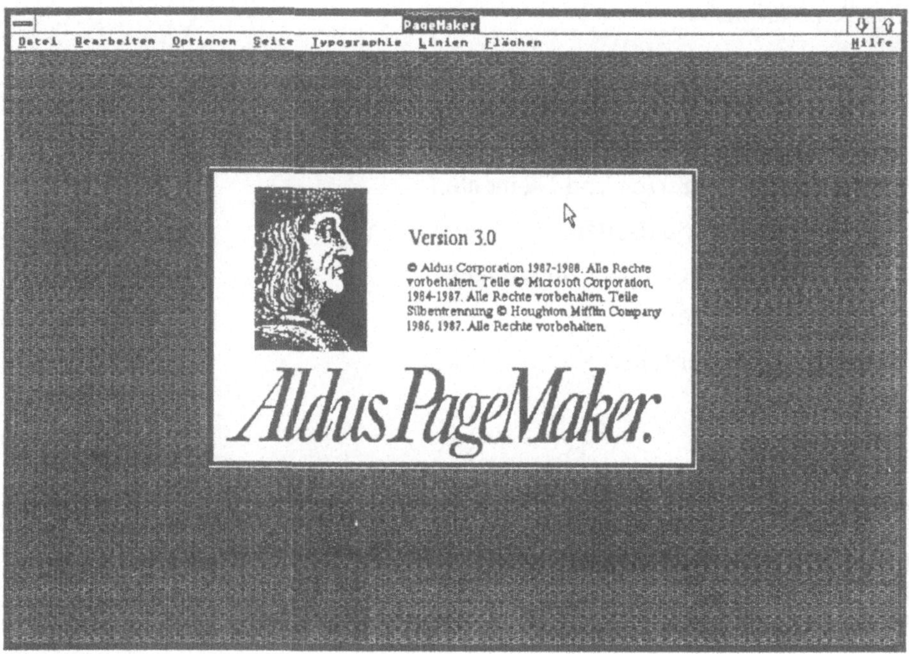

Ganz oben am Rand des Arbeitsfensters sehen Sie die PageMaker-Titelleiste, darunter die Menüleiste. Wenn Sie Fragen zu den einzelnen Menüs und Befehlen haben, lesen Sie das nächste Kapitel. Dort werden die einzelnen Menüs genau besprochen.

4.2.3 Datei öffnen

Finden Sie den Mauspfeil und zielen Sie auf das Wort Datei ganz links in der Menüleiste. Drücken Sie die linke Maustaste, halten Sie diese gedrückt und bewegen Sie die Maus dabei nicht. Das Menü »Datei« erscheint:

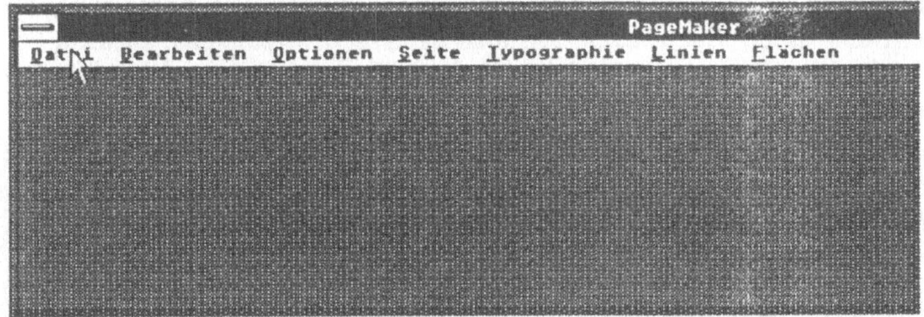

Ziehen Sie den Mauspfeil und damit den schwarzen Balken auf den Befehl
»Datei öffnen...« und lassen Sie die Maustaste los.

Folgendes Dialogfeld erscheint:

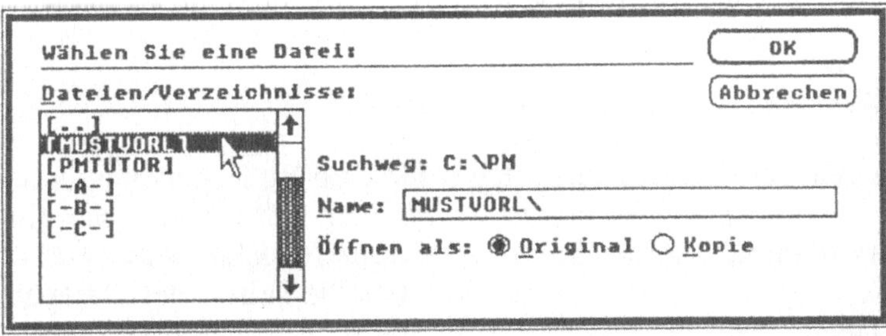

Befinden Sie sich nicht im PageMaker-Verzeichnis, müssen Sie dieses zunächst anwählen. Steht unter »Suchweg:« C:\, also das Hauptverzeichnis, müssen Sie das PageMaker-Verzeichnis in der Liste suchen. Verzeichnisse und Laufwerks-bezeichnungen sind mit eckigen Klammern umgeben, Dateien dagegen nicht.

Sie können zum Suchen die Bildlaufleiste benützen: Drücken Sie mit der Maus auf den nach unten weisenden Pfeil. Die Liste beginnt, nach oben wegzurollen. Sobald das Verzeichnis [PM] erscheint, stoppen Sie und klicken zweimal auf diesem Verzeichnis.

Steht unter »Suchweg:« ein anderes Verzeichnis, müssen Sie zunächst zurück in das Hauptverzeichnis gehen. Klicken Sie dazu zweimal kurz mit der Maus auf das Verzeichnis [..]. Suchen Sie anschließend das Verzeichnis [PM] und klicken Sie zweimal darauf.

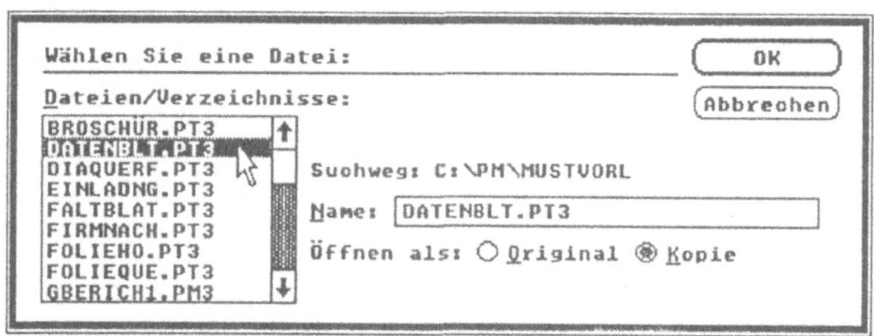

Klicken Sie nun zweimal auf dem Verzeichnis [MUSTVORL]. Nun endlich erscheint eine Liste mit allen Dateien im Verzeichnis C:\PM\MUSTVORL, woraus Sie die Datei DATENBLT.PT3 wählen. Ein Doppelklick darauf öffnet sie.

Diesen ganzen Vorgang können Sie schneller durchführen als seine Beschreibung lesen, seien Sie also unbesorgt. Wenn das Doppelklicken zu keinem Ergebnis führt, kann es sein, daß Sie nicht schnell genug hintereinander geklickt haben. Drücken Sie die Maustaste zweimal schnell hintereinander.

Sie beherrschen nun schon alle Maustechniken: Klicken, ziehen und drücken.

4.3.3 Das Arbeitsfenster

Inzwischen ist die PageMaker-Mustervorlage DATENBLT geladen, oder besser gesagt, eine namenlose Kopie davon. PageMaker lädt automatisch eine Kopie von Mustervorlagen, damit Sie das Original nicht versehentlich zerstören. Der Bildschirm hat sich verändert. Sie sehen die Seite 1 der Datei auf der Montagefläche liegen. Am oberen und linken Bildschirmrand sind Lineale, die dem Maßstab der dargestellten Seite angepaßt sind.

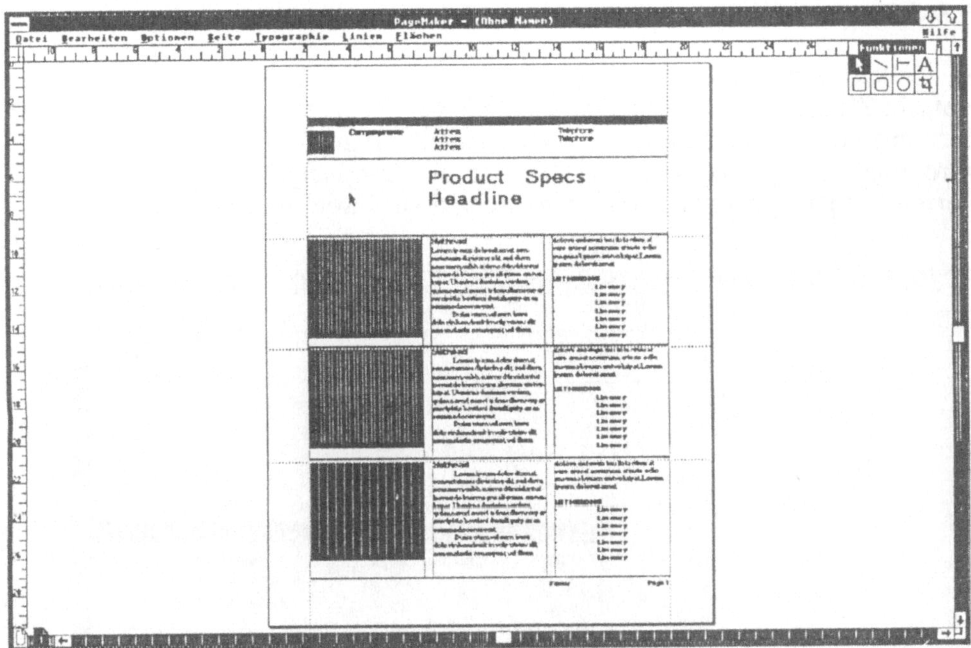

Im unteren und rechten Bildrand die Roll- oder Bildlaufleisten, mit denen Sie die Position der Seite auf dem Montagetisch und auf dem Bildschirm ändern können. Die untere linke Ecke zeigt Sinnbilder einer Standardseite und einer normalen Seite.

Rechts oben sehen Sie das Funktionenfenster. Es ist der Werkzeugkasten von PageMaker. Jedes der acht Felder zeigt ein Sinnbild für eine bestimmte Funktion, mit der Sie eine bestimmte Aufgabe ausführen können. Je nach gewählter Funktion ändert sich auch die Form des Mauszeigers. Funktionen werden gewählt, indem Sie einfach mit der Maus auf dem betreffenden Feld klicken.

Momentan ist die Zeigefunktion hervorgehoben. Der Pfeil ist die Grundform des Mauszeigers. Immer wenn PageMaker eingeschaltet wird, ist automatisch diese Funktion angewählt.

4.3.3.1 Standardvorgaben

PageMaker hat viele solcher Standardvorgaben, also Funktionen oder Werte, die automatisch vorgegeben sind. Manche davon können von Ihnen nach Ihren Bedürfnissen geändert werden, andere sind unveränderlich. In den einzelnen Übungen ist jeweils angegeben, was die Standardvorgabe ist.

4.3.4 Zoomen

Sie sollen jetzt die Darstellungsgröße der Seite verändern. Das geht ganz
einfach: Zielen Sie auf eine beliebige Stelle auf der Seite und klicken Sie einmal
kurz mit der rechten Maustaste. Die Darstellungsgröße ändert sich, die Seite
wird plötzlich größer gezeigt. Dies ist die Originalgröße des Dokuments.
Vermutlich paßt jetzt nur noch ein Ausschnitt auf Ihren Bildschirm.

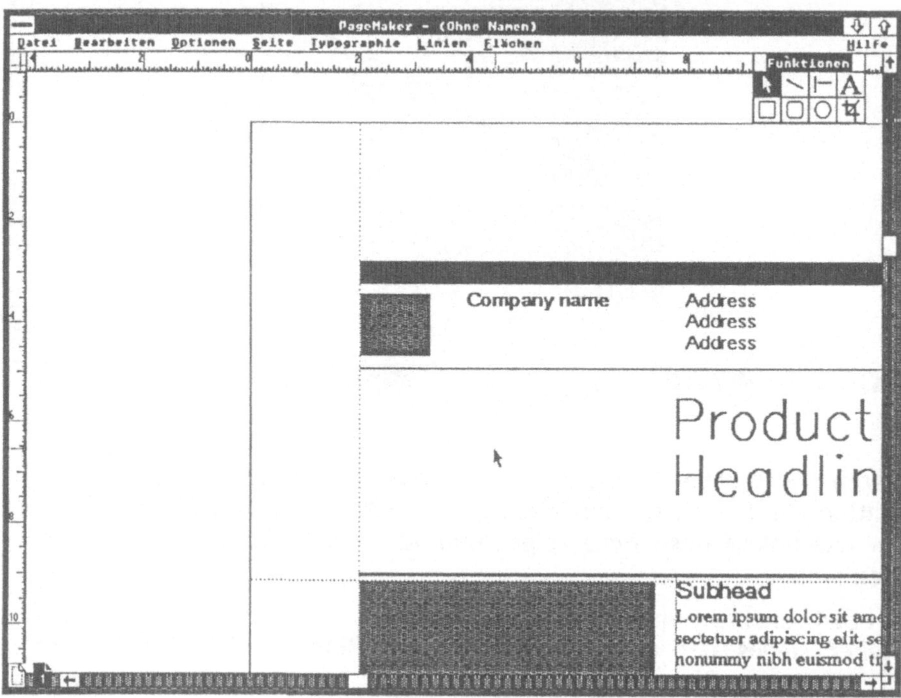

Wenn Sie wieder mit der rechten Maustaste klicken, wird die Seite wieder so
verkleinert, daß sie vollständig dargestellt wird. Dies ist die PageMaker-
Darstellungsgröße »Ganze Seite«. Wenn Sie einen Ganzseitenbildschirm haben,
mit dem Sie eine ganze Seite vollständig in Originalgröße darstellen können,
haben Sie von der Größenänderung vermutlich nichts bemerkt.

Manchmal ist es sinnvoll, bei präzisen Arbeiten die Ausschnitte der Seite noch
größer darzustellen:

- Halten Sie die Shift-Taste gedrückt und klicken Sie gleichzeitig wieder mit
  der rechten Maustaste. Die Seite wird jetzt in zweifacher Vergrößerung
  dargestellt. PageMaker nennt diese Darstellungsgröße »Vergrößerung auf
  200%«.

- Klicken Sie zweimal mit der rechten Maustaste, und die Seite wird wieder
  in der ursprünglichen Größe dargestellt.

Die Lineale erscheinen dabei immer im richtigen Maßstab.

Die rechte Maustaste wird fast nur zum Zoomen benützt. Wenn immer im folgenden die Rede vom Klicken ist, müssen Sie dazu die linke Maustaste verwenden.

4.3.5 Verschieben der Seite

Nun lernen Sie, wie man die Seite auf dem Bildschirm verschiebt. Das ist dann wichtig, wenn nur ein Ausschnitt der Seite auf dem Bildschirm sichtbar ist, Sie aber ein Element bearbeiten wollen, das im Moment nicht sichtbar ist.

Vergrößern Sie die dargestellte Seite durch Zoomen auf 200%. Jetzt ist nur ein Ausschnitt der Seite dargestellt. Um andere Ausschnitte der Seite auf den Bildschirm zu holen, verschieben Sie die Seite auf dem Bildschirm.

Um dies zu erreichen, können Sie die Bildlaufleisten am rechten und unteren Rand des Arbeitsfensters benutzen. Durch Drücken auf einen der entsprechenden Pfeile verschieben Sie den Bildschirminhalt. Die Darstellungsgröße ändert sich dabei nicht.

4.3.5.1 Die PageMaker-Hand

Eine andere Methode dazu ist, bei gedrückter Alt-Taste die Maustaste zu drücken. Der Mauspfeil wird zu einer kleinen Hand, mit der Sie die Seite in jede beliebige Richtung ziehen können.

dolore eu feugiat nulla facilisis at
vero eros et accumsan et iusto odio
magna aliquam erat volutpat. Lorem
ipsum dolor sit amet.

LIST HEADING

    List entry
    List entry
    List entry
    List entry
    List entry
    List entry
    List entry

dolore eu feugiat nulla facilisis at
vero eros et accumsan et iusto odio
magna aliquam erat volutpat. Lorem

4.3.6 Textelemente markieren

Lassen Sie sich nicht davon stören, daß der Text auf der dargestellten Seite zum Teil englisch ist, zum Teil eine Art Pseudo-Latein.

Sie sehen verschiedene Textabschnitte, einige schraffierte Flächen sowie verschieden starke Linien. Text, Flächen (oder Bilder) und Linien sind Elemente auf einer Seite. Um ein solches Element auf irgendeine Weise bearbeiten zu können, müssen Sie es vorher markieren.

Ein Element markieren oder es anwählen heißt, das betreffende Element mit der Maus anzuklicken.

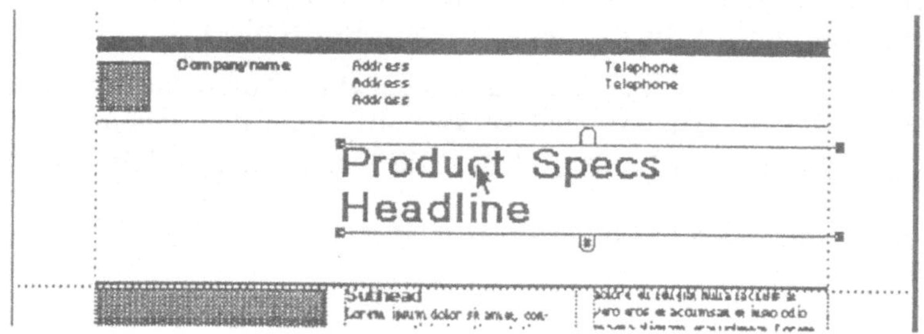

Klicken Sie zunächst mit dem Mauspfeil und der linken Maustaste auf das Wort *Product*. Zwei Begrenzungslinien mit Griffen (im PageMaker-Handbuch werden diese Textblockanfasser genannt) und Endpunkten, den Anfassern, erscheinen ober- und unterhalb des markierten Textblockes. Dies bedeutet, daß der Textblock markiert und damit bearbeitbar ist.

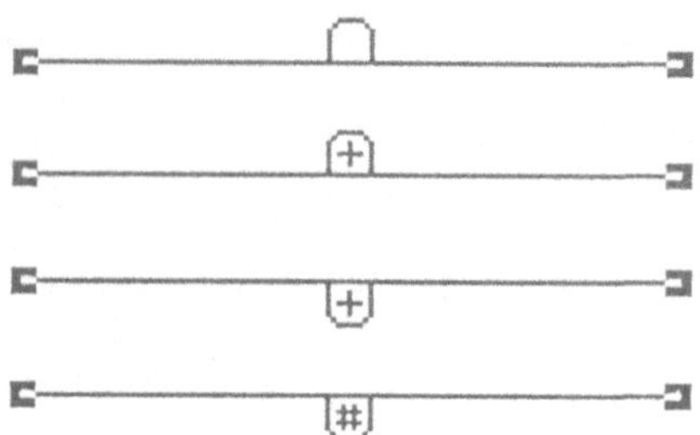

Der obere Griff ist leer, der untere Griff enthält das Nummernzeichen (#). Das Nummernzeichen bedeutet, daß das Ende des Textblockes dargestellt ist, der leere Griff steht für den Anfang des Textblockes.

4.3.7 Textelemente bewegen

Drücken Sie nun auf eine beliebige Stelle zwischen diesen Begrenzungen und halten Sie die Maustaste gedrückt. Der Mauspfeil ändert seine Form in ein Pfeilkreuz. Die Griffe und Anfasser verschwinden, und der Textblock ist statt dessen eingerahmt.

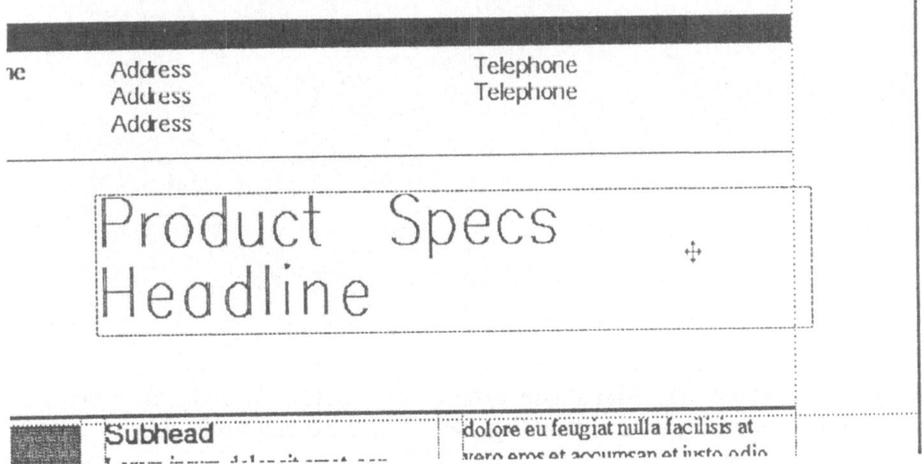

Sie können nun mit der Maus den Textblock an eine beliebige Stelle der Seite setzen. Sobald Sie die Maustaste loslassen, ist der Text an der neuen Position verankert.

4.3.8 Textelemente breiter und schmäler machen

Der Rahmen und auch die Begrenzungslinien zeigen an, wieviel Platz für diesen Textblock reserviert ist. Sie können diesen Platz und damit auch das Aussehen des Textblockes ändern, indem Sie mit der Maus auf den rechten unteren Anfasser, also den rechten Endpunkt der unteren Begrenzungslinie drücken. Der Mauspfeil wird zum Doppelpfeil, und Sie können den Begrenzungsrahmen wie ein Gummiband ziehen. Sobald Sie die Maustaste loslassen, ist dem Textblock der neue Platz zugewiesen.

Sie können für die nächste Übung den Text auf 200% zoomen: Klicken Sie dazu mit der rechten Maustaste auf den Textblock. Dabei spielt es keine Rolle, ob er markiert ist oder nicht. Das Klicken mit der rechten Taste beeinflußt die Markierung nicht.

Ziehen Sie nun den rechten unteren Anfasser soweit nach links, daß die rechte Grenzlinie durch das "p" von *Specs* läuft und ziehen Sie ihn gleichzeitig einige Zentimeter nach unten.

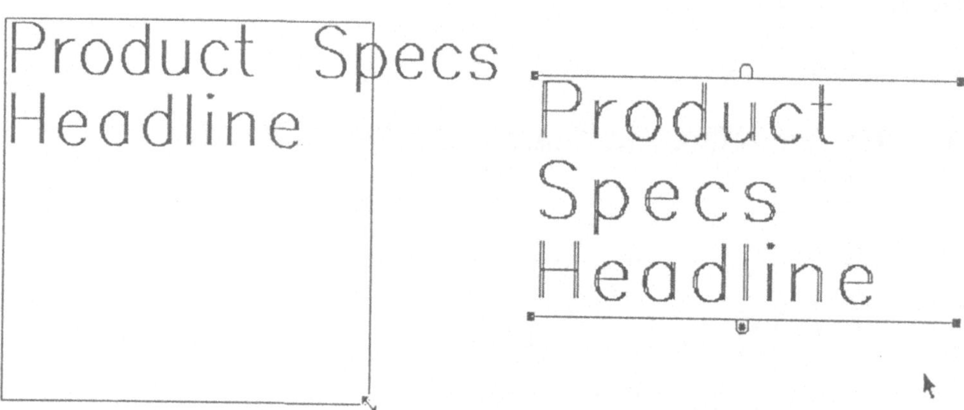

Nach dem Loslassen der Maustaste erhält der Textblock dadurch eine neue Form, er wird dreizeilig statt zweizeilig, der Text wird neu umbrochen.

4.3.9 Markierung aufheben

Der Textblock ist immer noch markiert. Wenn Sie auf eine beliebige Stelle außerhalb des Textblockes klicken, wird die Markierung aufgehoben. Damit Sie nicht versehentlich gleichzeitig ein anderes Element markieren, klicken Sie am besten auf der Montagefläche, das ist die Fläche außerhalb der Seite.

4.3.10 Bildelemente markieren

Gehen Sie zurück in die Darstellungsgröße »Ganze Seite«. Klicken Sie nun auf die oberste der drei großen schraffierten Flächen.

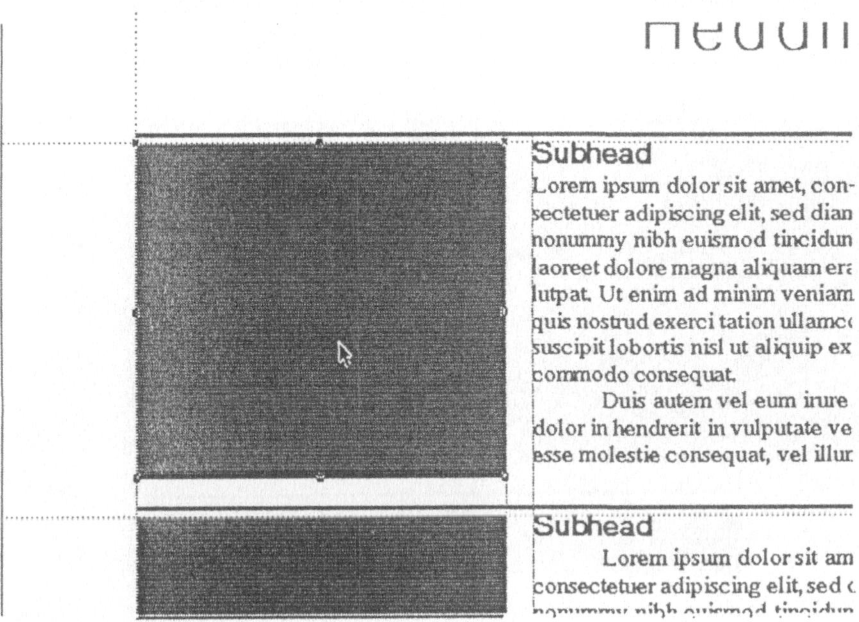

Sie wird dadurch markiert, ähnlich wie ein Textblock. Eine Fläche erhält beim
Markieren acht Anfasser. Sie können die Fläche wie den Textblock an eine
beliebige Stelle auf der Seite ziehen. Dazu zielen Sie am einfachsten auf die
Fläche selbst, nicht auf ihren Rand.

4.3.11 Bildelemente verzerren

Ziehen Sie an einem Anfasser, ändert sich die Größe der Fläche: Wenn Sie am
Anfasser ziehen, der auf der linken Seitenmitte sitzt, können Sie die Breite des
Rechteckes ändern.

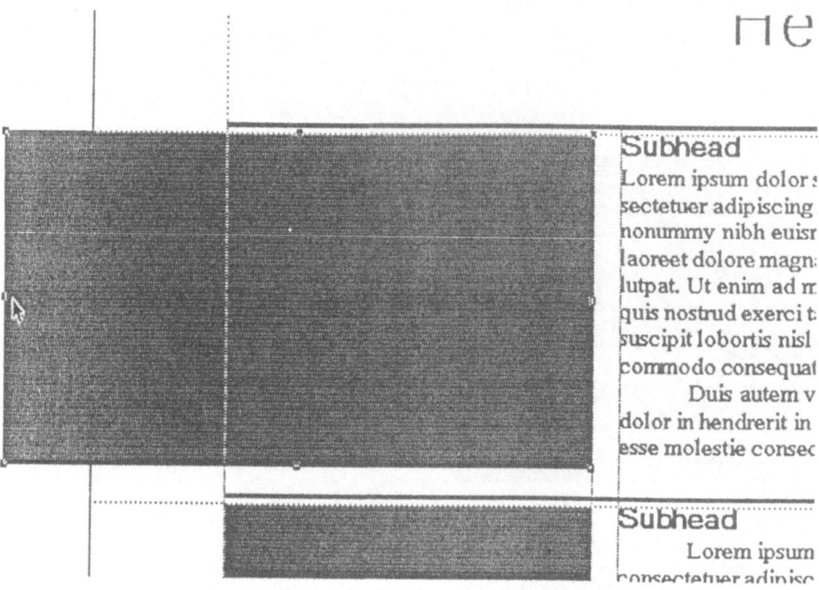

Ziehen Sie an dem mittleren oberen Anfasser, können Sie die Höhe des Rechtecks ändern. Ziehen Sie an einem der Eckanfasser, können Sie beide Dimensionen gleichzeitig verändern.

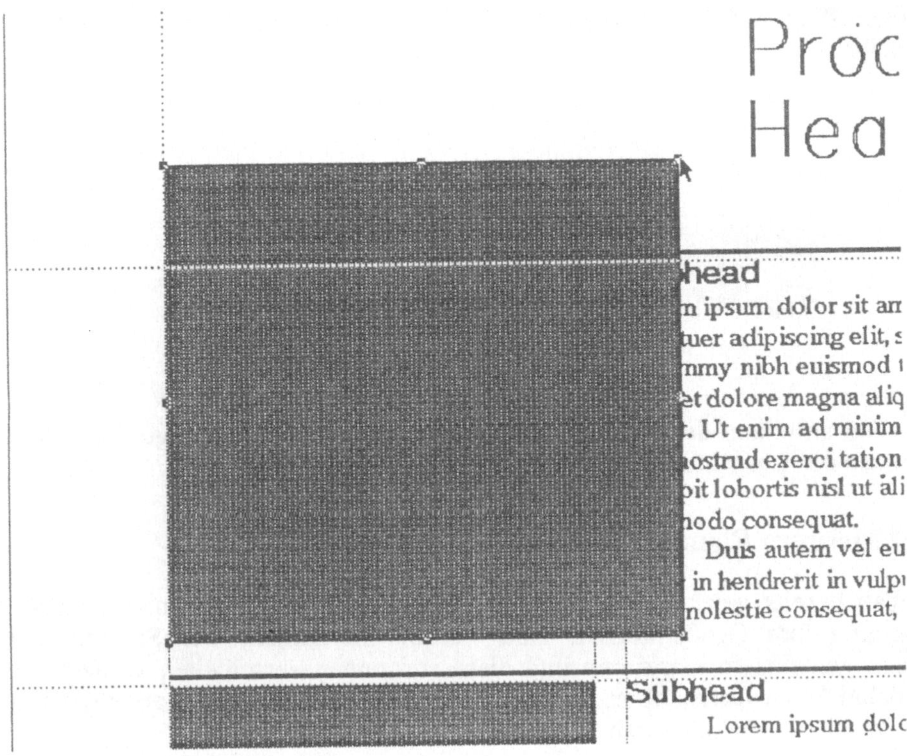

4.3.12 Erhalten der Proportionen

Beim Verzerren wird aus dem ursprünglichen Quadrat sehr wahrscheinlich ein Rechteck. Wollen Sie die Proportionen erhalten, drücken Sie während des Ziehens die Shift-Taste. Dabei spielt es keine Rolle, an welchem Anfasser Sie ziehen. Dadurch können Sie in jeder Größe exakte Quadrate erhalten.

Sie können mit der Shift-Taste sogar aus einem bereits gezeichneten Rechteck ein exaktes Quadrat machen, indem Sie bei gedrückter Shift-Taste einen Eckanfasser bewegen. Das Rechteck verwandelt sich in ein Quadrat.

Lassen Sie sich nicht verwirren: da die Bildpunkte der meisten Bildschirme nicht quadratisch sind, sehen Quadrate (und auch Kreise) auf dem Bildschirm oft verzerrt aus. Beim Ausdruck erhalten Sie aber exakte Ergebnisse.

4.3.13 Linien bewegen und dehnen

Markieren Sie nun die waagerechte Linie über dem obersten großen Quadrat. Für Linien gilt dasselbe wie für die anderen Elemente, Sie können sie an jede beliebigen Platz auf der Seite ziehen. Ziehen Sie dazu an einer Stelle auf der Linie selbst.

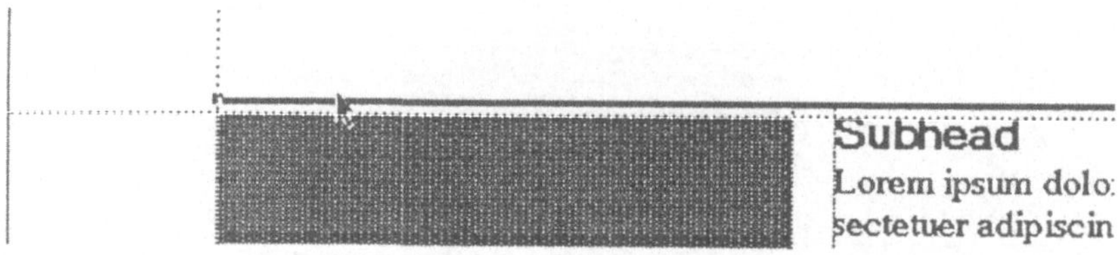

Ziehen Sie an einem der beiden Anfasser, verändern Sie die Länge der Linie. Sie können die Linie kürzer und länger machen.

4.3.14 Mehrere Elemente gemeinsam markieren

Sie haben bereits gelernt, wie man verschiedene einzelne Elemente markiert, bewegt und ihre Größe ändert. Nun werden Sie lernen, wie Sie mehrere Elemente gemeinsam markieren und diese zusammen verschieben können. Es spielt dabei keine Rolle, ob es sich um Text- oder Bildelemente handelt. Dazu gibt es mehrere Möglichkeiten:

- Sie können die verschiedenen Elemente einzeln nacheinander markieren und dabei gleichzeitig die Shift-Taste gedrückt halten. Dies ist sinnvoll bei weit auseinanderliegenden Elementen.

- Sie können mit der Maus einen Markierungsrahmen um Elemente legen und dadurch mehrere Elemente gleichzeitig markieren. Dazu ziehen Sie die Maus bei gedrückter Maustaste über die zu markierenden Elemente.

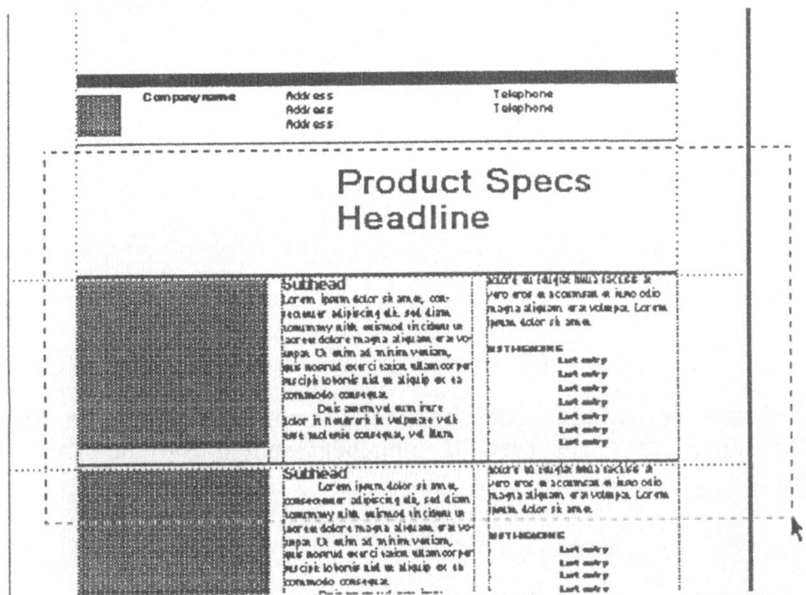

- Drücken Sie die Maustaste auf einer Stelle außerhalb der zu markierenden Elemente. Es werden nur diejenigen Elemente markiert, die sich vollständig in dem gestrichelten Markierungsrahmen befinden. Diese Methode eignet sich also vor allem für nahe beeinanderliegende Elemente.

- Wollen Sie alle oder die meisten Elemente auf einer Seite markieren, wählen Sie in der Menüleiste das Menü »Bearbeiten« und darin den Befehl »Alles Markieren«. Darauf sind alle Elemente auf der dargestellten Seite gleichzeitig markiert.

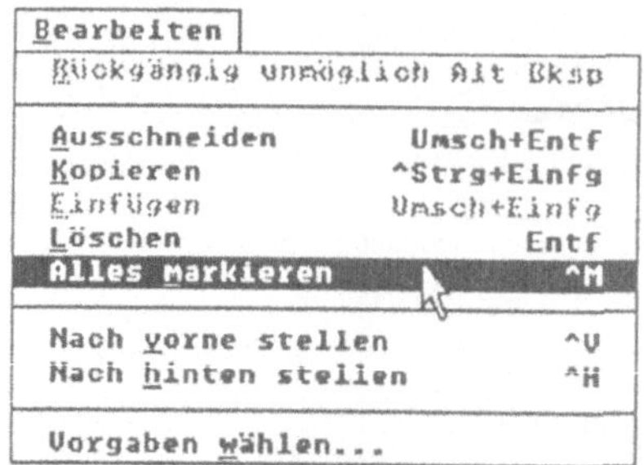

Statt den Befehl mit der Maus über das Menü anzuwählen, können Sie
denselben Befehl auch über die Tastatur eingeben, indem Sie die Tasten
Ctrl + M drücken.

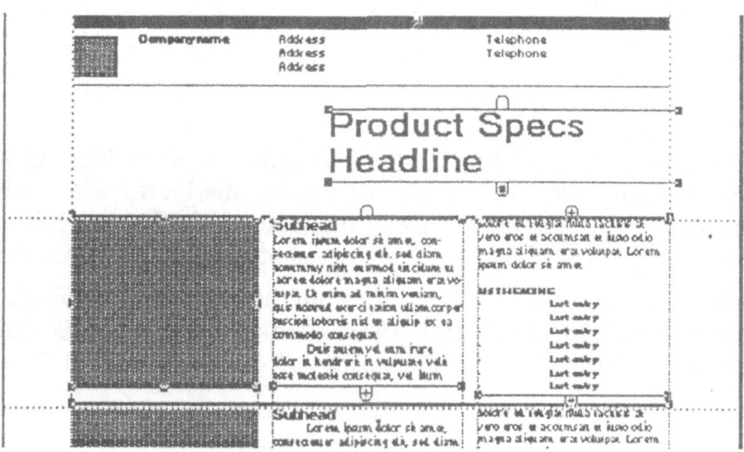

Wollen Sie die Markierung einzelner Elemente entfernen, drücken Sie die Shift-Taste und klicken die entsprechenden Elemente einzeln an. Ihre Markierung verschwindet dadurch.

4.3.15 Normalseite - Standardseite

PageMaker stellt zwei verschiedene Arten von Seiten her, die Standardseiten und die Normalseiten. Das Dokument DATENBLT, das Sie im Moment geladen haben, besteht nur aus der dargestellten Seite 1 und der Standardseite.

Die Standardseite wird nicht ausgedruckt. Sie enthält lediglich Informationen in Form von Standardelementen, die für alle Seiten des Dokumentes gelten. Diese Standardelemente werden im übernächsten Abschnitt besprochen.

Wählen Sie jetzt den Befehl »Alles markieren« im Menü »Bearbeiten«. Es wird Ihnen auffallen, daß gar nicht alle Elemente auf der Seite markiert sind. Die gesamte Kopfleiste der Seite, also der schwarze Balken, das schraffierte kleine Rechteck sowie der danebenstehende Text sind nicht markiert. Außerdem ist die Fußleiste mit dem Text *Footer* und *Page 1* nicht markiert. Das liegt daran, daß sich diese Elemente auf der Standardseite befinden. Sie können auf der dargestellten normalen Seite 1 weder angewählt noch in irgendeiner Weise modifiziert werden, werden aber wie ein normales Seitenelement ausgedruckt.

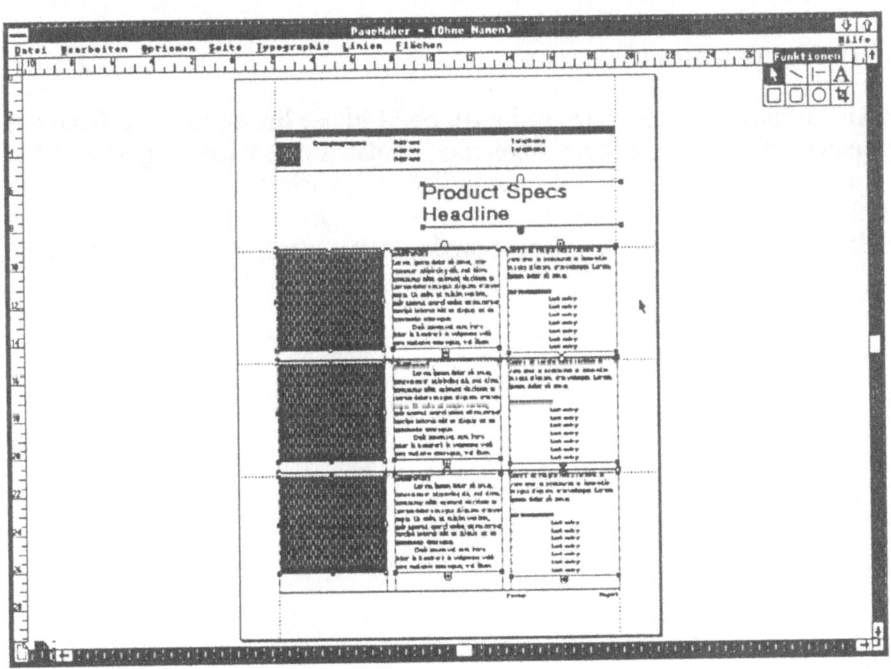

Um Standardelemente bearbeiten zu können, müssen Sie zunächst die Standard-seite aufschlagen, d.h. Sie müssen "blättern".

4.3.15.1 Blättern

Sie blättern in einem geöffneten Dokument, indem Sie auf das entsprechende Seitensinnbild im unteren linken Bildrand klicken. Das Sinnbild der momentan auf dem Bildschirm dargestellten Seite ist markiert. Die Standardseite wird immer durch ein Sinnbild ohne Seitenzahl dargestellt, eine Normalseite durch ein Sinnbild mit der entsprechenden Seitenzahl darauf etwas weiter rechts vom Standardseitensinnbild.

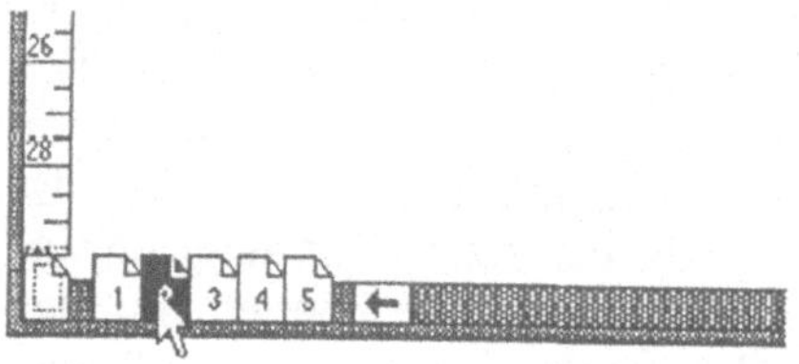

4.3.16 Standardelemente

Klicken Sie auf das weiße Standardseitensinnbild in der linken unteren Ecke des Arbeitsfensters. Eine andere Seite, eben die Standardseite, wird dargestellt. Auf ihr ist kaum noch Text zu sehen. Lediglich die vorher erwähnten, auf der Normalseite unmarkierbaren Elemente sowie einige gestrichelte Hilfslinien sind dargestellt. Die Elemente auf einer Standardseite werden Standardelemente genannt.

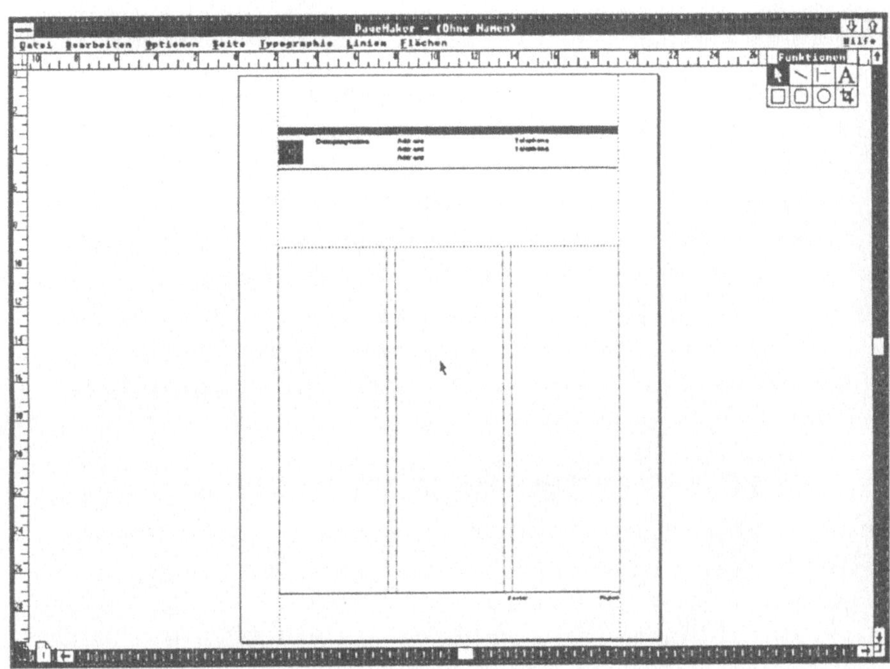

Diese Standardelemente werden von PageMaker automatisch auf jede Seite des Dokumentes an die gleiche Stelle gesetzt. Das heißt, alles, was Sie auf jede Seite Ihres Dokumentes placiert haben wollen, also etwa Kapitelüberschriften oder Schmucklinien, müssen Sie nicht einzeln auf alle Seiten setzen. Es genügt, wenn Sie diese Elemente auf die Standardseite setzen.

Sie können die Standardelemente auf der Standardseite genauso bearbeiten wie normale Elemente auf einer Normalseite. Markieren Sie etwa den dicken schwarzen Balken ganz oben auf der Seite und ziehen Sie ihn senkrecht nach unten auf die Seitenmitte.

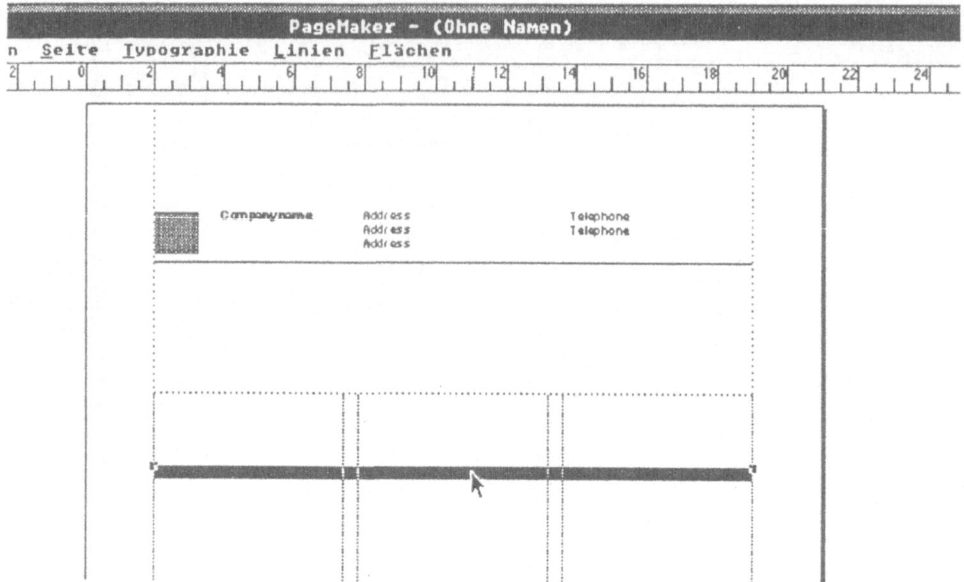

Blättern Sie dann wieder auf die Seite 1: der Balken läuft durch den Text und
das Bild und kann weder angewählt noch bewegt werden.

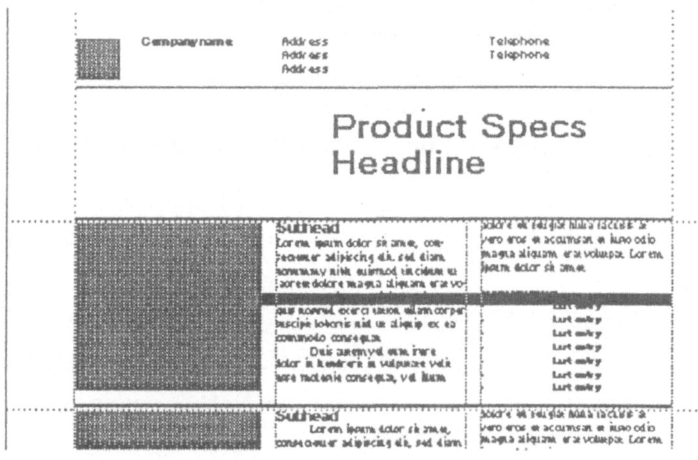

4.3.17 Seiten hinzufügen

Nun sollen Sie Ihr Dokument etwas umfangreicher machen, indem Sie eine neue Seite hinzufügen. Wählen Sie im Menü »Seite« den Befehl »Seite(n) einfügen...«.

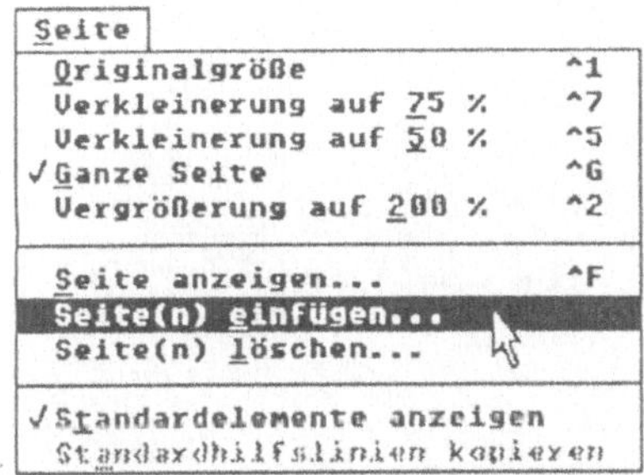

In dem nun erscheinenden Dialogfeld geben Sie ein, daß eine Seite nach der aufgeschlagenen Seite eingefügt werden soll.

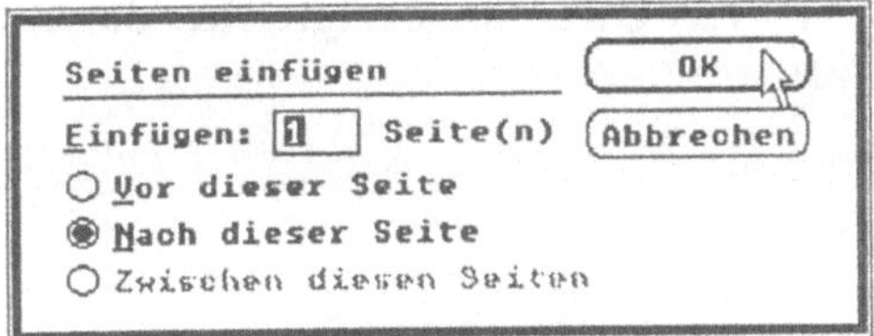

Markieren Sie dazu die Option »Nach dieser Seite« und geben Sie in dem Eingabefeld »Einfügen« die Zahl 1 ein. Klicken Sie »OK« an. PageMaker schlägt automatisch die neue Seite auf, und Sie sehen, daß die Standardelemente bereits da sind.

Bevor Sie nun selbst neue Elemente auf die neu geschaffene Seite bringen, können Sie zunächst einmal das Dokument abspeichern.

4.3.18 Speichern

Zum Speichern wählen Sie im Menü »Datei« den Befehl »Speichern«.

Da Sie der Datei noch keinen Namen gegeben haben, erscheint zunächst ein Dialogfeld, in dem Sie den Dateinamen festlegen können und das Verzeichnis, in dem Sie die Datei speichern wollen. Da die Datei von der Mustervorlage DATENBLT abgeleitet ist, geben Sie als Dateinamen DATENBL1 ein.

Als Verzeichnis wird bereits C:\PM\MUSTVORL angezeigt. In diesem Verzeichnis soll die Datei abgespeichert werden.

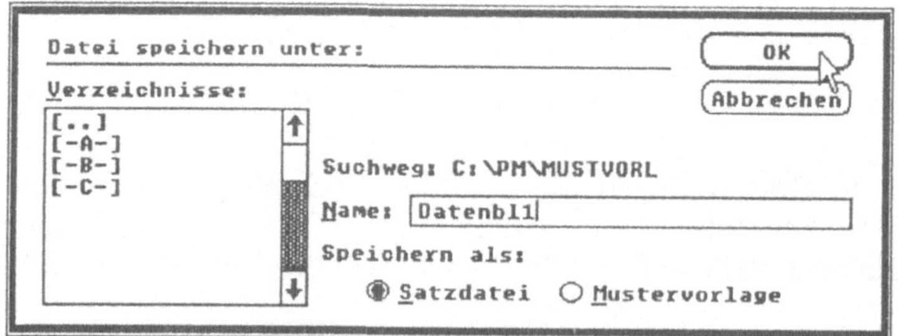

Klicken Sie jetzt den Schalter »OK« an. PageMaker führt darauf die Speicherung durch.

Sie können denselben Befehl rascher ausführen, wenn Sie die Tastenkombination Ctrl + S eingeben. Wenn Sie es jetzt ausprobieren, werden

Sie nicht mehr nach einem Namen für die Datei gefragt. Das betreffende Dialogfeld erscheint nur beim ersten Speichern Ihrer Datei.

4.3.19 PageMaker völlig beenden

Wenn Sie wollen, können Sie die Arbeit mit PageMaker nun unterbrechen. Immer wenn Sie mit einer Arbeitssitzung fertig sind, müssen Sie Ihre Datei schließen und PageMaker beenden.

Dazu wählen Sie aus dem Menü »Datei« den Befehl »Ende« an. Da Sie gerade Ihre Datei gespeichert haben, werden Sie von PageMaker nicht gefragt, ob Sie speichern wollen. Sonst erschiene folgendes Warnfeld:

Statt dessen schließt PageMaker die Datei und Sie werden zum DOS-Fenster von Windows geführt, falls Sie die vollständige Version von Windows installiert haben. Haben Sie die Kurzfassung, gelangen Sie sofort zum DOS-Prompt.

Sie erreichen dasselbe Ergebnis, wenn Sie die Tastenkombination Alt + F4 eingeben. Wollen Sie Windows verlassen, drücken Sie noch einmal die Tasten Alt + F4. Nun sind Sie beim DOS-Prompt.

4.4 Zweiter Tag: Zeichnen und Löschen

Nach dieser Übung werden Sie folgende Begriffe und Arbeitstechniken beherrschen:

- Öffnen einer bestehenden Datei
- Zeichnen mit den PageMaker-Funktionen
- Löschen von Elementen
- Rückgängig machen von Arbeitsschritten
- Schreiben mit dem Editor
- Verwenden der Lineale
- Bewegen des Nullpunkts
- Wählen der Maßeinheit
- Herstellen von Flächen
- Elementebenen
- Speichern der Datei
- Beenden von PageMaker .

4.4.1 Öffnen einer bestehenden Datei

Falls Sie PageMaker am Ende der letzten Übung verlassen haben, starten Sie jetzt das Programm aufs Neue (Befehl WIN PM bzw. PM). Wählen Sie im Menü »Datei« den Befehl »Datei öffnen...«. Laden Sie dann die Datei DATENBL1.PM3, die Sie in der letzten Übung angelegt haben.

Haben Sie PageMaker am Ende der letzten Übung nicht verlassen, machen Sie gleich weiter.

4.4.2 Die Funktionen

In dem Werkzeugkasten oben rechts im Arbeitsfenster sehen Sie eine Reihe von Symbolen.

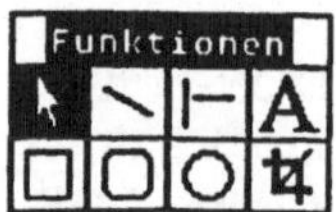

Mauszeigerform

Momentan ist das erste davon markiert, die Pfeilfunktion. Die Pfeilfunktion ist immer automatisch aktiv, wenn Sie PageMaker einschalten. Sie haben bereits einige der Möglichkeiten kennengelernt, die in dem Mauspfeil stecken.

4.4.3 Linien zeichnen mit der Freiwinkellinienfunktion

Das nächste Symbol ist die Freiwinkellinienfunktion. Mit dieser Funktion können Sie, wie der lange Name andeutet, Linien ziehen, deren Winkel oder Neigung frei wählbar ist. Diese Linien sind immer gerade.

Mauszeigerform +

Wählen Sie das Symbol an, indem Sie darauf klicken. Der Mauspfeil hat seine Form in ein Kreuz geändert. Zum Zeichnen setzen Sie dieses Kreuz auf den gewünschten Anfangspunkt der Linie, ziehen die Maus bei gedrückter Taste zum gewünschten Endpunkt und lassen die Maustaste los. Die Linie erscheint und hat zwei Anfasser, ist also markiert.

4.4.3.1 Linienausführung ändern

Wählen Sie nun das Menü »Linien« an. Sie brauchen dazu nicht auf die Pfeilfunktion zurückzuschalten. Sobald Sie auf die Menüleiste zielen, verwandelt sich das Kreuz wieder in den gewohnten Pfeil. Über das Menü »Linien« bestimmen Sie die Stärke und Ausführung der Linie.

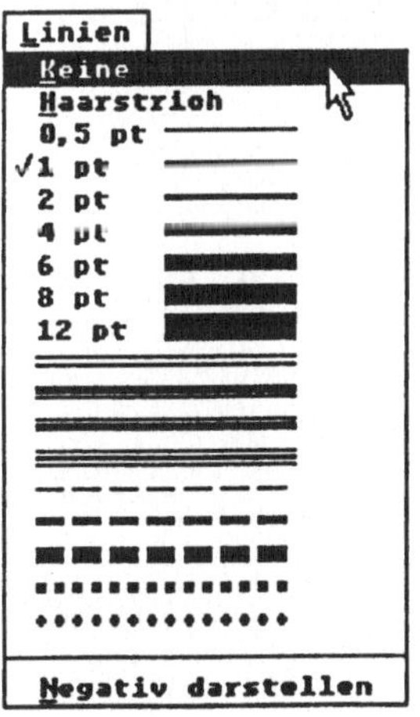

Momentan ist bei der Option »1pt« ein Häkchen, d.h. die markierte, eben gezeichnete Linie hat eine Stärke von 1 Point. Dies ist die Standardvorgabe. Sie können die Maßeinheit Point nicht wechseln.

Wählen Sie nun aus der Liste der Möglichkeiten die Option »12pt« an. Die markierte Linie wird entsprechend dargestellt.

Immer wenn eine Linie markiert ist, kann ihre Ausführung geändert werden. Diese Änderung bezieht sich nur auf die markierte Linie.

Ist keine Linie markiert, wenn Sie eine andere Linienausführung wählen, wird die soeben gewählte Ausführung zur Standardvorgabe.

Ziehen Sie nun an einer beliebigen Stelle auf der Seite einige Linien. Alle werden wieder in der Stärke 1 Point gezeichnet. Wechseln Sie nun zurück in die Pfeilfunktion, indem Sie im Funktionenfenster auf dem Pfeil klicken. Markieren Sie die erste Linie und versehen Sie diese mit der Strichstärke »Haarstrich«. Markieren Sie die nächste Linie und versehen Sie diese mit der Strichstärke 0,5 Point. Verfahren Sie ebenso mit den anderen Linien und versehen Sie jede mit einer anderen Ausführung bzw. mit einem anderen Linienmuster. Wollen Sie alle möglichen Linienvarianten ausprobieren, müssen Sie 17 Linien zeichnen. Sie werden diese Linien später ausdrucken, dadurch erhalten Sie einen Überblick über die Möglichkeiten von PageMaker und Ihrem Drucker.

4.4.3.2 Unsichtbare Linien

Wenn Sie einer Linie die Option »Keine« zuordnen, können Sie eine unsichtbare Linie ziehen, die auch nicht sichtbar gemacht werden kann. Das ist sinnvoll, wenn Sie z.B. eine schraffierte Fläche zeichnen wollen, die keinen Rand hat.

Wenn Sie einer Linie die Option »Negativ darstellen« zuordnen, zeichnen Sie damit eine weiße Linie, die nur auf einem dunklen Hintergrund sichtbar wird. Wir werden weiter unten darauf zurückkommen.

4.4.4 Linien zeichnen mit der Festwinkellinienfunktion

Wählen Sie nun bitte durch Klicken die nächste Funktion aus dem Funktionenfenster, die Festwinkellinienfunktion.

Mauszeigerform +

Linien, die Sie mit dieser Funktion ziehen, sind immer entweder senkrecht, waagerecht oder haben eine Neigung von 45 Grad. Ansonsten gilt für sie das gleiche wie für die normale Linienzeichenfunktion. Sie können auf die gleiche Weise Linienstärke und Linienausführung ändern.

4.4.5 Linien bewegen

Alle Linien, die Sie eben gezeichnet haben, können Sie nachträglich an eine andere Position ziehen. Dazu müssen die Linien mit der Pfeilfunktion markiert sein. Dann ziehen Sie die Linie mit der Maus an die gewünschte Position.

4.4.6 Länge ändern

Sie können auch nachträglich die Länge jeder Linie verändern, indem Sie mit der Maus die Anfasser an die gewünschte Stelle ziehen. Linien, die mit der Freiwinkellinienfunktion gezeichnet wurden, sind dabei beliebig anzuordnen. Festwinkellinien behalten einen der vorgeschriebenen Neigungswinkel.

4.4.7 Löschen von Elementen

Wenn Sie beim Üben mit der Zeichenfunktion zuviele Linien gezeichnet haben, können Sie diese ganz einfach löschen. Es gibt zwei Möglichkeiten, sie zu löschen:

- Markieren Sie dazu die Linie, die gelöscht werden soll, mit dem Mauspfeil.

- Drücken Sie die Del-Taste. Das geht am schnellsten.

- Wenn Sie lieber mit der Maus arbeiten, wählen Sie den Befehl »Löschen« im Menü »Bearbeiten« an.

```
Bearbeiten
 Rückgängig unmöglich Alt Bksp

 Ausschneiden          Umsch+Entf
 Kopieren              ^Strg+Einfg
 Einfügen              Umsch+Einfg
 Löschen               Entf
 Alles markieren       ^M

 Nach vorne stellen    ^V
 Nach hinten stellen   ^H

 Vorgaben wählen...
```

Sie können mit diesem Befehl jedes beliebige Element löschen. Es muß nur markiert sein.

4.4.7.1 Löschen rückgängig machen

Bei beiden Löschmöglichkeiten gibt es eine Möglichkeit, versehentliches Löschen eines Elementes rückgängig zu machen. Allerdings müssen Sie dazu den Fehler unmittelbar nach dem Ausführen des Befehls bemerken. Sie können das gelöschte Element nur retten, wenn Sie sofort als nächstes den Befehl »Rückgängig« im Menü »Bearbeiten« wählen. Das gelöschte Element erscheint wieder.

Mit diesem Befehl können Sie immer den zuletzt ausgeführten Schritt rückgängig machen. Er ändert seinen Namen, je nachdem, welcher Arbeitsschritt rückgängig gemacht werden soll. In diesem Fall heißt er »Löschen rückgängig«. Ich bezeichne ihn der Einfachheit halber immer als »Rückgängig«.

4.4.8 Text schreiben mit dem Editor

Die nächste Funktion ist der Editor. Er ist das zweitwichtigste Instrument. Mit ihm können Sie neuen Text schreiben, alten Text korrigieren und Textabschnitte innerhalb eines Textblockes markieren.

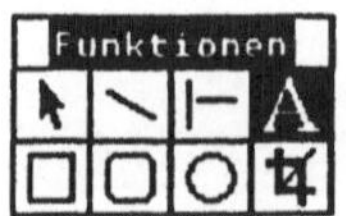

Mauszeigerform   I

Wenn Sie das Symbol A anwählen, bekommt der Mauszeiger die Form eines senkrechten Balkens mit kleinen Verzweigungen an den Enden.

4.4.8.1. Einfügeposition erzeugen

Führen Sie nun die Maus an eine beliebige Stelle auf der Seite und klicken Sie einmal.

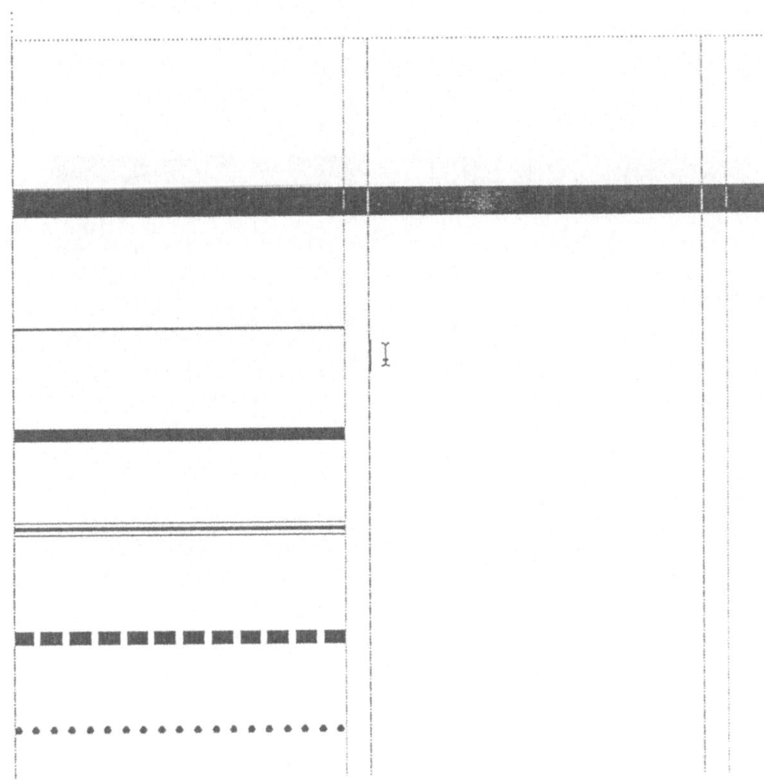

Sie erzeugen damit eine Einfügeposition, an der Sie über die Tastatur Text eingeben können. Schreiben Sie jetzt den folgenden Satz:

Der König von Spanien hat eine Glatze.

4.4.8.2 Textblock markieren

Wechseln Sie nun zurück in die Pfeilfunktion. Wenn Sie den soeben geschriebenen Textblock markieren, sehen Sie, daß er genauso wie der weiter oben markierte Textblock auf Seite 1 Begrenzungslinien, Griffe und Anfasser hat.

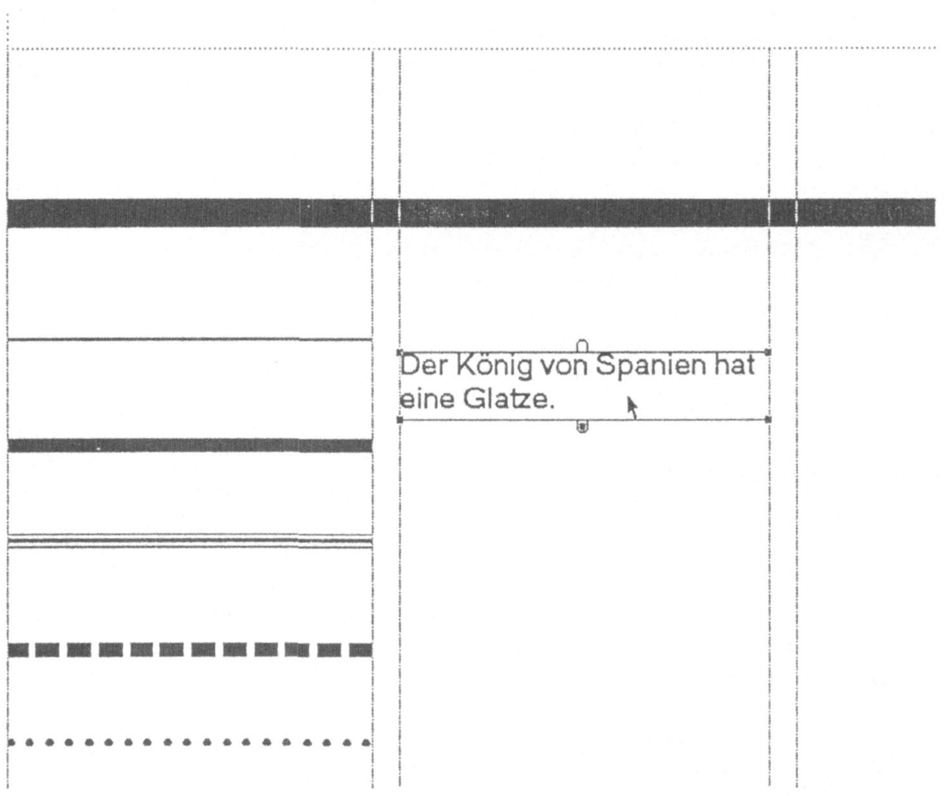

Wenn Sie den Textblock nun entsprechend verschmälern, trennt PageMaker das Wort Spanien selbsttätig an der richtigen Stelle. Probieren Sie es aus.

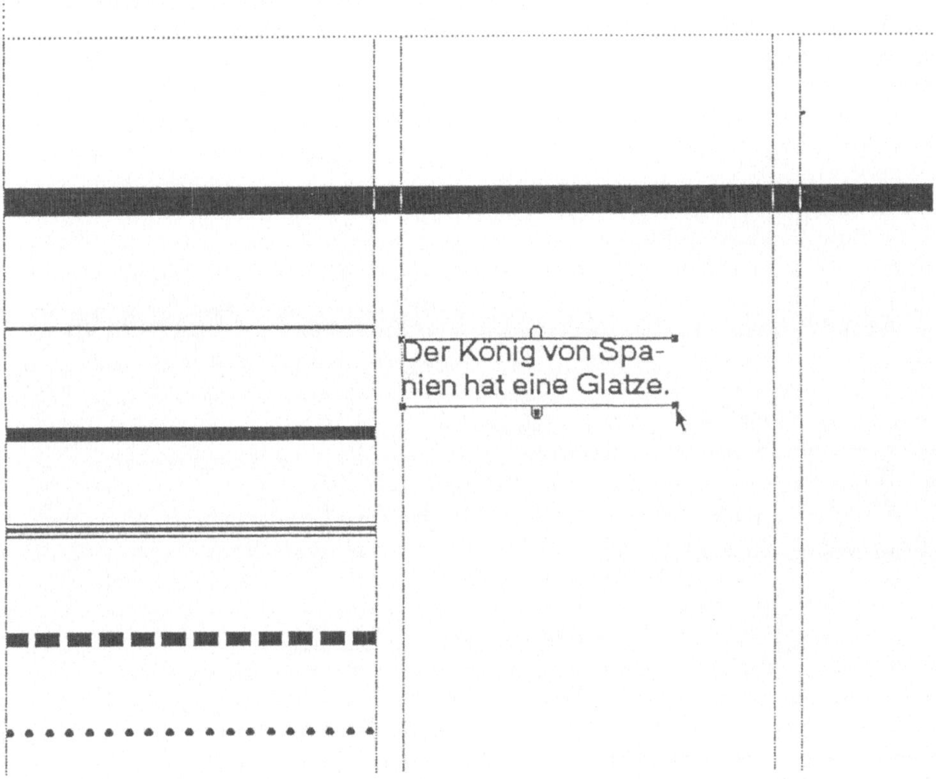

Wie Sie die Schriftart und -größe bestimmen und wie Sie im Editor Text markieren, lernen Sie in einer der nächsten Lektionen.

4.4.9 Rechtecke zeichnen

Wenn Sie die Rechteckfunktion anwählen, wird der Mauspfeil wieder zum Kreuz.

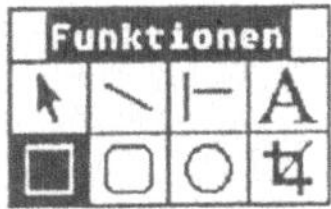

Mauszeigerform +

Zielen Sie auf einen Eckpunkt des geplanten Rechtecks und ziehen Sie die Maus mit gedrückter Taste auf den diagonal gegenüberliegenden Eckpunkt. Dabei ziehen Sie bereits ein Rechteck über die Seite.

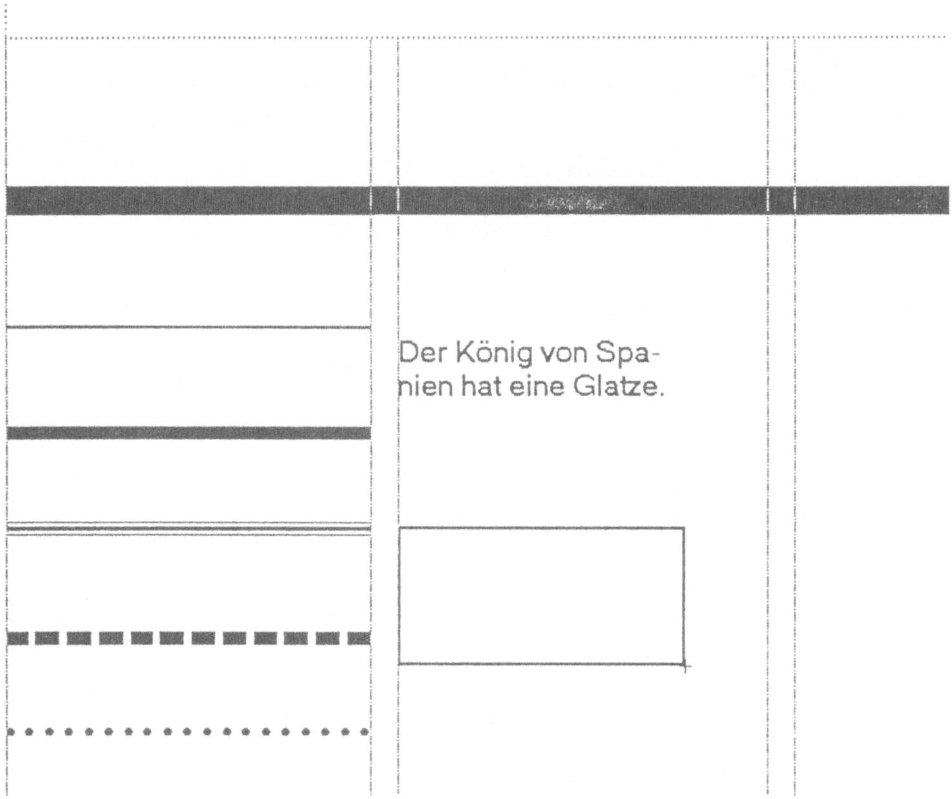

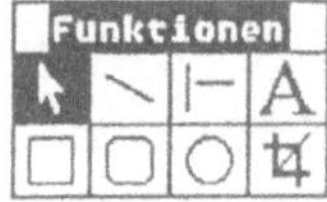

Lassen Sie die Maustaste los, ist das Rechteck auf der Seite verankert. Es ist markiert.

4.4.9.1 Rechteck bewegen

Sie können in der Pfeilfunktion Ort und Größe des soeben gezeichneten Rechtecks verändern. Schalten Sie dazu um in die Pfeilfunktion.

Um das Rechteck zu markieren, müssen Sie beim Klicken auf die Linie zielen. Klicken Sie auf der umrahmten Fläche, wird der Rahmen nicht markiert.

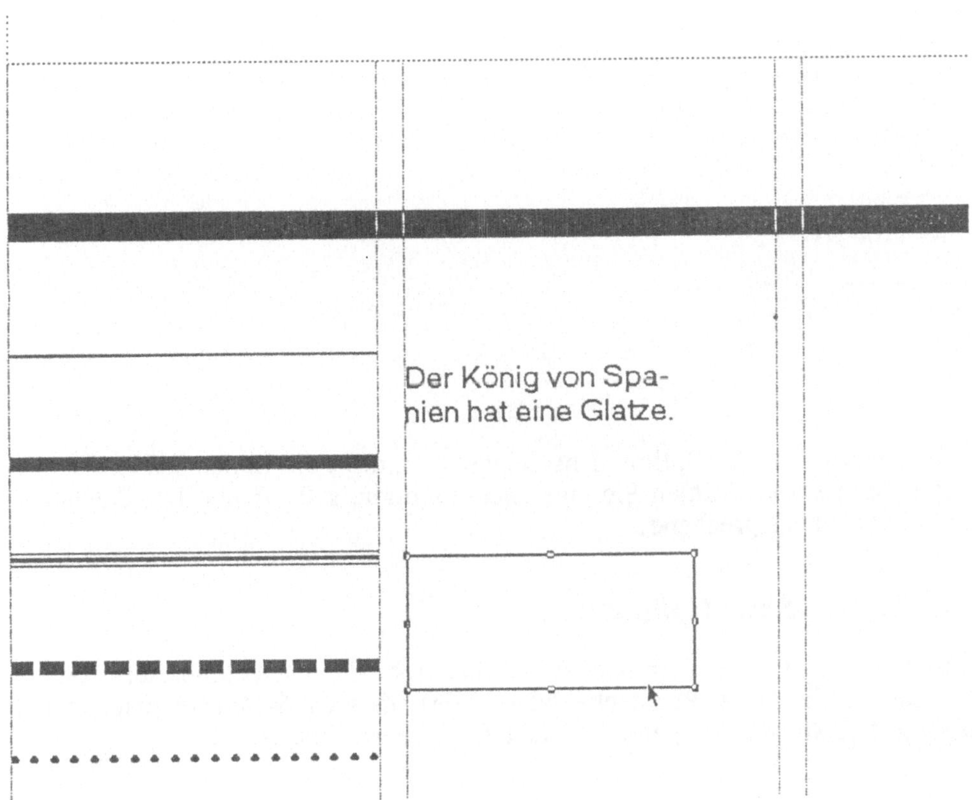

Sie müssen den Rahmen an einer beliebigen Stelle zwischen den Anfassern greifen. Ziehen Sie an einem der Anfasser, verändern Sie die Größe des Rahmens. Den Rahmen können Sie genauso verändern wie in der letzten Übung das schraffierte Rechteck.

4.4.9.2 Rahmenausführung ändern

Ähnlich wie vorher in der Linienfunktion können Sie auch bei Rechtecken die Stärke und Ausführung der Linie ändern. Markieren Sie das Rechteck und wählen Sie das Menü »Linien«.

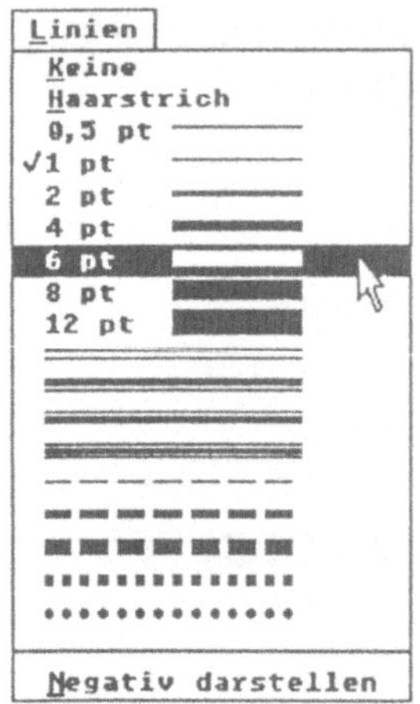

Wahrscheinlich ist die Option »1 pt« angekreuzt, d.h., die Linien des Rechtecks sind 1 Point stark. Wählen Sie eine andere Option, z.B. »6 pt«. Das Rechteck verändert sich entsprechend.

4.4.10 Lineale und Nullpunkt

Mit den beiden Linealen am oberen und linken Rand des Arbeitsfensters können Sie die Größe eines Rechtecks bzw. jedes anderen Seitenelementes exakt messen. Die Standardvorgabe der Maßeinheit ist Millimeter.

4.4.10.1 Maßeinheit festlegen

Sie können die eingestellte Einheit prüfen und verändern, indem Sie im Menü »Bearbeiten« den Befehl »Vorgaben wählen...« anklicken.

Im auftauchenden Dialogfeld können Sie, falls nicht schon der Fall, für das senkrechte und waagerechte Lineal die Maßeinheit Millimeter anklicken. Durch Klicken auf »OK« bestätigen Sie die Einstellung.

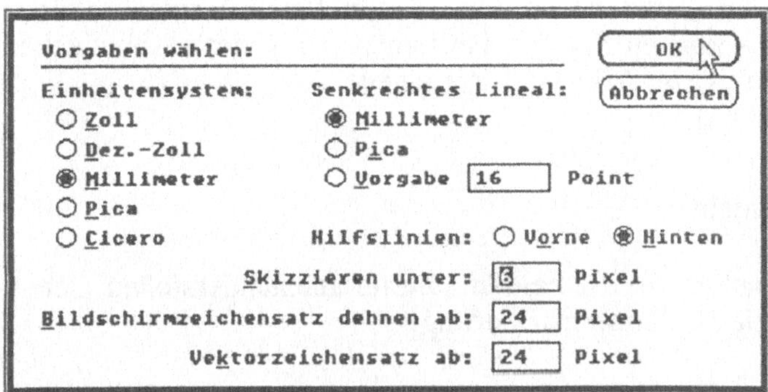

4.4.10.2 Messen

Zum Messen eines Rechteckes zielen Sie mit der Spitze des Mauspfeils auf einen Eckpunkt des zu messenden Rechecks. Die Position des Mauspfeils wird durch eine Linie sowohl auf dem senkrechten als auch auf dem waagerechten Lineal angezeigt.

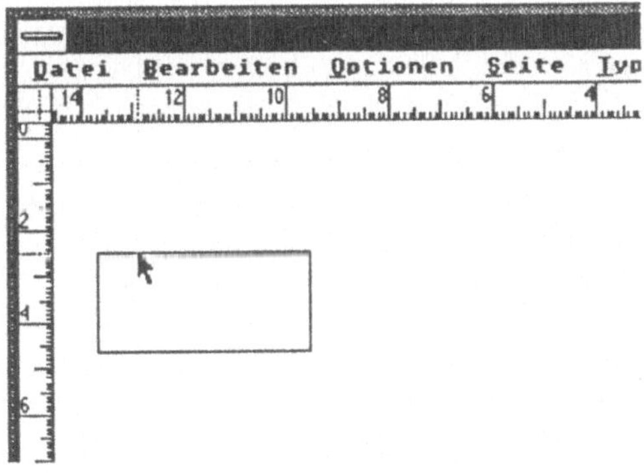

Wollen Sie die Höhe des Rechtecks messen, legen Sie die Spitze des Mauspfeils zunächst auf die linke obere Ecke des Rechtecks. Lesen Sie den von der

Mausposition bestimmten Wert auf dem senkrechten Lineal ab. Für unser Beispiel sei er 10 cm. Dann zielen Sie mit dem Mauspfeil auf die linke untere Ecke und lesen den Wert auf dem Lineal ab. Wenn dieser Wert z.B. 14 cm ist, ist die Höhe des Rechteckes 14 - 10 = 4 cm.

Natürlich ist Messen auf diese Art etwas aufwendig. Um das umständliche Subtrahieren zu vermeiden - und nur selten können Sie mit solch schönen geraden Zahlen arbeiten - können Sie den Nullpunkt der Lineale verschieben und an jeden beliebigen Punkt im Arbeitsfenster legen.

4.4.10.3 Nullpunkt verschieben

Links oben im Arbeitsfenster, wo die beiden Lineale aneinanderstoßen, sehen Sie ein kleines Quadrat, die Nullpunktmarkierung.

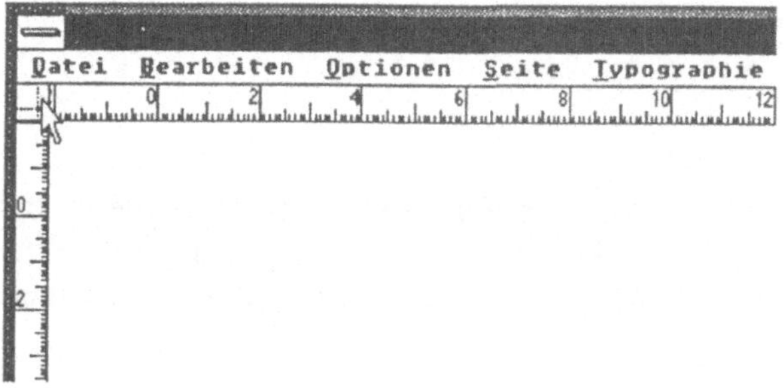

Daraus können Sie bei gedrückter Maustaste ein Fadenkreuz ziehen und es auf die linke obere Ecke des Rechteckes setzen.

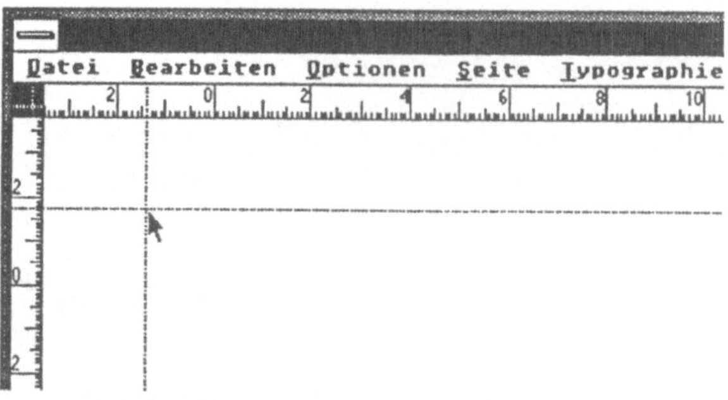

Lassen Sie die Maustaste los, verschwindet das Fadenkreuz, und der Nullpunkt der Lineale ist so verschoben, daß er mit dem linken oberen Eckpunkt des Rechteckes zusammenfällt. Zum Messen der Höhe des Rechtecks zielen Sie nun einfach mit dem Mauspfeil auf die untere Ecke des Rechteckes, Sie können den Wert direkt am Lineal ablesen. Die Breite des Rechteckes bestimmen Sie ebenso.

Die Position des Nullpunktes können Sie beliebig oft verändern, indem Sie neue Fadenkreuze aus der Nullpunktmarkierung ziehen. Die vorgegebene Standardposition des Nullpunktes ist die Stelle, wo sich die linke und die obere Seitenkante Ihres Dokumentes treffen. Ziehen Sie den Nullpunkt immer dahin, wo er Ihnen am meisten nützt.

4.4.10.4 Nullpunkt festsetzen

Wenn Sie den Nullpunkt gegen versehentliches Verschieben sichern wollen, wählen Sie in dem Menü »Optionen« den Befehl »Nullpunktfestsetzung«.

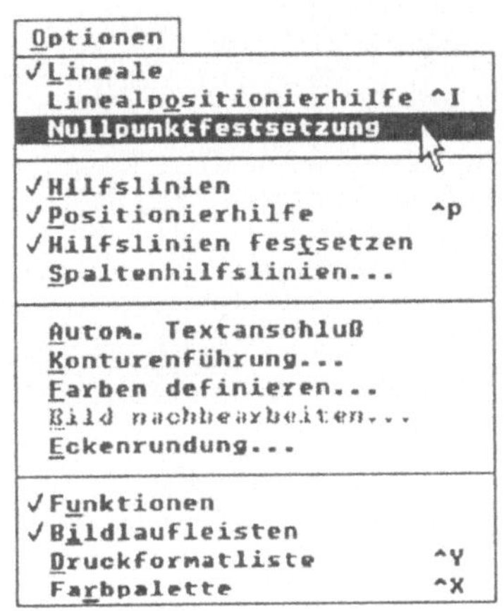

Der Nullpunkt kann erst wieder verschoben werden, wenn der Befehl wieder abgewählt ist.

4.4.11 Weitere Rechtecke zeichnen

Verändern Sie nun die Größe des Rechtecks so, daß es 4 x 6 cm mißt. Schalten Sie dann wieder um in die Rechteckfunktion und zeichnen Sie anschließend zwei weitere Rechtecke auf die Seite, eines mit den Maßen 4x 3 cm, das andere 3 x 6 cm.

Die Position der Rechtecke ist zunächst beliebig. Wenn Sie Schwierigkeiten haben, die Rechtecke in der gewünschten Größe zu zeichnen, ist es sinnvoll, in die Darstellungsgröße »Originalgröße« (Klicken mit der rechten Maustaste) oder »Vergrößerung auf 200%« (Klicken mit der rechten Maustaste bei gedrückter Shift-Taste) umzuschalten. Üben Sie ein wenig. Es ist für diese Übung allerdings nicht wichtig, daß die Maße genau eingehalten werden.

4.4.12 Quadrate zeichnen

Sie können ein exaktes Quadrat zeichnen, wenn Sie die Shift-Taste beim Zeichnen gedrückt halten.

4.4.13 Rechtecke mit einem Flächenmuster füllen

Markieren Sie das größte der Rechtecke und wählen Sie dann das Menü »Flächen«. Dort ist die Option »Keine« angekreuzt. Das heißt, das markierte Rechteck ist mit keinem der angebotenen Flächenmuster belegt, es ist lediglich ein Rahmen. Wählen Sie die Option »30%« an. Der Rahmen wird mit einem 30%-Raster gefüllt.

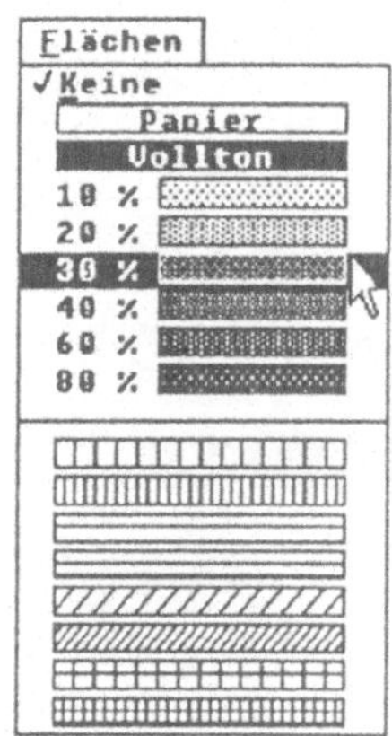

Wechseln Sie zurück in die Pfeilfunktion und markieren Sie das mittlere Rechteck. Wählen Sie dafür die Option »Vollton« in dem Menü »Flächen«. Der Rahmen wird mit einer schwarzen Fläche gefüllt.

Füllen Sie jetzt noch das kleinste Rechteck mit dem Flächenmuster »Papier«. Der Rahmen wird mit einer weißen Fläche gefüllt. Im Gegensatz zum gewissermaßen durchsichtigen Rahmen (Option »Keine«) ist diese weiße Fläche aber deckend. Geben Sie anschließend dem Rahmen im Menü »Linien« die

Option »Keine«, so erhalten Sie eine randlose weiße Fläche, die Sie nur sehen können, wenn sie markiert ist bzw. wenn sie vor einem dunklen Hintergrund steht.

PageMaker kann nämlich Seitenelemente in verschiedenen Ebenen übereinander legen. Wenn Sie mit der Pfeilfunktion das weiße Rechteck über den vorher geschriebenen Satz ziehen, können Sie Teile des Textes oder den ganzen Text damit verdecken. Der Text ist dadurch aber nicht gelöscht, sondern lediglich verdeckt.

4.4.14 Die Elementebenen

Die Elementebenen können Sie u.a. zur grafischen Gestaltung einer Seite ausnützen. Um sich die Möglichkeiten besser vorstellen zu können, sollen Sie jetzt die soeben angefertigten Rechtecke übereinanderlegen. Legen Sie das schwarze Rechteck mit seinem linken Rand auf den rechten Rand des grauen Rechtecks. Ziehen Sie dann das weiße Rechteck so über die anderen beiden Rechtecke, daß es sie teilweise abdeckt. Sie können nun genau sehen, wie das graue Rechteck gewissermaßen ganz unten liegt, das weiße ganz oben und das schwarze dazwischen.

Sie können die Reihenfolge bzw. die Lage der einzelnen Elemente ändern, indem Sie das unterste, graue Rechteck anwählen. Wenn Sie lange genug auf der Maustaste bleiben, springt das Rechteck in die oberste Position.

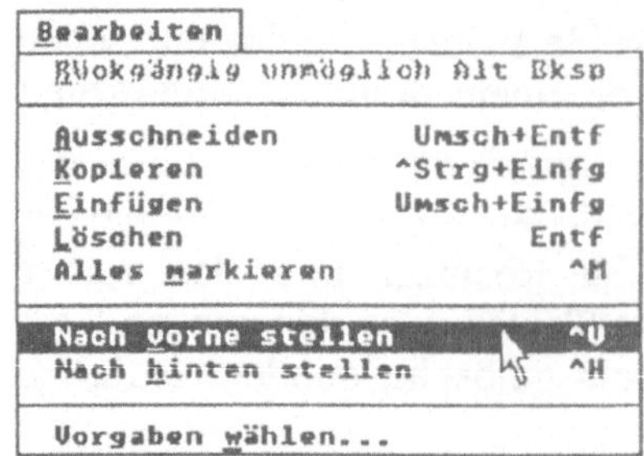

Sie können aber auch im Menü »Bearbeiten« die Option »Nach vorne stellen« anwählen. Das markierte Element wird dadurch in die oberste Ebene gerückt. Wählen Sie diese Methode, wenn Sie nicht riskieren wollen, die Position des betreffenden Elementes auf der Seite zu verändern.

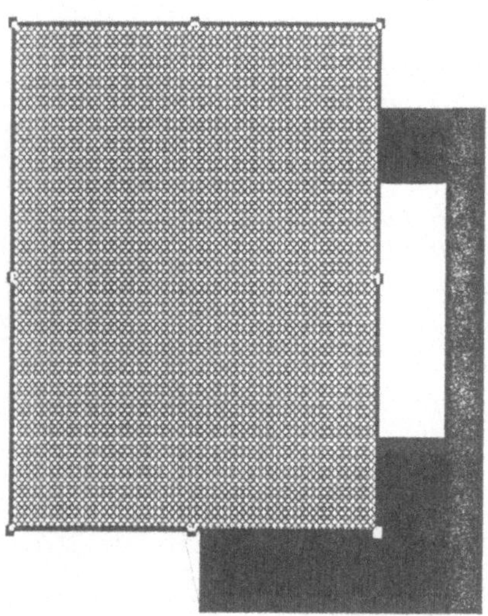

4.4.15 Zeichnen mit der Sonderrechteckfunktion

Diese Funktion funktioniert prinzipiell genauso wie die Rechteckfunktion. Über das Menü »Linien« bzw. »Flächen« können Sie das Aussehen verändern.

Mauszeigerform +

Der Unterschied zur Rechteckfunktion ist lediglich die abgerundete Form der Ecken. Sie können im Menü »Optionen« über das Dialogfeld »Eckenrundung« den Radius dieser Ecken bestimmen. Rechtecke mit abgerundeten Ecken können in normale Rechtecke umgewandelt werden, wenn Sie einem markierten Rechteck Ecken mit 90 Grad zuordnen. Exakte Quadrate mit abgerundeten Ecken zeichnen Sie, wenn Sie die Shift-Taste beim Zeichnen gedrückt halten.

4.4.16 Zeichnen mit der Kreisformenfunktion

Mit der Kreisformenfunktion können Sie Ellipsen und Kreise zeichnen. Exakte Kreise zeichnen Sie, wenn Sie die Shift-Taste beim Zeichnen gedrückt lassen.

Mauszeigerform +

Sie können die Linienausführung im Menü »Linien« ändern, im Menü »Flächen« können Sie den Rahmen mit einer Flächenausführung füllen.

4.4.17 Speichern

Speichern Sie jetzt wieder, was Sie bisher gezeichnet haben. Dazu wählen Sie im Menü »Datei« den Befehl »Speichern«. Da Sie der Datei bereits einen Namen gegeben haben, erscheint das oben erwähnte Dialogfeld nicht mehr, sondern die Datei wird sofort gespeichert.

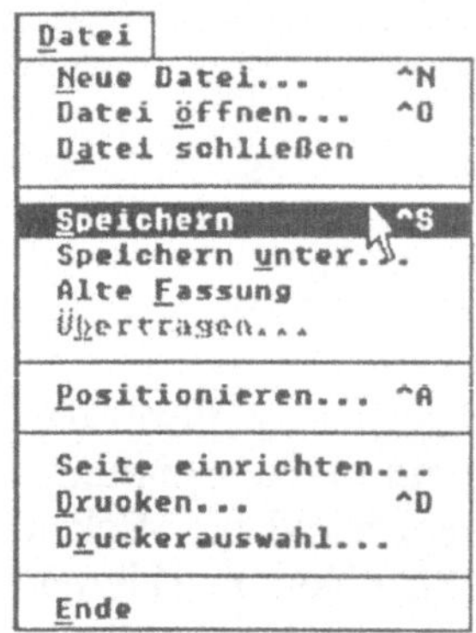

Sie können denselben Befehl rascher ausführen, wenn Sie die Tastenkombination Ctrl + S eingeben.

In der nächsten Übung werden Sie die Datei ausdrucken. Sie können dann auf dem Ausdruck sehen, wie Ihr Drucker die verschiedenen Raster und Linienausführungen, mit denen Sie bis jetzt gearbeitet haben, ausdruckt.

4.4.18 PageMaker völlig beenden

Wenn Sie mit einer Arbeitssitzung fertig sind, können Sie Ihre Datei schließen und PageMaker beenden.

Dazu wählen Sie aus dem Menü »Datei« den Befehl »Ende« an. Da Sie gerade Ihre Datei gespeichert haben, werden Sie von PageMaker nicht gefragt, ob Sie speichern wollen.

Sonst erschiene folgendes Warnfeld:

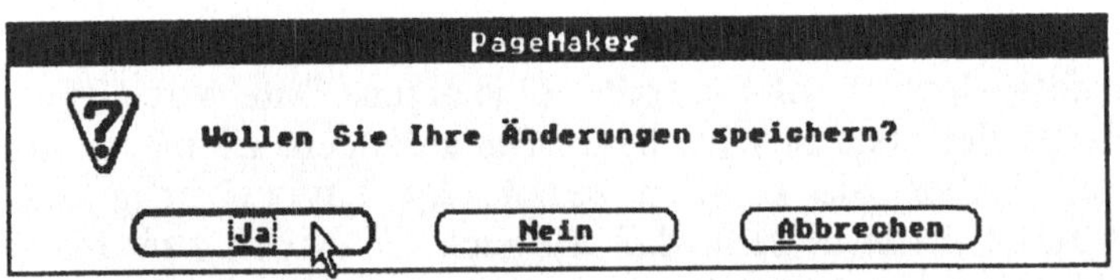

Statt dessen schließt PageMaker die Datei und Sie werden zum DOS-Fenster geführt. Sie erreichen dasselbe Ergebnis, wenn Sie die Tastenkombination Alt + F4 eingeben.

4.5 Dritter Tag: Drucken und Druckformate

Nach dieser Übung werden Sie folgende Begriffe und Arbeitstechniken beherrschen:

- Drucker festlegen

- Markieren mit dem Editor

- Schriftfestlegung

- Druckformate

- Drucken

4.5.1 Datei öffnen

Öffnen Sie zunächst wieder die Datei DATENBL1.PM3, die Sie in der letzten Übung angelegt haben. Schlagen Sie die Seite 1 auf.

4.5.2 Reindrucker und Konzeptdrucker

Für diese Übung müssen Sie den Reindrucker festlegen. Der *Reindrucker* ist derjenige Drucker, für den eine Datei ausgelegt wird und über den die Datei letztendlich ausgedruckt werden soll. Der Reindrucker kann z.B. eine Fotosatzanlage sein, die gar nicht an Ihren Computer angeschlossen zu sein braucht.

Der *Konzeptdrucker* dagegen ist der Drucker, der an Ihr System angeschlossen ist und mit dem Sie Probeausdrucke vornehmen. Der Konzeptdrucker kann identisch mit dem Reindrucker sein.

Sind die beiden nicht identisch, ist die Qualität und evtl. auch das Aussehen des Probeausdrucks vermutlich nicht so gut wie beim endgültigen Ausdruck über den Reindrucker.

Da Sie die Datei DATENBL1 aus einer Mustervorlage gewonnen haben, ist noch kein Reindrucker festgelegt. Wenn Sie später eine eigene Datei von Grund auf anlegen, ist das immer der erste Schritt, bevor Sie anfangen, Elemente auf einer Seite anzuordnen. Haben Sie nämlich bereits Ihr Layout fertig und wechseln dann den Drucker, kann es sein, daß Sie sich die Arbeit aufs Neue machen müssen. PageMaker rechnet den Platzbedarf für jeden Buchstaben neu aus, wenn der Drucker gewechselt wird. Selbst wenn die Schriften von verschiedenen Druckern dieselben Namen haben, sind sie nicht unbedingt identisch, d.h., Zeilenbreite oder Absatzlänge können sich ändern.

4.5.3 Festlegen des Reindruckers

Zum Festlegen des Reindruckers wählen Sie im Menü »Datei« den Befehl »Druckerauswahl...«.

In dem folgenden Dialogfeld sehen Sie eine Liste der installierten Drucker bzw. eine Liste der installierten Druckersteuerdateien. Die Drucker selbst müssen nicht tatsächlich an Ihr System angeschlossen sein. Markieren Sie die Option »PostScript Drucker«. Es spielt momentan keine Rolle, auf welchem Ausgang dieser Drucker liegt.

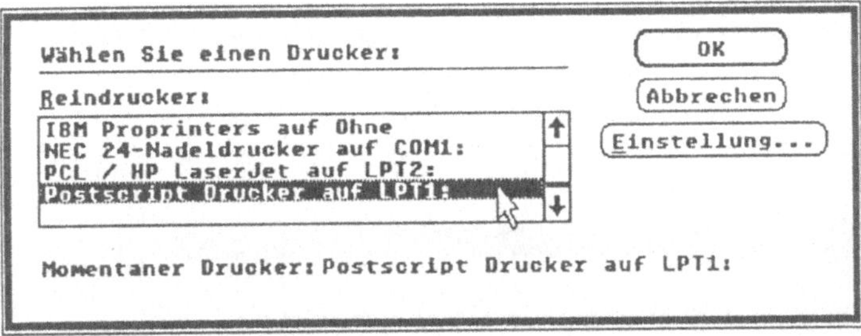

Wenn Sie diesen Drucker nicht finden, müssen Sie ihn eventuell erst noch installieren. Lesen Sie dazu das Kapitel über die Installation weiter oben.

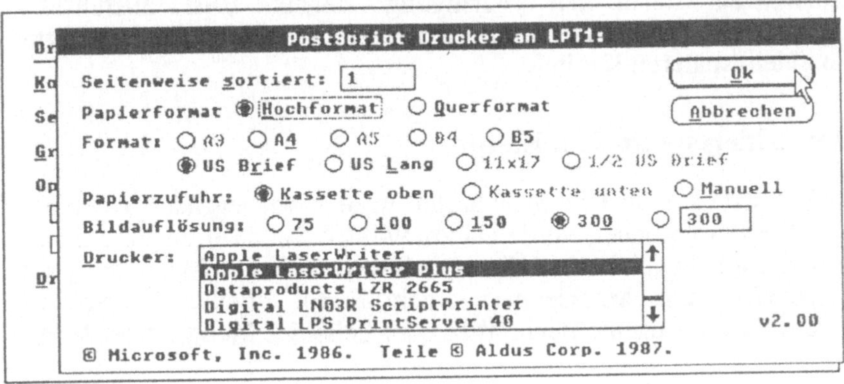

Klicken Sie nun auf dem Schalter »Einstellung...«. Im folgenden Dialogfeld können Sie prüfen, ob das Papierformat auf die Werte »Hochformat« und »A4« eingestellt ist. Ändern Sie notfalls die Vorgaben, indem Sie auf die betreffenden Optionen klicken. In der Druckerliste wählen Sie bitte den Apple LaserWriter Plus aus. Klicken Sie »OK«, PageMaker rechnet dann kurz und bringt Sie zurück in das erste Dialogfeld. Klicken Sie jetzt »OK«, erscheint eventuell das folgende Warnfeld:

Klicken Sie »OK«. Vom gewählten Drucker hängt nämlich unter anderem ab, welche Schriftarten Ihnen zur Verfügung stehen. Eine ausführliche Besprechung von typographischen Einzelheiten wie Schriftart und Schriftgrad finden Sie in einem späteren Kapitel.

4.5.4 Text markieren mit dem Editor

Sie sollen nun feststellen, welche Schriftarten in dem vorliegenden Dokument (DATENBL1.PM3) verwendet worden sind. Wählen Sie dazu im Funktionenfenster den Editor an. In der letzten Übung haben Sie mit dem Mauspfeil ganze Textblöcke markiert. Das Markieren mit dem Editor ist etwas anders. Sie können mit dem Editor einzelne Buchstaben oder beliebige Mengen von Worten markieren.

Dazu müssen Sie die Einfügemarke bei gedrückter Maustaste über den zu markierenden Textteil ziehen. Der damit markierte Text wird weiß auf schwarz dargestellt.

Es gibt noch andere Möglichkeiten, Textabschnitte zu markieren:

- Sie können ein einzelnes Wort markieren, indem Sie auf dem Wort zweimal klicken.

- Sie können einen ganzen Absatz markieren, indem Sie dreimal auf dem betreffenden Absatz klicken.

Die Einfügemarke ist etwas anders als der Cursor, den Sie vielleicht von einem Textverarbeitungsprogramm her gewohnt sind. Sie können diese nämlich genau zwischen zwei Buchstaben setzen, während ein Textverarbeitungscursor immer auf einem Buchstaben liegt. Wenn Sie mit der Einfügemarke ein Wort markieren, wird es automatisch gelöscht, sobald Sie einen neuen Buchstaben tippen.

4.5.5 Schriftfestlegung eines Textabschnittes

Es gibt zwei verschiedene Möglickeiten, Textabschnitte zu gestalten. Die eine Methode verwenden Sie dann, wenn Sie z.B. ein Wort in einem Absatz fett oder kursiv setzen wollen. Sie müssen dabei den Befehl oder die Befehle für jedes Zeichen, Wort oder jeden Textabschnitt separat eingeben.

Die andere Methode ist etwas globaler. Sie besteht in der Verwendung von Druckformatvorlagen und wirkt nur auf Abschnitte, also Texteinheiten, an deren Ende ein <Return> eingegeben wurde. Dafür können Sie mit einer Druckformatvorlage mit einem Mausklick einem Abschnitt beliebig viele Eigenschaften auf einmal zuordnen. Da Druckformatvorlagen gespeichert werden können, können Sie verschiedene Abschnitte durch denselben Befehl mit demselben Format versehen.

Markieren Sie den ersten Abschnitt des Textes auf Seite 1 der Datei, indem Sie dreimal auf den Abschnitt klicken.

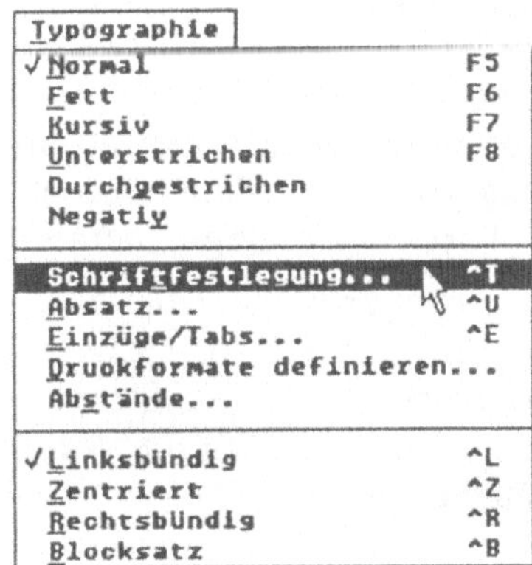

Wählen Sie dann das Dialogfeld »Schriftfestlegung« im Menü »Typographie« an. Sie sehen dort eine Liste mit 11 Schriftarten. Die Schriftart »Tms Rmn« ist hervorgehoben, ebenso der Schriftgrad 10 Point. Das bedeutet, der markierte Textabschnitt ist in der Schriftart Tms Rmn 10 Point gesetzt. Die Einheit der Schriftgrade ist immer Points, unabhängig von dem, was Sie als Maßeinheit für die Lineale gewählt haben. Außerdem ist der Zeilenabstand angegeben sowie Schriftschnitt, Zeichenlage sowie Buchstabenart.

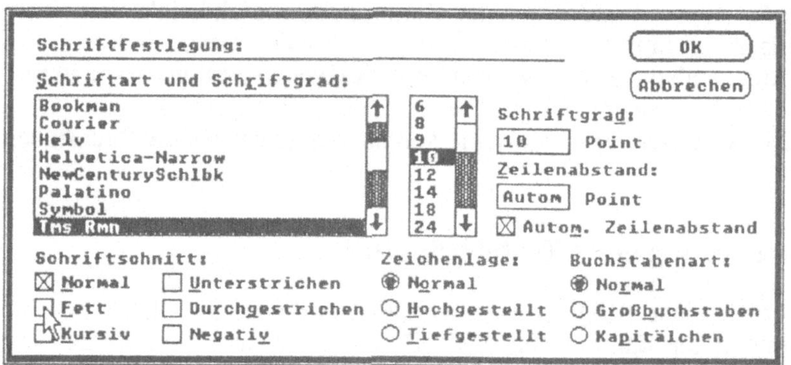

Mit diesem Dialogfeld können Sie das Schriftbild des markierten Textabschnittes verändern, indem Sie andere Optionen anwählen. Sie können den markierten Text fett setzen, indem Sie die Option »Schriftschnitt: fett« anwählen. Klicken Sie »OK«, wird der Abschnitt fett gesetzt. Ähnliches gilt natürlich für die anderen Optionen. Probieren Sie es aus, indem Sie den Text kursiv setzen.

4.5.6 Druckformate

Statt nun die Schriftfestlegung jedesmal erneut durchführen zu müssen, ist es möglich, eine beliebige Anzahl von Schrifteigenschaften zusammenzufassen und mit einem Namen zu versehen. Eine solche Menge wird Druckformat genannt. Es genügt dann, den betreffenden Text mit dem Namen dieses Druckformates zu verknüpfen, ähnlich, wie Sie es in der letzten Übung mit einer gezeichneten Linie und einem der Linienmuster aus dem Menü »Linien« getan haben. Haben Sie bisher schon mit dem Textverarbeitungsprogramm Word von Microsoft gearbeitet, kennen Sie dieses Prinzip bereits.

Sie werden nun lernen, wie Sie eine Liste der im geöffneten Dokument bereits vorhandenen Druckformate auf den Bildschirm einblenden und wie Sie diese Druckformate modifizieren können. In einer späteren Übung lernen Sie, völlig neue Druckformate nach Ihren eigenen Bedürfnissen zu erstellen.

4.5.7 Das Druckformatfenster

Wählen Sie im Menü »Optionen« den Befehl »Druckformatliste«.

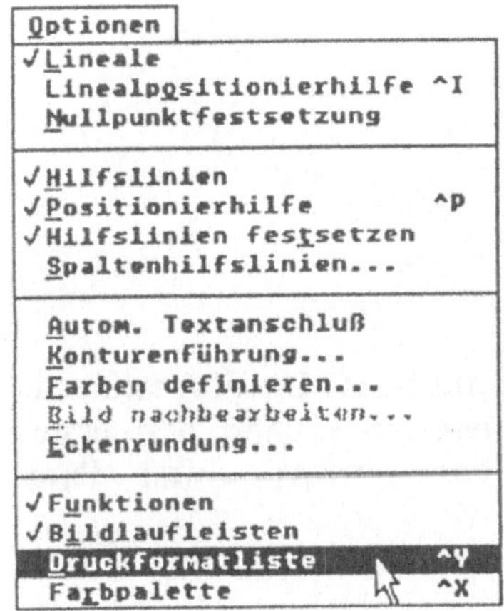

Daraufhin erscheint unter dem Funktionenfenster ein Fenster mit der Liste der vorhandenen Druckformate. In den frühen Versionen von PageMaker sind die Namen dieser Druckformate in Englisch. Sie werden die Namen gleich ändern. (Sie finden weiter hinten im Buch im Kapitel über Mustervorlagen eine Liste der in den Mustervorlagen verwendeten englischen Druckformatnamen und eine Übersetzung derselben.)

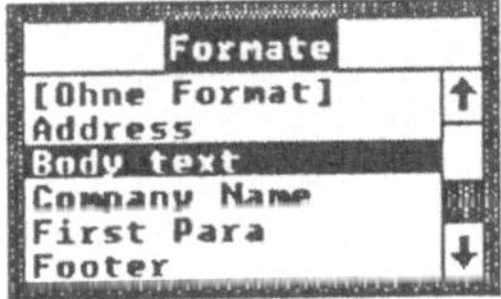

Das Formatfenster ist ziemlich klein. Sie können es vergrößern, indem Sie den unteren Rand weiter nach unten ziehen. Ziehen Sie solange, bis Sie alle zehn Einträge gleichzeitig sehen können.

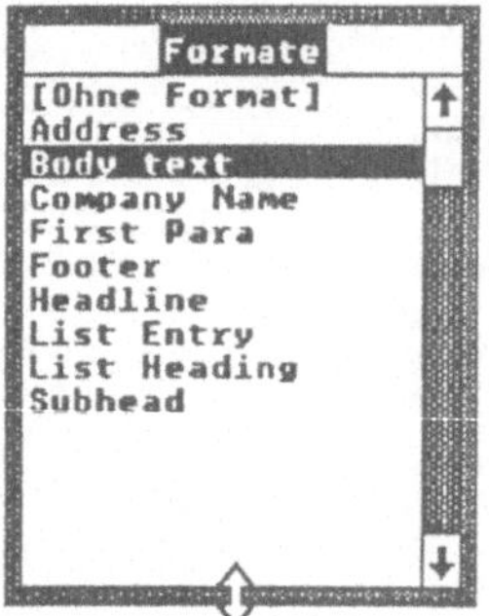

Markieren Sie nun mit dem Editor die Überschrift *Subhead*. Im Formatfenster ist das Format »Subhead« hervorgehoben. Markieren Sie dann den ersten Abschnitt des Textes. Im Formatfenster ist das Format »First Para« hervorgehoben.

4.5.8 Einem Abschnitt ein Druckformat zuordnen

Lassen Sie den ersten Abschnitt markiert und klicken Sie im Funktionenfenster auf dem Format »Subhead«. Sie ordnen damit dem markierten ersten Abschnitt das Druckformat »Subhead« zu. Der markierte Abschnitt verändert sein Aussehen, die Schrift sieht nun genauso aus wie in der Überschrift. Allerdings verschiebt sich dadurch auch das ganze Layout.

Sie können also mit einem einzigen Mausklick einem Abschnitt ein bestimmtes, genau definiertes Aussehen geben. Natürlich müssen Sie jetzt auch wissen, welche Eigenschaften das Druckformat »Subhead« bzw. »First Para« definieren.

Wählen Sie dazu im Menü »Typographie« den Befehl »Druckformate definieren...«. Das folgende Dialogfeld taucht auf:

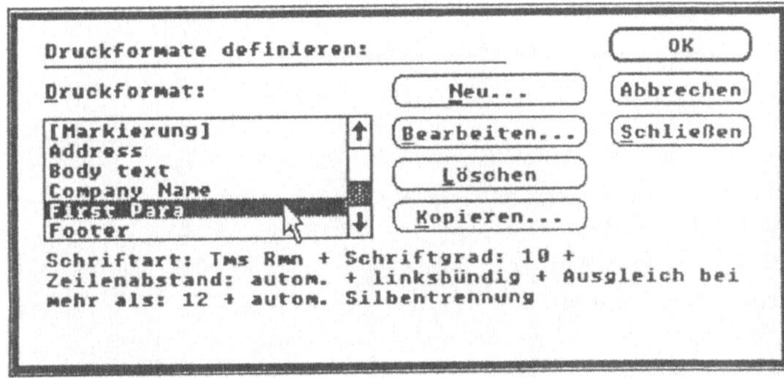

Sie sehen, die Liste der Druckformate entspricht genau dem Formatfenster. Markieren Sie jetzt das Format »First Para« in dem Dialogfeld. Darauf erscheint im Raum unter der Liste eine Aufzählung der Eigenschaften dieses Formats: Schriftart, -grad, Zeilenabstand usw. Markieren Sie nun das Format »Subhead«. Darunter werden nun die Eigenschaften aufgelistet. Wie sie sehen, wird hier die Schriftart "Helv fett 12 Point" statt "Tms Rmn 10 Point" festgelegt.

4.5.9 Bearbeiten eines vorhandenen Druckformates

In dem Dialogfeld sehen Sie die Schalter »Neu...«, »Bearbeiten...«, »Löschen« und »Kopieren...«. Sie sollen in dieser Übung nur vorhandene Druckformate bearbeiten. Markieren Sie also das Format »Subhead«, und klicken Sie auf dem Schalter »Bearbeiten...«.

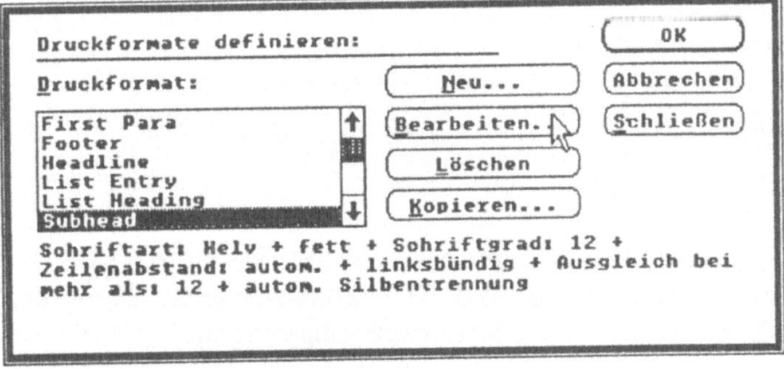

In dem auftauchenden neuen Dialogfeld ist der Name »Subhead« bereits markiert. Er soll auch als erster geändert werden. Tippen Sie *Überschrift Text* ein.

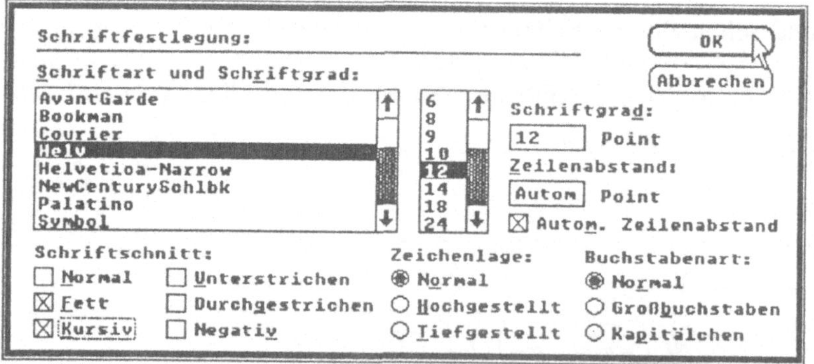

Als nächstes sollen Sie die Schrift verändern. Klicken Sie dazu auf den Schalter »Schrift«. Das Dialogfeld, das nun auftaucht, kennen Sie bereits. Es ist dasselbe, das Sie vorhin mit dem Befehl »Schriftfestlegung« im Menü »Typographie« angewählt haben. Während sich vorhin die Schriftfestlegung auf eine markierte Textstelle bezogen hat, bezieht sie sich jetzt auf das zu bearbeitende Druckformat, also »Überschrift Text«.

Wählen Sie den Schriftschnitt »Kursiv« an und klicken Sie auf »OK«. Sie springen dadurch zurück in das alte Dialogfeld »Druckformate bearbeiten«. Der Schriftschnitt Kursiv ist bereits in der Definitionsliste eingetragen.

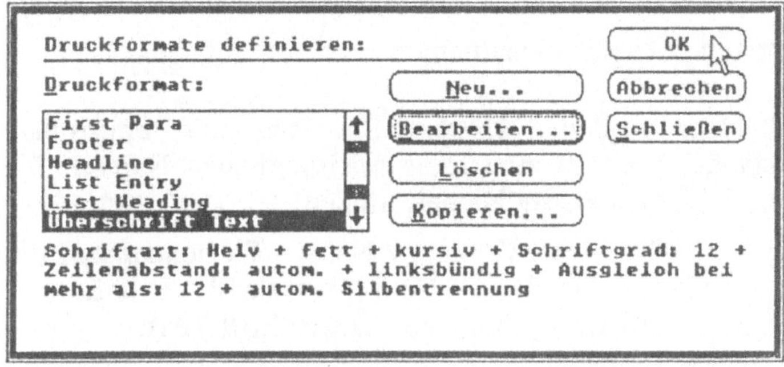

Klicken Sie nun wieder »OK«, so kommen Sie zurück in das erste Dialogfeld
»Druckformate definieren«.

Sie sehen, der neue Name des Formats befindet sich jetzt in der Liste im
Dialogfeld, nicht aber im danebenstehenden Formatfenster. Erst wenn Sie im
Dialogfeld »OK« anklicken, wird der Eintrag auch im Formatfenster
vorgenommen.

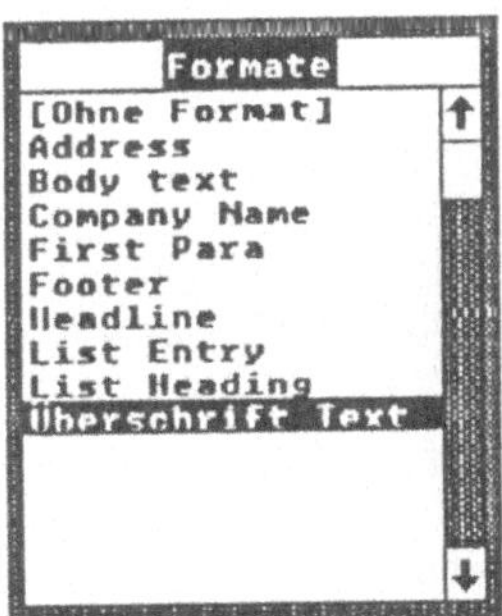

Klicken Sie also   noch einmal »OK«. Das Dialogfeld verschwindet, und
PageMaker wendet automatisch den geänderten Schriftschnitt »Kursiv« auf alle
Textstellen an, die das Format »Subhead« bzw. »Überschrift Text« haben.

4.5.10 Schnelle Methode zur Bearbeitung eines Druckformates

Wenn Sie das Druckformatfenster auf dem Bildschirm haben, gibt es eine
schnelle Methode, Änderungen an einem Format durchzuführen. Statt über die
Anwahl des Befehls »Druckformate definieren...« im Menü »Typographie«
gelangen Sie nämlich direkt in das Dialogfeld »Druckformate bearbeiten«,
indem Sie ein Format im Formatfenster markieren und dabei gleichzeitig die
Ctrl-Taste drücken. Drücken Sie also die Ctrl-Taste und klicken Sie auf dem
Format »Address« im Formatfenster. Im auftauchenden Dialogfeld können Sie
nun sofort den Namen in die deutsche Version »Adresse« ändern. Klicken Sie
»OK«, verschwindet die Dialogbox und der deutsche Formatnamen erscheint im
Fenster.

4.5.10.1 Ändern der englischen Druckformatnamen

Wenn Sie ein wenig üben wollen, ersetzen Sie jetzt alle englischen
Formatnamen durch deutsche. Hier ist eine Liste mit möglichen Namen. Sie
können aber auch jeden beliebigen anderen Namen wählen:

Address - Adresse, Body text - Fließtext, Company Name - Firmenname, First
Para - Absatz 1, Footer - Fußzeile, Headline - Hauptüberschrift , List Entry -
Eintrag, List Heading - Überschrift Liste, Subhead - Überschrift Text.

4.5.11 Speichern

Nachdem Sie in der letzten Übung die verschiedenen Linien- und
Flächenmuster auf der Seite 2 des Dokumentes gezeichnet haben, können Sie
jetzt einmal diese Seite ausdrucken. Bevor Sie ausdrucken, sollten Sie die Datei
erst noch einmal speichern.

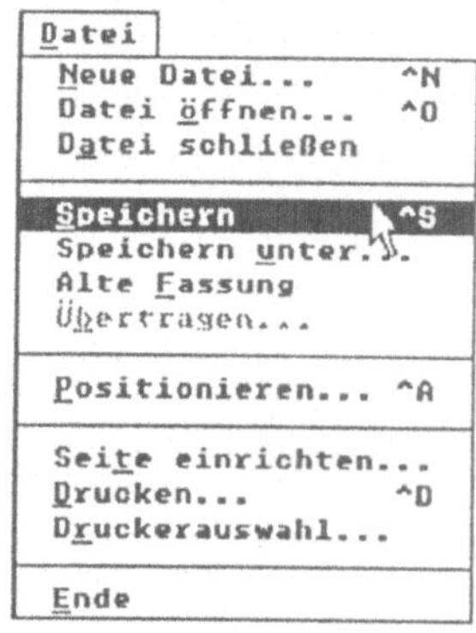

Drücken Sie dazu gleichzeitig die Ctrl-Taste und die S-Taste. Das ist eine reine Vorsichtsmaßnahme, falls während des Druckvorganges etwas passiert. Wenn Ihnen eine Datei abstürzt, sei es durch Fehlbedienung oder Stromausfall, haben Sie dann nämlich immer noch Ihre gespeicherte Version unversehrt und vollständig. Auch während der Arbeit später sollten Sie sich angewöhnen, in regelmäßigen Abständen (etwa alle 30 Minuten oder noch öfter) zu speichern.

4.5.12 Reindrucker wechseln

Im folgenden wird davon ausgegangen, daß Sie als Reindrucker den Apple LaserWriter gewählt haben. Sollte der an Ihr System angeschlossene Drucker ein anderer sein, sieht das Druckergebnis eventuell nicht so aus, wie Sie das Dokument auf dem Bildschirm gesehen haben. Für unsere Übung ist das irrelevant. Wichtig ist nur, daß Sie später immer den richtigen Reindrucker auswählen, also den, auf dem Sie das Dokument in der endgültigen Fassung ausgedruckt haben möchten.

Sie können sehen, was passiert, wenn Sie nachträglich den Reindrucker wechseln: Wählen Sie im Menü »Datei« den Befehl »Druckerauswahl...« und wählen Sie den PCL / HP Laserjet als Reindrucker.

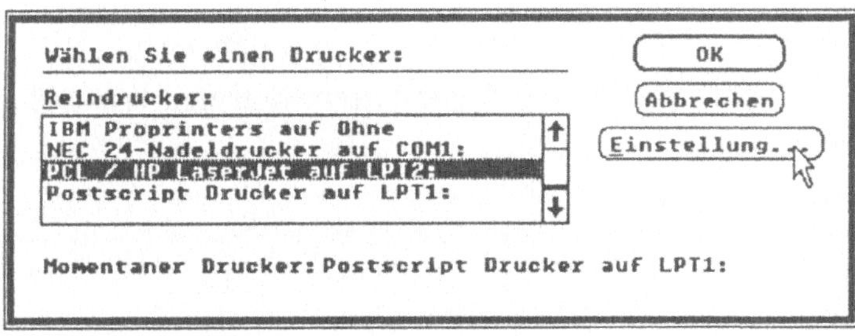

Klicken Sie »OK« und bestätigen Sie in dem Warnfeld durch erneutes Klicken, daß die Datei dem neuen Drucker angepaßt werden soll.

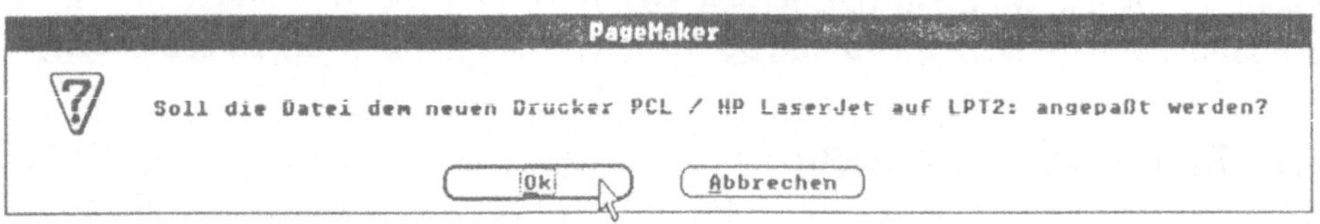

Nach erfolgtem Anpassen sieht die Seite 1 völlig anders aus. Vermeiden Sie dies also auf jeden Fall.

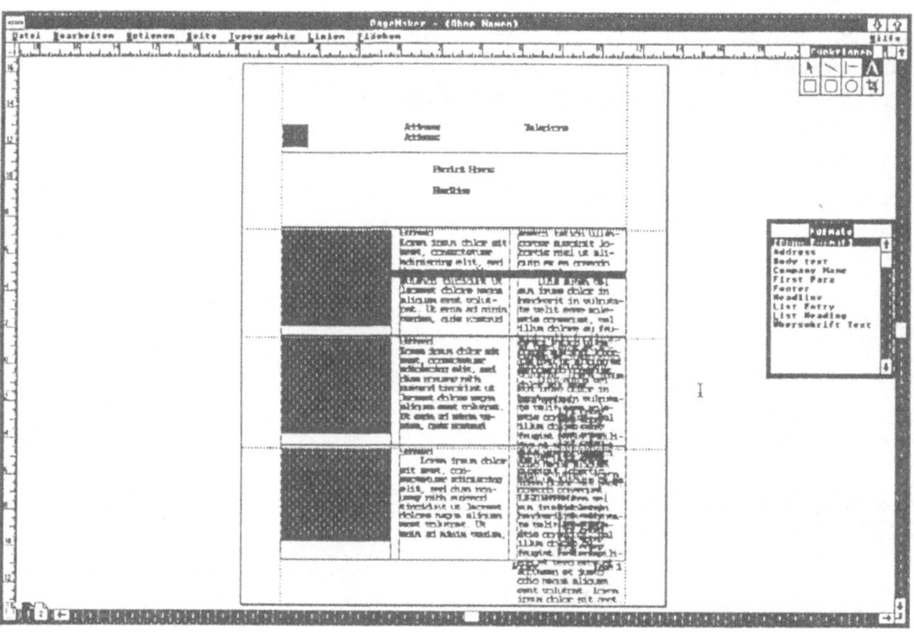

Wählen Sie jetzt als Reindrucker wieder den Apple Laserwriter und lassen Sie die Datei wieder anpassen.

4.5.13 Drucken

Zum Drucken müssen Sie den Befehl »Drucken...« im Menü »Datei« anwählen.

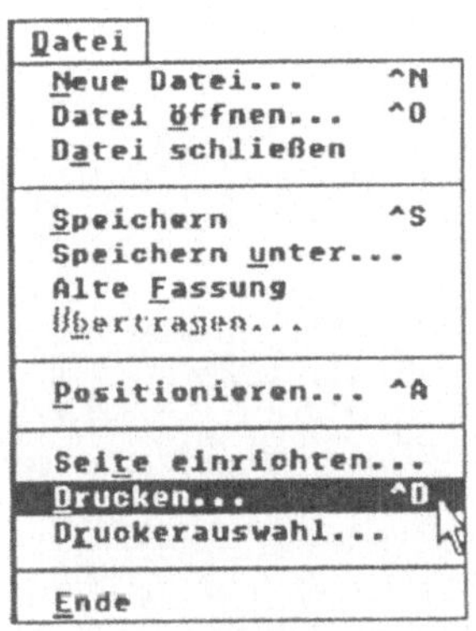

Im unteren Teil des auftauchenden Dialogfeldes sehen Sie die Liste der installierten Drucker.

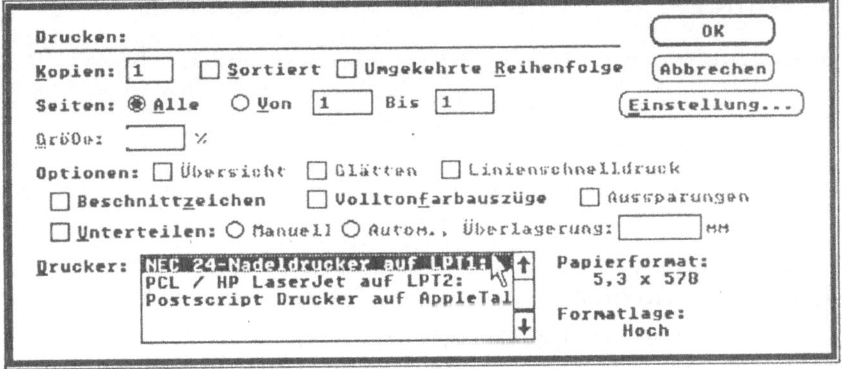

4.5.13.1 Konzeptdrucker festlegen

Wählen Sie nun denjenigen Drucker aus, der tatsächlich an Ihr System angeschlossen ist. Wählen Sie noch die Optionen »Kopien:1« und »Seiten: Alle«. Sie haben damit festgelegt, daß Sie ein Exemplar von allen Seiten der Datei ausdrucken wollen. Klicken Sie dann »Einstellung...«.

Prüfen Sie, ob alle Optionen richtig und für Ihren Drucker passend eingestellt sind. Ist der an Ihr System angeschlossene und nun gewählte Konzeptdrucker nicht identisch mit dem gewählten Reindrucker (Apple Laserwriter), erscheint nach dem Klicken ein Warnfeld.

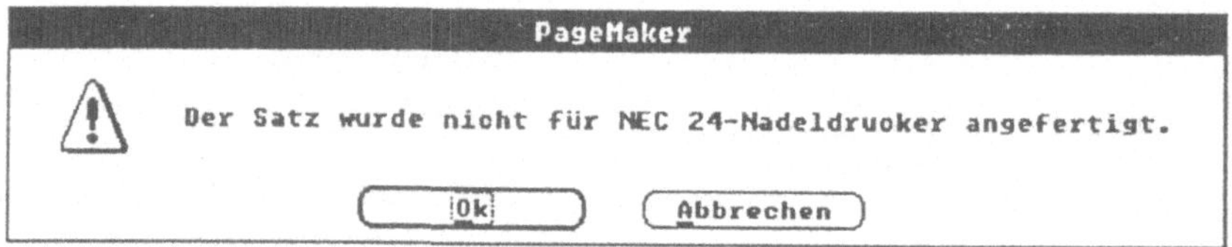

Klicken Sie nochmal »OK«. PageMaker versucht dann so gut wie möglich das Druckbild des gewählten Konzeptdruckers an das des Reindruckers anzupassen.

Der Ausdruck findet immer auf dem Drucker statt, den Sie als Konzeptdrucker anwählen. Achten Sie besonders darauf, wenn mehrere Drucker an Ihr System angeschlossen sind.

4.5.14 Dokument Schließen

Schließen Sie jetzt das Dokument, indem Sie den entsprechenden Befehl im Menü »Datei« wählen. In der nächsten Übung lernen Sie mehr über Druckformatvorlagen.

4.6 Vierter Tag: Mehr Druckformate

Nach dieser Übung werden Sie folgende Arbeitstechniken beherrschen:

- Erstellen eines neuen Druckformats

- Erstellen eines Druckformats durch formatierten Text

Öffnen Sie die Mustervorlage GBERICHT.PT3 im Verzeichnis MUSTVORL.

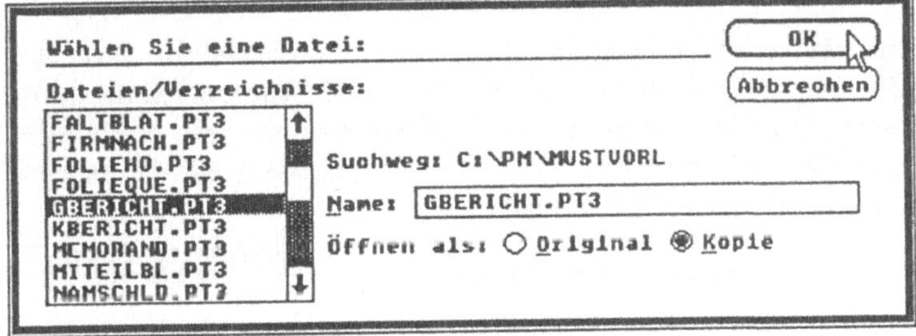

Dieses Dokument ist etwas länger und es enthält, wie alle Mustervorlagen, englischen Text. Lassen Sie sich davon nicht stören.

4.6.1 Druckformatnamen korrigieren

Bringen Sie zunächst einmal wieder das Druckformatfenster auf den Bildschirm (Menü »Optionen«, Befehl »Druckformatliste«). Wahrscheinlich werden die Druckformatnamen ebenfalls auf englisch sein. Ändern Sie die Namen, indem Sie ein Druckformat im Druckformatfenster bei gedrückter Ctrl-Taste anwählen. In dem auftauchenden Dialogfeld können Sie den Namen ändern:

Body text - Fließtext, Caption Title - Bildtitel, Caption - Bildunterschrift, Subhead 1 - Überschrift 1, Subhead 2 - Überschrift 2.

Machen Sie dies mit allen Namen und speichern Sie die Datei im Verzeichnis MUSTVORL unter dem Namen GBERICH1.

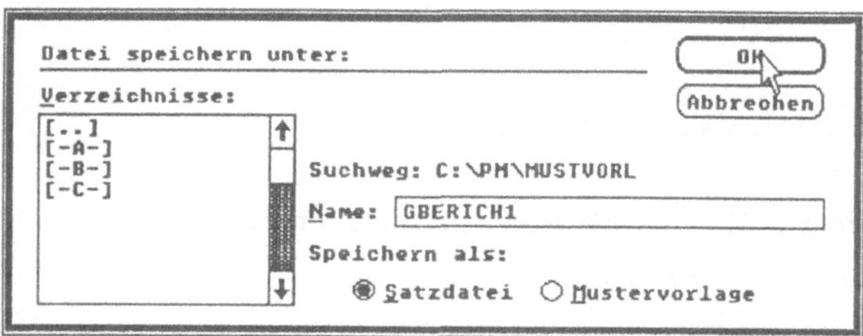

4.6.2 Erstellen eines neuen Druckformats

Druckformate sind nützlich, wenn Sie das Format einer Textstelle auf eine andere Textstelle, die sogar in einem ganz anderen Dokument sein kann, übertragen wollen, ohne daß Sie umständlich alle Merkmale einzeln übertragen wollen. (Wie Sie Druckformatsvorlagen von einem Dokument in ein anderes kopieren, lernen Sie in der übernächsten Übung.)

Wählen Sie den Befehl »Druckformate definieren...« im Menü »Typographie«.

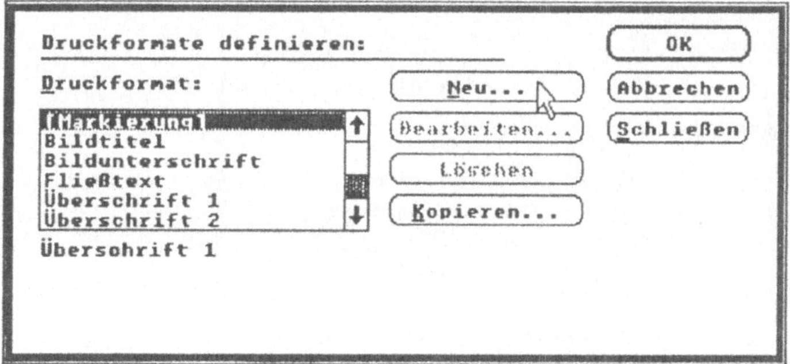

Im Dialogfeld klicken Sie auf dem Schalter »Neu...« und ein neues Dialogfeld erscheint.

Unten im Dialogfeld sehen Sie die Standardvorgabe von PageMaker für die Schriftmerkmale: Tms Rmn 10 Point. Für unser Beispiel sollen Sie diese Werte ändern.

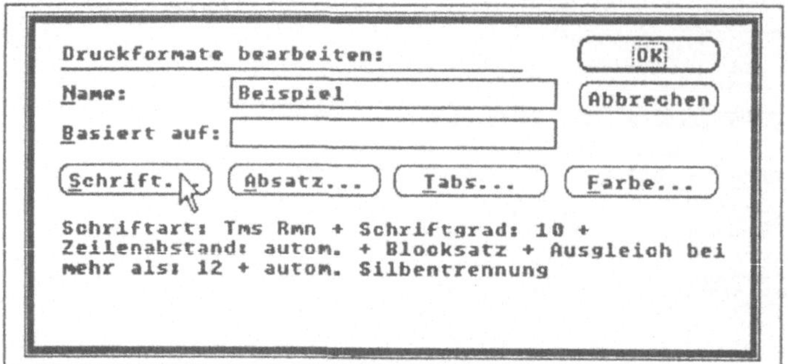

Geben Sie aber zuerst den Namen für das neue Druckformat ein. Tippen Sie *Beispiel* und klicken Sie anschließend mit der Maus auf dem Schalter »Schrift…«. Ein neues Dialogfeld erscheint:

4.6.2.1 Schriftfestlegung

Sie kennen dieses Dialogfeld bereits. Es ist dasselbe, das auch beim Anwählen des Befehls »Schriftfestlegung…« im Menü »Typographie« erscheint.

Wählen sie die Schriftart Tms Rmn an und als Schriftgrad 12 Point. Der Zeilenabstand soll automatisch festgelegt werden. Dies ist die Standardvorgabe. Sollte die Option »Autom. Zeilenabstand« nicht angewählt sein, klicken Sie darauf. Wählen Sie als Schriftschnitt »Kursiv« an und klicken Sie anschließend auf »OK«. Sie gelangen wieder zurück in das vorherige Dialogfeld.

4.6.2.2 Absatz

Legen Sie jetzt das Absatzformat an. Dazu klicken Sie auf dem Schalter
»Absatz..«. Folgendes Dialogfeld erscheint:

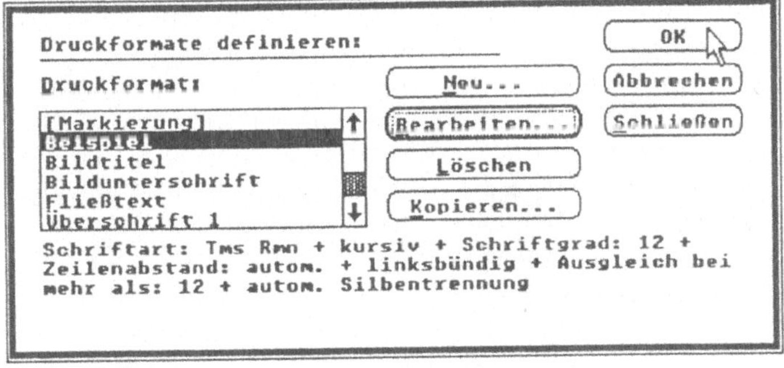

Nur eine der Standardvorgaben von PageMaker sollen Sie hier ändern. Wählen
Sie bei »Ausrichtung« die Option »Links« an. Damit legen Sie fest, daß der mit
diesem Druckformat formatierte Absatz linksbündig gesetzt wird.

Klicken Sie nun »OK«. Sie gelangen zurück in das alte Dialogfeld. Dort
könnten Sie jetzt noch Einzüge und Farbe wählen, für unser Beispiel sollen Sie
aber die Standardvorgaben von PageMaker dafür unverändert übernehmen.
Klicken Sie also noch einmal »OK«. Sie sind jetzt wieder im ersten Dialogfeld.
Das neue Druckformat »Beispiel« ist bereits in der Liste vorhanden und
angewählt.

Unter der Liste sehen Sie die Formatmerkmale. Unter Schriftart und Schriftgrad stehen die soeben festgelegten Werte. Klicken Sie jetzt ein letztes Mal »OK«, das Dialogfeld verschwindet, das neue Druckformat erscheint im Druckformatfenster. Markieren Sie jetzt mit dem Editor das Wort *Subhead*.

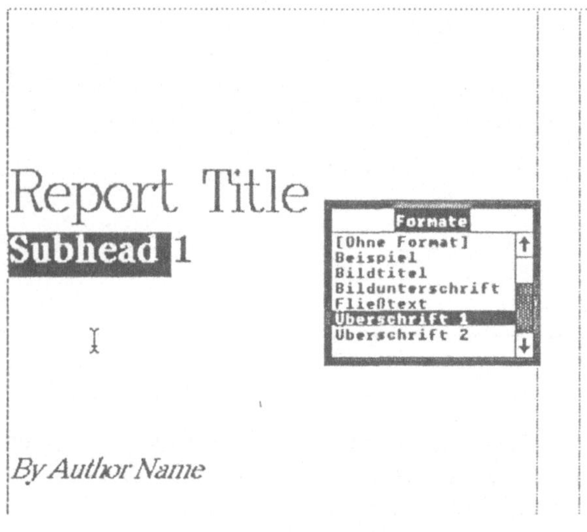

Dann wählen Sie im Druckformatfenster das neue Druckformat »Beispiel« an. Damit versehen Sie *Subhead* mit dem neuen Druckformat.

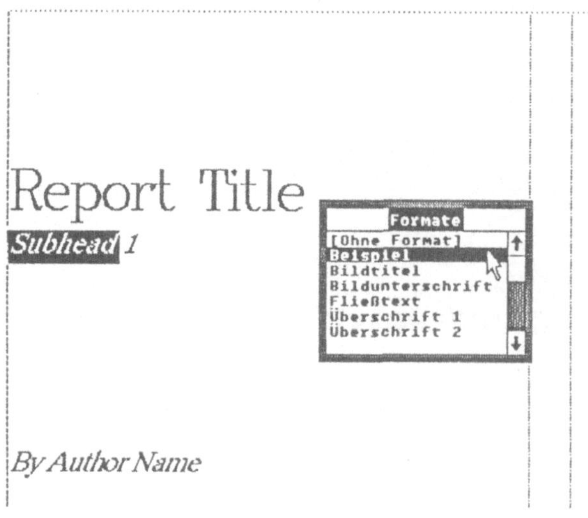

Das Aussehen der ganzen Zeile ändert sich entsprechend, da ein Druckformat immer auf einen Absatz wirkt, also auf eine Texteinheit, die durch ein <Return> abgeschlossen ist. Versehen Sie *Subhead* wieder mit dem Format »Subhead 1« bzw. »Überschrift 1«.

4.6.3 Erstellen eines Druckformats durch formatierten Text

Statt die Merkmale eines Druckformates über den Befehl »Druckformate definieren...« in einer Liste festzulegen, können Sie auch die Merkmale eines Textes, der über das Menü »Typographie« formatiert wurde, in ein Druckformat übertragen.

Markieren Sie mit dem Editor die Textstelle *Subhead 1* auf der Seite 1. Im Formatfenster ist das Format »Subhead 1« bzw. »Überschrift 1« hervorgehoben. Markieren Sie aber das Wort *Report*, wird im Formatfenster behauptet, die Textstelle sei [Ohne Format].

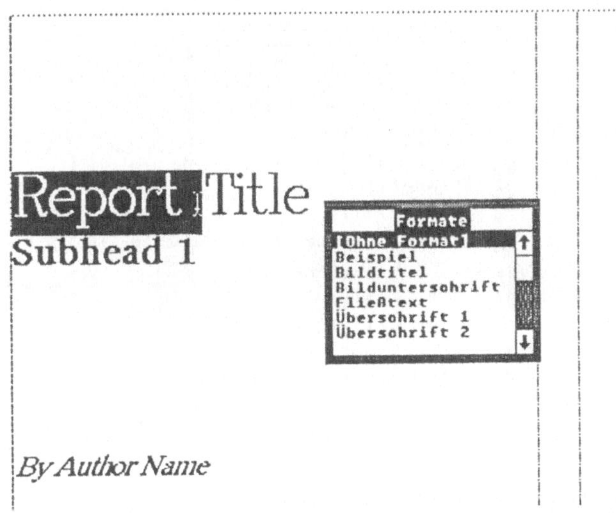

Lassen Sie das Wort markiert und holen Sie das Dialogfeld »Schriftfestlegung« in das Arbeitsfenster.

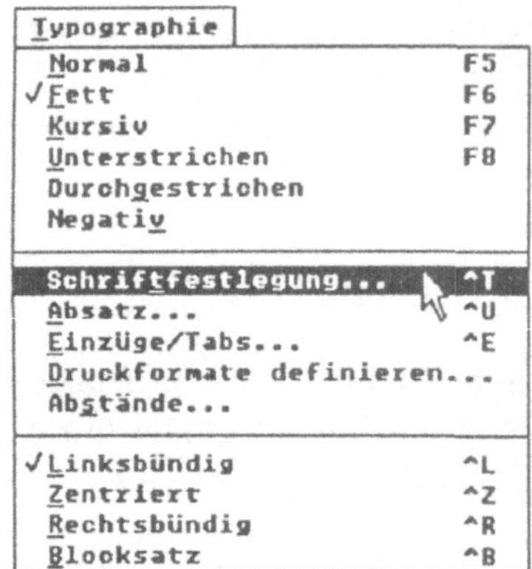

Dort können Sie sehen, welche Merkmale der markierte Text hat:

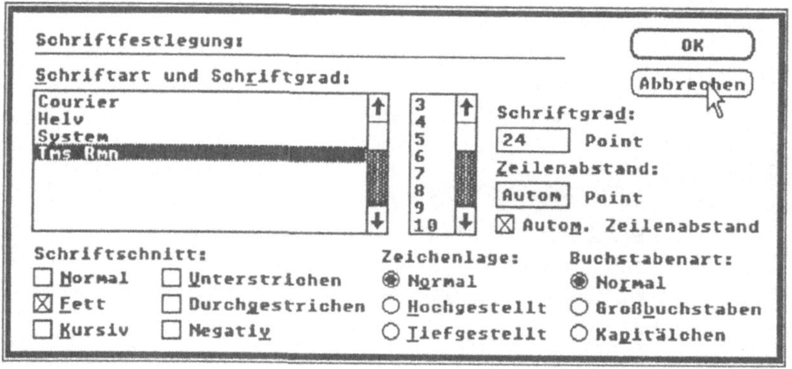

Es handelt sich um Tms Rmn, 24 Point fett. Die Schriftart, Schriftgrad etc. der markierten Textstelle ist also sehr wohl definiert. Nur eben sind diese Merkmale nicht in einem Druckformat zusammengefaßt. Klicken Sie »Abbrechen«, um das Dialogfeld wieder zu verlassen.

Sie sollen nun alle diese Merkmale zu einem Druckformat zusammenfassen. Eine Möglichkeit wäre, alle Formatmerkmale einzeln in das Dialogfeld »Druckformat definieren...« einzutragen. Es gibt aber eine einfachere Methode. Lassen Sie das Wort *Report* markiert. Drücken Sie die Ctrl-Taste und klicken Sie auf dem hervorgehobenen [Ohne Format] im Formatfenster. Das auftauchende Dialogfeld »Druckformate bearbeiten« enthält dieselben Merkmale, die Sie eben im Dialogfeld »Schriftfestlegung« angeschaut haben.

Das Druckformat hat nur noch keinen Namen. Schreiben Sie also *Titel* und klicken Sie »OK«. Im Formatfenster erscheint darauf das neue Druckformat »Titel«.

Sie können die Formatmerkmale einer Textstelle, die ohne Druckformat lediglich über das Dialogfeld »Schriftfestlegung« formatiert wurde, in einem Druckformat zusammenfassen und mit einem beliebigen Namen versehen.

Wenn Sie wollen, können Sie noch ein paar andere Druckformate herstellen. Geben Sie etwa dem Format des Wortes *Author* den Namen »Autor«, dem des Wortes *Contents* den Namen »Überschrift 3« und dem Format des darunter stehenden *Inhaltsverzeichnis* den Namen »Inhaltsverzeichnis«.

Wenn Sie die Formate in die Druckformatliste aufgenommen haben, sind damit noch nicht die Textstellen, von denen das Format kopiert wurde, mit diesem Druckformat versehen. Die Texte haben zwar alle Eigenschaften, die auch das Druckformat bestimmen. Den Texten wurden diese Eigenschaften aber eben gewissermaßen einzeln zugeordnet und nicht in der spezifischen Kombination des Druckformates. Wenn Sie wollen, können Sie die Formate den Textstellen zuordnen. Markieren Sie dazu den entsprechenden Text und klicken Sie im Formatfenster auf das jeweilige Format.

4.7 Fünfter Tag: Löschen, Schneiden und Kopieren

Nach dieser Übung werden Sie folgende Begriffe und Arbeitstechniken beherrschen:

- Löschen wieder rückgängig machen
- Ausschneiden von Elementen
- Einfügen aus der Zwischenablage
- Kopieren von Elementen
- Montagefläche
- Schatten erzeugen
- Ausblenden von Standardelementen
- Speichern unter einem anderen Namen
- Text exportieren

4.7.1 Öffnen einer Datei

Öffnen Sie die Mustervorlage FIRMNACH.

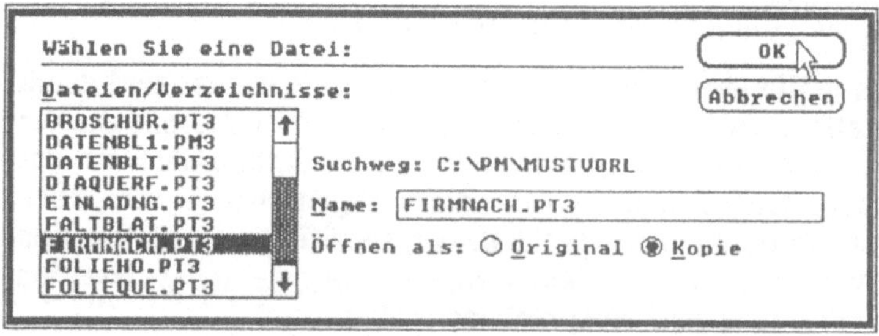

Lassen Sie sich durch den englischen Text nicht stören.

4.7.1.1 Druckformatnamen ersetzen

Wenn Sie wollen, können Sie wie bei den anderen Dateien wieder die englischen Druckformatnamen durch deutsche ersetzen:

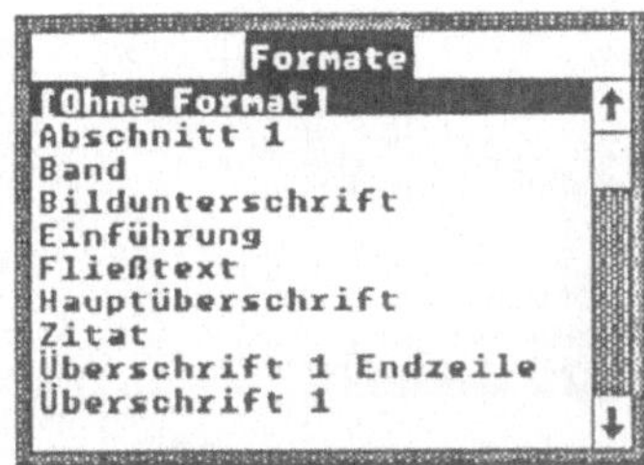

Body Text - Fließtext, Caption - Bildunterschrift, First Para - Abschnitt 1, Headline - Hauptüberschrift, Intro - Einführung, Pull Quote.- Zitat, Subhead End - Überschrift 1 Endzeile, Subhead -Überschrift 1 , Volume - Band.

4.7.1.2 Speichern

Speichern Sie die Datei unter dem Namen FIRMNCH1 im Verzeichnis MUSTVORL.

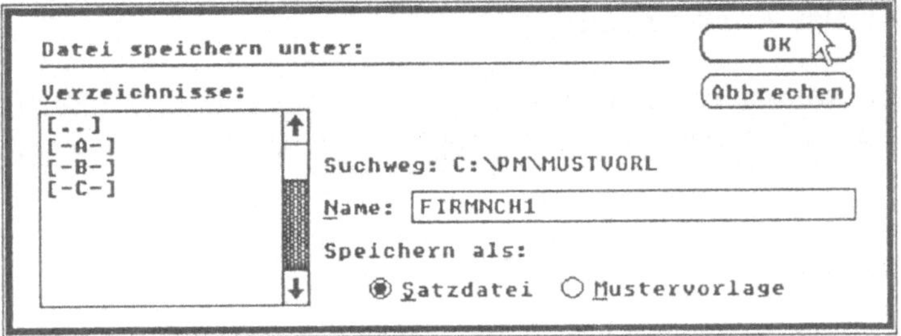

In dieser Übung lernen Sie unter anderem, einzelne Elemente und ganze Seiten zu löschen. In diesem Zusammenhang werden Sie auch den Befehl »Rückgängig machen« genauer kennen lernen.

4.7.2 Löschen von Elementen

Sie haben bereits gelernt, wie man markierte Elemente durch Betätigen der Del-Taste bzw. durch Anwählen des Befehls »Löschen« im Menü »Bearbeiten« löschen kann.

```
 Bearbeiten
  Kopieren rückgängig Alt Bksp

  Ausschneiden       Umsch+Entf
  Kopieren           ^Strg+Einfg
  Einfügen           Umsch+Einfg
  Löschen                   Entf
  Alles markieren           ^M

  Nach vorne stellen        ^V
  Nach hinten stellen       ^H

  Vorgaben wählen...
```

Bei beiden Löschmöglichkeiten ist das gelöschte Element beinahe unwiederbringlich gelöscht. Sie können es nur retten, wenn Sie sofort als nächsten Arbeitsschritt im Menü »Bearbeiten« den Befehl »Rückgängig« wählen. Dieser Befehl ändert seinen Namen, je nachdem, welcher Arbeitsschritt rückgängig gemacht werden soll. In diesem Fall heißt er »Löschen rückgängig«. Ich bezeichne ihn der Einfachheit halber immer als »Rückgängig«.

4.7.3 Bearbeitungsfehler korrigieren

Ganz selbstverständlich kommt es im Lauf der Arbeit mit PageMaker immer wieder zu Fehlern. Sie haben verschiedene Möglichkeiten, Befehle wieder rückgängig zu machen.

4.7.3.1 Der Befehl »Rückgängig«

Sehr viele Änderungen können Sie ungeschehen machen, indem Sie den Befehl »Rückgängig« aus dem Menü »Bearbeiten« wählen. Dieser Befehl macht allerdings nur den zuletzt ausgeführten Arbeitsschritt rückgängig. Am ehesten verwenden Sie ihn, wenn Sie eine Löschung, Verschiebung oder eine Größenänderung eines Elements rückgängig machen wollen.

4.7.3.2 Der Befehl »Alte Fassung«

Ein viel weiter reichender Befehl ist »Alte Fassung« im Menü »Datei«. Mit ihm machen Sie alle Änderungen auf jeder Seite des Dokumentes rückgängig, die Sie seit der letzten Speicherung vorgenommen haben. Im Extremfall also alle Änderungen seit der Öffnung des Dokumentes.

Da Sie eventuell eine Menge Arbeit mit diesem Befehl vernichten können, erscheint ein Warnfeld, auf dem Sie »OK« klicken müssen, ehe der Befehl ausgeführt wird.

4.7.3.3 Zwischenfassung

Wollen Sie dagegen nur Änderungen auf einer Seite rückgängig machen, können Sie zur zuletzt gespeicherten Zwischenfassung zurückgehen. PageMaker speichert nämlich automatisch jedesmal eine Zwischenfassung, wenn Sie auf ein Seitensinnbild klicken. Aber nicht nur immer dann, wenn Sie umblättern, wird eine Zwischenfassung gespeichert, sondern auch, wenn Sie eine Seite einfügen oder löschen und auch dann, wenn Sie die Seiteneinrichtung ändern.

Zur Zwischenfassung kehren Sie zurück, indem Sie den Befehl »Alte Fassung« bei gedrückter Shift-Taste wählen. Dasselbe Warnfeld erscheint. Sie können diese Möglichkeit der Rückkehr zu einer früheren Fassung bewußt ausnützen, indem Sie auf das Sinnbild der dargestellten Seite klicken, bevor Sie eine Serie von Änderungen vornehmen, die Sie eventuell wieder verwerfen wollen.

4.7.4 Löschen in die Zwischenablage

Wenn Sie das zu löschende Element vielleicht noch einmal brauchen, wählen Sie am besten im Menü »Bearbeiten« den Befehl »Ausschneiden«. Dadurch wird das gelöschte Quadrat nicht gänzlich vernichtet, sondern in die Zwischenablage gelegt.

```
 Bearbeiten
 Rückgängig unmöglich Alt Bksp

 Ausschneiden          Umsch+Entf
 Kopieren            ^Strg+Einfg
 Einfügen            Umsch+Einfg
 Löschen                    Entf
 Alles markieren              ^M

 Nach vorne stellen           ^U
 Nach hinten stellen          ^H

 Vorgaben wählen...
```

Die Zwischenablage hält ein Element solange, bis Sie erneut etwas löschen. Dann wird das neu gelöschte Element in die Zwischenablage gelegt und verdrängt den bisherigen Inhalt. Die Zwischenablage enthält also nur Elemente, die gleichzeitig gelöscht wurden.

Wenn Sie die Zwischenablage anschauen wollen, können Sie diese über den Befehl »Zwischenablage« im Menü »Steuerung« abrufen. Sie kann allerdings nur Text zeigen, keine Graphiken.

Markieren Sie das kleine Quadrat rechts oben auf der Seite und wählen Sie den Befehl »Ausschneiden«.

4.7.5 Einfügen

Wollen Sie das Quadrat wieder aus der Zwischenablage holen, wählen Sie den Befehl »Einfügen« aus dem Menü »Bearbeiten«.

Das Quadrat erscheint auf der Seitenmitte. Sie können es an jede beliebige Stelle schieben. Schieben Sie es zurück an seine alte Position. Die Zwischenablage wird durch das Einfügen aber nicht leer, sondern enthält immer noch das Quadrat. Sie können noch beliebig oft den Inhalt der Zwischenablage einfügen.

4.7.6 Kopien herstellen

Sie können das Quadrat auch kopieren. Dabei wird es nicht gelöscht, sondern eine Kopie davon wird in die Zwischenablage gelegt. Markieren Sie das Quadrat, und wählen Sie den Befehl »Kopieren« aus dem Menü »Bearbeiten«.

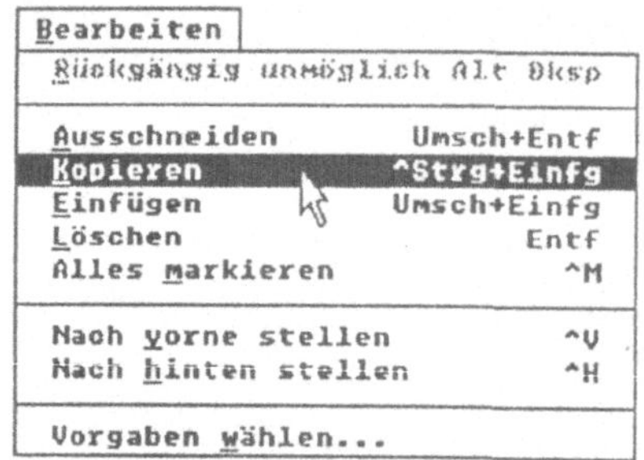

Dadurch wird eine Kopie des Quadrats in der Zwischenablage gespeichert, während das Original an Ort und Stelle bleibt. Sie können mit dem bereits bekannten Befehl »Einfügen« eine Kopie des Quadrates auf die Seite bringen.

Der Kopierbefehl wirkt wie der Löschbefehl auf alle Elemente, die markiert sind. Sie können ohne weiteres eine ganze Seite kopieren, wenn alle Elemente auf ihr markiert sind (Befehl »Alles markieren«, Menü »Bearbeiten«), und diese Elemente auf einer neuen Seite einfügen.

4.7.7 Schatten erzeugen

Sie können eine plastische Wirkung erzielen, wenn Sie ein Element mit einer leicht versetzten Kopie hinterlegen.

Geben Sie der Kopie des Quadrates den Flächenwert »10%« und legen Sie es versetzt hinter das Original.

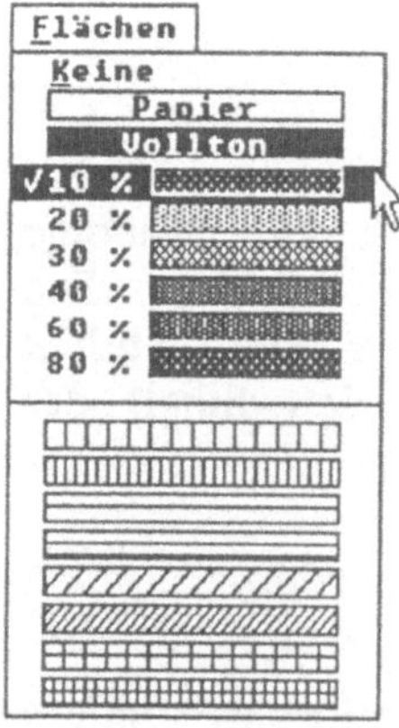

Dazu schieben Sie es zunächst an die richtige Position, lassen es markiert und wählen dann den Befehl »Nach hinten stellen«, im Menü »Bearbeiten«.

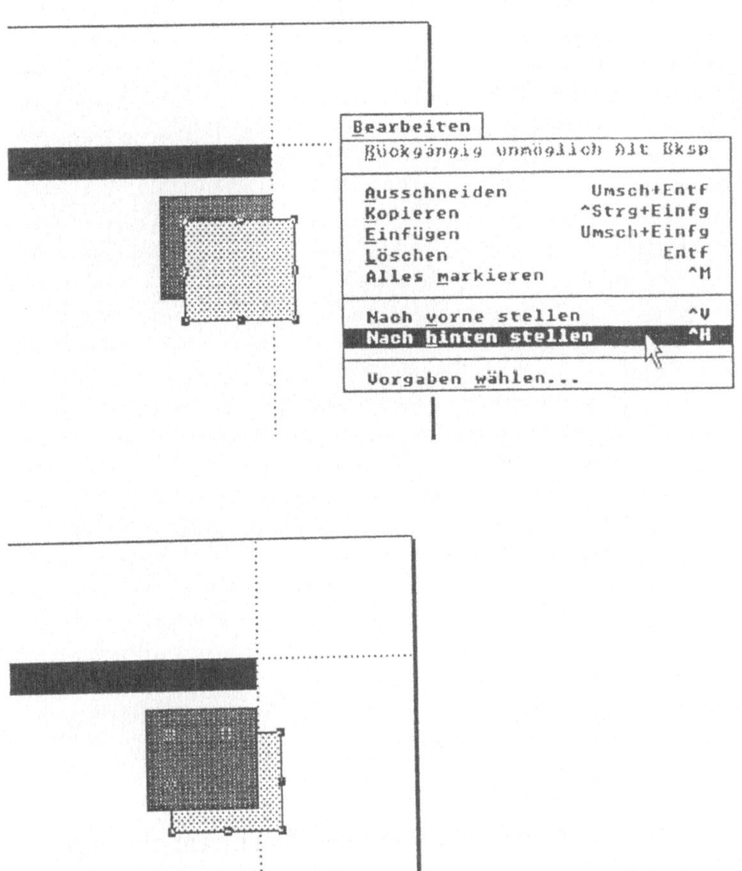

4.7.8 Ablegen eines Elementes auf der Montagefläche

Wollen Sie ein einzelnes Element von einer Seite auf eine andere bewegen, können Sie das über die Zwischenablage tun. Es ist aber einfacher, wenn Sie das Element vorübergehend einfach von der Seite auf die Montagefläche schieben. Angenommen, Sie wollen das vorher eingefügte kleine Quadrat auf eine andere Seite bringen.

Markieren Sie das Quadrat, und ziehen Sie es von der Seite nach rechts auf die Montagefläche. Blättern Sie dann um auf Seite 2.

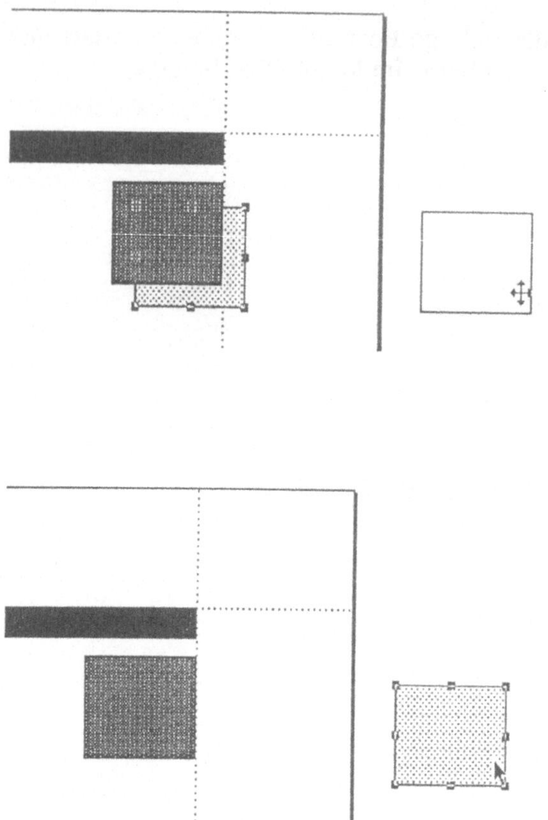

Da die Mustervorlage FIRMNACH.PT3 als einseitiges Dokument angelegt ist, müssen Sie die beiden dargestellten Seiten 2 und 3 nach links rücken, um das Quadrat zu sehen. Benützen Sie zum Verschieben die Bildlaufleiste oder die PageMaker-Hand (Alt-Taste + Ziehen). Sie können das Quadrat einfach wieder auf die Seite 3 ziehen.

4.7.9 Standardelemente ausblenden

Ein Standardelement können Sie auf einer Normalseite nicht löschen. Sie können Standardelemente zwar direkt auf der Standardseite löschen, damit verschwinden diese aber auch auf allen Normalseiten des Dokumentes. Wollen Sie die Standardelemente lediglich auf einer einzelnen Seite ausblenden, können Sie dies mit dem Befehl »Standardelemente anzeigen« im Menü »Seite« erreichen.

Normalerweise steht vor diesem Befehl ein Häkchen. Durch Anwählen wird er abgeschaltet. Das Häkchen verschwindet, und die Standardelemente werden auf der dargestellten Seite nicht mehr gezeigt. Allerdings werden dadurch alle Standardelemente auf dieser Seite ausgeblendet. Wollen Sie nur eines von mehreren Standardelementen löschen, können Sie es abdecken.

4.7.10 Standardelemente verbergen

Sie können ein einzelnes Standardelement mit einer weißen Fläche abdecken. Als Beispiel sollen Sie das Wort *Page 1* in der Fußzeile abdecken.

Zeichnen Sie dazu ein Rechteck mit den ungefähren Maßen 1 x 2cm und versehen Sie es mit dem Flächenmuster »Papier«. Lassen Sie als Linienmuster vorerst noch die Standardvorgabe 0,5 Point, sonst können Sie das Rechteck nicht mehr sehen.

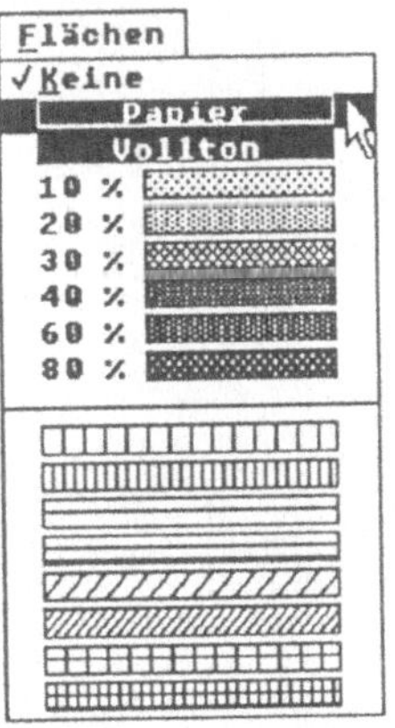

Ziehen Sie nun das Rechteck über *Page 1* in der Fußzeile, so daß nur noch *Company Bulletin* zu lesen ist. Das Rechteck ist immer noch markiert.

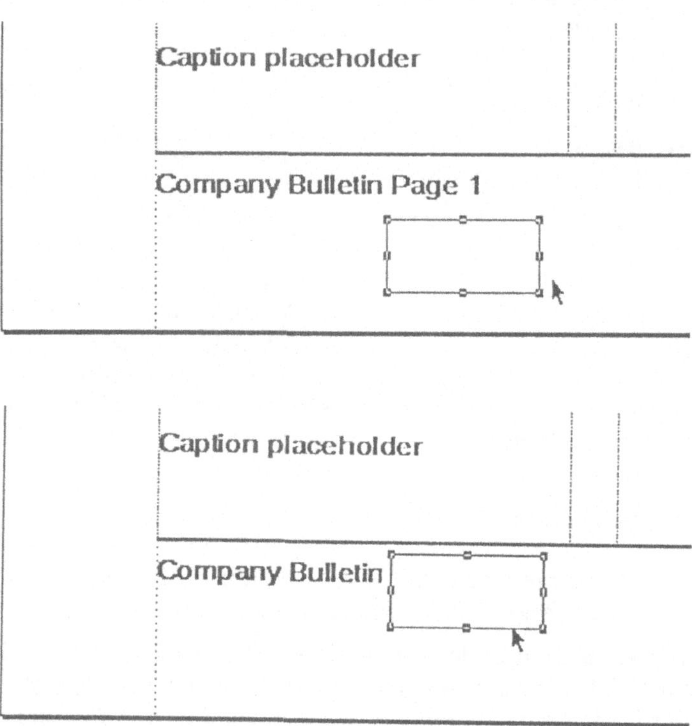

Wählen Sie nun das Linienmuster »Keine« an. Dadurch verschwindet der Rahmen.

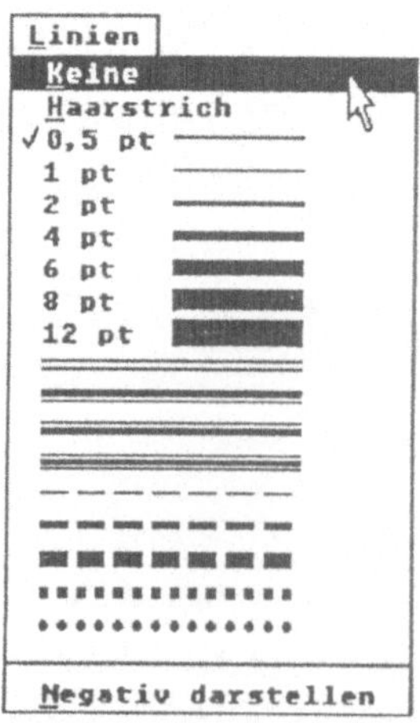

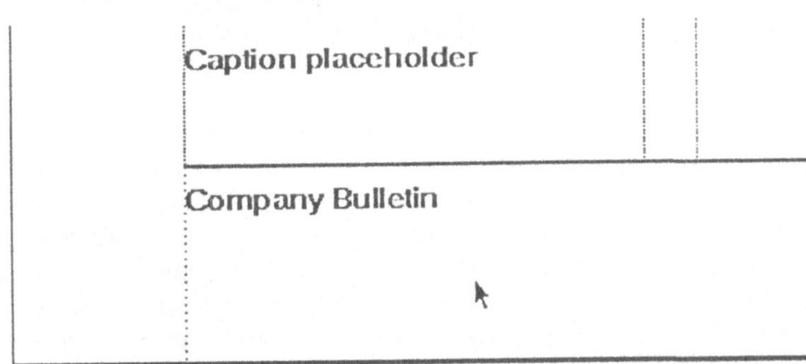

Wenn Sie die Seite später ausdrucken, ist von *Page 1* keine Spur mehr zu sehen. Theoretisch könnten Sie so eine ganze Seite mit einer weißen Fläche überdecken, ohne die darauf befindlichen Elemente zu löschen, und dann neuen Text auf dieser weißen Fläche placieren. Beim Ausdruck wäre vom Originaltext nichts zu sehen. Allerdings braucht eine solche abgedeckte Seite wesentlich mehr Speicherkapazität, und der Ausdruck würde länger dauern. Wenden Sie das Abdeckverfahren also nur in besonderen Fällen an.

4.7.11 Verschiedene Versionen eines Dokumentes anlegen

Einer der Vorteile der Arbeit mit PageMaker ist, daß Sie verschiedene Layout-Variationen ohne großen Aufwand ausprobieren können.

Um verschiedene Varianten dauerhaft zu speichern, können Sie auf einfache Weise Kopien der gesamten Datei anlegen. Dazu wählen Sie den Befehl »Speichern unter...« im Menü »Datei« an. Mit diesem Befehl legen Sie eine Kopie der gerade geöffneten Datei an und speichern diese unter einem anderen Namen. Im auftauchenden Dialogfeld können Sie den Namen der Kopie festlegen und auch das Laufwerk und Verzeichnis, in dem diese Kopie gespeichert werden soll.

Sie können auf diese Weise beliebig viele Kopien Ihrer Datei anlegen. Die zuletzt angelegte Kopie bleibt geöffnet, und Sie können sofort in dieser weiterarbeiten. Da Sie nach der Wahl dieses Befehls in einer Kopie arbeiten, also in einer völlig neuen Datei, können Sie nicht mehr auf eine alte Fassung zurückgreifen, und auch nicht mehr auf eine Zwischenfassung.

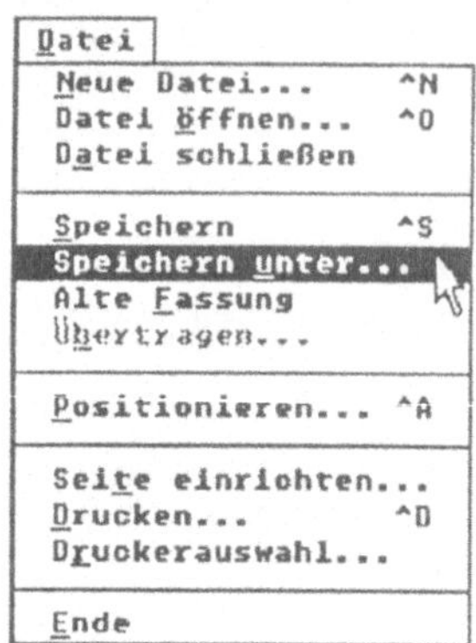

Wählen Sie den Befehl »Speichern unter...« an. Tragen Sie als Namen FIRMNCH2 ein. Als Verzeichnis lassen Sie das vorgeschlagene MUSTVORL.

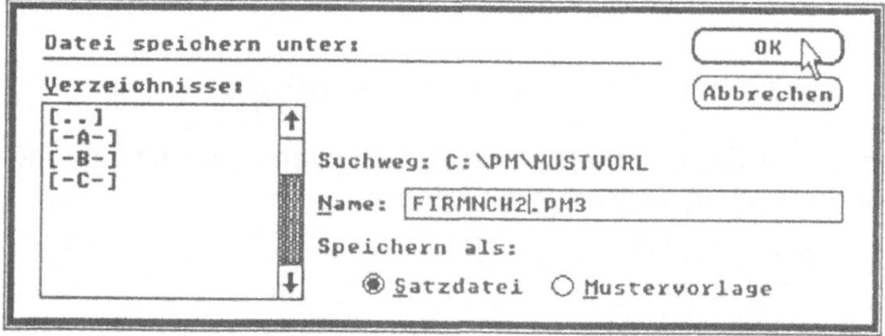

4.7.12 Öffnen einer anderen Datei

Um die nächste Übung vorzubereiten, müssen Sie jetzt eine andere Datei öffnen, die Datei GBERICH1, die Sie vorher aus der Mustervorlage GBERICHT.PT3 abgeleitet haben. Es ist nicht nötig, die gerade geöffnete Datei FIRMNCH2.PM3 vorher zu schließen. PageMaker fragt Sie automatisch, ob Sie die geöffnete Datei speichern wollen.

Wählen Sie den Befehl »Datei öffnen...«.

Haben Sie in der geöffneten Datei nichts geändert, erscheint sofort das Verzeichnis mit den PageMaker -Dateien. Haben Sie etwas geändert, erscheint das Warnfeld:

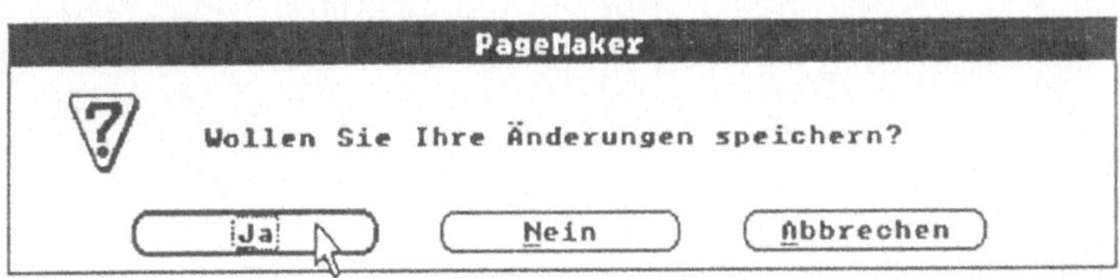

Klicken Sie »Ja«.

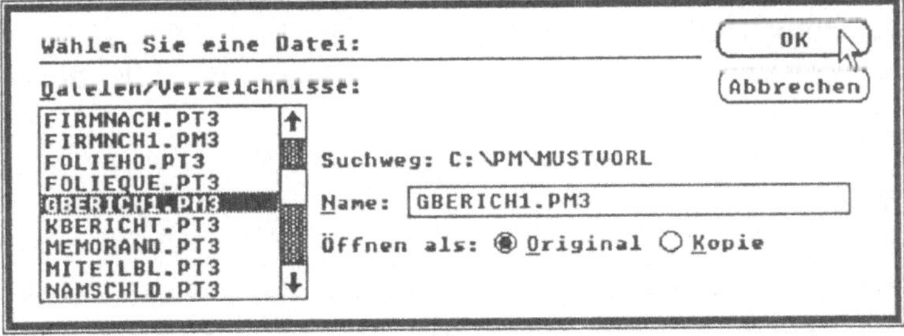

Öffnen Sie die Datei GBERICH1. Diese Datei ist recht lang und enthält viel Text. Damit Sie für das Dokument, daß wir in der nächsten Übung anlegen werden, nicht extra ein paar Seiten Text tippen müssen, werden Sie jetzt Text aus dieser Datei exportieren und als eigene Textdatei speichern. Sie können diesen Text später vielleicht auch als Blindtext für den Entwurf eines Dokumentes verwenden.

4.7.13 Ändern der Druckformatnamen

Falls Sie in der früheren Übung nicht die englischen Druckformatnamen durch deutsche ersetzt haben, tun Sie dies jetzt:

Body text - Fließtext, Caption Title - Bildtitel, Caption - Bildunterschrift, Subhead 1 - Überschrift 1, Subhead 2 - Überschrift 2.

4.7.14 Verändern von Text

Zunächst schlagen Sie die Seite 2 auf und wechseln in den Editor.

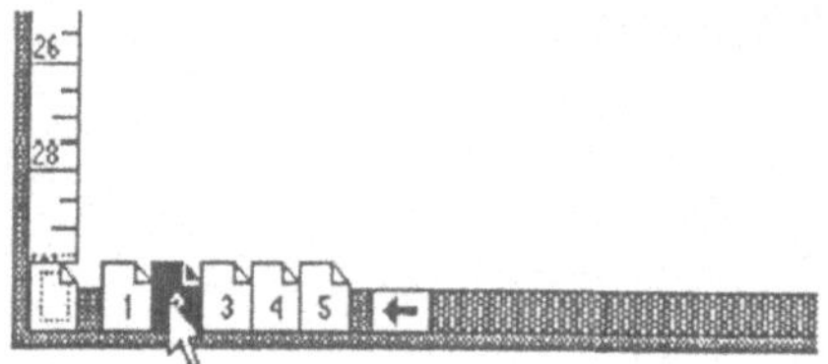

4.7.14.1 Ersetzen eines Wortes

Klicken Sie dann zweimal auf dem Wort *Subhead.* es wird dadurch markiert. Ohne es zu löschen, tippen Sie jetzt einfach *Überschrift.* *Subhead* wird automatisch gelöscht. Ersetzen Sie jedes andere *Subhead* ebenfalls durch *Überschrift.*

4.7.14.2 Text hinzufügen

Markieren Sie nun eine Einfügeposition in der ersten Zeile des ersten Absatzes und schreiben Sie: *Dies ist ein Blindtext.* PageMaker macht automatisch Platz für den neu geschriebenen Text.

Company Name

Überschrift 2

   Dies ist ein Blindtext. Lorem ipsum dolor sit amet,
consectetuer adipiscing elit, sed diam nonummy nibh
euismod tincidunt ut laoreet dolore magna aliquam erat
volutpat. Ut wisi enim ad minim veniam, quis nostrud
exercitation ullamcorper suscipit lobortis nisl ut aliquip
ex ea commodo consequat. Duis autem vel eum iriure

augue d
dolor si
nonumn
magna ¿
veniam,
lobortis
 Duis

Speichern Sie die Datei noch einmal ab (Ctrl + S).

4.7.15 Exportieren von Text

Einen Text zu exportieren ist dann sinnvoll, wenn Sie nachträgliche
Änderungen an diesem Text in PageMaker durchgeführt haben und Sie diese
Änderungen auch in die Original-Textdatei übertragen wollen.

Schalten Sie für den Export um in den Editor. Markieren Sie eine
Einfügeposition an einer beliebigen Stelle innerhalb des Textes auf Seite 2.
Wählen Sie jetzt den Befehl »Übertragen...« im Menü »Datei« an.

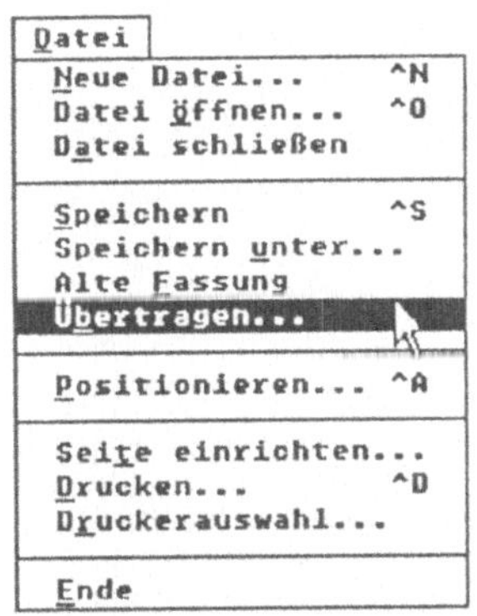

Im auftauchenden Dialogfeld können Sie Namen und Verzeichnis der zu
exportierenden Textdatei festlegen. Wählen Sie das Verzeichnis PMTUTOR
und als Namen BLINDTXT.

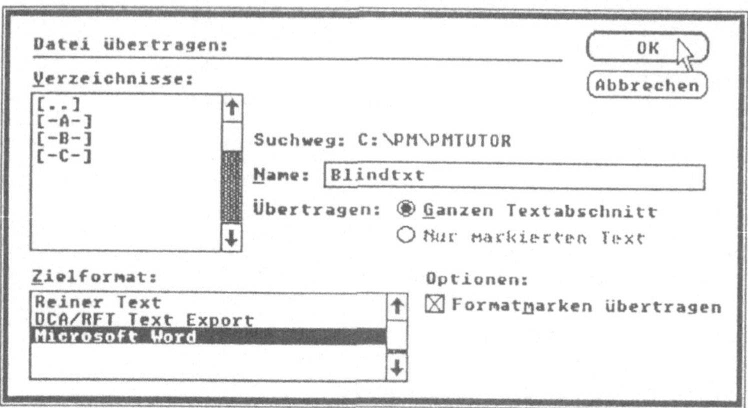

Außerdem wählen Sie die Option »Übertragen: Ganzen Textabschnitt« an. Die Option »Formatmarken übertragen« ist vermutlich bereits angewählt, sonst klicken Sie bitte darauf.

Als Zielformat wählen Sie »Microsoft Word«. Es spielt keine Rolle, ob Sie sonst mit diesem Textverarbeitungsprogramm arbeiten. Allerdings müssen Sie den Exportfilter für Word installiert haben. Klicken Sie »OK« an, so wird die Datei übertragen. PageMaker meldet dies allerdings nicht explizit. Wenn aber bereits eine Datei mit diesem Namen existiert, erscheint das Warnfeld:

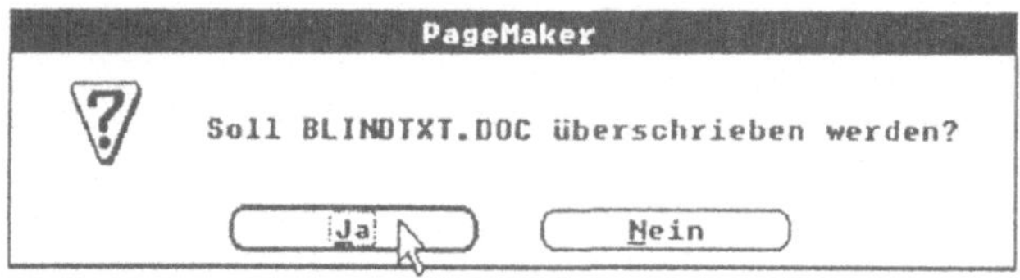

Sie können jetzt die Datei schließen.

4.8 Sechster Tag: Feinheiten

Nach dieser Übung werden Sie folgende Begriffe und Arbeitstechniken beherrschen:

- Neues Dokument anlegen

- Seitenformat definieren

- Reindrucker festlegen

- Standardseiten anlegen

- Seitenzahlen setzen

- Hilfslinien

- Konturenführung

- Bild positionieren

- Abschneidefunktion

- Druckformat kopieren

- Text positionieren

In dieser Übung sollen Sie ein neues Dokument von Anfang an anlegen. Der Gesamtumfang des Dokumentes wird 3 Seiten betragen. So sollen die Seiten aussehen:

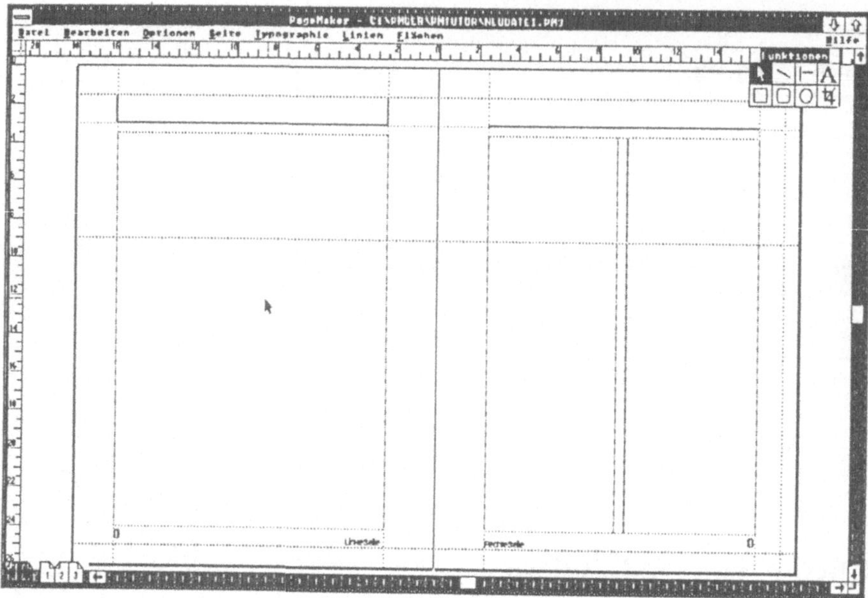

Die Standardseiten

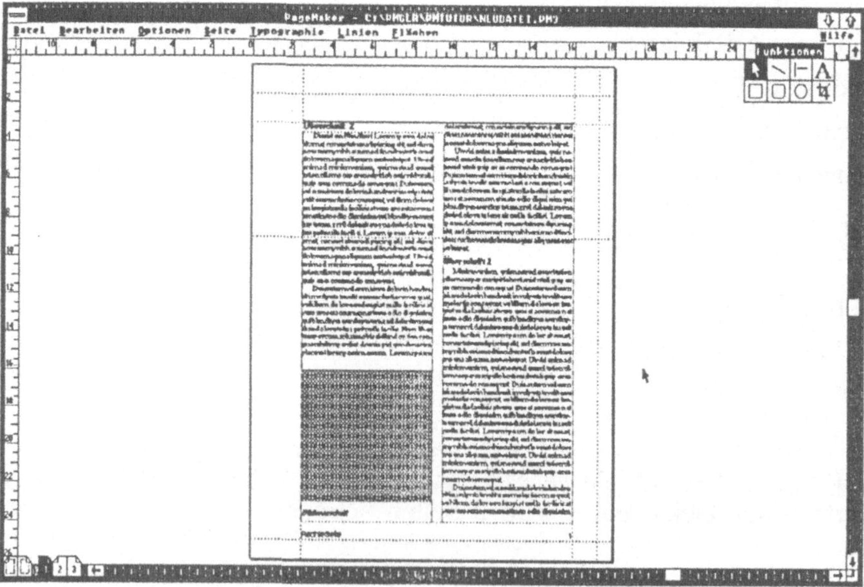

Seite 1

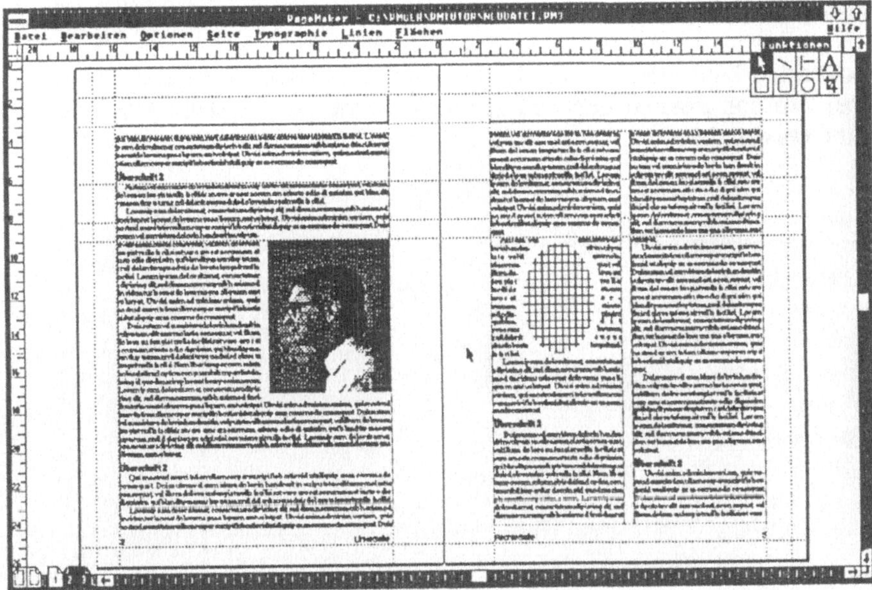

Seite 2 und 3

4.8.1 Neues Dokument anlegen

Um ein neues Dokument anzulegen, müssen Sie den Befehl »Neue Datei...« aus
dem Menü »Datei« wählen.

4.8.2 Seitenformat definieren

Im auftauchenden Dialogfeld legen Sie zuerst das Seitenformat fest. Es handelt sich hierbei um das Format des Dokumentes, nicht um das Papierformat, das der Drucker verwendet.

```
Seite einrichten:                                    (   OK   )

Seitenformat:  O A4   O A3   O A5   O B5            (Abbrechen)
               O US-Brief   O US-Lang   O Tabloid
               ® Vorgabe:  [180     ] x [260     ] mm
Formatlage:   ® Hoch   O Quer
Erste Seite:  [1    ]   Seitenanzahl:  [3    ]
Optionen:  X Zweiseitig   X Doppelseite
Stegbreite in mm:         Bund  [25      ]   Außen  [20      ]
                          Kopf  [35      ]   Fuß    [20      ]
Reindrucker: NEC 24-Nadeldrucker auf LPT1:
```

Das **Seitenformat** des Dokumentes kann größer, kleiner oder gleich groß wie das Papierformat des Druckers sein. Dieses Dialogfeld taucht automatisch immer dann auf, wenn Sie ein neues Dokument anlegen. Vermutlich verwendet Ihr Drucker normales A4-Papier. Das Seitenformat des anzulegenden Dokumentes ist kleiner. Klicken Sie auf der Option »Seitenformat: Vorgabe« und geben Sie die Werte 180 mm x 260 mm ein.

Die Ausrichtung der Seite, die **Formatlage**, soll »Hoch« sein.

Die **erste Seite** soll 1 sein, also brauchen Sie hier nichts zu ändern. Wenn Sie später einmal z.B. zwei Kapitel eines Buches als zwei unabhängige Dateien ausdrucken wollen, können Sie mit dieser Option die Seitenzahlen des zweiten Kapitels nahtlos an die des ersten anhängen.

Bei **»Seitenanzahl«** geben Sie den Gesamtumfang ein, also 3. Dieser Wert kann nachträglich geändert werden, falls dies nötig werden sollte.

Über die Optionen **»Zweiseitig«** und **»Doppelseite«** bestimmen Sie, ob Ihr Dokument rechte und linke Seiten hat oder nur rechte, d.h., ob Sie beim Layout berücksichtigen wollen, daß linke und rechte Seiten existieren - wie etwa bei einem Buch. Gegenüberliegende Seiten (doppelseitiges Dokument) werden dann gleichzeitig auf dem Bildschirm gezeigt, und es gibt eine linke und eine rechte Standardseite. Dies ist die Standardvorgabe. Beide Optionen sind angekreuzt. Es erscheinen Sinnbilder für die linke und rechte Standardseite, und die Seiten des Dokumentes werden als linke und rechte Seiten angelegt. Ihr Dokument soll zweiseitig werden, lassen Sie also bitte beide Optionen angekreuzt.

Wählen Sie »Doppelseite« ab, werden alle Seiten, auch gegenüberliegende, immer einzeln auf dem Bildschirm gezeigt. Trotzdem werden linke und rechte Seiten angelegt.

Wählen Sie beide Optionen ab, »Zweiseitig« und »Doppelseite«, wird das Dokument in einseitigem Satz angelegt. Alle Seiten werden dann als rechte Seiten behandelt, der Bundsteg ist also immer links.

Als letztes müssen Sie noch die **Stegbreite** bestimmen. Die Stege sind die unbedruckten Seitenränder. Sie legen damit die Fläche fest, auf der Textelemente placiert werden sollen, also den Satzspiegel. Der Bundsteg liegt immer innen, also bei zweiseitigen Dokumenten rechts für die linke Seite, links für die rechte Seite. Einseitige Dokumente haben, wie gesagt, den Bundsteg immer links. Die Stege bilden die Grenze für positionierten Text, d.h., Text wird nur innerhalb dieses Rahmens positioniert. Diese Fläche ist nicht identisch mit der bedruckbaren Fläche! Sie können beliebige Elemente auf den Stegen anordnen.

Die Standardvorgabe von PageMaker ist 25 mm für den Bundsteg, 20 mm für alle anderen Stege. Von diesen Werten müssen Sie lediglich den Kopfsteg in 35 mm ändern, die anderen Werte werden direkt übernommen und werden nicht geändert.

Klicken Sie auf »OK«. PageMaker baut die erste Seite auf dem Bildschirm auf. Wie Sie sehen, sind Sinnbilder für drei Seiten und zwei Standardseiten vorhanden. Der Satzspiegel ist von einem gepunkteten Rahmen umgeben.

4.8.3 Druckerwahl

Der nächste Schritt ist die Wahl des Reindruckers. Wählen Sie den Befehl »Druckerauswahl...« im Menü »Datei«.

Aus der Druckerliste im Dialogfeld wählen Sie für diese Übung den PostScript Printer, auch wenn dieser nicht Teil Ihres Systems ist. Später, wenn Sie eigene Dokumente erstellen, müssen Sie hier den Drucker wählen, den Sie tatsächlich für die Endausgabe benützen wollen.

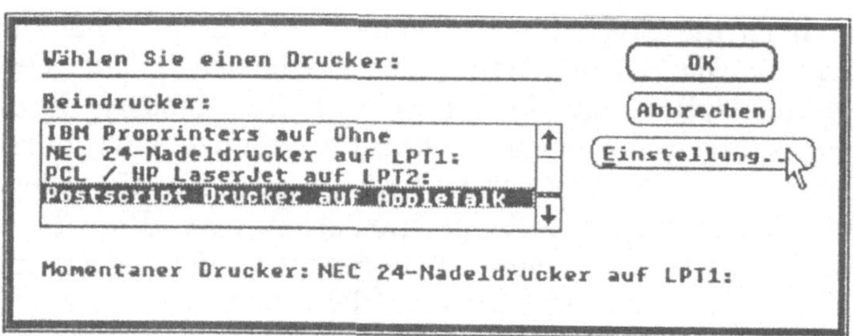

Wählen Sie in dem Dialogfeld anschließend »Einstellung...« an, und prüfen Sie in dem auftauchenden druckerspezifischen Dialogfeld die Einstellung für Papierformatlage (»Hochformat«) und Papierformat (»A4«). Als Drucker können Sie den Apple LaserWriter Plus wählen. Später, wenn Sie eigene Dokumente erstellen, müssen Sie hier die Einstellung für den Drucker wählen, den Sie tatsächlich für die Endausgabe benützen wollen.

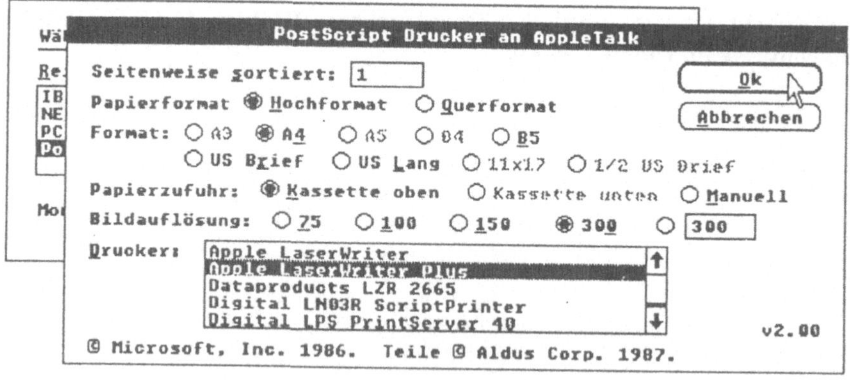

Klicken Sie »OK«. Sie sind jetzt wieder im ersten Dialogfeld. Klicken Sie nochmals »OK«.

4.8.3.1 Standarddrucker festlegen

Wenn Sie später Ihre eigenen Dokumente immer auf demselben Drucker ausgeben wollen, können Sie diesen zur Standardvorgabe machen. Dazu müssen Sie vom PageMaker-Grundbild aus den Befehl »Druckerauswahl...« wählen, ohne daß eine Datei geöffnet ist. Wählen Sie den Drucker aus und klicken Sie »Einstellung...«. Stellen Sie dann in dem druckerspezifischen Dialogfeld die Werte für Ihren Drucker ein. Klicken Sie »OK« und nochmals »OK«. Damit wird immer automatisch der einmal gewählte Drucker der Datei zugrunde gelegt.

4.8.4 Festlegen der Maßeinheit

Wählen Sie im Menü »Bearbeiten« den Befehl »Vorgaben wählen...«.

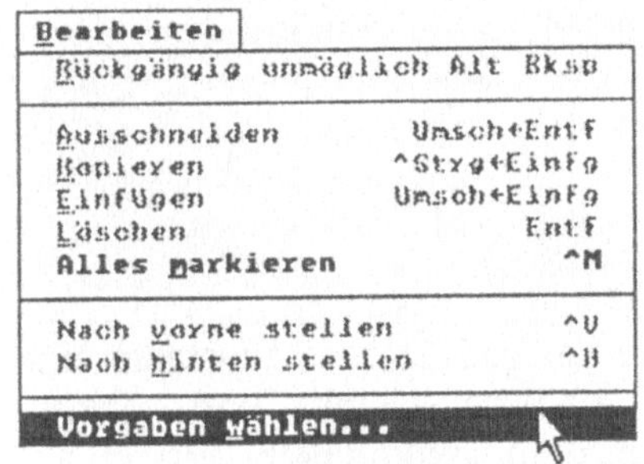

Wählen Sie im auftauchenden Dialogfeld bei den Optionen »Einheitensystem:« und »Senkrechtes Lineal« beidesmal »Millimeter« als Einheit. Dies ist die Standardvorgabe.

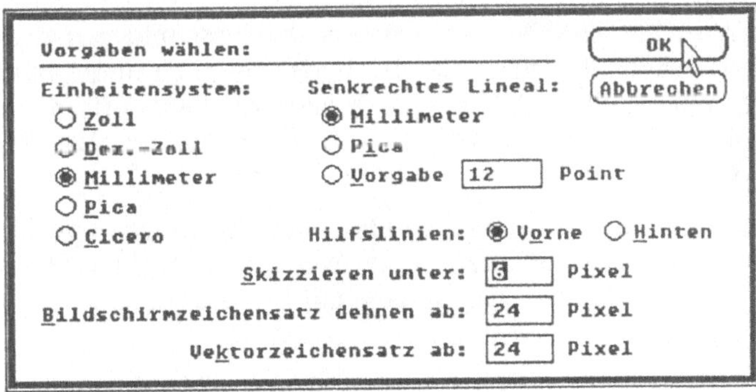

Klicken Sie anschließend »OK«.

4.8.5 Anlegen der Standardseiten

Schlagen Sie nun die Standardseiten auf. Da es ein doppelseitiges Dokument ist, werden beide Standardseiten gleichzeitig dargestellt. Als erstes müssen Sie alle Standardelemente auf die linke und die rechte Standardseite placieren.

4.8.5.1 Hilfslinien

Beginnen Sie mit den Hilfslinien. Diese Linien sind nur auf dem Bildschirm sichtbar und werden nicht ausgedruckt. Sie dienen der leichteren und genaueren Placierung. Die Hilfslinien werden mit der Maus aus den Linealen gezogen und können sowohl auf Standard- als auch auf Normalseiten eingesetzt werden.

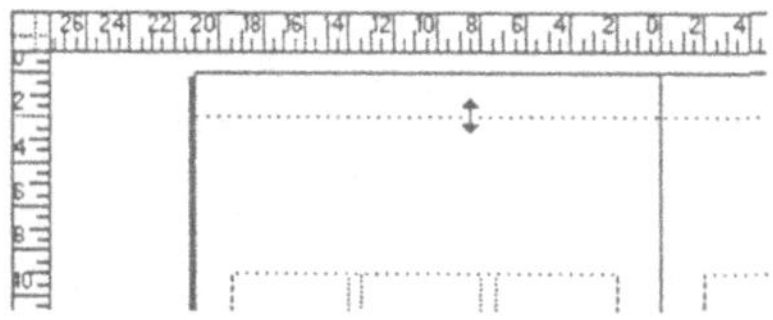

Zielen Sie auf das obere Lineal und ziehen Sie bei gedrückter Maustaste eine waagerechte Linie nach unten. Placieren Sie diese 15 mm vom oberen Seitenrand entfernt. Lesen Sie den Wert auf dem senkrechten Lineal ab. Waagerechte Hilfslinien gehen immer über beide Seiten.

Placieren Sie nun weitere Hilfslinien bei 30 mm, 90 mm und 250 mm. Falls Sie in der gewählten Darstellungsgröße (»Ganze Seite«) nicht genügend sehen können, zoomen Sie die linke obere Ecke der linken Seite auf doppelte Originalgröße (rechter Mausklick).

Wenn Sie bei Darstellungsgröße »200 %« nur einen Seitenausschnitt auf dem Bildschirm haben und Sie ziehen mit der Maus die Hilfslinie nach unten über den Bildschirmrand, verschiebt PageMaker den Seitenausschnitt allerdings nicht automatisch. Setzen Sie die Linie zwischendurch ab und verschieben Sie die Seite mit der Bildlaufleiste.

Nun setzen Sie noch vier senkrechte Hilfslinien, und zwar bei 25 mm und bei 160 mm jeweils auf die linke und auf die rechte Seite. Der Nullpunkt ist zwischen beiden Seiten. Diese Hilfslinien liegen dann auf den Steglinien.

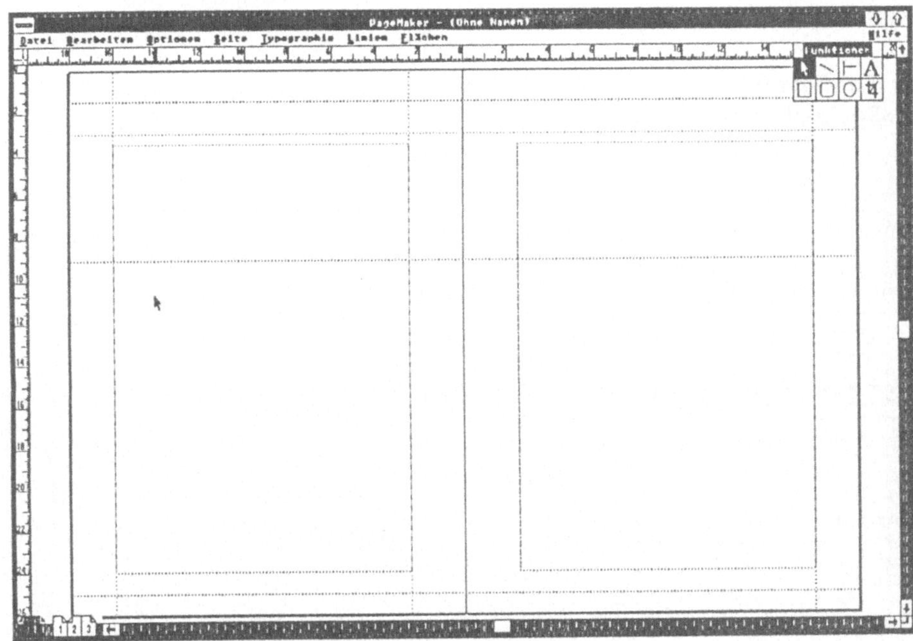

Hilfslinien können beliebig oft verschoben werden. Sobald sie von der Seite geschoben werden, verschwinden sie. Wenn Sie den Befehl »Hilfslinien festsetzen« im Menü »Optionen« anwählen, werden die Hilfslinien an ihrer jeweiligen Position festgesetzt und sind unbeweglich.

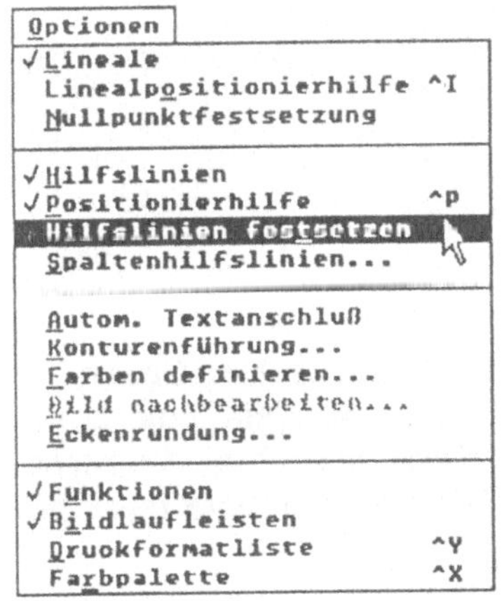

4.8.5.2 Spaltenhilfslinien

Da der Satz zweispaltig werden soll, wählen Sie im Menü »Optionen« den
Befehl »Spaltenhilfslinien...«.

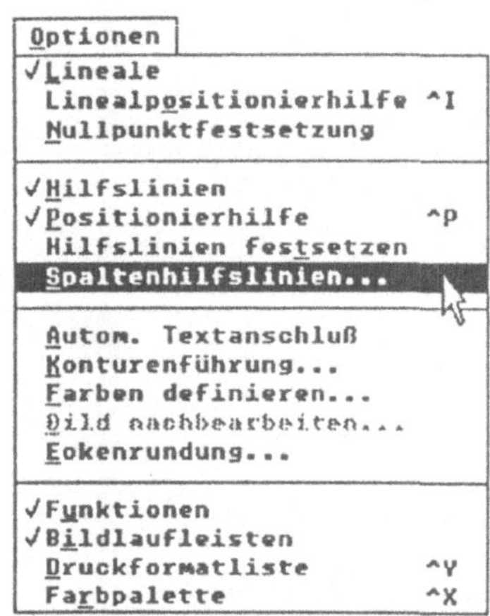

Im auftauchenden Dialogfeld klicken Sie bitte zunächst auf der Option »Auf
Doppelseiten getrennt einstellen«.

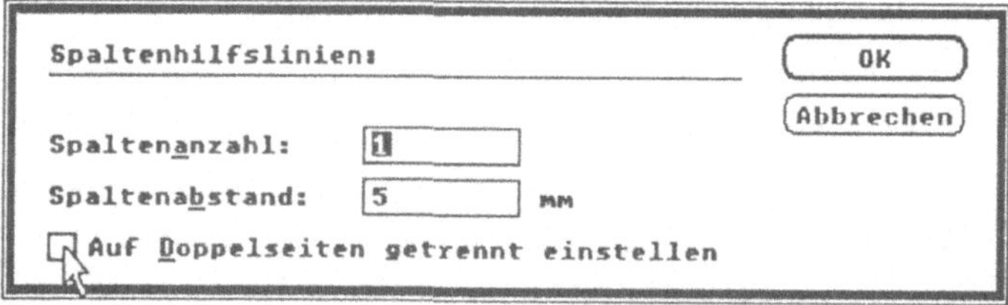

Dadurch können Sie die linke Seite anders gestalten als die rechte. Geben Sie
bei »Spaltenanzahl:« für die linke Seite eine 1, für die rechte Seite eine 2 ein,
bei »Spaltenabstand:« 5 mm. Damit wird die linke Seite einspaltig, die rechte
Seite zweispaltig, ein neues Paar von Hilfslinien auf der rechten Seite zeigt dies
an.

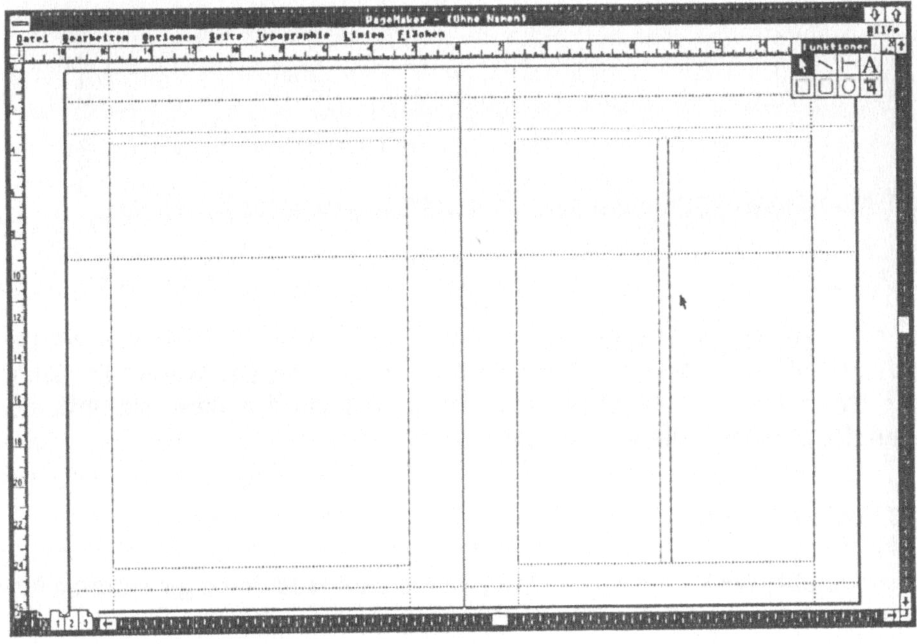

Nun sind alle Hilfslinien gesetzt.

Jetzt positionieren Sie einige Elemente auf die Standardseiten. Die Spalten können durch eine dünne (stumpffeine) senkrechte Linie voneinander getrennt werden. Zeichnen Sie mit der Festwinkellinienfunktion eine senkrechte 0,5 Point-Linie.

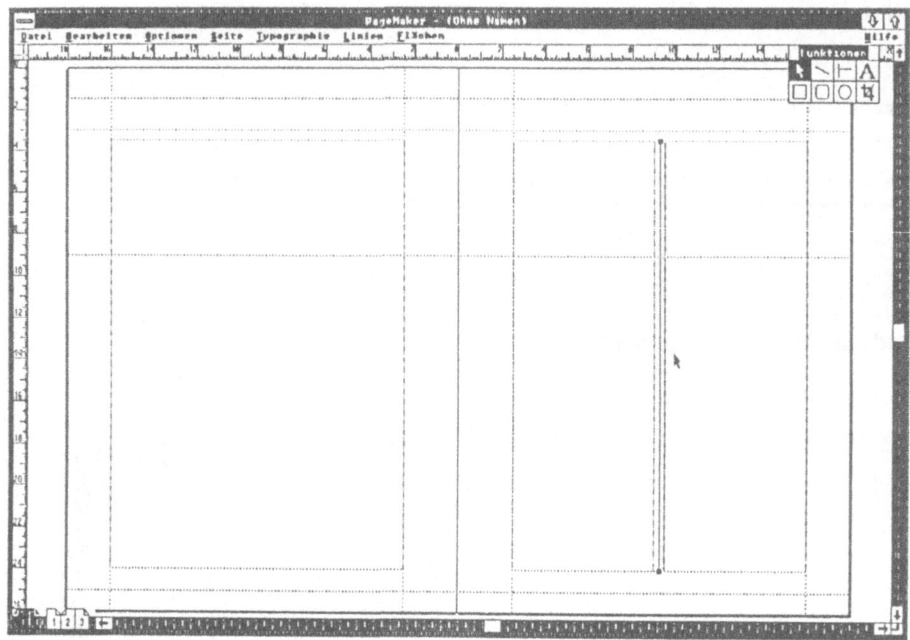

Damit Sie nicht lange messen bzw. genau zielen müssen, prüfen Sie, ob im Menü »Optionen« der Befehl »Positionierhilfe« angewählt ist. Wenn Sie später auf der Normalseite die Spalten verschieben, müssen Sie diese stumpffeine Linie auf der Standardseite verschieben.

4.8.5.3 Positionierhilfe

Ist dieser Befehl »Positionierhilfe« aktiv, werden die Hilfslinien gewissermaßen magnetisch. Dies ist die Standardvorgabe.

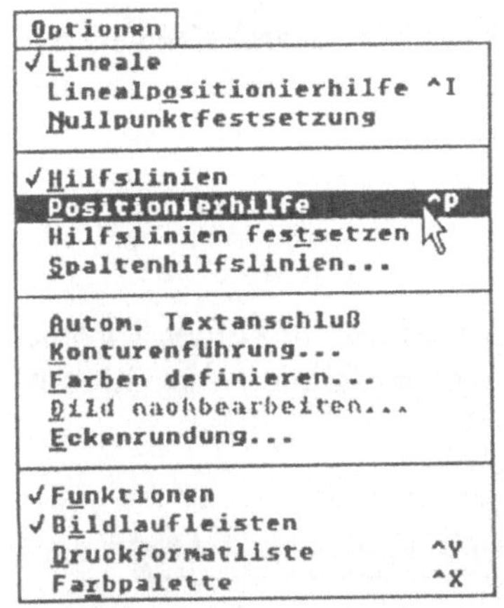

Sie merken es, wenn Sie mit dem Mauskreuz in die Nähe einer Hilfslinie kommen: es ist unmöglich, innerhalb einer gewissen Zone die Hilfslinie zu verfehlen.

Die Spaltenlinie soll vom Kopfsteg bis an den Fußsteg gehen. Zeichnen Sie die Spaltenlinie irgendwo auf der Seite, es ist einfacher, diese anschließend mit dem Mauspfeil an die richtige Stelle zu schieben. Die Position in der Mitte des Steges zwischen den Spalten entspricht 92,5 mm auf dem waagerechten Lineal (180 mm Seitenbreite, der Bundsteg ist 25 mm breit, der Außensteg 20 mm). Um die Linie ganz präzise positionieren zu können, wählen Sie die Darstellungsgröße »400%«, indem Sie im Menü »Seite« den Befehl »Vergrößerung auf 200%« bei gedrückter Shift-Taste wählen.

Sie können nun mit dem Mauspfeil die Linie exakt placieren. Klicken Sie zweimal mit der rechten Maustaste, und Sie sind wieder in der Darstellungsgröße »Ganze Seite«.

4.8.5.4 Kopf

Zeichnen Sie nun einen Rahmen mit den Maßen 135 x 15 mm mit einer 2 Point-Linie auf beiden Seiten oben zwischen die 15 mm-Hilfslinie, die 30 mm-Hilfslinie und die beiden senkrechten Hilfslinien.

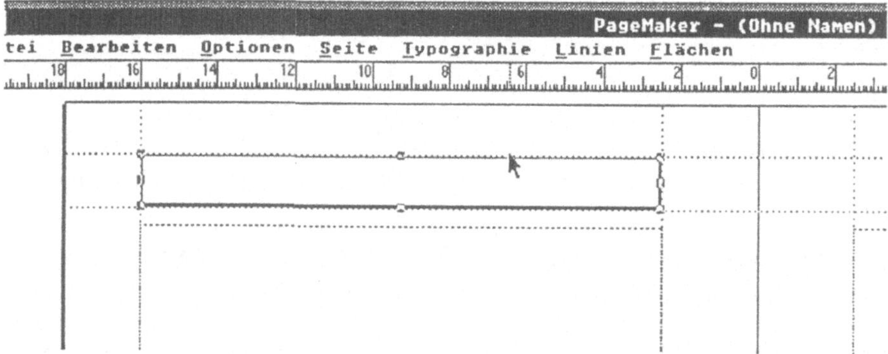

Durch die eingeschaltete Positionierhilfe geht das, ohne daß Sie in eine andere Darstellungsgröße zoomen müssen. Die Linien der Rahmen liegen auf Hilfslinien. Dadurch kann es sein, daß Sie auf Ihrem Bildschirm den Rahmen nicht mit einer geschlossenen Linie sehen. Beim Ausdruck wird der Rahmen aber richtig gedruckt.

4.8.5.5 Seitenzahlen

Seitenzahlen werden von PageMaker auf den Normalseiten automatisch in der richtigen Sequenz gesetzt. Sie müssen dazu auf die Standardseiten eine Paginierungsmarke setzen. Die Paginierungsmarke erscheint auf einer Standardseite als eine Null, auf einer Normalseite dagegen als die entsprechende Seitenzahl. Die Seitenzahl kann bis zu dreistellig sein. Die Paginierungsmarke fügen Sie ein, indem Sie im Editor die Tasten Ctrl + Shift + 3 drücken.

Wählen Sie den Editor an und erzeugen Sie auf einer beliebigen Stelle der Standardseite eine Einfügeposition. Schreiben Sie bei gedrückter Ctrl- und Shift-Taste eine 3. Den Textblock mit der Paginierungsmarke können Sie später mit dem Mauspfeil an die gewünschte Stelle ziehen. Zunächst sollen Sie der Paginierungsmarke das gewünschte Format geben.

Sie können das Format der Paginierungsmarke wie bei einem normalen Stück Text bestimmen. Markieren Sie die Paginierungsmarke im Editor und wählen Sie im Menü »Typographie« den Befehl »Schriftfestlegung...«. Wählen Sie Helv 10 Point kursiv und klicken Sie »OK«.

Anschließend wählen Sie die Option »Linksbündig« im selben Menü an. Die Seitenzahl für die linke Seite soll linksbündig sein, die für die rechte Seite rechtsbündig.

Markieren Sie den Textblock mit der Paginierungsmarke mit dem Mauspfeil. Schieben Sie ihn so auf die linke Seite, daß der Textblock auf der unteren (250 mm) Hilfslinie liegt und die linken Anfasser auf der senkrechten 160 mm Hilfslinie. Da die Positionierhilfe eingeschaltet ist, ziehen die Hilfslinien den Textblock in die richtige Position.

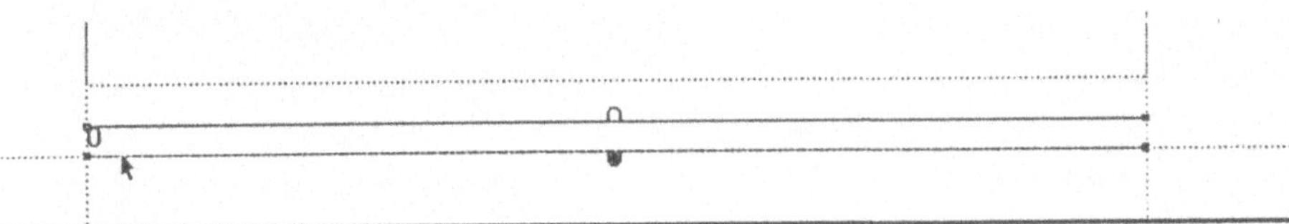

Kopieren Sie nun die Paginierungsmarke mit dem Befehl »Kopieren« aus dem Menü »Bearbeiten« und fügen Sie diese gleich wieder ein (Befehl »Einfügen«).

```
Bearbeiten
Rückgängig unmöglich   Alt Bksp

Ausschneiden           Umsch+Entf
Kopieren              ^Strg+Einfg
Einfügen               Umsch+Einfg
Löschen                      Entf
Alles markieren                ^M

Nach vorne stellen             ^V
Nach hinten stellen            ^H

Vorgaben wählen...
```

```
Bearbeiten
Kopieren rückgängig    Alt Bksp

Ausschneiden           Umsch+Entf
Kopieren              ^Strg+Einfg
Einfügen               Umsch+Einfg
Löschen                      Entf
Alles markieren                ^M

Nach vorne stellen             ^V
Nach hinten stellen            ^H

Vorgaben wählen...
```

Schalten Sie um in den Editor und markieren Sie die zweite Paginierungsmarke. Versehen Sie die Paginierungsmarke mit dem Format »Rechtsbündig« und positionieren Sie diese so auf der rechten Seite, daß der Textblock auf der unteren (250 mm) Hilfslinie liegt und die rechten Anfasser auf der senkrechten 160 mm Hilfslinie.

4.8.5.6 Fußzeile

Als letztes Standardelement fügen Sie noch auf jeder Seite eine Fußzeile ein. Sie haben noch den Mauspfeil angewählt. Wählen Sie den Befehl »Schriftfestlegung...« im Menü »Typographie« und wählen als Schrift Helv 10 Point Normal. Klicken Sie »OK«. Damit haben Sie diese Schrift als Standardvorgabe gewählt.

Schalten Sie in den Editor und markieren Sie an einer beliebigen Stelle eine Einfügeposition. Schreiben Sie nun *Linke Seite*. Die Standardvorgabe für Text ist »Linksbündig«. Markieren Sie den Text mit dem Editor und wählen Sie im Menü »Typographie« die Option »Rechtsbündig« an.

Schalten Sie um auf den Mauspfeil. Markieren Sie den Textblock und positionieren Sie ihn so auf der linken Seite, daß er wie die Paginierungsmarke auf der unteren waagerechten Hilfslinie liegt und die rechten Anfasser auf der 25 mm-Hilfslinie liegen. Beide Textblöcke liegen nun aufeinander.

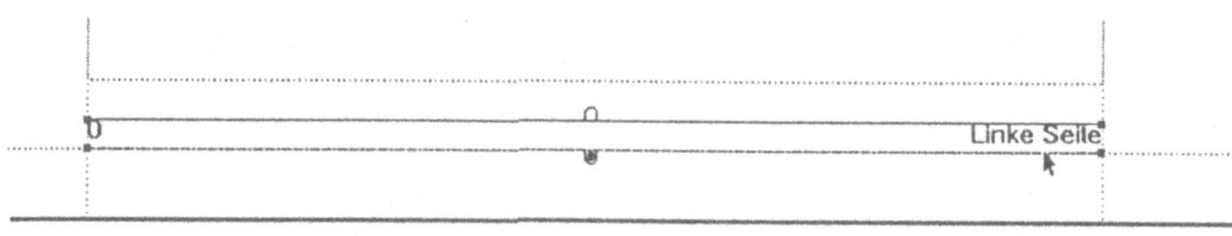

Schalten Sie wieder in den Editor und markieren Sie an einer beliebigen Stelle eine Einfügeposition. Schreiben Sie nun noch den Text *Rechte Seite*. Er erscheint automatisch in Helv 10 Point. Markieren Sie diesen Text mit dem Editor und versehen Sie ihn mit dem Merkmal »Linksbündig«.

Schalten Sie um auf den Mauspfeil und positionieren Sie den Textblock auf der entsprechenden Stelle auf der rechten Seite. Die Standardseiten sind nun fertig und sehen so aus:

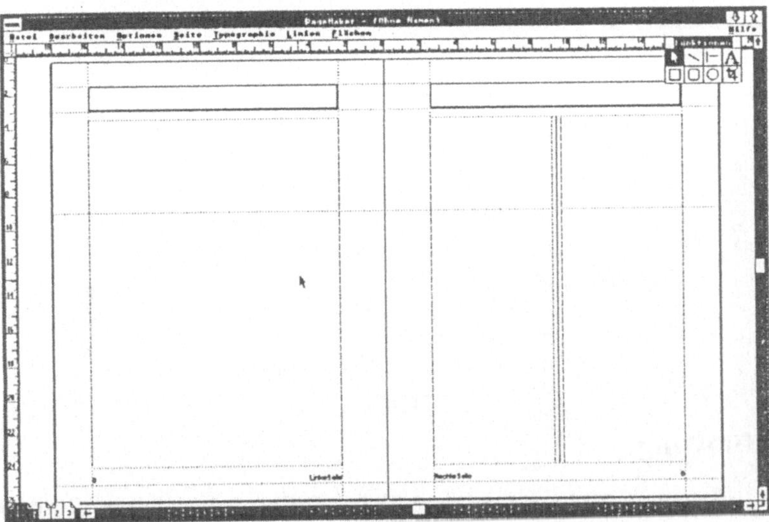

4.8.6 Speichern

Wählen Sie den Befehl »Speichern« im Menü »Datei«

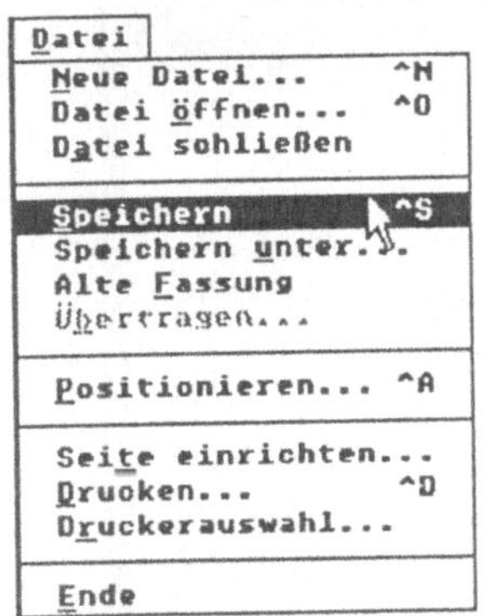

und speichern Sie die Datei unter dem Namen NEUDATEI im Verzeichnis
PMTUTOR.

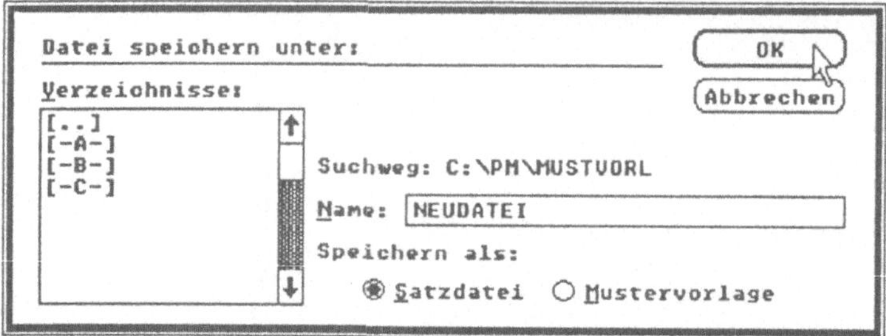

4.8.7 Konturenführung

Als nächster Schritt werden Bilder bearbeitet und auf die vorgesehenen Stellen der Seiten gesetzt. Schlagen Sie die Seite 1 des Dokumentes auf.

Zeichnen Sie in die untere Hälfte der linken Spalte mit der Rechteckfunktion eine Fläche mit den Abmessungen 65 mm breit x 70 mm hoch. Das entspricht der Spaltenbreite. Die Linienausführung soll 0,5 Point, die Flächenausführung ein 30prozentiges Raster sein. Die Oberkante soll bei der 160 mm-Marke liegen. Unterhalb dieser Fläche ist Platz für eine Bildunterschrift, die Sie später noch einfügen.

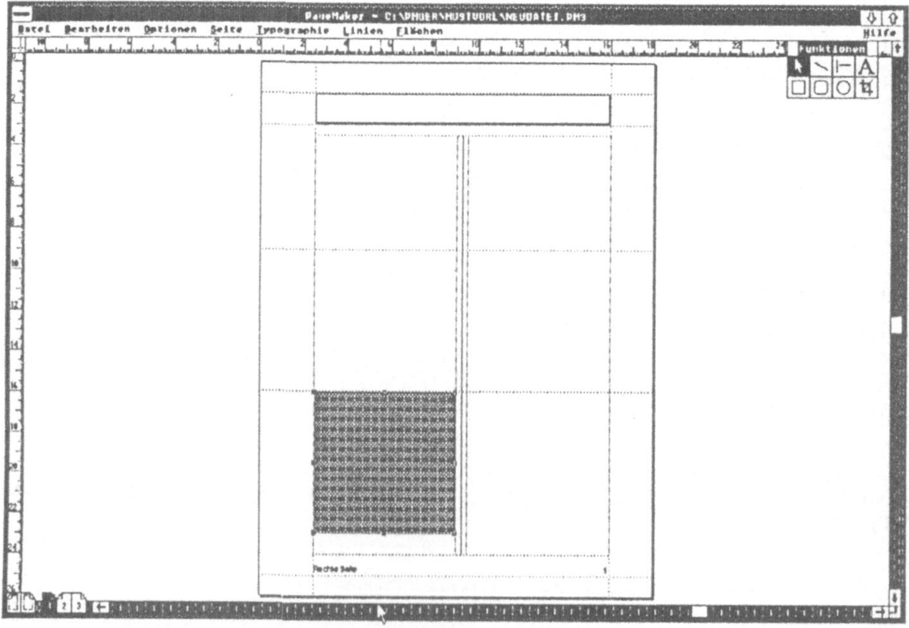

Markieren Sie die Fläche mit dem Mauspfeil und wählen Sie den Befehl
»Konturenführung...« aus dem Menü »Optionen«.

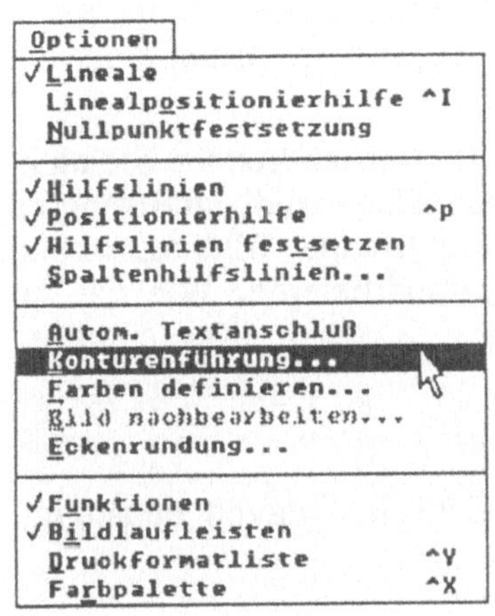

Mit diesem Dialogfeld legen Sie fest, wie Text um ein markiertes Bild
herumgeführt werden soll.

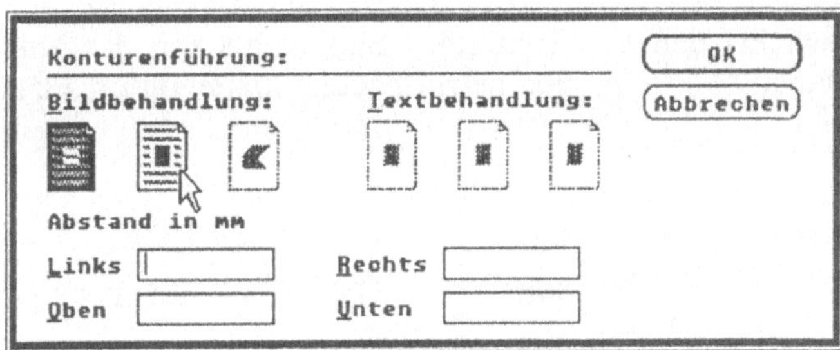

PageMaker kann nämlich alle Bilder mit einer nicht druckenden Begrenzung
versehen. Der Abstand dieser Begrenzung zum Bild kann von Ihnen festgelegt
werden. Dieser Abstand bestimmt, wie nahe der Text an das Bild geführt wird.
Sie haben bei der Option »Bildbehandlung:« mehrere Möglichkeiten, die Sie bei
der Herstellung dieses Dokumentes genauer kennenlernen werden:

 **Keine Bildbegrenzung.** D.h., Text wird einfach über das Bild hinweggeführt, als ob es nicht da wäre. Wählen Sie diese Option, können Sie keine Option bei der Textbehandlung anwählen.

 **Rechteckige Bildbegrenzung.** Damit erhält das Bild einen rechteckigen Rahmen, dessen Abstand vom Bild Sie direkt eingeben können.

 **Unregelmäßige Bildbegrenzung,** die dritte Option, können Sie nicht im Dialogfeld anwählen. Um eine unregelmäßige Bildbegrenzung zu erhalten, müssen Sie zunächst eine rechteckige Bildbegrenzung anwählen und diese dann auf der Seite modifizieren. Wie das im einzelnen geht, erfahren Sie weiter unten.

Bei der Option »Textbehandlung:« sind die Möglichkeiten davon abhängig, welche Art der Bildbehandlung Sie gewählt haben:

 **Spaltenwechsel** bewirkt, daß der Text bis zur oberen Textbegrenzung des Bildes fließt, das Bild überspringt und auf der nächsten Spalte bzw. auf der nächsten Seite weiter geht.

 **Bild überspringen** bewirkt, daß der Text bis zur oberen Textbegrenzung des Bildes fließt, das Bild überspringt und an der unteren Bildbegrenzung weiterfließt.

 **Herumlegen** bewirkt, daß der Text links und rechts um das Bild herumgeführt wird, sofern in der betreffenden Spalte dafür Platz vorhanden ist.

Für das markierte Bild wählen Sie bitte die Optionen »Rechteckige Bildbegenzung« und »Spaltenwechsel«.

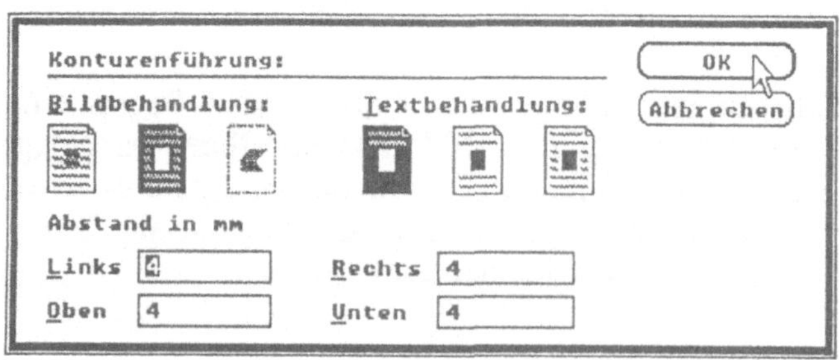

PageMaker schlägt als Begrenzungsabstand 4 mm vor. Klicken Sie »OK«. PageMaker legt nun einen Rahmen in dem vorgegebenen Abstand um die Fläche, der an den Ecken Anfasser hat.

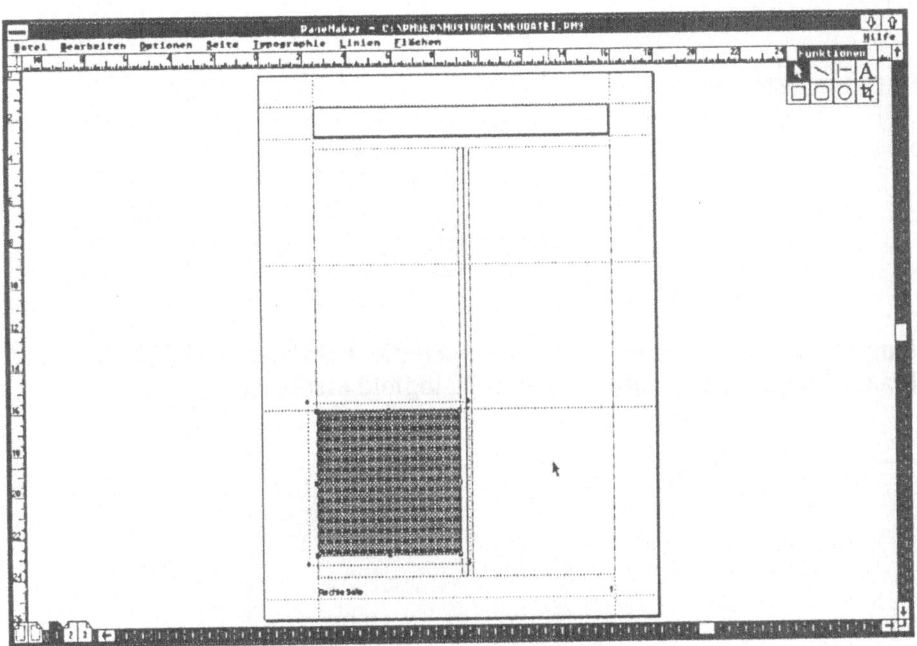

Sie werden noch zwei weitere Grafiken auf die Seiten 2 und 3 setzen, bevor Sie den Text positionieren.

4.8.8 Bild positionieren

Schlagen Sie nun Seite 2 auf. Auf diese Seite soll ein fertiges Bild gesetzt werden, das mit einem Scanner hergestellt wurde. Dieses Bild, die Datei FOTO.TIF, wurde mit dem PageMaker-Paket mitgeliefert und befindet sich in dem Verzeichnis PMTUTOR. Falls Sie die Datei nicht finden, ist diese möglicherweise nicht installiert worden. Lesen Sie noch einmal weiter oben das Kapitel zur Installation.

Wählen Sie den Befehl »Positionieren...« aus dem Menü »Datei«.

Mit demselben Befehl werden Sie später auch die Textdatei BLINDTXT in das PageMaker-Dokument importieren. Ein Dialogfeld erscheint:

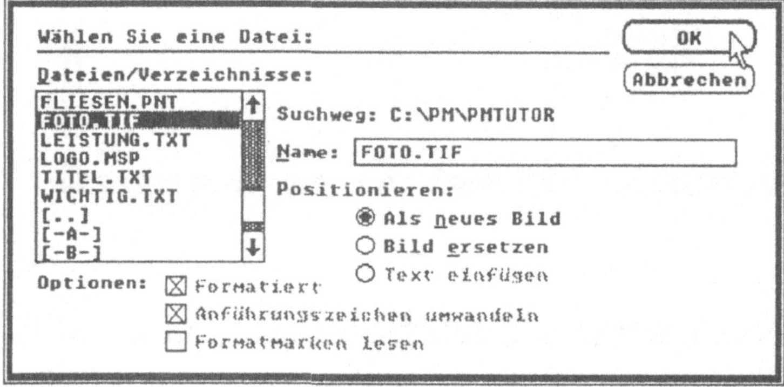

Falls das Verzeichnis PMTUTOR noch nicht gezeigt wird, müssen Sie es anwählen. Markieren Sie darin die Datei FOTO.TIF und klicken Sie zweimal auf ihr. Sie wird nun geladen. Das Dialogfeld verschwindet, und der Mauspfeil ändert seine Form in ein durchkreuztes Quadrat.

Der Mauszeiger ist nun mit der Datei geladen. Zielen Sie mit dem Mauszeiger in die linke obere Ecke der linken Seite, wo sich Kopf- und Außensteg treffen, und klicken Sie einmal kurz. Das Bild wird auf der Seite aufgebaut.

4.8.9 Bild mit dem Schneidewerkzeug bearbeiten

Da das Bild größer ist als der Satzspiegel, müssen Sie das Bild auf die richtige Größe zurechtschneiden (6 x 8 cm). Wählen Sie dazu das letzte Werkzeug aus dem Funktionenfenster, das Sie bisher noch nicht benutzten, die Abschneidefunktion.

Mauszeigerform

Klicken Sie auf dem Sinnbild im Funktionenfenster, dann ändert der Mauspfeil seine Form und wird zum Schneidewerkzeug.

Klicken Sie zunächst auf dem Foto, damit es markiert ist, und zielen Sie dann mit dem Schneidewerkzeug auf die rechte untere Ecke. Ziehen Sie die Maus bei gedrückter Taste schräg nach links oben. Dadurch verkleinert sich der Bildausschnitt. Verkleinern Sie den Bildausschnitt auf 6 cm Breite und 8 cm Höhe. Benützen Sie zum Messen die Lineale.

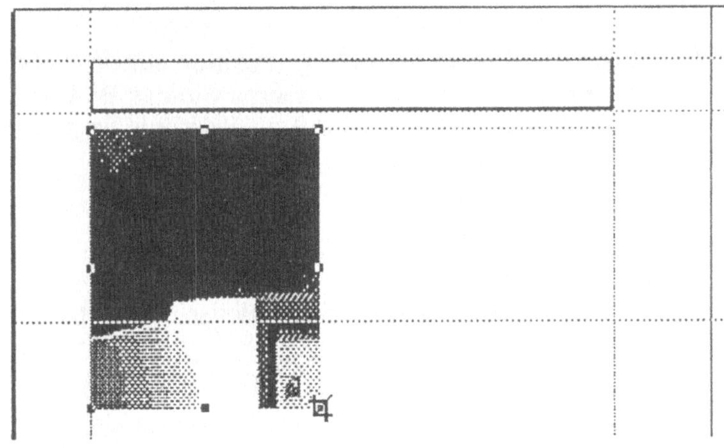

Das Schneiden mit dem Schneidewerkzeug ist nicht mit dem Ziehen und Verzerren mit dem Mauspfeil zu verwechseln. Sie verzerren beim Schneiden das Bild nicht, sondern wählen lediglich einen Ausschnitt.

Das Bild hat jetzt zwar die richtige Größe, zeigt aber einen recht uninteressanten Ausschnitt. Sie können nun das Bild so verschieben, daß der gewünschte Bildausschnitt sichtbar wird. Halten Sie dazu die Ctrl-Taste gedrückt und drücken Sie die Maustaste. Sie befinden sich immer noch im Schneidewerkzeug. Der Mauszeiger ändert nun seine Form und wird zur PageMaker-Hand. Mit ihr können Sie das Bild verschieben, bis der Ausschnitt sichtbar wird, der den Kopf des Mannes zeigt.

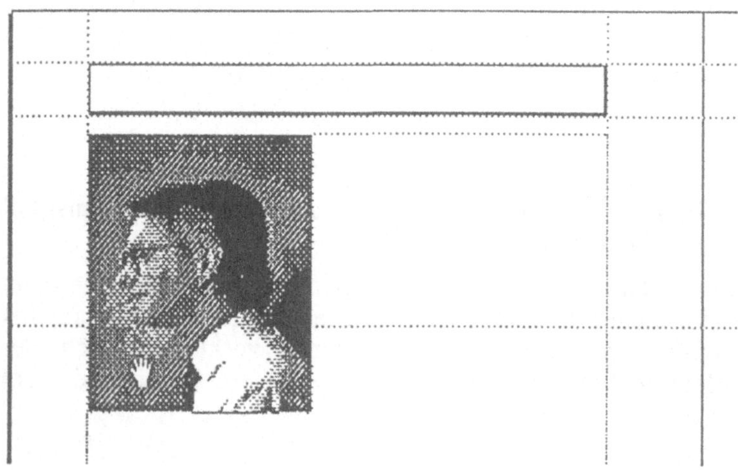

Als letztes müssen Sie nun noch das Bild an die richtige Position auf der Seite ziehen. Dazu schalten Sie um auf den Mauspfeil. Markieren Sie das Bild und ziehen es so nach unten, daß die Bildoberkante auf der 9 cm-Hilfslinie liegt und die rechte Bildkante am Bundsteg.

4.8.9.1 Konturen festlegen

Lassen Sie das Bild markiert und wählen Sie wieder den Befehl »Konturenführung«.

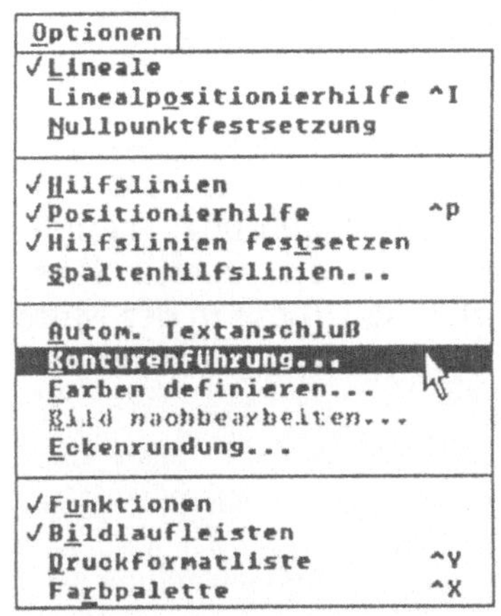

Wählen Sie wie oben »Rechteckige Bildbegrenzung« als Bildbehandlung, als Textbehandlung jedoch »Herumlegen«. PageMaker schlägt als Begrenzungsabstand 4mm vor. Diesen Wert brauchen Sie nicht zu ändern, d.h. klicken Sie »OK«.

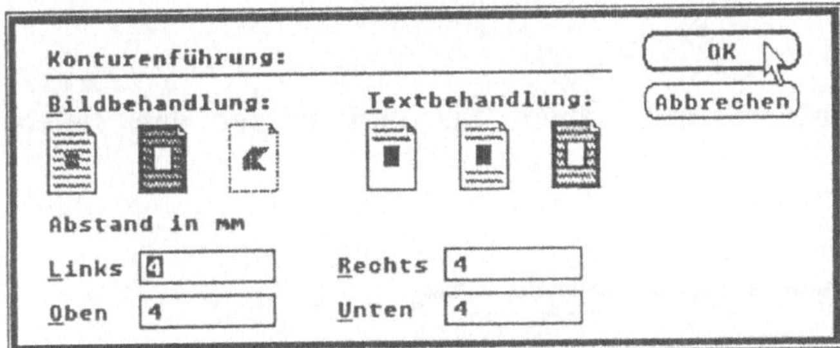

PageMaker legt nun wie beim anderen Bild einen Begrenzungsrahmen um das Bild. Da Sie die Option »Herumlegen« für die Textbehandlung gewählt haben, wird das Bild später vom Text eingerahmt werden.

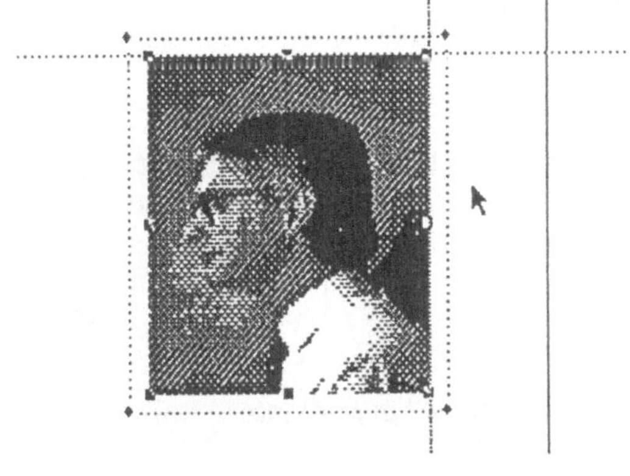

4.8.10 Nicht rechteckige Grafik

Als letztes Bild zeichnen Sie auf der Seite 3 mit der Kreisfunktion eine
senkrechte Ellipse, 3,5 cm breit, 6 cm hoch. Geben Sie ihr als
Flächenausführung das grobe Quadratraster, als Linienausführung »keine«.
Schieben Sie die Ellipse mit der Maus in die linke Spalte der rechten Seite,
sodaß die obere Spitze auf der 9 cm-Hilfslinie liegt und die Ellipse in der Mitte
der Spalte steht. Da Sie die Ellipse später verschieben werden, kommt es auf
die genaue Position nicht an.

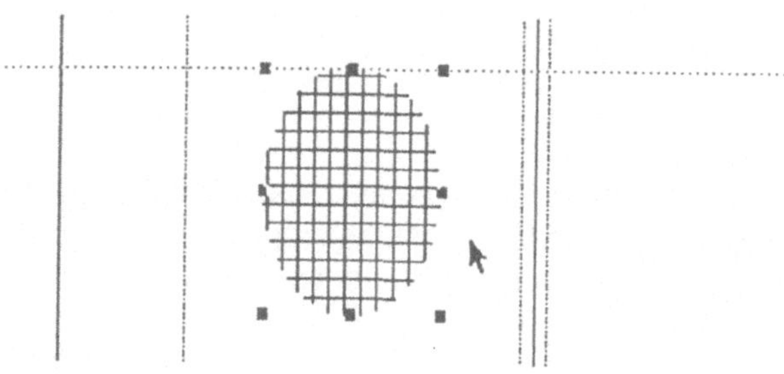

Lassen Sie das Bild markiert und wählen Sie nun wieder den Befehl
»Konturenführung«.

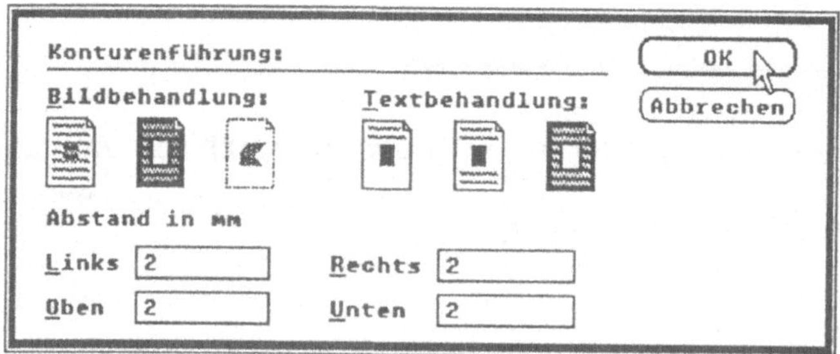

Wählen Sie nochmals wie bei dem Foto »Rechteckige Bildbegrenzung« als
Bildbehandlung und »Herumlegen« als Textbehandlung. Als Abstand ändern
Sie bitte die Werte in 2 mm auf jeder Seite. Klicken Sie »OK«.

4.8.11 Begrenzung anpassen

Um die Ellipse erscheint nun ein rechteckiger gepunkteter Rahmen mit
Anfassern an den Ecken.

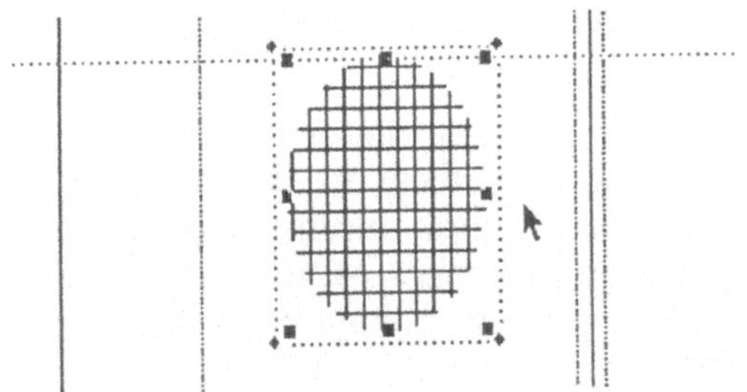

Sie sollen jetzt den rechteckigen Rahmen der Form der Ellipse anpassen. Dazu müssen Sie die Anfasser mit dem Mauspfeil ziehen. Wenn Sie das an einem beliebigen Anfasser probieren, merken Sie, wie der Rahmen die Gestalt eines unregelmäßigen Vierecks annimmt.

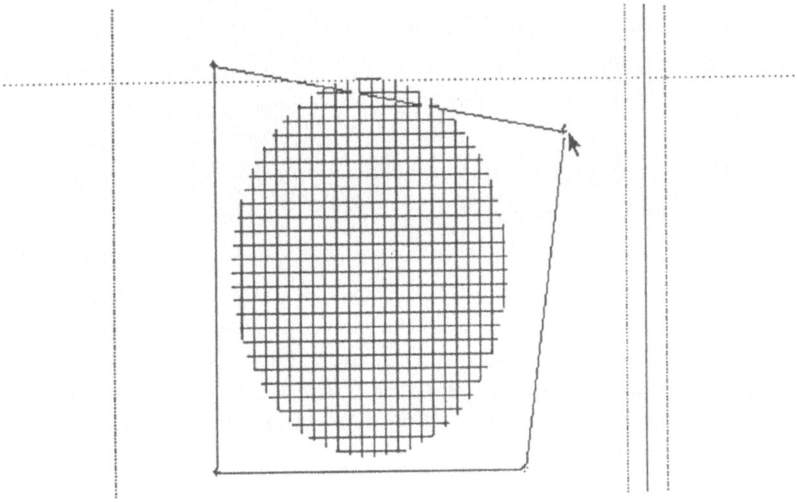

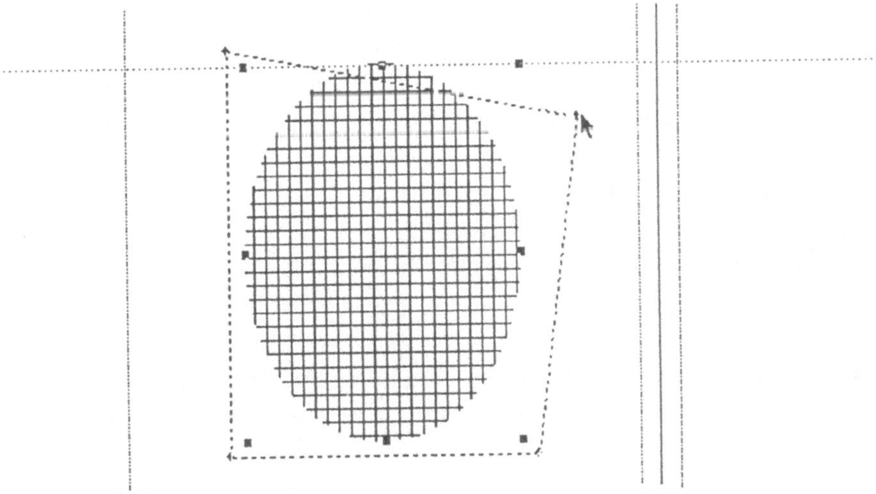

4.8.11.1 Anfasser hinzufügen

Um eine annähernd runde Form zu erreichen, müssen Sie dem Rahmen mehr Anfasser geben. Das erreichen Sie durch einfaches Klicken auf einem beliebigen Punkt der Seitenstrecke. Versuchen Sie nun, durch Hinzufügen und Verschieben von Anfassern den Begrenzungsrahmen parallel zur Ellipse auszurichten. Sie müssen zuerst auf dem Begrenzungsrahmen klicken und dann an dem dadurch erzeugten Anfasser ziehen.

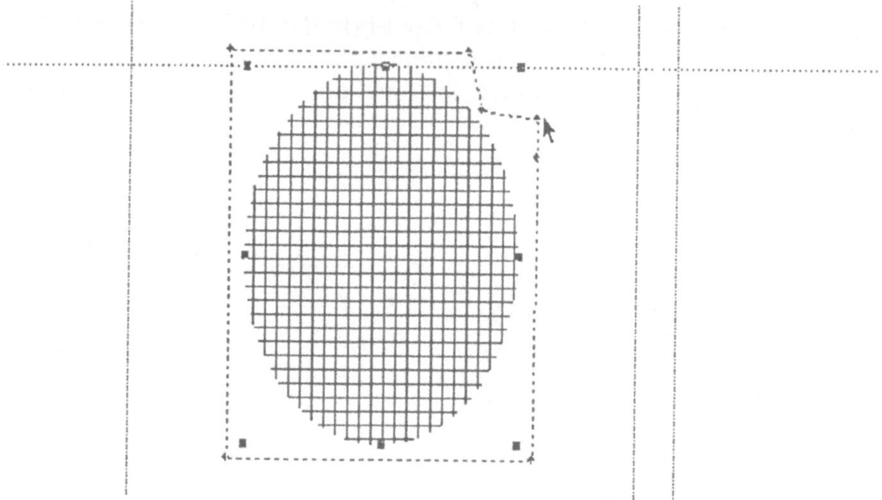

Je mehr Anfasser Sie hinzufügen, desto runder kann die Form werden. Es genügt für unsere Zwecke ein Anfasserabstand von ca. 1 cm. Der Rahmen soll ungefähr 2 mm von der Ellipse entfernt sein.

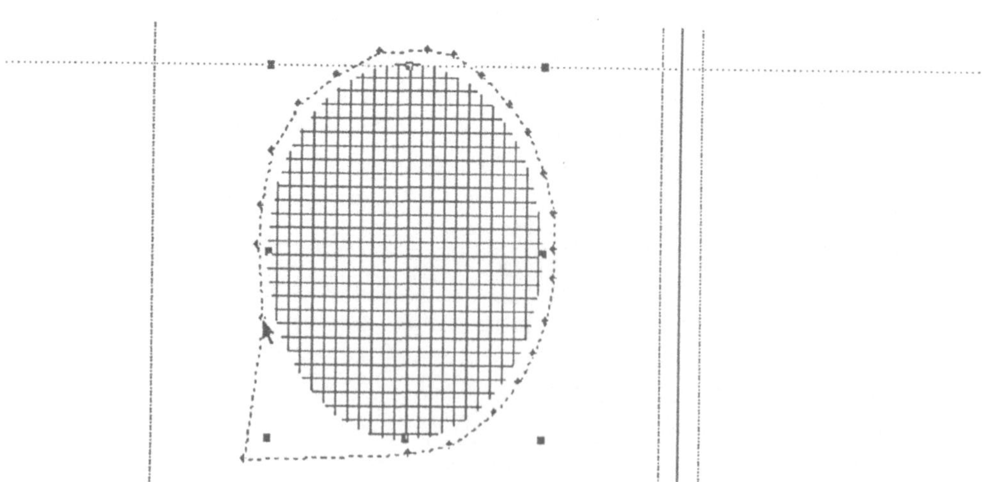

Sie können auf diese Weise dem Begrenzungsrahmen jede beliebige Form geben und somit Text in jeder beliebigen Form um ein Bild legen. Anfasser brauchen einen Mindestabstand zueinander. Schieben Sie einen Anfasser zu dicht an einen benachbarten, verschwindet dieser. Auf diese Weise können Sie Anfasser wieder löschen. Jeder Begrenzungsrahmen braucht allerdings mindestens drei Anfasser. Versuchen Sie einen der drei zu löschen, erscheint ein Warnfeld.

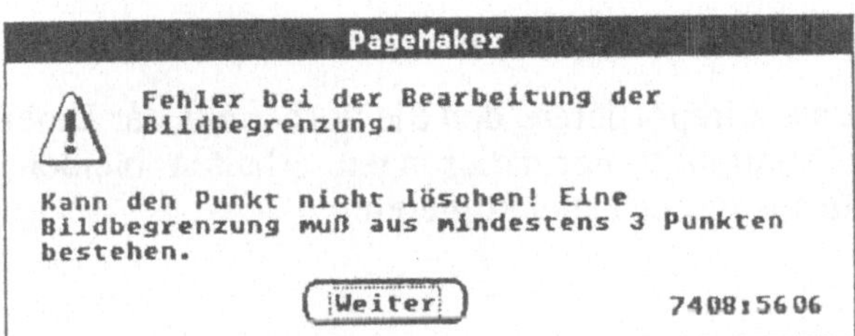

Sie haben nun alle Bilder auf den Seiten placiert. Nun können Sie bald den Text auf den Seiten positionieren.

4.8.12 Druckformatliste kopieren

Bevor Sie den Text positionieren, wählen Sie im Menü »Optionen« den Befehl »Druckformatliste« an.

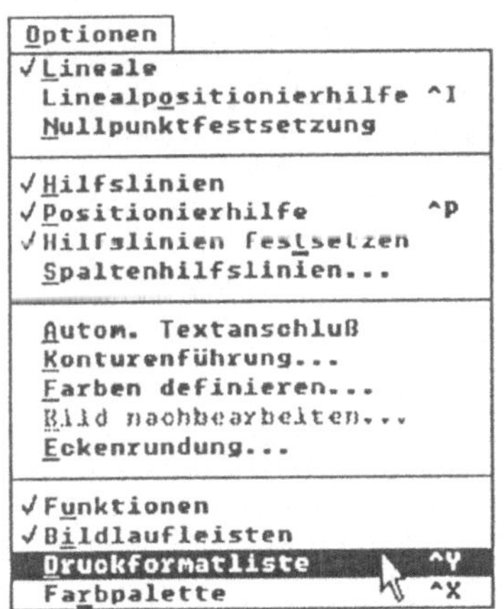

Das Formatfenster wird eingeblendet. Wie Sie sehen, richtet PageMaker automatisch in jeder neuen Datei bereits einige Druckformate ein.

Sie werden den Text in Ihr Dokument importieren, den Sie vorher aus der Datei GBERICH1 exportiert haben. Damit alle Formatierungen erhalten bleiben, müssen Sie erst die Druckformate aus dieser Datei kopieren.

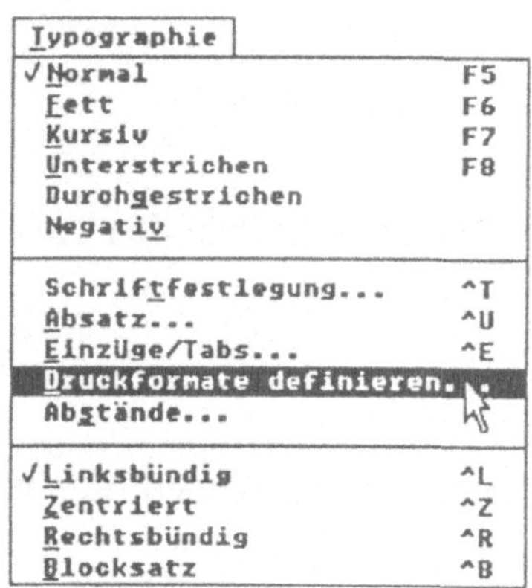

Wählen Sie dazu im Menü »Typographie« den Befehl »Druckformate definieren...« und im Dialogfeld die Option »Kopieren...«.

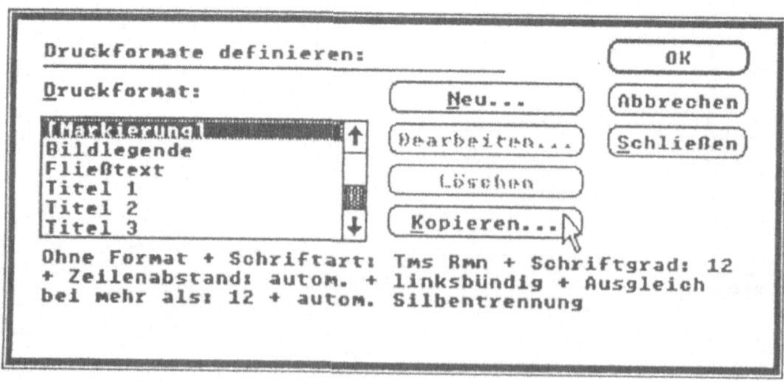

Im jetzt auftauchenden Dialogfeld wählen Sie die Datei GBERICH1 und klicken
»OK«.

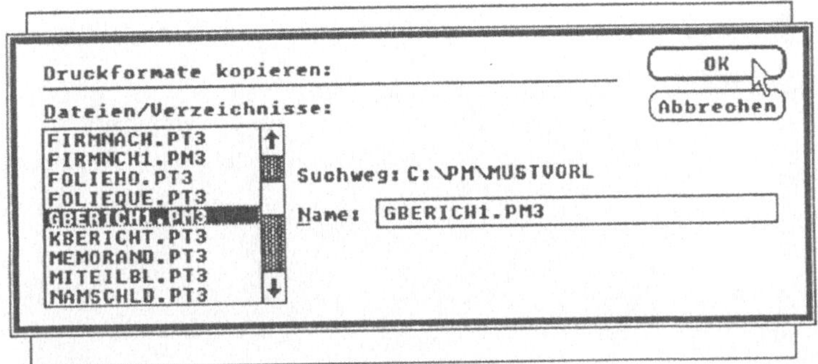

Im Druckformatfenster erscheint die Liste der kopierten Druckformate.

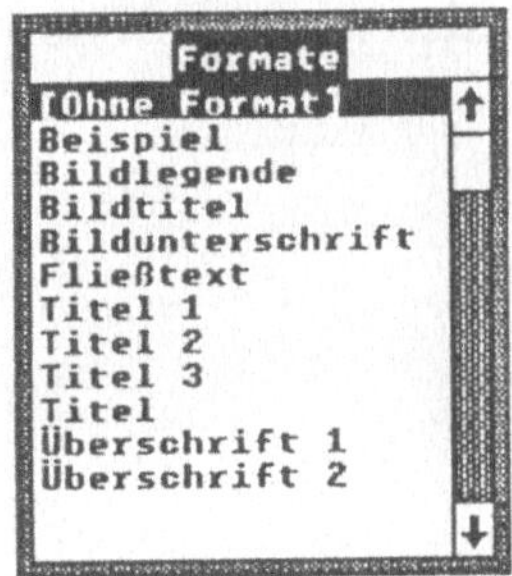

PageMaker kann einem unformatierten Text beim Positionieren dann die
Formatmerkmale zuordnen, wenn die Formate mit den entsprechenden Namen
bereits existieren.

4.8.12.1 Optionen wählen

Normalerweise ist »Positionierhilfe« im Menü »Optionen« bereits angewählt,
falls nicht, tun Sie dies bitte. Als letztes wählen Sie noch den Befehl »Autom.
Textanschluß« im Menü »Optionen« an.

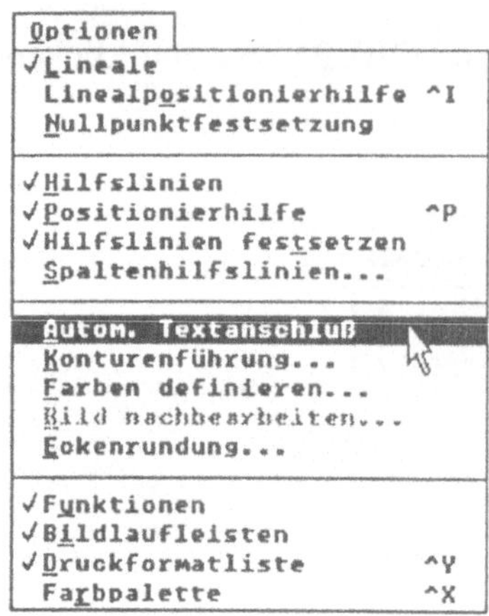

4.8.13 Text positionieren

Bevor Sie den Text positionieren, schlagen Sie Seite 1 des Dokumentes auf. Zum Importieren eines Textes wählen Sie wie beim Importieren eines Bildes den Befehl »Positionieren...« im Menü »Datei« an.

Markieren Sie im Verzeichnis PMTUTOR die Datei BLINDTXT. Dies ist der in der letzten Übung exportierte Text. Klicken Sie bei den Optionen auf »Formatmarken lesen«. Damit befehlen Sie PageMaker, den Text entsprechend der vorhandenen Druckformatliste zu formatieren. Klicken Sie nun »OK«.

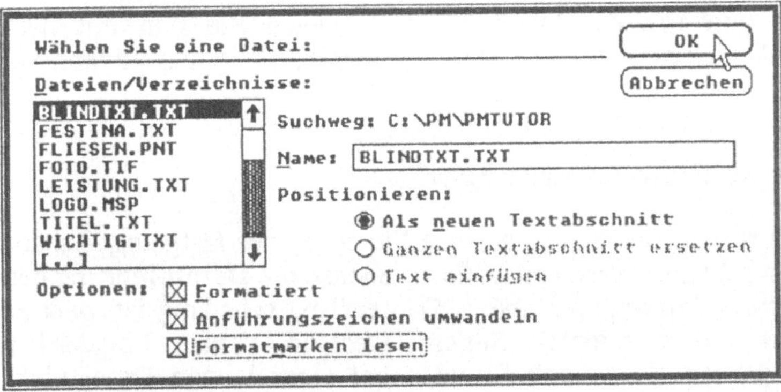

Falls PageMaker das Format des Textes nicht erkennt, taucht nun ein Dialogfeld auf, und Sie müssen die Dateiart nennen. Klicken Sie zweimal auf »Microsoft Word«.

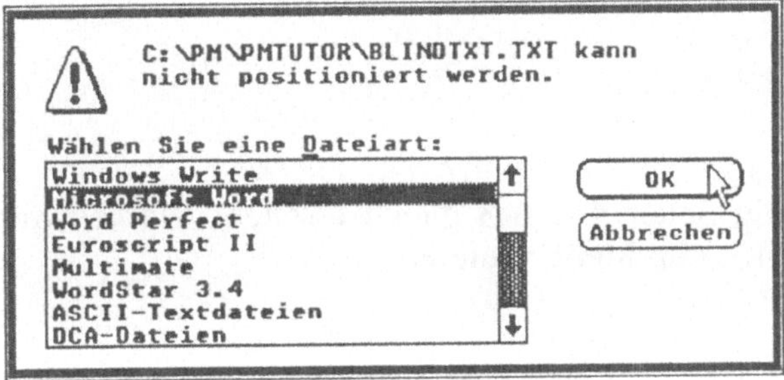

Das Dialogfeld verschwindet, der Mauszeiger bekommt folgende Form: 

Der Mauszeiger ist nun mit der Datei geladen. Zielen Sie nun mit dem Mauszeiger in die linke obere Ecke der ersten Spalte auf Seite 1 und klicken Sie einmal kurz.

4.8.14 Automatisches Erweitern der Datei

PageMaker positioniert den Text genau so, wie Sie es vorher festgelegt haben. Der Spaltenwechsel wird automatisch ausgeführt, ebenso die Herumführung des Textes um die Bilder auf den Seiten 2 und 3. Da der Text sehr lang ist, paßt er allerdings nicht auf die angelegten Seiten. Deshalb richtet PageMaker automatisch weitere Seiten ein. Wenn Sie also bei einer langen Datei nicht wissen, wieviel Seiten benötigt werden, löst PageMaker dieses Problem selbst.

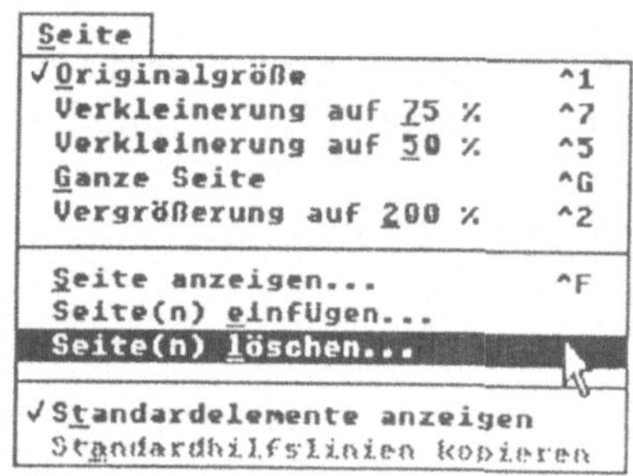

Wenn Sie wollen, können Sie die Seiten 4 und 5 gleich löschen. Wählen Sie dazu den Befehl »Seite(n) löschen...« im Menü »Seite«.

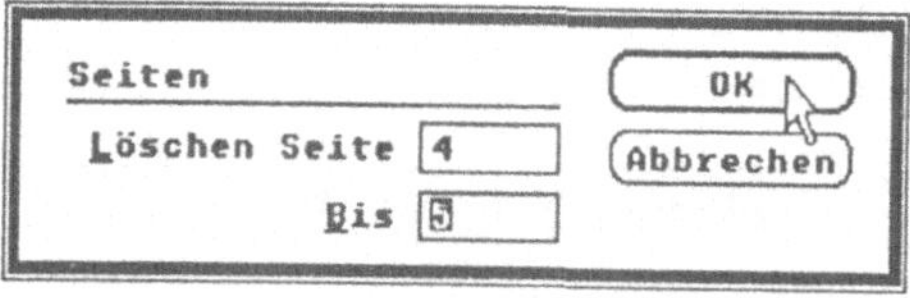

In dem Dialogfeld können Sie festlegen, welche Seiten gelöscht werden sollen. Geben Sie die entsprechenden Zahlen ein und klicken Sie »OK«.

Klicken Sie in dem Warnfeld nochmal »OK«. Dadurch bestätigen Sie den Verlust der Daten.

4.8.14.1 Arbeitssitzung beenden

Speichern Sie nun die Datei wieder (Befehl Alt + S). Sie können die Arbeit mit PageMaker auch unterbrechen. Verlassen Sie dazu das Programm durch Drücken der Alt-Taste und der F4-Taste.

4.9 Siebter Tag: Der letzte Schliff

Nach dieser Übung werden Sie folgende Begriffe und Arbeitstechniken beherrschen:

*   Nachträgliche Korrekturen

*   Text erneut positionieren

*   Beschnittzeichen

*   Mehrfarbiges Dokument

*   Ausdruck von Farbauszügen

Öffnen Sie wieder die angelegte Datei NEUDATEI. Sie wird genau da aufgeschlagen, wo Sie diese verlassen haben. Schlagen Sie Seite 1 auf.

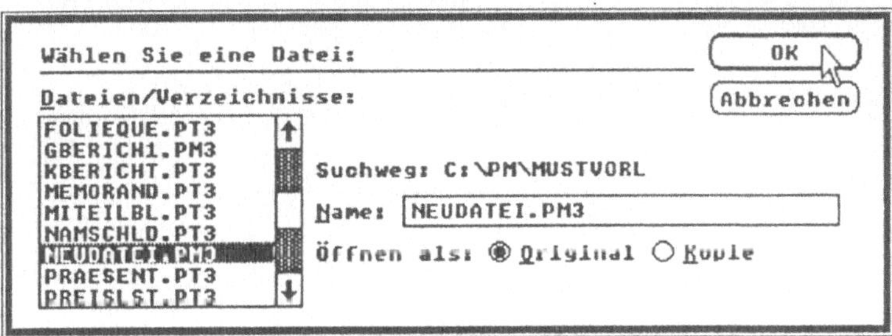

4.9.1 Nachträgliches Korrigieren

Sie werden ein Dokument selten in einem Wurf fertigstellen. PageMaker macht eine spätere Änderung einfach. In dieser Übung werden Sie ein wenig mit dem Dokument NEUDATEI spielen und diesem den letzten Schliff geben.

4.9.1.1 Bildunterschrift hinzufügen

Als erstes können Sie die Bildunterschrift auf Seite 1 hinzufügen. Wechseln Sie in den Editor und setzen Sie eine Einfügeposition in die linke Spalte unter das Bild.

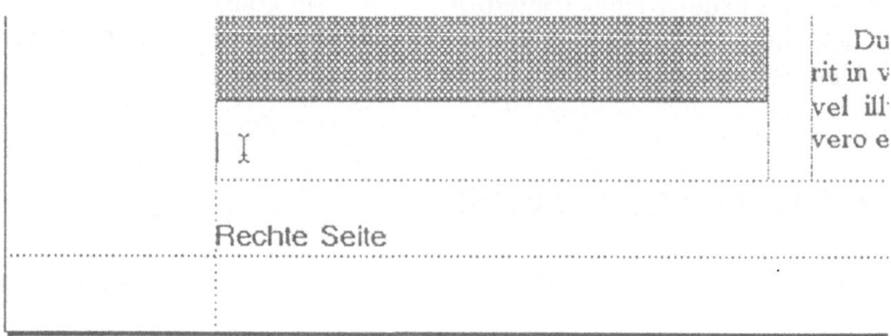

Schreiben Sie *Bildunterschrift* und markieren Sie das Wort durch Doppelklicken. Wählen Sie jetzt im Druckformatfenster das Format »Bildlegende« an. Die Unterschrift wird entsprechend formatiert.

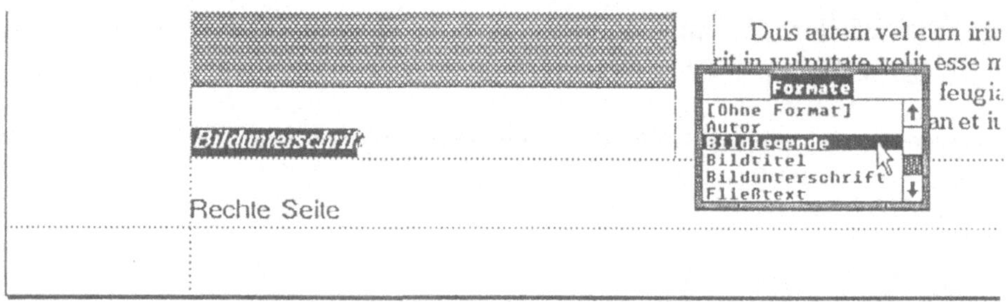

4.9.1.2 Position eines Bildes ändern

Schlagen Sie Seite 3 auf. Markieren Sie mit dem Mauspfeil die Ellipse. Der Rahmen mit den Anfassern wird dadurch sichtbar. Ziehen Sie die Ellipse mit der Maus auf eine andere Stelle auf Seite 3. Der Text wird automatisch neu angeordnet und fließt wieder genau um den Begrenzungsrahmen.

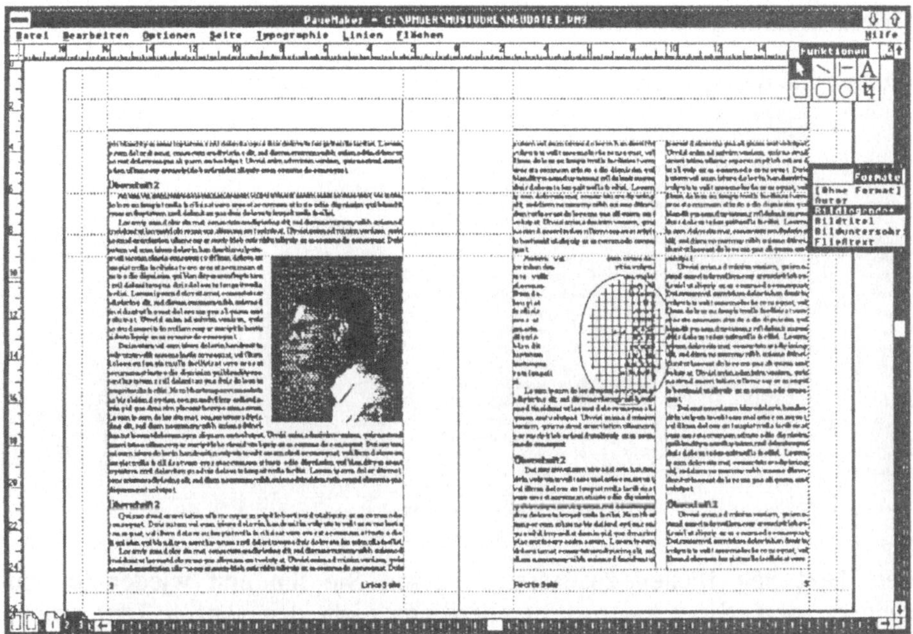

Dasselbe gilt, wenn Sie den Textblock auf der Seite 2 verschieben. Er wird neu um die Ellipse angeordnet.

4.9.1.3 Spaltenanordnung ändern

Wenn Sie die Spaltenhilfslinien verschieben, stellen Sie aber fest, daß der Text nicht beeinflußt wird. Wenn Sie eine andere Spaltenanordnung wollen, müssen Sie anschließend den Text neu positionieren.

Übrigens sind die Spaltenhilfslinien die einzigen Standardelemente, die Sie auf einer Normalseite bewegen können. Dies hat den Vorteil, daß Sie auf einzelnen Seiten andere Spalten setzen können. Spaltenhilfslinien werden immer paarweise verschoben.

4.9.2 Text erneut positionieren

Verschieben Sie die Spaltenhilfslinien auf Seite 3 um 1 cm nach rechts.

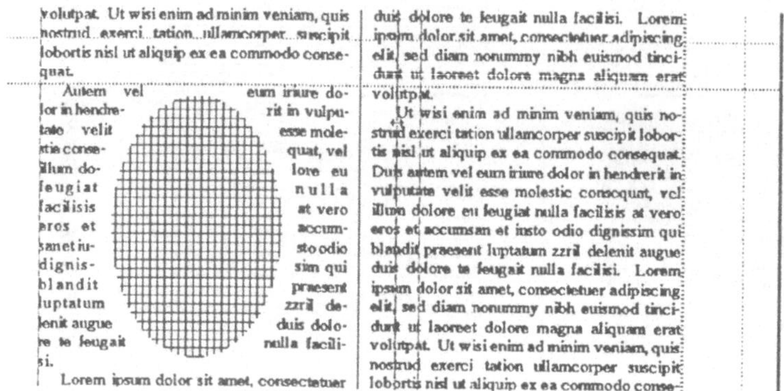

Um den Text neu fließen zu lassen, müssen Sie ihn erst wieder in den Mauszeiger laden. Sie müssen dazu allerdings nicht den ganzen Text erneut positionieren. Vielmehr können Sie ihn gewissermaßen auf der Seite hochschieben.

4.9.2.1 Text in den Mauszeiger laden

Markieren Sie mit dem Mauspfeil die rechte Textspalte. Der Griff am unteren Blockende in der Mitte trägt ein Nummer-Zeichen (#), d.h., der Text befindet sich vollständig auf der Seite. Der obere Griff trägt ein Plus-Zeichen(+).

Sie können nun mit der Maus den unteren Griff nach oben schieben, bis sich die beiden Begrenzungslinien berühren. Das Nummernzeichen im unteren Griff ist nun ebenfalls ein Pluszeichen geworden. Der Text in der rechten Spalte ist nicht mehr sichtbar.

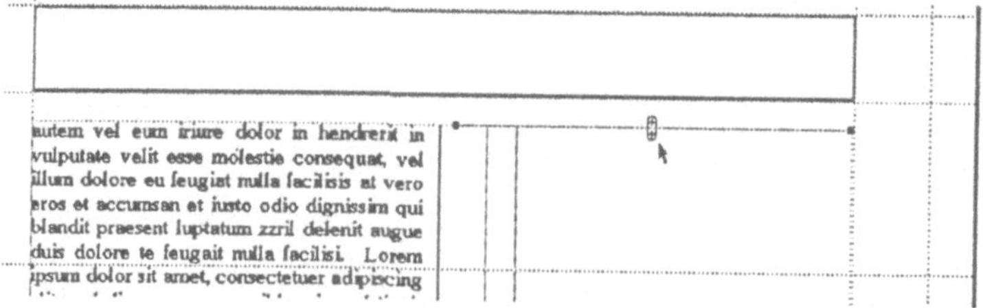

Machen Sie das gleiche mit dem Text in der linken Spalte. Sobald Sie ihn markieren, verschwinden die stehengebliebenen Blockbegrenzungslinien auf

der rechten Spalte. Schieben Sie den unteren Griff nach oben auf den oberen
Griff. Die Seite 3 enthält nun keinen sichtbaren Text mehr.

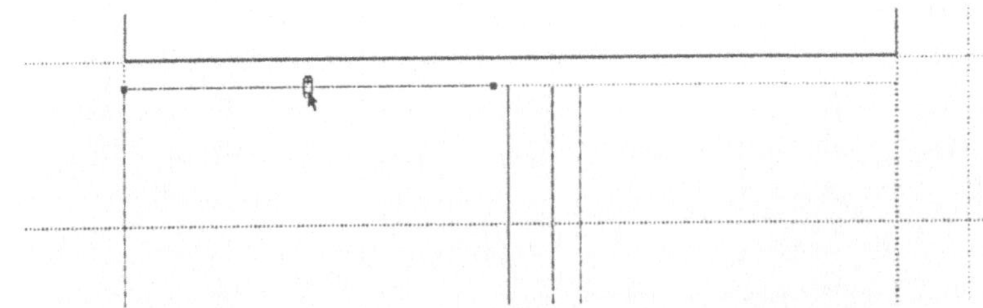

Zum Laden des Textes in den Mauszeiger klicken Sie nun auf das Plus-Zeichen
im unteren Griff in der linken Spalte. Der Mauspfeil ändert seine Form in das
Positioniersymbol.

Wenn Sie beim Laden daneben klicken, kann es sein, daß die Griffe völlig
verschwinden. Markieren Sie dann einfach die rechte Textspalte auf Seite 2 und
laden Sie den Text, indem Sie auf das Plus-Zeichen im unteren Griff dort
klicken.

4.9.2.2 Text neu positionieren

Klicken Sie nun wieder in der linken oberen Ecke des linken Spalte auf Seite 3.
Der Text fließt in die neuen Spalten.

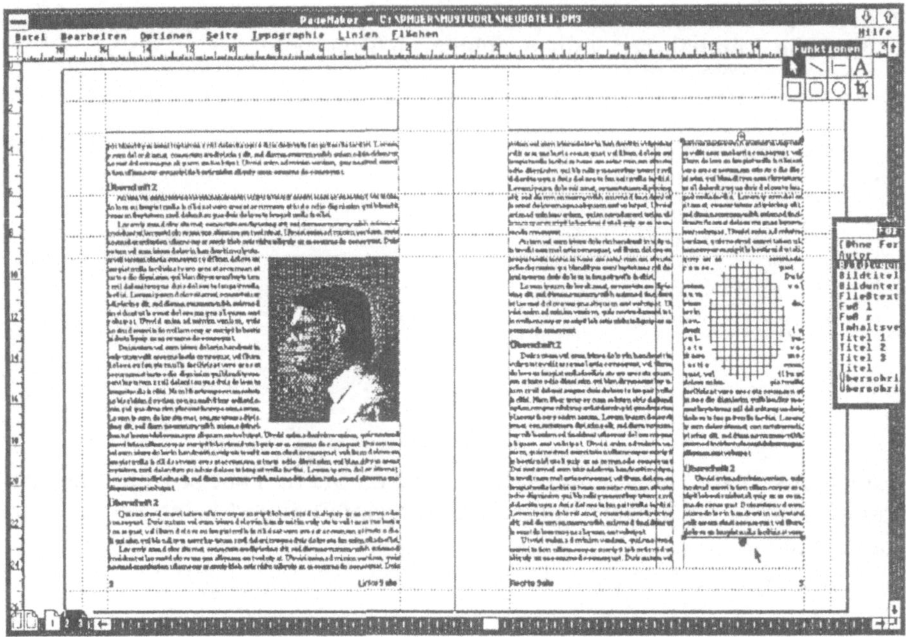

4.9.2.3 Halbautomatischer Textanschluß

Wenn Sie bei diesem Klick die Shift-Taste gedrückt halten, schalten Sie auf halbautomatischen Textanschluß um. PageMaker füllt dann nur eine Spalte, der Mauspfeil bleibt aber mit dem Rest des Textes geladen. Der Mauspfeil hat folgende Form:

Sie müssen anschließend den Vorgang in der nächsten Spalte wiederholen. Dies ist sinnvoll, wenn Sie etwas ausprobieren wollen und einen langen Text haben.

4.9.3 Ausdrucken

Sie sollen jetzt das Dokument ausdrucken. Speichern Sie zuerst das Dokument und wählen Sie dann den Befehl »Drucken...« im Menü »Datei«.

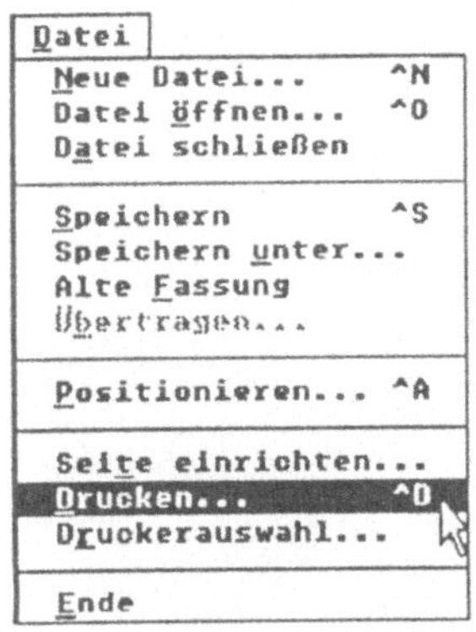

Klicken Sie folgende Optionen an: »Kopien:« 1, »Seiten: Alle«, »Beschnittzeichen«.

Nun müssen Sie noch den Drucker wählen, der an Ihr System angeschlossen ist und auf dem Sie tatsächlich ausdrucken wollen. Klicken Sie auf »Einstellung« und prüfen Sie, ob die richtigen Werte markiert sind. Klicken Sie »OK«. Sie sind wieder im Dialogfeld »Drucken«. Klicken Sie noch einmal »OK«, und der Ausdruck beginnt.

4.9.3.1 Beschnittzeichen

Sie haben im Dialogfeld »Drucken...« die Option »Beschnittzeichen« angewählt. Da das Seitenformat kleiner ist als das vom Drucker verwendete Papierformat (DIN A4), kann PageMaker die Beschnittzeichen drucken.

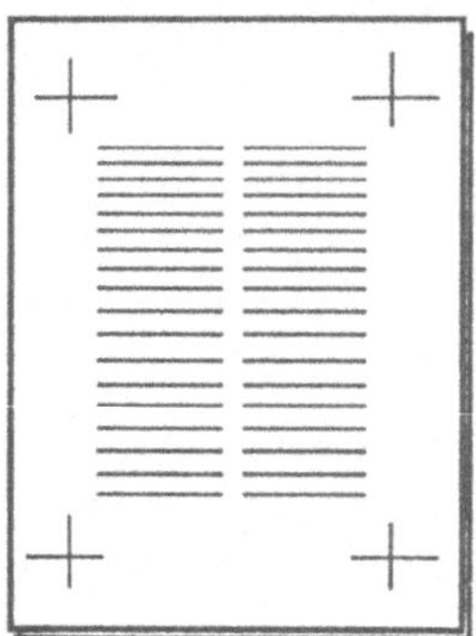

Anhand dieser Beschnittzeichen kann eine Druckerei das fertiggedruckte Dokument auf die von Ihnen festgelegte Größe schneiden.

4.9.4 Mehrfarbiges Dokument

Als nächstes sollen Sie mit Volltonfarben arbeiten und ein mehrfarbiges Dokument aus der angelegten Datei NEUDATEI machen. Falls Sie einen Farbmonitor haben, können Sie die verschiedenfarbigen Seitenelemente entsprechend auf dem Bildschirm sehen, bei einem monochromen Monitor geht das selbstverständlich nicht.

Sie können eine Datei, die mit verschiedenen Farben gestaltet wurde, jederzeit auf einem normalen schwarz druckenden Drucker ausgeben. Wenn Sie einen Farbdrucker haben, kann PageMaker die Datei in Farbe ausdrucken. Normalerweise werden Sie aber farbige Dokumente in einer Druckerei vervielfältigen lassen. Die Druckerei stellt dazu für jede verwendete Farbe eine eigene Druckform her. Für eine zweifarbige Seite sind zwei Druckvorgänge notwendig, jeder mit einer Farbe. Jede der Druckformen hat an denselben Stellen Paßkreuze, mit denen der Drucker die beiden Farben auf derselben Seite genau übereinanderdrucken kann. Durch diese Paßkreuze wird eine hohe Paßgenauigkeit der beiden verschiedenfarbigen Drucke erreicht.

Mit PageMaker können Sie für eine zweifarbige Seite die beiden Farben getrennt voneinander (schwarz) ausdrucken lassen. Alle Elemente, die z.B. rot gedruckt werden sollen, werden auf einem Blatt ausgedruckt, und alle Elemente, die z.B. schwarz gedruckt werden sollen, werden auf einem anderen, separaten Blatt gedruckt. PageMaker kann auf beiden Blättern automatisch an den gleichen Stellen die nötigen Paßkreuze anbringen. Setzen Sie sich später gegebenenfalls erst mit Ihrer Druckerei in Verbindung.

4.9.5 Farben

PageMaker stellt in jeder Datei automatisch 6 Farben zur Verfügung. Wählen Sie im Menü »Optionen« den Befehl »Farbpalette«.

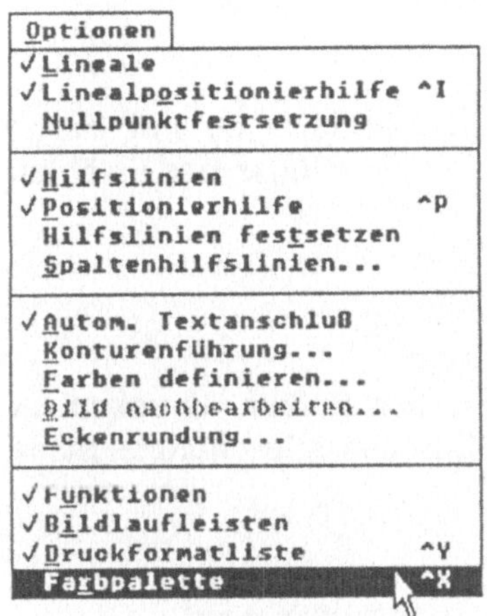

Eine Liste mit Farben, ähnlich der Druckformatliste, erscheint rechts am Bildschirmrand. Dieses Farbfenster ist wieder frei beweglich. Sie können es auch mit der Maus größer machen, genau wie das Druckformatfenster. Wie Sie die Farben für die Darstellung am Bildschirm verändern und neue definieren können, lesen Sie weiter unten. Da der Ausdruck in Schwarz erfolgt und die Farben erst von der Druckerei hinzugefügt werden, spielt die genaue Farbzusammensetzung im Moment keine Rolle.

4.9.5.1 Standardelemente mit Farbe versehen

Schlagen Sie die Standardseiten auf. Einige Standardelemente sollen mit einer Farbe versehen werden. Markieren Sie einen der Rahmen am oberen Seitenrand. Im Farbfenster ist »[Schwarz]« hervorgehoben.

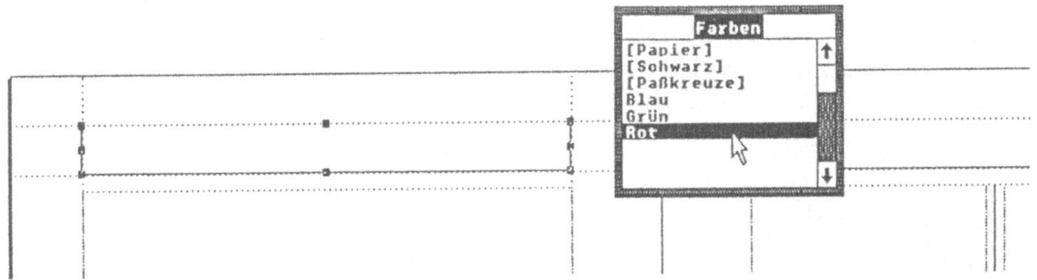

Klicken Sie dort »Rot« an. Auf einem Farbmonitor wird der Balken entsprechend dargestellt. Versehen sie auch den anderen Rahmen mit »Rot«. Nun können Sie die beiden Paginierungsmarken auf der linken bzw. rechten Seite auf dieselbe Art mit »Blau« versehen. Speichern Sie jetzt die Datei wieder.

4.9.5.2 Normalelemente mit Farbe versehen

Auf dieselbe Weise können Sie Elemente auf den Normalseiten mit Farbe versehen. Schlagen Sie die Seite 3 auf. Markieren Sie die Ellipse und wählen Sie in der Farbpalette »Blau«.

4.9.6 Ausdruck von Farbauszügen

Um die Volltonfarbauszüge zu drucken, wählen Sie den Befehl »Drucken...« an. Im auftauchenden Dialogfeld wählen Sie die Optionen »Beschnittzeichen« und »Volltonfarbauszüge«.

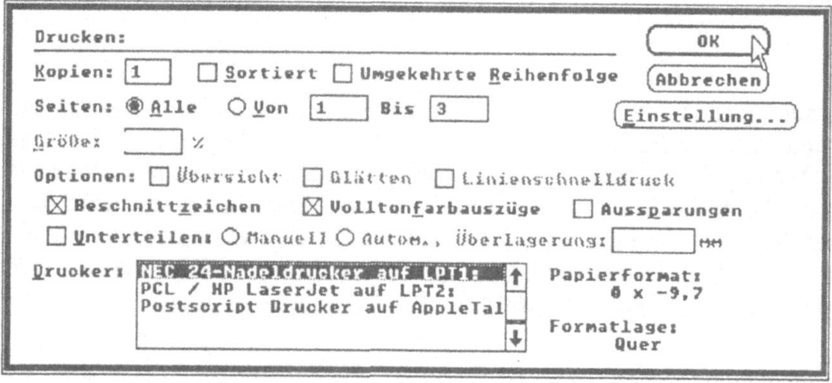

Wenn Sie vorher bereits die Einstellung geprüft haben, klicken Sie auf »OK«. PageMaker druckt nun (in schwarz) für jede Dokumentseite 3 Blätter aus, die jeweils alle Elemente einer Farbe enthalten und mit Paßkreuzen und Beschnittzeichen versehen sind. Aus diesen Ausdrucken kann eine Druckerei dann die Formen für den Farbdruck herstellen.

4.9.7 Zusammenfassung der notwendigen Schritte für ein neues Dokument

- Planung
- Seitenformat einrichten
- Reindrucker festlegen
- Standardseiten bearbeiten
- Grafiken placieren
- Grafiken bearbeiten
- Druckformatliste kopieren
- Text placieren
- Text bearbeiten
- Speichern
- Korrigieren
- Elemente mit Farbe versehen
- Speichern
- Drucken

5 PageMaker im Überblick

Dieses Kapitel ist zum Nachschlagen und Lesen da. Hier finden Sie alle Menüs und Befehle der Reihe nach aufgelistet, so wie diese in der Menüleiste von PageMaker erscheinen, also nicht, wie die Befehle bei einem bestimmten Arbeitsvorgang benötigt werden. Sie finden hier aber Verweise und Tips, wie Sie bei manchen Problemen vorgehen können.

5.1 Dialogfelder

In den Menüs erscheinen bei einigen Befehlen am Ende drei Punkte. Immer wenn Sie diese Befehle wählen, sehen Sie ein Dialogfeld, das Ihnen erlaubt, bestimmte Optionen anzugeben. Sie können dann etwa bestimmen, wie eine Datei heißen soll oder in welchem Verzeichnis sie gespeichert werden soll. In jedem Dialogfeld finden Sie zwei Felder (»OK« und »Abbrechen«), die wie Schalter funktionieren und mit dem Mauspfeil gewissermaßen angeknipst werden können. Klicken Sie auf dem »OK«-Feld, wird der Befehl ausgeführt, im andern Feld abgebrochen.

5.2 Standardvorgaben ändern

Standardvorgaben sind Werte, die automatisch bei jeder neu geöffneten Datei erscheinen. Ist keine Datei geöffnet, können Sie durch Ändern der Angaben eines Dialogfeldes diese geänderten Werte zu Standardvorgaben machen. Ist bereits eine Datei geöffnet, wirken alle Vorgabenänderungen nur auf die geöffnete Datei.

5.3 Befehle

Führen Befehle in einem Menü nicht zu einem Dialogfeld, wirken sie meistens wie ein Schalter. D.h., der Befehl wird durch Anwählen wirksam und durch erneutes Anwählen wieder aufgehoben, d.h. abgewählt. Ein aktiver Befehl hat am linken Rand ein Häkchen als Markierung, das beim erneuten Anwählen wieder verschwindet.

5.3.1 Tastaturbefehle

In den Menüs sehen Sie hinter den meisten Befehlen auch eine Zeichenkombination. Mit dieser können Sie den entsprechenden Befehl unter Umgehung des Menüs direkt über die Tastatur eingeben. Mit der Kombination der Alt-Taste und dem Anfangsbuchstaben des Menüs können Sie das entsprechende Menü ohne Maus herunterziehen.

5.4 Das Grundbild

Sobald Sie PageMaker einschalten, erscheint auf dem Bildschirm zunächst das Grundbild. Die Farben des Hintergrundes und der verschiedenen Teile des Arbeitsfensters wie Menütext, Rolleiste usw. können Sie mit Hilfe der Systemsteuerung von Windows Ihren Wünschen entsprechend verändern. Lesen Sie dazu weiter unten über das Menü »Steuerung«.

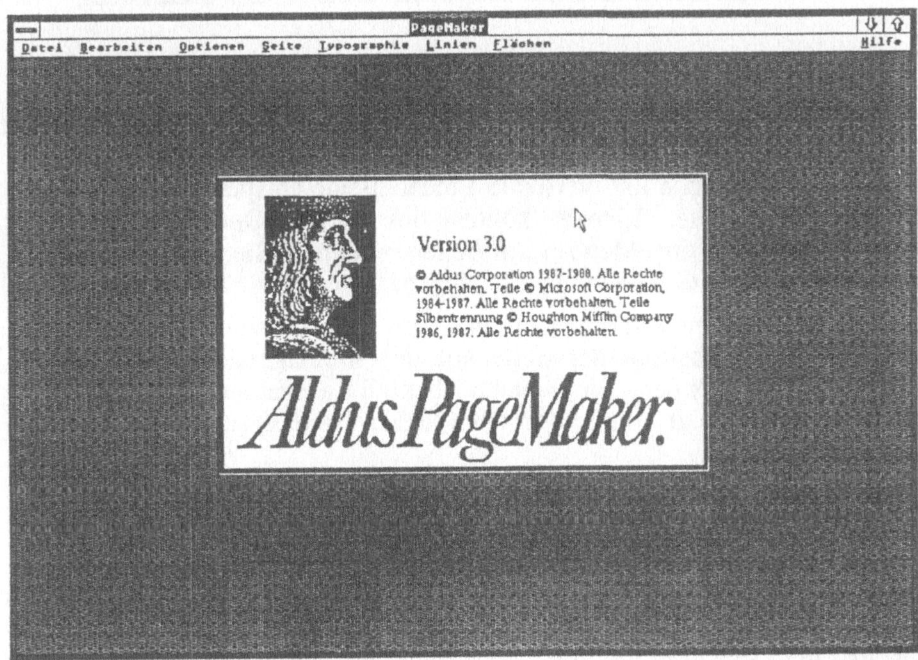

Ganz oben im Grundbild sehen Sie die PageMaker-Titelleiste, darunter die Menüleiste. Die einzelnen Menüs werden in den folgenden Kapiteln genau besprochen. Wenn Sie eine Datei geöffnet haben, erscheint das Arbeitsfenster:

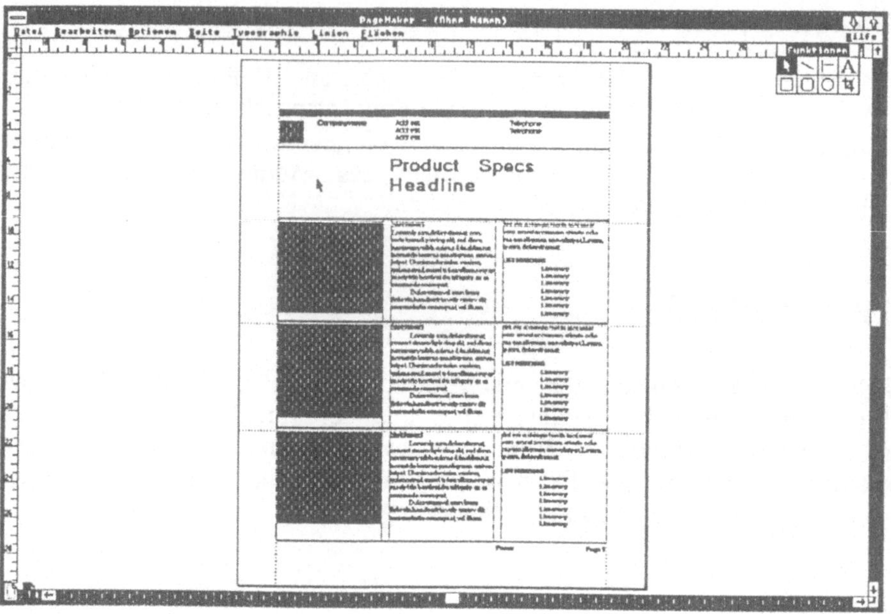

Im Arbeitsfenster befindet sich die Montagefläche, darauf eine oder zwei Seiten des geladenen Dokumentes. Am oberen und linken Rand des Arbeitsfensters sehen Sie das horizontale und vertikale Lineal. Beide entsprechen im Maßstab der dargestellten Seite. Lineale können im Menü »Optionen« an- oder abgeschaltet werden, im Menü »Bearbeiten« können Sie mit dem Befehl »Vorgaben wählen...« die Maßeinheit festlegen.

Im unteren und rechten Bildrand befinden sich die Roll- oder Bildlaufleisten, mit denen Sie die Position der Seite auf der Montagefläche und auf dem Bildschirm ändern können. Sie können ebenfalls ausgeblendet werden. Die untere linke Ecke zeigt Sinnbilder der Standardseite(n) und der normalen Seite(n).

5.4.1 Funktionenfenster

Seine Standardposition ist rechts oben. Es ist aber frei beweglich, und Sie können es bei seiner Titelleiste an jede gewünschte Stelle des Bildschirms ziehen. Mit dem Befehl »Funktionen« im Menü »Optionen« kann es auch ganz ausgeblendet werden. Sie müssen dann die Funktionen über die Tastatur anwählen. Die Tastaturbefehle dazu finden Sie bei den einzelnen Funktionen.

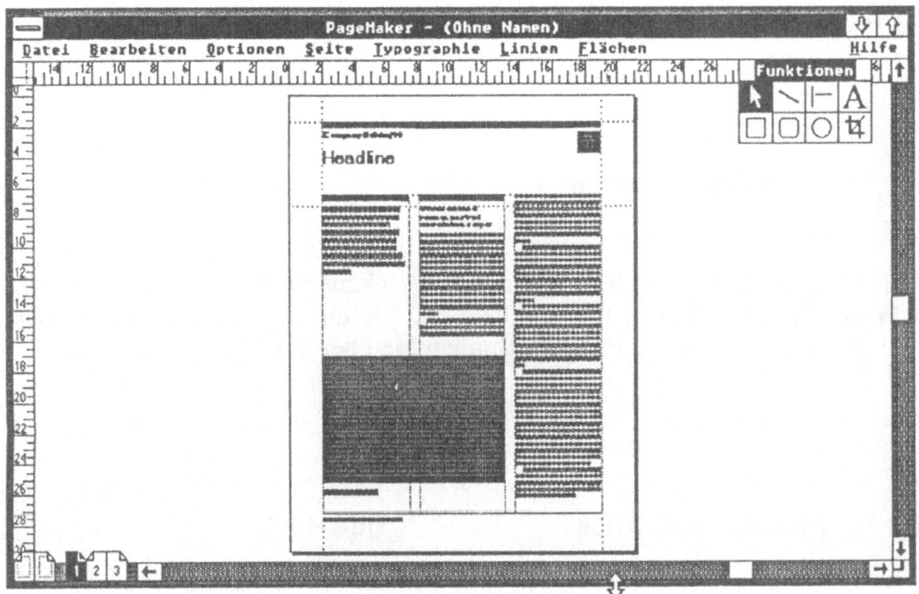

Das Funktionenfenster ist gewissermaßen ein Werkzeugkasten. Jedes der acht Felder zeigt ein Sinnbild für eine bestimmte Funktion, mit der Sie eine bestimmte Aufgabe ausführen können. Je nach gewählter Funktion ändert sich auch die Form des Mauszeigers. Funktionen werden gewählt, indem Sie einfach mit der Maus auf dem betreffenden Feld klicken oder den entsprechenden Tastaturbefehl eingeben. Falls Sie mit der Arbeitsweise der Maus noch nicht richtig vertraut sind, lesen Sie das entsprechende Kapitel bei den Übungen.

5.4.1.1 Zeigefunktion - Mauspfeil   Shift + F1

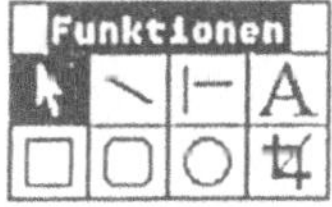

Mauszeigerform ↖

Dies ist die Grundform des Mauszeigers. Immer wenn PageMaker eingeschaltet wird, ist diese Funktion automatisch angewählt. Mit dem Mauspfeil können Sie Elemente auf einer Seite markieren, diese an eine andere Position schieben, sie in ihrer Größe verändern und ihnen Eigenschaften wie eine Farbe oder ein Druckformat zuordnen. Es ist das wichtigste Instrument.

5.4.1.2 Freiwinkellinienfunktion   Shift + F2

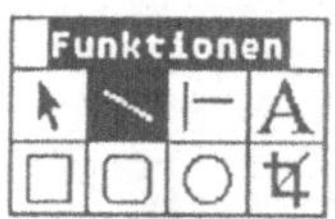

Mauszeigerform +

Mit dieser Funktion können Sie, wie der lange Name andeutet, Linien ziehen,
deren Winkel oder Neigung frei wählbar ist. Linien sind immer gerade. Die
Stärke und Ausführung der Linien bestimmen Sie über das Menü »Linien«.

5.4.1.3 Festwinkellinienfunktion   Shift + F3

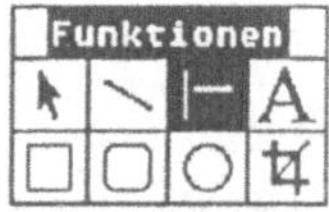

Mauszeigerform +

Linien, die Sie mit dieser Funktion ziehen, sind immer entweder senkrecht,
waagerecht oder haben eine Neigung von 45 Grad. Die Stärke und Ausführung
der Linien bestimmen Sie über das Menü »Linien«.

5.4.1.4 Editor   Shift + F4

Mauszeigerform I

Der Editor ist das zweitwichtigste Instrument. Mit ihm können Sie neuen Text schreiben, alten Text korrigieren und Textabschnitte innerhalb eines Textblockes markieren.

Einmal Klicken schafft eine Einfügeposition, zweimal auf einem Wort Klicken markiert das Wort, dreimal Klicken den ganzen Absatz. Durch Ziehen mit der Maus können Sie einen belibig großen Text markieren.

Die Pfeiltasten sowie die Tasten "Home", "End", "PgUp" und "PgDn" bewegen die Einfügeposition entsprechend im Text (auch in Kombination mit der Alt-Taste).

5.4.1.5 Rechteckfunktion   Shift + F5

Mauszeigerform +

Mit dieser Funktion können Sie Rechtecke zeichnen.

Halten Sie die Shift-Taste dabei gedrückt, zeichnen Sie exakte Quadrate. Die Linienstärke wählen Sie über das Menü »Linien«.

5.4.1.6 Sonderrechteckfunktion   Shift + F6

Mauszeigerform +

Damit können Sie Rechtecke bzw. Quadrate zeichnen, die abgerundete Ecken haben. Der Radius der Ecken kann über den Befehl »Eckenrundung...« im Menü »Optionen« bestimmt werden.

5.4.1.7 Kreisformenfunktion   Shift + F7

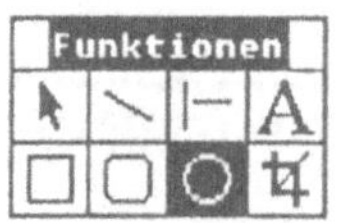   Mauszeigerform +

Mit dieser Funktion können Sie Kreisformen ziehen. Kreisformen sind Ovale und Kreise. Exakte Kreise zeichnen Sie, indem Sie dabei die Shift-Taste gedrückt halten.

5.4.1.8 Abschneidefunktion   Shift + F8

   Mauszeigerform ⛶

Mit dieser Funktion können Sie Bilder beschneiden, die mit einem Scanner oder einem Zeichenprogramm hergestellt wurden. Sie können zwar damit Bilder kleiner machen, aber der nicht gezeigte Bildinhalt ist nicht gelöscht, sondern eben nur nicht dargestellt.

5.4.2 Verändern der Größe des Arbeitsfensters

Sie können in Windows jedes Fenster mit der Maus kleiner oder größer machen, um Raum für das Fenster eines zweiten oder dritten Programms zu haben. Dies gilt jedoch nur für die vollständige Version von Windows. Da die Arbeitsgeschwindigkeit von PageMaker dadurch deutlich herabgesetzt wird, ist das gleichzeitige Betreiben mehrerer Programme nicht zu empfehlen. Außerdem beeinflußt die Fenstergröße direkt die Größe des dargestellten Seitenausschnittes.

Um die Bildschirmgröße maximal auszunützen, klicken Sie im Menü »Steuerung« den Befehl »Vollbild« an.

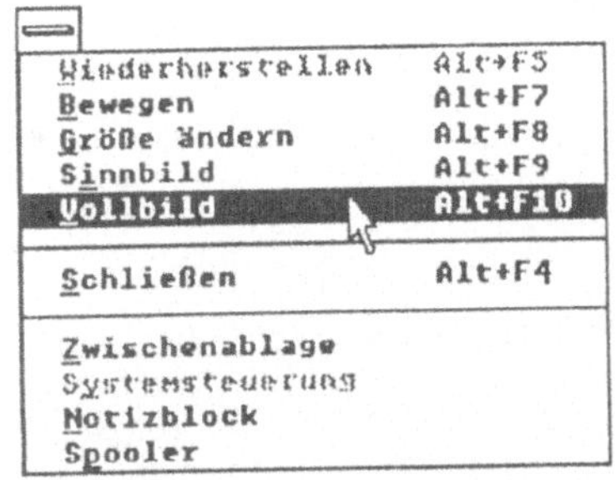

Sie können die Größe des Arbeitsfensters auch direkt mit der Maus verändern: Zielen mit dem Mauspfeil auf den unteren Bildrand des Arbeitsfensters. Der Mauspfeil wird hier zum Doppelpfeil. Durch Ziehen können Sie die Höhe verändern. Das gilt analog auch für den rechten und linken Bildrand.

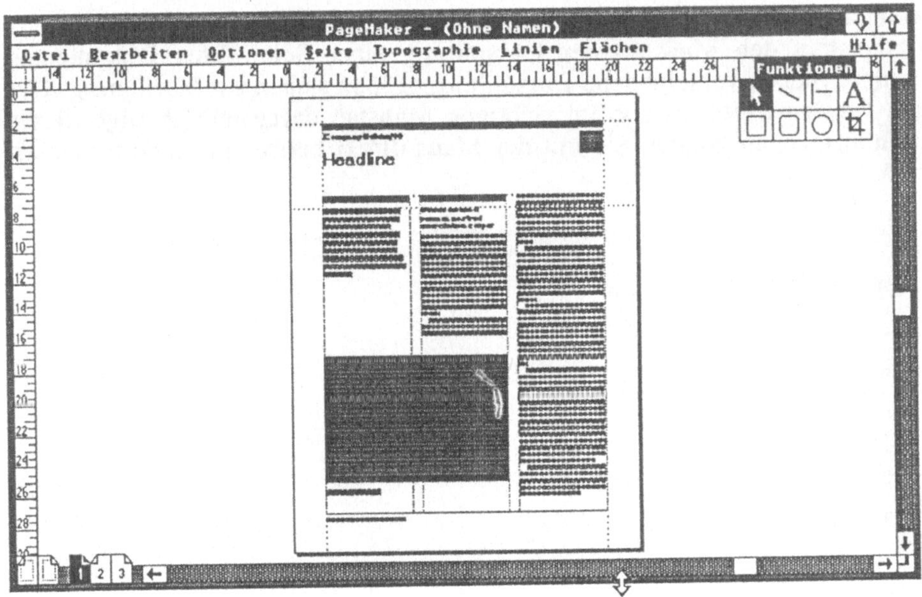

Wollen Sie PageMaker momentan verlassen, um z.B. den Rechner oder Notizblock von Windows zu benutzen, klicken Sie einfach rechts in der Titelleiste auf den Pfeil, der nach unten weist.

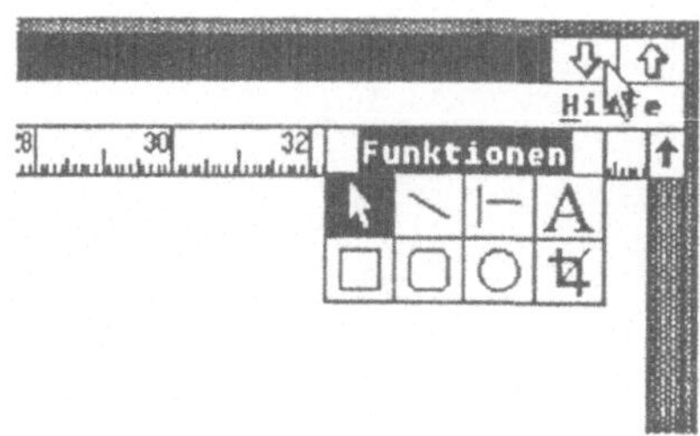

Dadurch wird das Arbeitsfenster zum Sinnbild verkleinert, PageMaker wird dabei aber nicht ausgeschaltet. Doppelklicken auf das Sinnbild stellt die ursprüngliche Größe wieder her. Das vorher geladene Dokument ist wieder auf dem Bildschirm.

5.4.3 Verändern der Darstellungsgröße der Seite

Sie können unabhängig von der Größe des Bildschirms und der Größe des Arbeitsfensters den Maßstab der Darstellung einer Seite Ihres Dokumentes bestimmen. Sieben verschiedene Darstellungsgrößen stehen zur Verfügung. Die Lineale werden dabei jeweils im richtigen Maßstab dargestellt. Einige dieser Darstellungsgrößen können Sie mit der Maus direkt herstellen, andere müssen Sie im Menü »Seite« anwählen.

```
Seite
 Originalgröße              ^1
 Verkleinerung auf 75 %     ^7
 Verkleinerung auf 50 %     ^5
 Ganze Seite                ^G
 Vergrößerung auf 200 %     ^2

 Seite anzeigen...          ^F
 Seite(n) einfügen...
 Seite(n) löschen...

 Standardelemente anzeigen
 Standardhilfslinien kopieren
```

Auch wenn Sie einen Ganzseitenbildschirm haben, ist es sinnvoll, bei präzisen Arbeiten die Ausschnitte der Seite vergrößert darzustellen. Sie können eine bestimmte Stelle der Seite zur Durchführung einer Detailarbeit mit einem

Mausklick herzoomen: Zeigen Sie mit dem Mauspfeil auf den Teil der Seite, den Sie vergrößert bzw. verkleinert sehen möchten.

- »Originalgröße«: Dabei passen Teile der Seite evtl. nicht auf Ihren Bildschirm. Um zu »Originalgröße« zu gelangen, drücken Sie die rechte Maustaste.

- »Ganze Seite«: Dabei paßt die gesamte Seite mit einem Teil der Montagefläche auf Ihren Bildschirm, gleichgültig, wie groß dieser ist. Um zu »Ganze Seite« zu gelangen, drücken Sie die rechte Maustaste.

- »Montagefläche«: Dabei paßt die gesamte Montagefläche (ca. 63 cm x 59 cm) auf Ihren Bildschirm. Um zu »Montagefläche« zu gelangen, halten Sie die Shift-Taste gedrückt, und wählen Sie im Menü »Seite« die Darstellungsgröße »Ganze Seite«.

- »Verkleinerung auf 75 %« der Originalgröße erreichen Sie durch Anwählen des entsprechenden Befehls im Menü »Seite«.

- »Verkleinerung auf 50 %« der Originalgröße erreichen Sie durch Anwählen des entsprechenden Befehls im Menü »Seite«.

- »Vergrößerung auf 200 %« der Originalgröße erreichen Sie durch Drücken der Shift-Taste bei gleichzeitigem Drücken der rechten Maustaste.

- »Vergrößerung auf 400 %« der Originalgröße erreichen Sie durch Drücken der Shift-Taste und Wahl der Darstellungsgröße »Vergrößerung auf 200 %« im Menü »Seite«.

Drücken Sie in der Darstellungsgröße »400 %« die rechte Maustaste, kommen Sie zunächst auf »Originalgröße« und beim zweiten Klick auf »Ganze Seite«. Dies gilt auch bei den Darstellungsgrößen »Verkleinerung auf 50 %« bzw. »Verkleinerung auf 75 %«.

5.5 Menü »Steuerung«

Das Menü »Steuerung« ist ein Windows-Menü. Mit Ihm können Sie das Arbeitsfenster beeinflußen und Windows-Programme aufrufen.

```
 ___________________________________
|[-]                                |
| Wiederherstellen      Alt+F5      |
| Bewegen               Alt+F7      |
| Größe ändern          Alt+F8      |
| Sinnbild              Alt+F9      |
| Vollbild              Alt+F10     |
|___________________________________|
| Schließen             Alt+F4      |
|___________________________________|
| Zwischenablage                    |
| Systemsteuerung                   |
| Notizblock                        |
| Spooler                           |
|___________________________________|
```

5.5.1 »Wiederherstellen«   Alt + F5

Stellt die Größe des Arbeitsfensters vor einer Größenänderung mit den Befehlen
»Sinnbild« und »Vollbild« her.

5.5.2 »Bewegen«   Alt + F7

Der Mauspfeil wird zu einem Pfeilkreuz. Sie können das Arbeitsfenster damit
auf dem Bildschirm bewegen. Dasselbe erreichen Sie auch, indem Sie das
Arbeitsfenster direkt mit der Maus an der Titelleiste ziehen.

5.5.3 »Größe ändern«   Alt + F8

Der Mauspfeil wird zu einem Pfeilkreuz. Sie können damit die Größe des
Arbeitsfensters ändern. Dasselbe erreichen Sie auch, indem Sie direkt mit der
Maus am Rand des Arbeitsfensters ziehen.

5.5.4 »Sinnbild«   Alt + F9

Schrumpft das Arbeitsfenster zum Sinnbild. Zweimaliges Klicken auf dem
Sinnbild stellt die vorherige Größe wieder her.

5.5.5 »Vollbild«   Alt + F10

Vergrößert das Arbeitsfenster auf die maximale Größe. Wählen Sie diesen
Befehl ein zweites Mal an, erhält das Arbeitsfenster wieder seine ursprüngliche
Größe.

5.5.6 »Schließen«   Alt + F4

Dieser Befehl beendet Ihre PageMaker Sitzung. Aber zunächst werden Sie
gefragt, ob Sie Änderungen an Ihrem Dokument abspeichern wollen. Um
Windows zu verlassen, müssen Sie nochmals denselben Befehl ausführen. Dann
werden Sie gefragt, ob Sie tatsächlich Windows verlassen wollen.

5.5.7 »Zwischenablage«

Damit können Sie den Inhalt der Windows-Zwischenablage sichtbar machen. In
ihr finden Sie die zuletzt aus einer Datei kopierten oder ausgeschnittenen Daten.

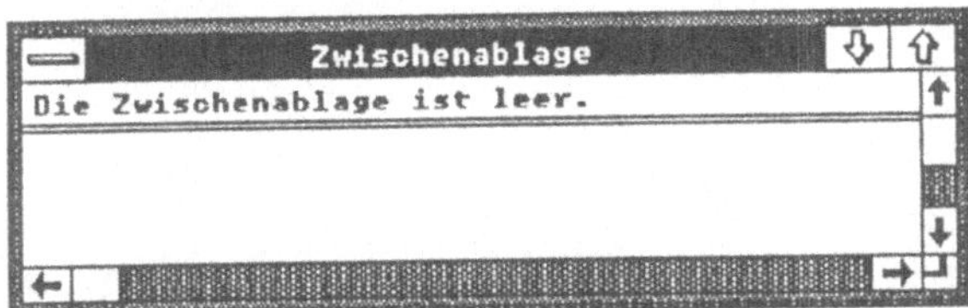

Diese Datei kann aus einem beliebigen Windows-Programm stammen, z.B. aus Notizblock oder PageMaker. Der Inhalt der Zwischenablage wird durch den Befehl »Einfügen« im Menü »Bearbeiten« in die PageMaker-Datei übertragen. Das Fassungsvermögen der Zwischenablage ist 64 kB.

5.5.8 »Systemsteuerung«

Diesen wichtigen Befehl im Menü können Sie nicht sofort ausführen, wenn Sie schon ein Dokument geladen haben. Entweder Sie schließen Ihr Dokument, oder Sie schrumpfen PageMaker zum Sinnbild und wählen die Systemsteuerung von der Windows-Ebene aus an.

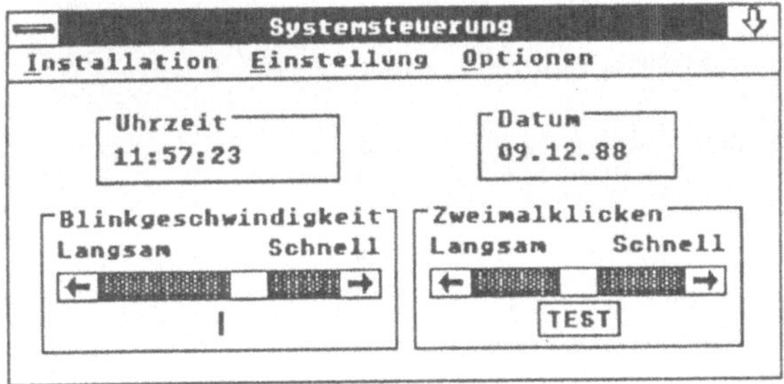

Mit diesem Befehl werden die Grundeinstellungen Ihres Systems vorgenommen. Mit der Systemsteuerung von Windows können Sie Uhrzeit und Datum einstellen, indem Sie die zu ändernden Angaben markieren und mit den dann erscheinenden Pfeilen nach oben oder unten korrigieren. Die Blinkgeschwindigkeit des Cursors bestimmen Sie genauso, und wenn Ihnen das Klicken der Maus nicht richtig gelingt, können Sie hier einstellen, wie schnell hintereinander Sie beim Doppelklicken klicken müssen.

Außerdem können Sie hier die möglichen Drucker- und Bildschirmeinstellungen wählen.

Es gibt dafür drei Untermenüs:

5.5.8.1 »Installation«

Dieses Menü dient zum Installieren bzw. Löschen von neuen Druckern und
Bildschirmzeichensätzen.

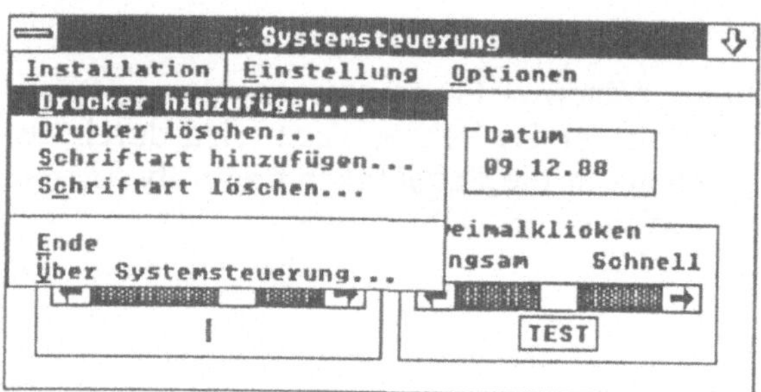

Wollen Sie einen anderen Drucker installieren, müssen Sie dazu die Diskette
mit dem entsprechenden Druckertreiber haben. Druckertreiber befinden sich
auf einer der Windows-Disketten und auf einer der PageMaker-Disketten.

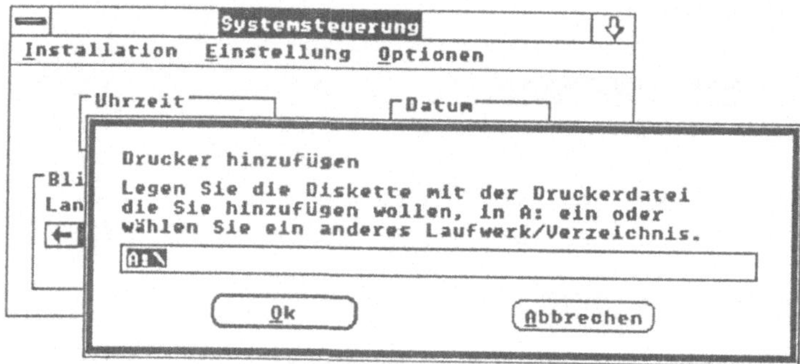

Wollen Sie einen installierten Drucker wieder löschen, wählen Sie »Drucker löschen...« an. Im Dialogfeld markieren Sie den entsprechenden Drucker und
klicken auf »Löschen«.

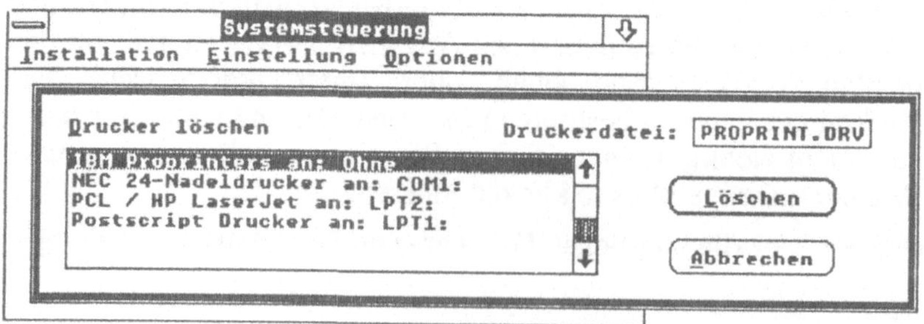

Für eine neu zu installierende Schriftart brauchen Sie ebenfalls eine Diskette mit dem entsprechenden Zeichensatz. Mit dem Befehl »Schriftart hinzufügen...« können Sie den zum Druckerzeichensatz passenden Bildschirmzeichensatz installieren. Lesen Sie dazu auch das Kapitel über Fontware weiter hinten. Je nach dem von Ihnen verwendeten Drucker stammen diese Dateien von verschiedenen Herstellern.

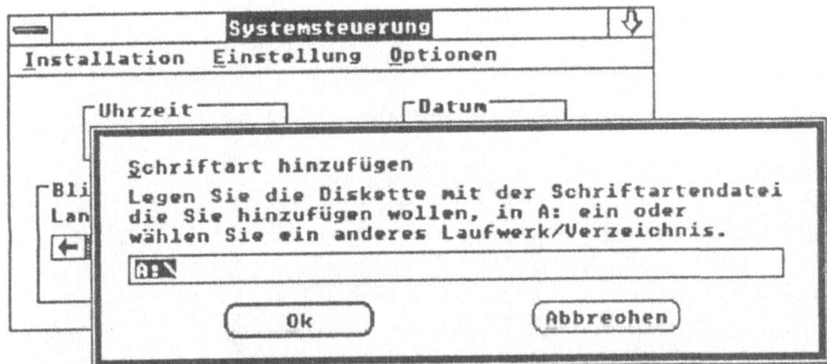

Wollen Sie eine installierte Schrift wieder löschen, wählen Sie »Schriftart löschen...« an. Im Dialogfeld markieren Sie die entsprechende Schriftart und klicken auf »Löschen«.

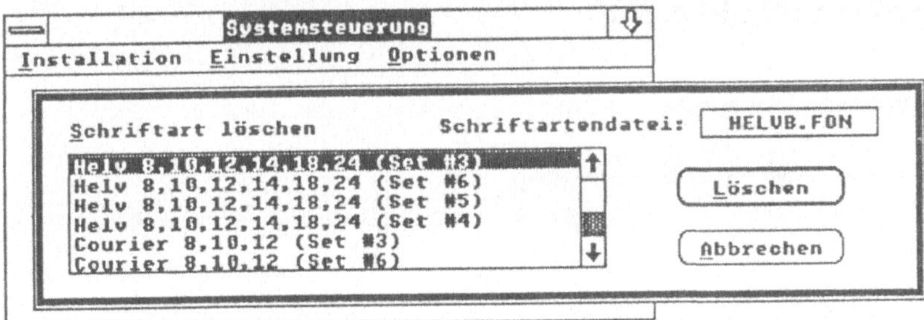

5.5.8.2 »Einstellung«

Im zweiten Menü legen Sie fest, auf welchem Ausgang (Port) welcher Drucker liegt.

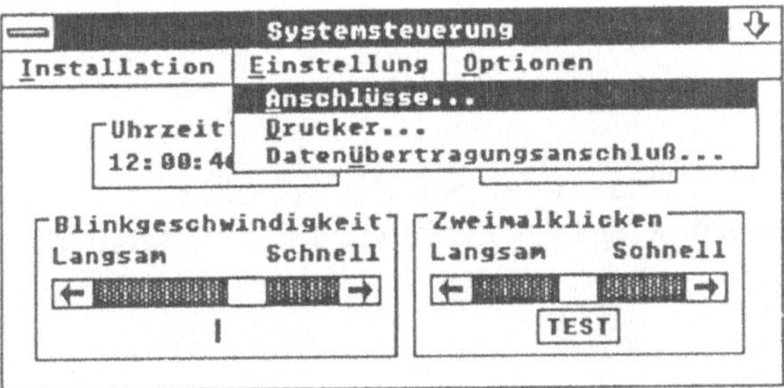

Wenn Sie eine Datei auf Diskette drucken wollen, um diese außer Haus ausdrucken zu lassen, können Sie direkt in die Datei DRUCK.PRN drucken. Diese Datei kann dann auf der DOS-Ebene ausgedruckt werden. Die Datei kann auf diese Weise nicht mehr versehentlich geändert werden. Lesen Sie dazu auch das Kapitel zum Drucken weiter unten.

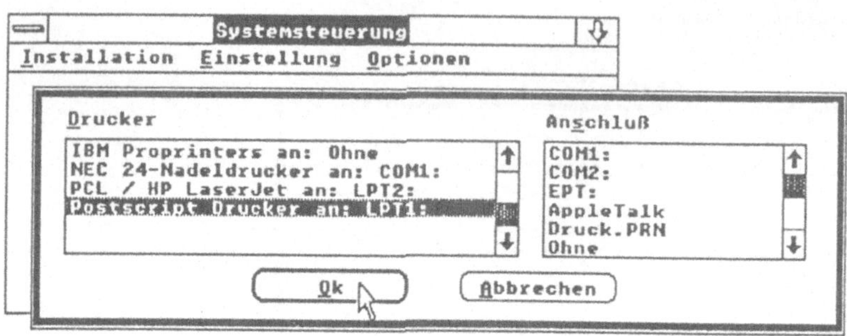

Im Dialogfeld »Drucker...« können Sie die Fehlerwartezeit festlegen, falls ein Druckvorgang nicht zustandekommt.

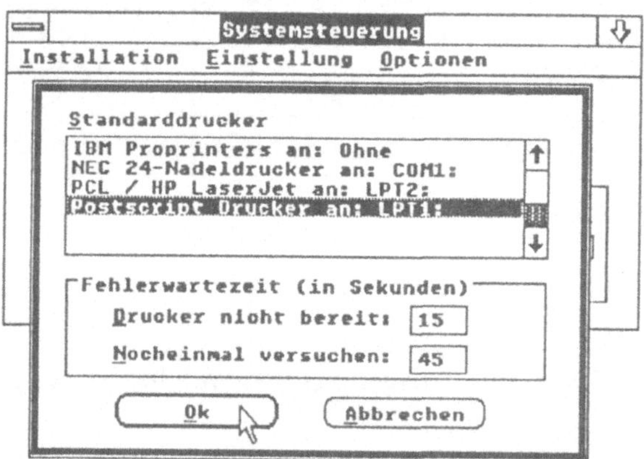

Im Dialogfeld »Datenübertragungsanschluß...« können Sie verschiedene Parameter für die Datenübertragung ändern. Ziehen Sie dazu auch das Handbuch für Ihren Drucker zu Rate.

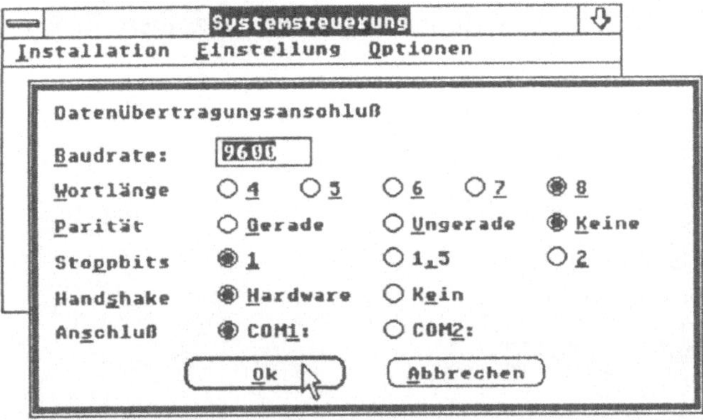

5.5.8.3 »Optionen«

Im dritten Menü können Sie verschiedene Grundeinstellungen festlegen und den
Signalton an- oder ausschalten.

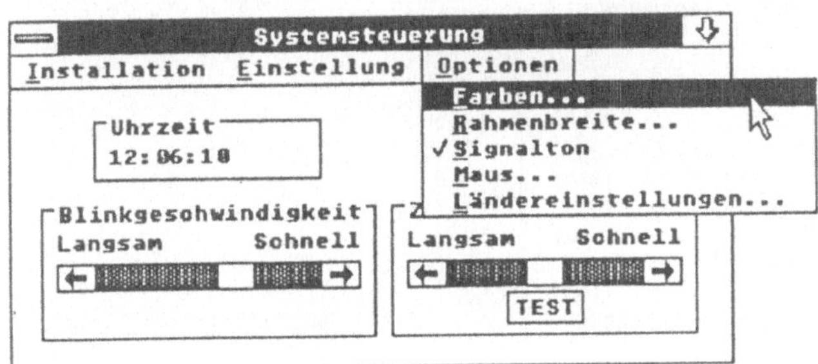

Im ersten Dialogfeld wählen Sie Bildschirmfarben.

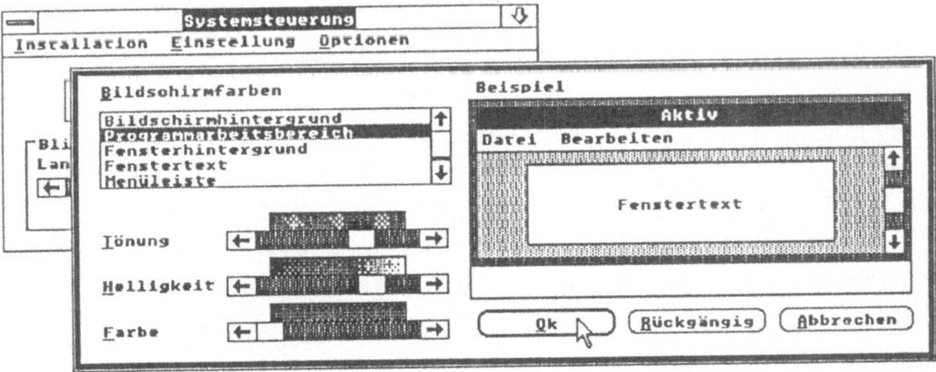

Im nächsten Dialogfeld wählen Sie die Rahmenbreite der einzelnen Fenster.
Standardvorgabe ist 5.

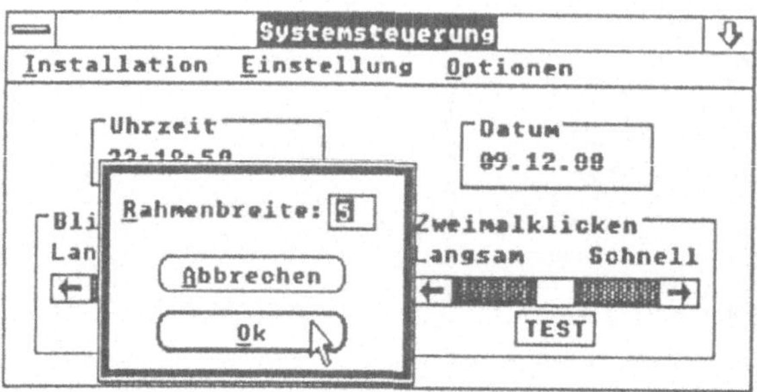

Im nächsten Dialogfeld können Sie die Maustasten vertauschen und die
Geschwindigkeit des Doppelklickens ändern.

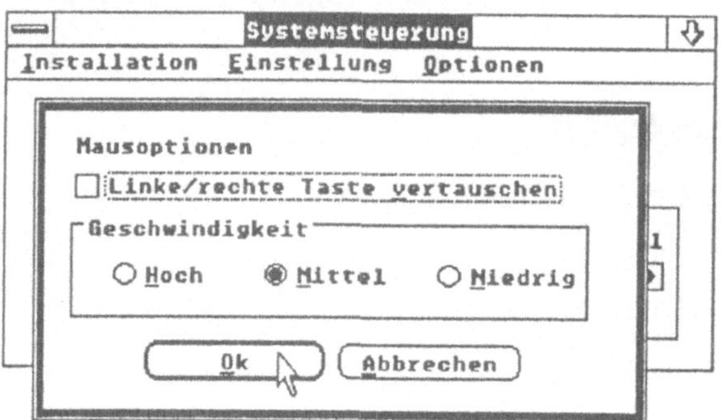

Im Dialogfeld »Ländereinstellungen« bestimmen Sie Zeit- und
Datumsschreibweise sowie Währungseinheiten.

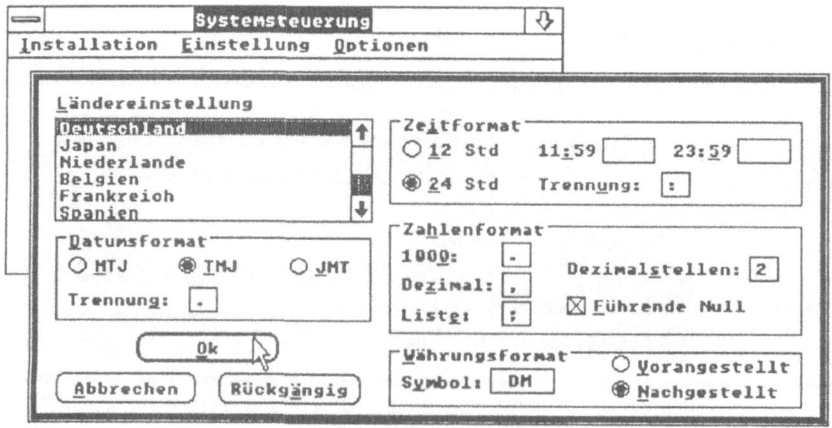

5.5.9 »Notizblock «

Dies ist ein einfaches (ANSI-) Textverarbeitungsprogramm. Texte daraus
können in eine PageMaker-Datei über die Zwischenablage kopiert werden.
Dazu wählen Sie in Notizblock aus dem Menü »Bearbeiten« den Befehl
»Kopieren«. In PageMaker kann dann der Text mit dem Befehl »Einfügen«
(Menü »Bearbeiten«) übernommen werden.

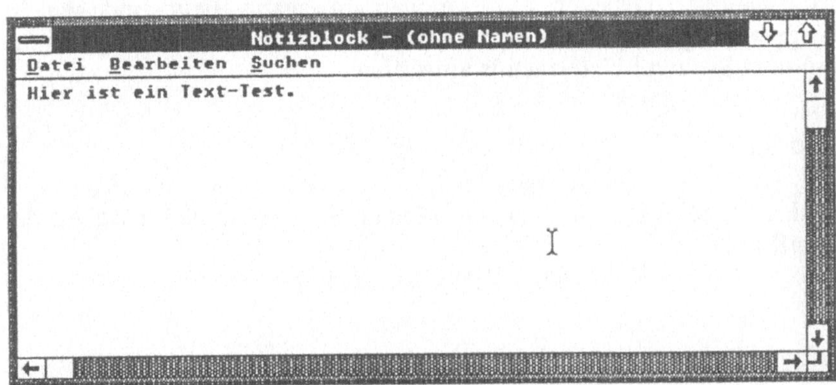

Am ehesten brauchen Sie Notizblock, um Dateien wie WIN.INI, WICHTIG,
oder PMDTBEN.TXT, die mit dem PageMaker-Paket geliefert werden,
anzuschauen oder zu ändern, wenn Sie sonst keinen Editor zur Verfügung
haben.

5.5.10 »Spooler«

Der Spooler ist ein Programm, das Ihnen ermöglicht, während des lange
dauernden Druckvorgangs gleichzeitig mit Ihrem Computer zu arbeiten.

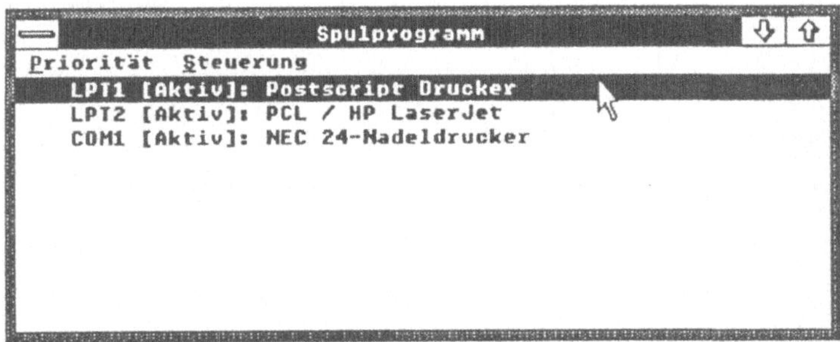

Wie ein Puffer speichert der Spooler zunächst die zu druckende Datei auf der Festplatte. Dies geht wesentlich schneller als das eigentliche Drucken. Von der Festplatte wird das Dokument (oder die Dokumente) dann portionsweise an den Drucker geleitet und dort ausgedruckt, während Sie weiter mit PageMaker arbeiten. Sie können sogar mehrere Dokumente hintereinander an den Drucker schicken. Diese sind dann in einer Warteschlange und werden der Reihe nach bearbeitet.

Wenn Sie den Spooler aufrufen, sehen Sie zunächst ein Fenster, in dem Ihnen gezeigt wird, welcher Drucker auf welchem Ausgang liegt und welche Dokumente gerade gedruckt werden bzw. in der Warteschlange sind. Außerdem können Sie zwei Untermenüs anwählen:

5.5.10.1 »Priorität«

Das erste ist das Menü »Priorität«. In ihm können Sie die Geschwindigkeit des Spoolers beeinflussen.

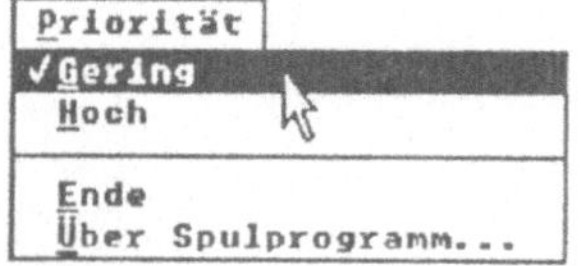

Der Spooler stiehlt gewissermaßen Rechenkapazität von Ihrem Computer, um die Datei immer wieder an den Drucker weiterleiten zu können. Da Ihr Computer aber leider eine begrenzte Kapazität hat, fehlt die vom Spooler beanspruchte Zeit woanders.

Wenn Sie über die Option »Priorität Hoch« dem Spooler mehr Kapazität zugestehen, druckt er zwar schneller, aber dafür wird das im Vordergrund laufende Programm, also z.B. PageMaker, zwangsläufig langsamer. Je nach Geschwindigkeit Ihres Computers und der Festplatte macht sich das bemerkbar. Um wieder auf die normale Geschwindigkeit zu kommen, wählen Sie die Option »Priorität Gering«. Mit dem Befehl »Ende« verlassen Sie den Spooler wieder.

5.5.10.2 »Steuerung«

In diesem Menü finden Sie die Befehle »Anhalten« und »Weitermachen«. Mit
diesen Befehlen können Sie einen Druckvorgang vorübergehend anhalten und
wieder aufnehmen.

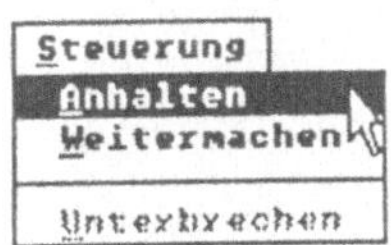

Falls mehrere Drucker an Ihren Computer angeschlossen sind, müssen Sie im
Spoolerfenster den Drucker, den Sie stoppen wollen, vorher mit der Maus
anwählen. Erst dann klicken Sie den Befehl »Anhalten«.

5.6 Menü »Datei«

In diesem Menü beginnen und beenden Sie die Arbeit mit PageMaker.

5.6.1 »Neue Datei...«   Ctrl + N

Mit diesem Befehl legen Sie eine neue PageMaker-Datei an. Wenn Sie bereits
eine andere Datei geladen haben, wird diese automatisch geschlossen. Sie
werden vorher gefragt, ob Sie speichern wollen. Dann erscheint das Dialogfeld
»Seite einrichten«.

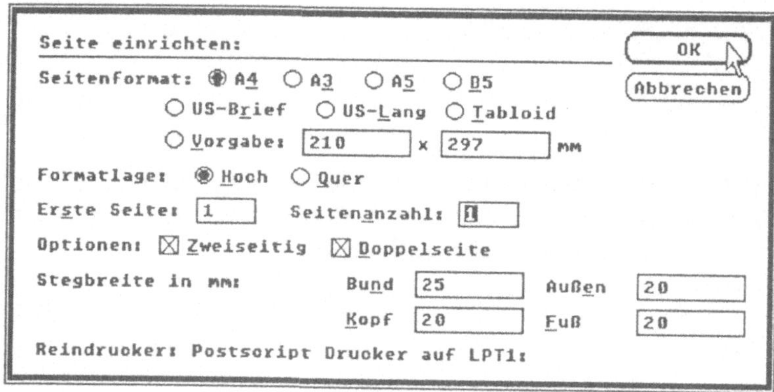

Es handelt sich um das selbe Dialogfeld, das beim Anwählen des Befehls »Seite
einrichten...« erscheint.

5.6.2 »Datei öffnen...«   Ctrl + O

Mit dem Dialogfeld »Datei öffnen...« können Sie eine bereits vorhandene
PageMaker-Datei öffnen.

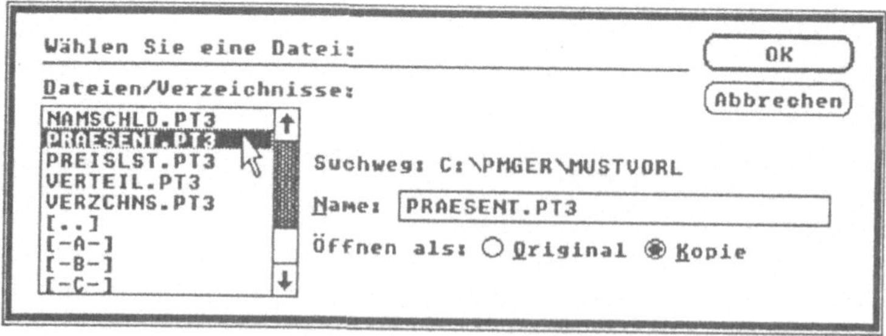

Wenn Sie bereits eine andere Datei geladen haben, wird diese automatisch geschlossen. Sie werden vorher gefragt, ob Sie speichern wollen. Dann erscheint eine Liste der Verzeichnisse auf Ihrer Festplatte, auf der Sie die zu öffnende Datei auswählen können.

5.6.3 »Datei schließen«

Die geladene PageMaker-Datei wird wieder geschlossen. Sie werden gefragt, ob Sie speichern wollen.

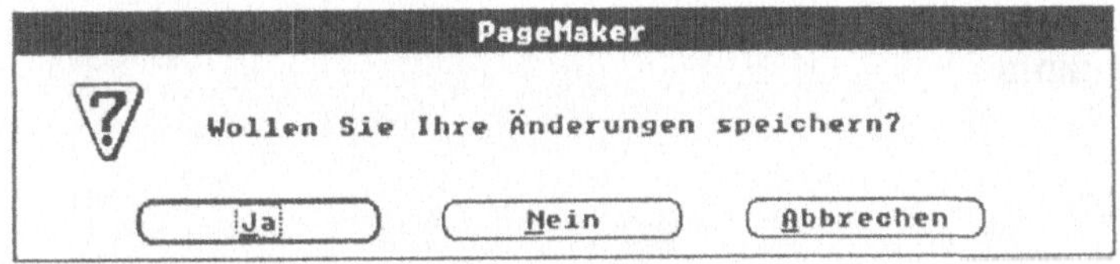

Das PageMaker-Grundbild erscheint.

5.6.4 »Speichern«   Ctrl + S

Die letzten Änderungen an Ihrem Dokument werden gespeichert. Sie verlassen aber Ihr Dokument nicht. Sie sollten diesen Befehl in regelmäßigen Abständen anwählen, um Ihre Datei zu sichern. Wählen Sie ihn zum erstenmal in einer neu angelegten Datei, erscheint ein Dialogfeld, in dem Sie das Verzeichnis und den Dateinamen festlegen können. Dieses Dialogfeld entspricht dem des nächsten Befehls.

5.6.5 »Speichern unter...«

Mit diesem Befehl können Sie zum einen eine Datei kopieren und unter einem anderen Namen speichern. Die Datei mit dem ursprünglichen Namen bleibt erhalten. Dies ist nützlich, wenn Sie verschiedene Entwürfe eines Dokumentcs anfertigen.

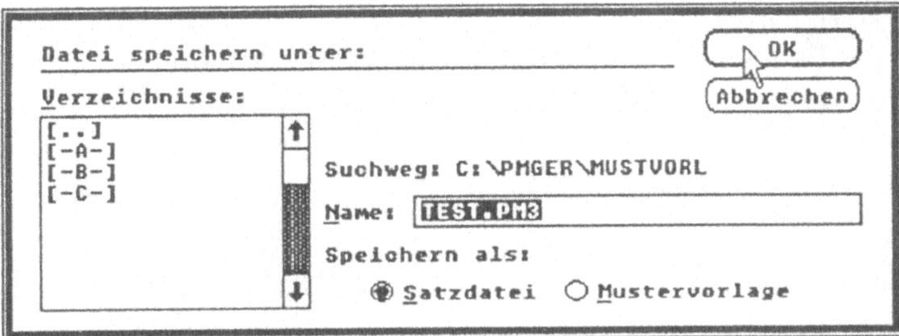

Die Datei kann aber auch unter dem gleichen Namen auf einem anderen
Laufwerk oder in einem anderen Verzeichnis gespeichert werden.

5.6.5.1 Datei kompakter machen

Sie können mit diesem Befehl den Umfang einer Datei verringern. Wenn Sie in
einem umfangreichen Dokument einige Seiten gelöscht haben, können Sie es
mit dem Befehl »Speichern unter...« unter dem gleichen Namen und im gleichen
Verzeichnis abspeichern. Die Datei wird damit verdichtet, da nur die
tatsächlich belegten Seiten gespeichert werden. Mit diesem Befehl wird die alte
Fassung der Datei gelöscht, die PageMaker automatisch speichert. Lesen Sie
dazu den nächsten Abschnitt.

5.6.6 »Alte Fassung«

Damit können Sie zu der zuletzt gespeicherten Version eines Dokumentes
zurückkehren, wenn Ihnen z.B. Änderungen, die Sie seit der letzten
Speicherung am Dokument vornahmen, nicht gefallen und Sie diese nicht
speichern möchten. Sie machen also alle Änderungen rückgängig. Die alte
Fassung Ihrer Datei wird dann wieder angezeigt. Zunächst erscheint allerdings
ein Warnfeld, mit dem Sie aufgefordert werden, den Befehl zu bestätigen. Er
kann nämlich nicht wiederum rückgängig gemacht werden und hat
Auswirkungen auf alle Seiten Ihres Dokumentes.

5.6.6.1 Zwischenfassung

Wenn Sie nur Änderungen auf einer Seite rückgängig machen wollen, müssen
Sie auf die Zwischenfassung zurückgehen. PageMaker legt nämlich immer,
wenn Sie das Seitensinnbild anklicken, eine Zwischendatei an, auf die Sie
ebenfalls zurückgreifen können. Dazu müssen Sie die Shift-Taste drücken und
den Befehl »Alte Fassung« wählen.

5.6.7 »Übertragen...«

Mit diesem Befehl können Sie einen Text aus einem PageMaker-Dokument
heraus exportieren. Dazu müssen Sie sich im Editor befinden und eine
Einfügeposition im betreffenden Text angeklickt haben. Wollen Sie nur einen
Teil des Textblockes exportieren, müssen Sie diesen markieren. Haben Sie
nichts markiert, wird automatisch der gesamte Text exportiert.

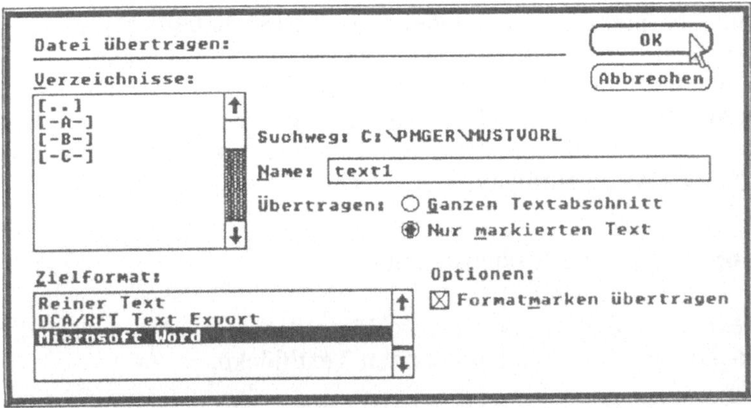

Im Dialogfeld legen Sie Name und Verzeichnis für die zu exportierende Textdatei fest, außerdem, ob Sie den Text als reine ASCII-Textdatei oder als formatierte Datei speichern wollen. Je nach den installierten Exportfiltern (vgl. Sie das entsprechende Kapitel weiter oben) können Sie zwischen verschiedenen Formaten wählen. Wenn Sie für Ihr Textverarbeitungsprogramm keinen entsprechenden Filter haben, exportieren Sie den Text als ASCII-Datei. Eine solche reine Textdatei kann von jedem Textverarbeitungsprogramm gelesen werden. Sie muß allerdings neu formatiert werden, da eine ASCII-Datei keinerlei Formatierung enthält.

5.6.8 »Positionieren...«   Ctrl + A

Mit diesem Befehl importieren Sie fertige Text- oder Grafikdateien in Ihr PageMaker-Dokument, um diese dann auf einer Seite Ihres PageMaker-Dokuments anzuordnen.

Beim Positionieren wird automatisch eine Kopie dieser Datei hergestellt, die Sie an einer beliebigen Stelle in Ihr Dokument aufnehmen können. Die ursprüngliche Datei bleibt dabei unverändert erhalten. Dies gilt für Text- und Grafikdateien. Bei der Wahl des Befehls erscheint folgendes Dialogfeld:

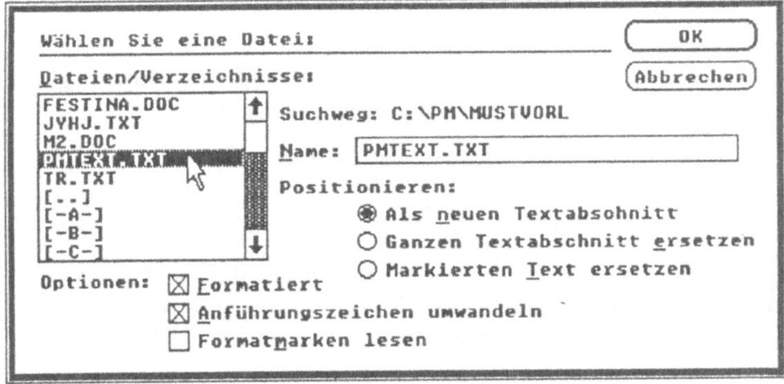

Falls Sie den Dateinamen nicht finden, können Sie im Eingabefeld »Name:« die Platzhalter *.* eingeben. PageMaker zeigt Ihnen dann alle Dateien, auch solche, die nicht unbedingt importiert werden können. Haben Sie eine Datei gewählt, die PageMaker nicht einordnen kann, erscheint ein Verzeichnis importierbarer Formate. Sie müssen dann die Dateienart identifizieren. Sie können Text auf dreierlei Arten einfügen.

5.6.8.1 »Positionieren : Als neuen Textabschnitt«

Dabei wird der Text als völlig neuer Textblock positioniert, also außerhalb anderer, sich evtl. schon auf der Seite befindenden Textblöcke.

5.6.8.2 »Positionieren : Ganzen Textabschnitt ersetzen«

Sie können einen bereits positionierten Textblock durch einen neuen ersetzen. Dazu muß die Einfügeposition in dem Textblock sein, der ersetzt werden soll.

5.6.8.3 »Positionieren : Text einfügen/Markierten Text ersetzen«

Sie können den zu positionierenden Text an einer beliebigen Stelle in einen bereits positionierten Text einfügen. Auch dazu muß die Einfügeposition in dem Textblock sein, der ersetzt werden soll. Haben Sie einen Teil des Textes markiert, erscheint im Dialogfeld die Option »Markierten Text ersetzen«, und der markierte Text wird gelöscht und durch den neuen Text ersetzt. Beim Ersetzen gibt es eine Obergrenze: Dateien mit maximal 64 KByte können ersetzt werden, das sind etwa 25 - 30 Seiten Text.

Wenn Sie eine Grafikdatei wählen, haben Sie folgende Möglichkeiten:

5.6.8.4 »Positionieren: Als neues Bild«

Die Grafikdatei kann beliebig auf einer Seite positioniert werden.

5.6.8.5 »Positionieren: Bild ersetzen«

Die Grafikdatei ersetzt die vorher angewählte Grafik. Dabei wird die Größe und ein eventuell vorhandener Begrenzungsrahmen nicht geändert.

5.6.8.6 Mauszeigerform

Je nach Art der zu positionierenden Datei verwandelt sich der Mauszeiger entsprechend. Zu den verschiedenen Möglichkeiten des Positionierens lesen Sie unter dem Menü »Optionen«, »Autom. Textanschluß«.

Textdateien, manueller Anschluß

Textdateien, automatischer Anschluß. Dabei ist der Befehl »Autom. Textanschluß« im Menü »Optionen« angewählt.

Textdateien, halbautomatischer Anschluß. Dabei drücken Sie die Shift-Taste beim positionieren. Es spielt keine Rolle, ob der Befehl »Autom. Textanschluß« angewählt ist oder nicht.

Bitmustergrafiken

Formelementegrafiken

Dateien im TIF-Format

Dateien im EPS-Format

5.6.8.7 »Formatiert«

Diese Option muß im Zusammenhang mit der Option »Formatmarken lesen« betrachtet werden, vor allem, wenn ein zu positionierender Text auch Formatmarken enthält.

Wählen Sie die Option »Formatiert« (die Option »Formatmarken lesen« ist dabei nicht angewählt), werden Texte, die in einem Textverarbeitungsprogramm mit einer Druckformatvorlage formatiert wurden, auch formatiert übernommen. Sie können also Text in derselben Schriftart und Ausrichtung übernehmen, wie er z.B. in Microsoft Word erfaßt wurde. Ein Verzeichnis der Formate, die von verschiedenen Textverarbeitungsprogrammen übernommen werden, finden Sie weiter hinten im Buch. Ist ein Text mit einer Druckformatvorlage formatiert und enthält zusätzlich Formatmarken, werden diese ignoriert, wenn die Option »Formatmarken lesen« nicht angewählt ist. Die Formatmarken erscheinen als normaler Text in Ihrer Datei.

Ist die Option »Formatmarken lesen« dabei angewählt, wird entsprechend der Druckformatvorlage formatiert, aber lediglich die Formatmarken werden im Druckformatfenster aufgeführt. Vermeiden Sie diese Kombination.

Ist die Option »Formatiert« nicht gewählt und die Option »Formatmarken lesen« ebenfalls nicht, versieht PageMaker den Text mit den Standardschriftmerkmalen. Formatmarken erscheinen dabei wieder als normaler Text.

Ist die Option »Formatiert« nicht gewählt und die Option »Formatmarken lesen« angewählt, wird eine Druckformatvorlage ignoriert und der Text entsprechend den Formatmarken formatiert. Formatmarken erscheinen dabei nicht als normaler Text.

5.6.8.8 »Anführungszeichen umwandeln«

Wählen Sie diese Option, werden alle in dem zu positionierenden Text enthaltenen Anführungszeichen und Apostrophe durch die im (amerikanischen) Fotosatz üblichen Zeichen ersetzt. Leider wird der europäische Standard nicht berücksichtigt.

Aus...	Wird...	Aus...	Wird...
"	"	' "	' "
ch"	ch"	" '	" '
ch'	ch'	'	'
" "	" "		

„Klack-klack", wie ihn Bekannte bald bespöttelten, präsentierte sich im Fußball-Magazin „Kicker", nach der Bedeutung seiner Reinigungsfirma „Elite" befragt, als „Porsche in meiner Branche".

So sollten die Anführungszeichen aussehen (aus: *Der Spiegel*)

5.6.8.9 »Formatmarken lesen«

Eine Formatmarke ist der Name eines Druckformats, das in Text, der positioniert werden soll, zwischen spitzen Klammern (z. B.: <Absatz 1>) steht. Existiert in der PageMaker-Datei ein Druckformat dieses Namens, werden die Formatmarken in dem Text von PageMaker automatisch erkannt und der Absatz, an dessen Anfang die Formatmarken stehen, bei angewählter Option entsprechend formatiert. Sie können einen Text bei der Eingabe mit einem beliebigen Textverarbeitungsprogramm also für die Formatierung in PageMaker vorbereiten. Allerdings muß der Name des Druckformates in PageMakers Druckformatverzeichnis vorhanden sein. Sollte dem nicht so sein, wird ein Druckformat angelegt, das die Eigenschaften der Formatmarken übernimmt. Die spitzen Klammern und der Name erscheinen nicht als Text im PageMaker-Dokument.

Ein Beispiel:

`<Überschrift 2>Subhead 2`

`<Fließtext>Lorem ipsum dolor sit amet, consectetuer adipiscing elit, sed diam nonummy nibh euismod tincidunt ut laoreet. Ut wisi enim ad minim veniam, quis nostrud exerci.`
`<Fließtext>Duis autem vel eum iriure dolor in hendrerit in vulputate velit esse molestie consequat, vel illum dolore eu feugiat nulla facilisis at vero eros et accumsan et iusto odio dignissim.`

Nach dem Import sieht der Text so aus:

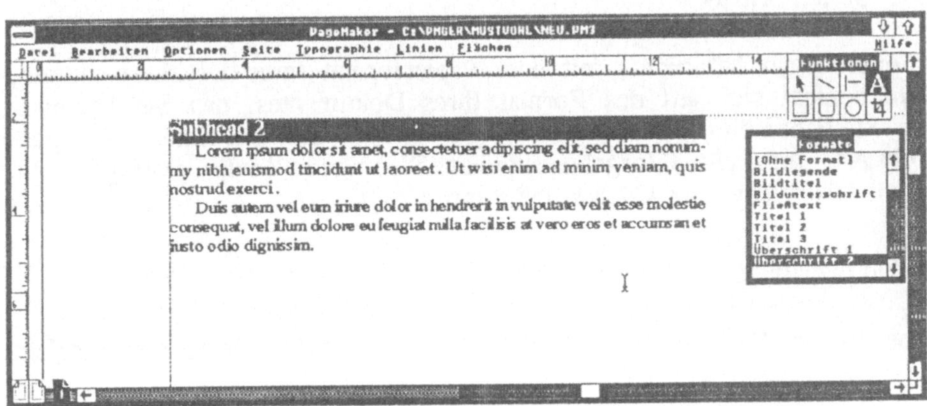

Selbstverständlich können Sie das Format später neu definieren. Näheres finden Sie auch weiter unten in dem Kapitel zu PageMaker und Textverarbeitungsprogrammen.

5.6.9 »Seite einrichten...«

Bevor Sie ein Dokument geöffnet haben, können Sie in dem Dialogfeld »Seite einrichten...« die Standardvorgaben für alle neuen Dokumente festlegen. Wenn Sie denselben Befehl aber wählen, nachdem Sie bereits ein Dokument geöffnet haben, beeinflussen Sie lediglich die aktuelle Datei.

Das Dialogfeld erscheint immer gleich zu Beginn, wenn Sie ein neues Dokument anlegen. Bitte legen Sie das Seitenformat fest, bei dem Sie bleiben

wollen, bevor Sie Texte, Bilder oder Hilfslinien auf die Seiten bringen. Wenn
Sie später Ihre Vorgaben ändern, müssen Sie bereits positionierte Texte oder
Grafiken wahrscheinlich erneut auf der Seite anordnen.

5.6.9.1 »Seitenformat«

Das Seitenformat hat nichts mit dem Papierformat Ihres Druckers zu tun,
sondern bezieht sich auf das Format Ihres Dokumentes, das Sie erzeugen
wollen. Sie haben einige genormte Formate zur Auswahl. Die Standardvorgabe
ist DIN A4. Im Feld »Vorgabe« können Sie eigene Maße eintragen, die
maximale Größe dabei ist 431,8 x 558,8 mm.

5.6.9.2 »Formatlage«

Hier bestimmen Sie, ob Ihr Dokument im Hoch- oder Querformat angelegt
wird.

5.6.9.3 »Erste Seite«

Sie können die Seitenzahl der ersten Seite Ihres Dokumentes festlegen. Wenn
Sie ein längeres Dokument erstellen und einzelne Kapitel als eigene Dateien
anlegen, können Sie damit eine fortlaufende Seitennumerierung erreichen.
Ungerade Seiten sind bei zweiseitigen Dokumenten immer rechte Seiten und
werden als solche angelegt.

5.6.9.4 »Seitenanzahl«

Die Seitenanzahl, also der Umfang Ihres Dokumentes, kann lediglich zu Beginn
beim Einrichten der Datei hier eingegeben werden. Wollen Sie den Umfang
später ändern, so können Sie dies über den Befehl »Seite(n) einfügen...« im
Menü »Seite«. Die maximale Seitenanzahl einer PageMaker-Datei ist 128

Seiten. Umfangreichere Bücher müssen aus mehreren Dateien zusammengesetzt werden.

5.6.9.5 »Optionen: Zweiseitig - Doppelseite«

Mit diesem Befehl bestimmen Sie, ob Ihr Dokument rechte und linke oder nur rechte Seiten hat. Als Standardvorgabe ist beides angekreuzt. Im Arbeitsfenster erscheinen dann Sinnbilder für linke und rechte Standardseite. Die Seiten werden als linke und rechte Seiten angelegt (Bundsteg links bzw. rechts), und gegenüberliegende Seiten werden gleichzeitig auf dem Bildschirm gezeigt.

Wählen Sie »Doppelseite« ab, werden gegenüberliegende Seiten nicht mehr gleichzeitig gezeigt, sondern immer einzeln. Trotzdem werden linke und rechte Seiten angelegt.

Wählen Sie »Zweiseitig« und »Doppelseite« ab, wird das Dokument in einseitigem Satz angelegt, d.h., alle Seiten werden als rechte Seiten behandelt. Der Bundsteg ist dabei immer links.

Ist die Option »Doppelseite« angewählt, ist »Zweiseitig« immer ebenfalls angewählt.

5.6.9.6 »Stegbreite«

Mit der Stegbreite bestimmen Sie den Satzspiegel. Das ist die Fläche, in der PageMaker automatisch Text positioniert. Der Satzspiegel ist nicht identisch mit der bedruckbaren Fläche. Sie können beliebige Elemente auf den Stegen positionieren. Der Bundsteg ist bei Dokumenten mit linken und rechten Seiten immer links für die rechte Seite und rechts für die linke Seite.

Unten im Dialogfeld wird außerdem noch der gewählte Reindrucker genannt.

5.6.10 »Drucken...«   Ctrl + D

Lesen Sie zu diesem Thema auch das Kapitel 11 weiter unten.

Im Dialogfeld haben Sie folgende Wahlmöglichkeiten:

5.6.10.1 »Kopien:«

Hier geben Sie die Anzahl der gewünschten Drucke ein.

5.6.10.2 »Sortiert«

Bei mehrfachem Ausdruck von mehrseitigen Dokumenten können Sie alle Exemplare der einzelnen Seiten nacheinander ausdrucken lassen. Dazu müssen Sie die Option abwählen.

Ist die Option angewählt, werden komplette Dokumente nacheinander ausgedruckt. Dies dauert etwas länger.

5.6.10.3 »Umgekehrte Reihenfolge«

Ist diese Option nicht angewählt, druckt PageMaker die letzte Seite Ihres Dokumentes zuerst. Die Seite 1 wird als letzte gedruckt und liegt deshalb am Ende des Druckvorgangs zuoberst. Ihr Dokument ist also in der richtigen Reihenfolge geordnet.

Wählen Sie die Option an, wird die Seite 1 zuerst gedruckt. Sie liegt dann am Ende des Druckvorgangs zuunterst im Stapel.

5.6.10.4 »Seiten: Alle / Von Bis«

Mit dieser Option bestimmen Sie, welcher Teil Ihres Dokumentes gedruckt wird. Wollen Sie nur einen Teil der Seiten ausdrucken, geben Sie die entsprechenden Seitenzahlen ein.

5.6.10.5 »Größe«

Wenn Sie einen Postscript-Drucker benutzen, können Sie den Maßstab der Ausdrucke bestimmen. Sie können zwischen 25% und 1000% der Originalgröße wählen. Da bei Vergrößerung der Ausdruck wahrscheinlich größer als das vom Drucker verwendete Papier wird, sollten Sie die Option »Unterteilen« (siehe weiter unten) im selben Dialogfeld wählen.

5.6.10.6 »Übersicht«

Wenn Sie einen Postscript-Drucker benutzen, können Sie mehrere Seiten nebeneinander auf einem Blatt ausdrucken lassen. Je nach Papiergröße des

Druckers und je nach der Größe Ihrer Seiten passen bis zu 16 Miniaturseiten
auf ein Blatt. Die Druckgröße der Miniaturseiten kann nicht geändert werden.

5.6.10.7 »Glätten«

Wenn Sie einen Postscript-Drucker benutzen, können Sie diese Option wählen.
Dann glättet PageMaker beim Ausdruck die Konturen von Bitmustergrafiken.
Gleichzeitig wird der Ausdruck deutlich verlangsamt. Das Bild kann sogar
dunkler werden. Machen Sie deshalb auf jeden Fall einen Probeausdruck!

5.6.10.8 »Linienschnelldruck«

Diese Option ist nur für einen PCL-Drucker (HP) gedacht. Wenn Sie mit einem
solchen Drucker Rechtecke oder senkrechte und waagerechte Linien drucken
wollen, können Sie den Ausdruck durch Anwählen dieser Option
beschleunigen.

5.6.10.9 »Beschnittzeichen«

Wenn Ihr Dokument kleiner ist als das Papierformat Ihres Druckers, können
Sie mit dieser Option Schneidemarken mitdrucken lassen. Arbeiten Sie mit
Volltonfarbauszügen und wählen diese Option, druckt PageMaker außer den
Schneidemarken auch Paßkreuze und den Farbnamen aus. Das Papierformat
muß wiederum größer sein als das Seitenformat Ihres Dokuments.

5.6.10.10 »Volltonfarbauszüge«

Wenn Sie Ihr Dokument mit verschiedenen Volltonfarben versehen wollen,
druckt PageMaker automatisch für jede vorkommende Farbe ein Exemplar der
betreffenden Seite aus. Wählen Sie außerdem die Option »Beschnittzeichen«
und Ihr Dokument ist kleiner als das Papierformat des Druckers, druckt
PageMaker zusätzlich Schneidemarken und Paßkreuze für jeden Farbauszug.

5.6.10.11 »Aussparungen«

Auch diese Option ist für Volltonfarbauszüge. Wenn sich beim Drucken Farben
überlagern würden, können Sie durch diese Option erreichen, daß der unterste
Farbauszug an den entsprechenden Stellen unbedruckt bleibt.

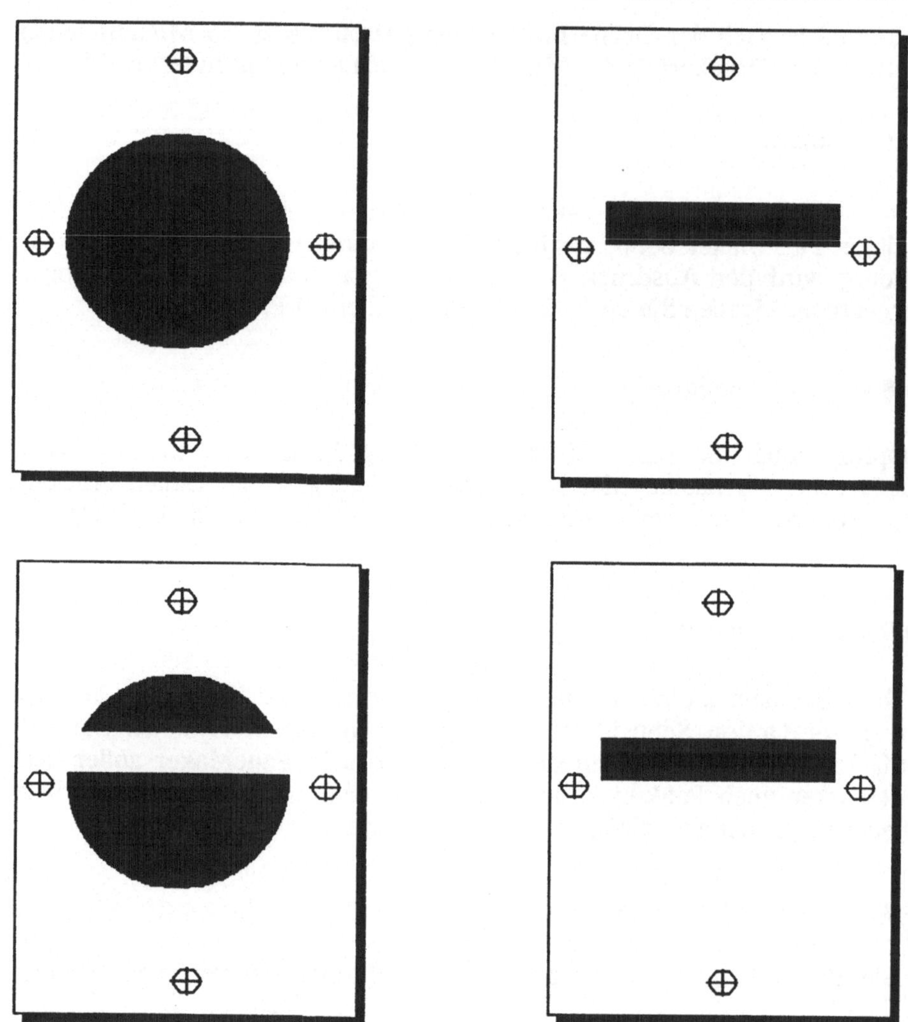

Obere Reihe nicht ausgespart, untere Reihe ausgespart

Machen Sie am besten einen Probeausdruck und klären Sie mit Ihrer Druckerei die beste Vorgehensweise. Für optimale Druckergebnisse muß manchmal die Druckerei die Aussparungen vornehmen.

5.6.10.12 »Unterteilen: Manuell/autom., Überlagerung: mm«

Wenn Ihr Dokument größer ist als das vom Drucker verwendete Papier, können Sie es abschnittweise ausdrucken. Bei der Option »Manuell« bestimmen Sie die zu druckenden Ausschnitte selbst, indem Sie den Nullpunkt auf die obere linke

Ecke des jeweiligen Ausschnittes legen. PageMaker kann dies auch automatisch tun. Wählen Sie diese Option, müssen Sie die gewünschte Überlagerung festlegen. Standardvorgabe ist 17mm.

5.6.10.13 »Drucker«

Sie können den Drucker aus einer Liste aller installierten Drucker wählen, auf dem Sie Ihr Dokument drucken wollen. Allerdings sind nur Drucker aufgeführt, die auch an einem Ausgang liegen. Eventuell müssen Sie das in der Windows Systemsteuerung im Menü »Einstellung« bei der Option »Anschlüsse« ändern.

Die Ausgabe erfolgt immer über den hier gewählten Drucker. Es muß sich dabei nicht um den Reindrucker handeln. Sie können also ein Dokument für den Ausdruck mit einer Linotronic auslegen, aber einen Probedruck auf einem anderen Drucker vornehmen. Das Druckbild entspricht dann allerdings nicht genau dem, das mit dem Reindrucker erzielt wird. PageMaker paßt Schriftarten usw. auf den Konzeptdrucker an und muß evtl. nicht vorhandene Schriftarten durch vorhandene ersetzen. Der Zeilenumbruch bleibt aber auf jeden Fall erhalten.

Wenn Sie die druckerspezifischen Werte ändern oder prüfen wollen, klicken Sie den Schalter »Einstellung...«. Dann erscheint das Dialogfeld mit den drucker-spezifischen Einstellungen.

Schließlich wird auch noch das Papierformat und die Formatlage gezeigt.

5.6.11 »Druckerauswahl...«

Hier wählen Sie den Reindrucker, mit dem Ihr Dokument letztendlich gedruckt werden soll. Dieser Drucker muß nicht tatsächlich an Ihr System angeschlossen sein, wenn Sie beispielsweise den Ausdruck außer Haus planen. Es genügt, wenn der Druckertreiber installiert ist.

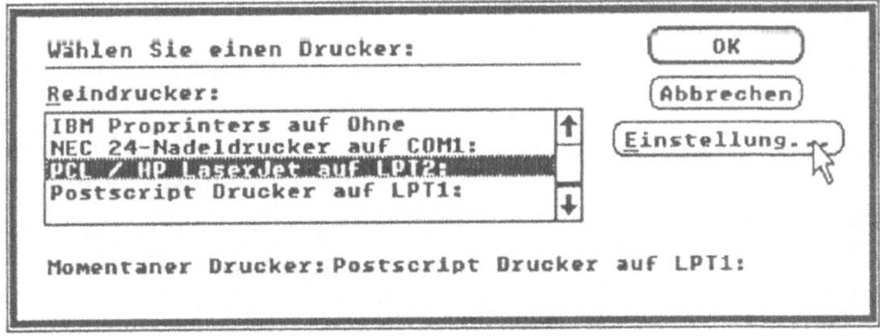

Da PageMaker für verschiedene Drucker Ihr Dokument verschieden auslegt, müssen Sie unbedingt gleich zu Beginn der Arbeit den Reindrucker festlegen! Ändern Sie den Drucker mitten in der Arbeit, rechnet PageMaker das Dokument auf den neuen Drucker um und Sie müssen evtl. bereits placierte Texte und Bilder neu anordnen. Dann erscheint folgendes Warnfeld:

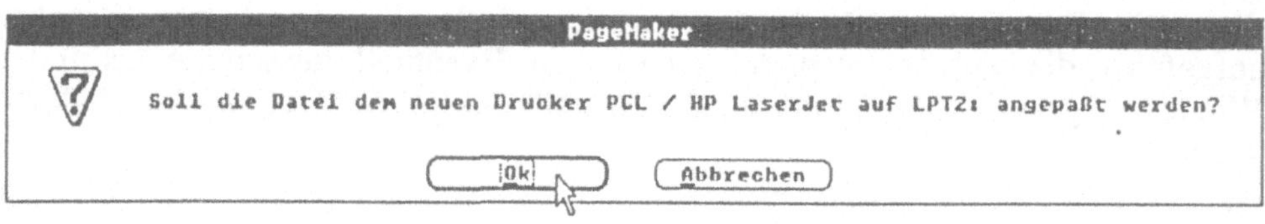

Haben Sie den gewünschten Drucker mit der Maus gewählt, klicken Sie den Schalter »Einstellung...«. Das druckerspezifische Dialogfeld erscheint, je nachdem, welchen Drucker Sie gewählt haben, und Sie können die gewünschten Daten eingeben.

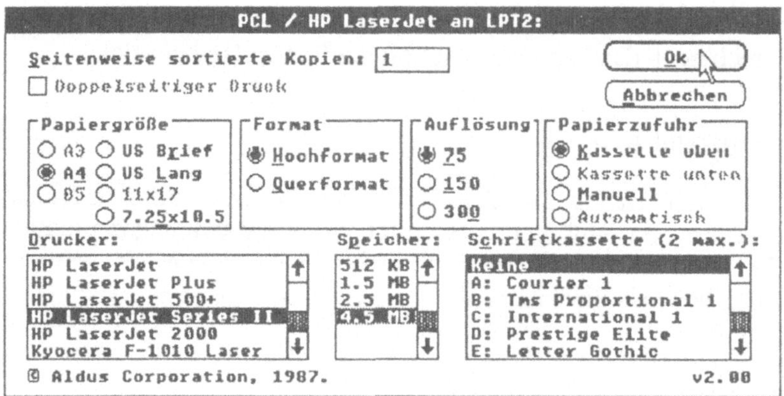

5.6.12 »Ende«

Damit schließen Sie die geöffnete Datei, und Sie werden zum MS-DOS-Fenster von Windows zurückgeführt.

5.7 Menü »Bearbeiten«

```
┌─────────────────────────────────┐
│ Bearbeiten                      │
├─────────────────────────────────┤
│ Rückgängig unmöglich  Alt Bksp  │
├─────────────────────────────────┤
│ Ausschneiden        Umsch+Entf  │
│ Kopieren            ^Strg+Einfg │
│ Einfügen            Umsch+Einfg │
│ Löschen                   Entf  │
│ Alles markieren             ^M  │
├─────────────────────────────────┤
│ Nach vorne stellen          ^V  │
│ Nach hinten stellen         ^H  │
├─────────────────────────────────┤
│ Vorgaben wählen...              │
└─────────────────────────────────┘
```

5.7.1 »Rückgängig«   Alt + Bksp

Mit diesem Befehl können Sie einen Befehl rückgängig machen, allerdings nur den zuletzt ausgeführten. Manchmal ist dies nicht möglich, PageMaker meldet dann: Rückgängig unmöglich.

Wenn Sie mehr als nur den zuletzt ausgeführten Befehl rückgängig machen wollen, benützen Sie den Befehl »Alte Fassung« aus dem Menü »Datei«.

5.7.2 »Ausschneiden«   Shift + Del

Mit diesem Befehl löschen Sie einen mit dem Mauspfeil oder dem Editor markierten Bereich Ihres Dokumentes. Es kann sich dabei um Text oder um Bilder handeln. Wie Sie Text bzw. Bilder markieren, entnehmen Sie bitte den Übungen. Das Element verschwindet von der Seite, allerdings wird es nicht vollständig gelöscht, sondern in die Zwischenablage von Windows gelegt. Dort bleibt es solange, bis Sie entweder ein neues Element dort ablegen, oder bis Sie Windows verlassen. Benützen Sie also diesen Befehl, wenn Sie ein Element für spätere Wiederverwendung aufheben wollen. Sie können es beliebig oft wieder aus der Zwischenablage abrufen. Um sich vom Inhalt der Zwischenablage zu vergewissern, können Sie diese im Menü »Steuerung« aufrufen. Die Zwischenablage hat eine Kapazität von 64 KByte.

Näheres zur Zwischenablage finden Sie unter dem Menü »Systemsteuerung« und in der Übung 5 weiter oben.

5.7.3 »Kopieren«   Ctrl + Ins

Mit diesem Befehl kopieren Sie einen mit dem Mauspfeil oder dem Editor
markierten Bereich Ihres Dokumentes. Es kann sich dabei um Text oder um
Bilder handeln. Das markierte Element wird nicht von der Seite gelöscht,
sondern bleibt dort stehen. Die Kopie wird in die Zwischenablage abgelegt, sie
verdrängt den bisherigen Inhalt derselben. Sie können die Kopie beliebig oft
wieder aus der Zwischenablage abrufen.

Näheres zur Zwischenablage finden Sie unter Menü »Systemsteuerung« und in
den Übungen.

5.7.4 »Einfügen«   Ins

Mit diesem Befehl fügen Sie den Inhalt der Zwischenablage in Ihr Dokument
ein. Der Inhalt kann auch von anderen Windows-Anwendungsprogrammen
stammen. Sie können den Inhalt beliebig oft aus der Zwischenablage abrufen.
Handelt es sich bei dem einzufügenden Element um Text und Sie befinden sich
im Editor, wird der Text an der Einfügeposition eingefügt. Dadurch kann er
direkt in einen bestehenden Text eingefügt werden. Ansonsten erscheint er als
selbständiger Textblock auf der Seitenmitte.

5.7.5 »Löschen«   Del

Mit diesem Befehl werden markierte Elemente aus Ihrer Datei gelöscht, ohne in
der Zwischenablage gespeichert zu werden. Lediglich mit dem Rückgängig-
Befehl kann das gelöschte Element wieder geholt werden.

5.7.6 »Alles markieren«   Ctrl + M

Befinden Sie sich im Editor, wird mit diesem Befehl der gesamte Textblock
markiert, in dem sich die Einfügemarke befindet. Ist der Textblock länger als
die dargestellte Seite, wird auch der nicht dargestellte Teil markiert.

Befinden Sie sich in der Zeigefunktion, wird der gesamte Inhalt des
Arbeitsfensters markiert, also alle Textblöcke, Bilder und Linien. Es werden
auch die Elemente markiert, die sich nicht unmittelbar auf der dargestellten
Seite befinden, sondern auf der Montagefläche liegen. Nicht markiert werden
Gegenstände, die sich auf nicht dargestellten Seiten befinden. Von Textblöcken
wird nur der dargestellte Teil markiert. Wollen Sie nur ein einzelnes Element
auf der Seite nicht markiert haben, markieren Sie zunächst alles, dann klicken
Sie das zu ent-markierende Element bei gedrückter Shift-Taste an.

5.7.7 »Nach vorn stellen«   Ctrl + V

Die einzelnen Elemente auf einer PageMaker-Seite überlagern sich. Dadurch können Sie z.B. einen Text mit einem schwarzen (oder auch weißen) Feld abdecken. Elemente auf der obersten Ebene verdecken Elemente auf den unteren Ebenen.

Sie können immer nur ein Element auf der obersten Ebene mit einem Mausklick anwählen. Wenn Sie ein tieferliegendes Element anwählen wollen, um es z.B. nach vorne zu stellen, müssen Sie beim Klicken mit der Maus die Ctrl-Taste gedrückt halten.

5.7.8 »Nach hinten stellen«   Ctrl + H

Mit diesem Befehl stellen Sie ein markiertes Element auf die unterste Ebene.

5.7.9 »Vorgaben wählen...«

Damit bestimmen Sie die Maßeinheiten, die von PageMaker verwendet werden und im Arbeitsfenster auf den Linealen gezeigt werden. Außerdem können Sie die Bildschirmanzeige beeinflussen.

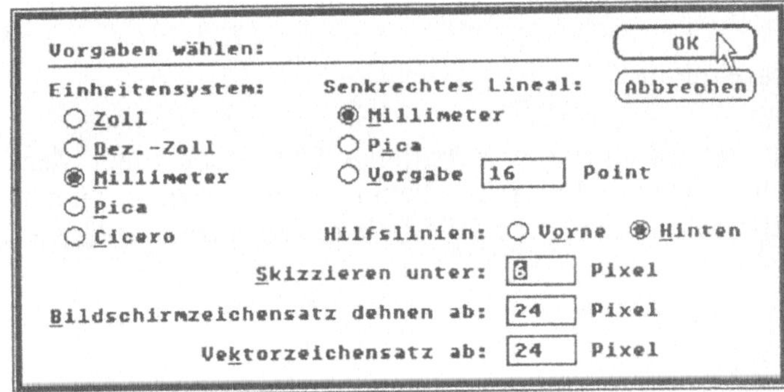

Wenn Sie diesen Befehl wählen, bevor Sie ein Dokument anlegen, nimmt PageMaker die eingetragenen Werte als Standardwerte für alle folgenden Dokumente. Wählen Sie den Befehl von einem geöffneten Dokument aus, beziehen sich die Werte lediglich auf dieses.

Sie haben die Wahl zwischen Zoll, Millimetern, Pica und Cicero.

Pica und Cicero sind Maßeinheiten aus der Setzersprache. Pica ist eine amerikanische Einheit, Cicero eine europäische. Beide Einheiten sind nur mit mehreren Stellen hinter dem Komma in Millimeter übersetzbar. Die Untereinheiten heißen nicht nur sehr ähnlich, sie sind auch fast gleich groß:

$$1 \text{ Pica} = 12 \text{ points} = 1/6 \text{ Zoll} = 4{,}23 \text{ mm}$$

$$1 \text{ Point} = 1/12 \text{ Pica} = 0{,}353 \text{ mm}$$

$$1 \text{ Cicero} = 12 \text{ Punkt} = 4{,}5 \text{ mm}$$

$$1 \text{ Punkt} = 1/12 \text{ Cicero} = 0{,}376 \text{ mm}$$

PageMaker als amerikanisches Produkt verwendet bei den Schriftgrößen (im Menü »Typographie«, Befehl »Schriftfestlegung...«) immer amerikanische Points, auch wenn Sie als Maßeinheit Punkt bzw. Cicero gewählt haben.

5.7.9.1 »Senkrechtes Lineal:«

Das senkrechte Lineal kann eine andere Maßeinheit als das waagerechte bekommen. Die erste Option ist immer die für das waagerechte Lineal gewählte Maßeinheit.

Sie können bei »Vorgabe« den Durchschuß (Zeilenabstand) Ihres Textes als Maßeinheit angeben und den Befehl »Linealpositionierungshilfe« aus dem Menü »Optionen« wählen. Dann werden zu positionierende Elemente an gedachten Verlängerungen der nächstliegenden Linealteilstriche des senkrechten Lineals ausgerichtet. Damit erreichen Sie eine gleichmäßige Positionierung mehrerer unabhängiger Textblöcke.

5.7.9.2 »Hilfslinien: Vorne/Hinten«

Hier wählen Sie, ob die nichtdruckenden Hilfslinien über oder unter den druckenden Seitenelementen liegen. Da das obenliegende Element zuerst angewählt wird, ist es vielleicht sinnvoll, die Hilfslinien nach hinten zu legen. Die Standardvorgabe ist »Vorne«.

5.7.9.3 »Skizzieren unter:«

Hier können Sie die Größe in Bildpunkten eingeben, unter welcher Schriftgröße PageMaker Schrift nicht mehr als Text, sondern als schraffierte Fläche darstellt. Bei Layout-Arbeiten, bei denen Sie den Text nicht mehr lesen müssen, wird durch das Skizzieren die Arbeitsgeschwindigkeit erhöht. Standardvorgabe ist 6 Pixel, größerer Text wird normal dargestellt.

5.7.9.4 »Bildschirmzeichensatz dehnen ab:«

Jede Schriftart, die auf dem Bildschirm dargestellt wird, braucht einen Bildschirmzeichensatz. Um die Speicherkapazität nicht unnötig zu überlasten, existieren nicht für jede Schriftgröße Zeichensätze. Sie können festlegen, ab welcher Größe die Bildschirmschrift durch Dehnen vorhandener Zeichensätze hergestellt werden soll. Standardvorgabe ist 24 Pixel.

5.7.9.5 »Vektorzeichensatz ab:«

Ab der hier eingegebenen Größe in Pixel wird nicht mehr ein Bildschirmzeichensatz, sondern ein Vektorzeichensatz für die Darstellung der Schrift auf dem Bildschirm verwendet. Die einzelnen Zeichen sind dann vergrößerbare Formelemente. Die Bildschirmanzeige von Vektorzeichen erfordert weniger Speicherkapazität. Lesen Sie auch das Kapitel zu Bildschirmzeichen weiter unten.

5.8 Menü »Optionen«

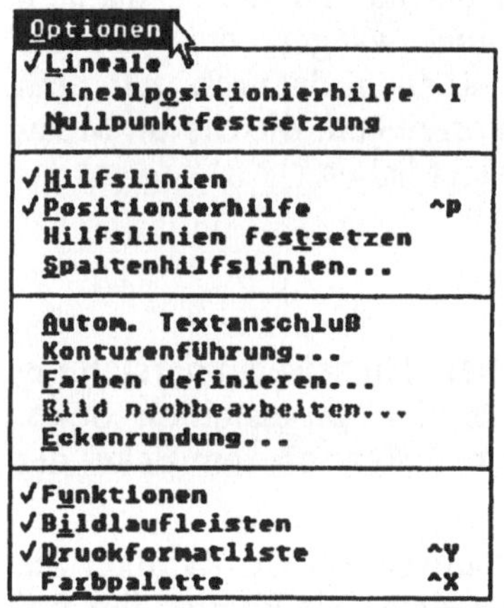

5.8.1 »Lineale«

Mit diesem Befehl können Sie die Lineale am oberen und linken Rand des Arbeitsfensters ein- und ausblenden. Ausblenden ist dann sinnvoll, wenn Sie den Bildschirm maximal ausnutzen wollen, um ein Dokument darzustellen.

5.8.1.1 Messen

Die Position des Mauspfeils wird durch die gestrichelte Linie auf den Linealen genau bestimmt. Dadurch können Sie Elemente auf der Seite exakt placieren oder auch vermessen. Der Nullpunkt der Lineale kann verschoben werden.

5.8.1.2 Hilfslinien

Sie können mit der Maus aus den Linealen Hilfslinien hervorziehen, indem Sie auf das waagerechte oder senkrechte Lineal zielen und bei gedrückter Maustaste vom Lineal wegfahren. Die Position einer waagerechten Hilfslinie wird im senkrechten Lineal angezeigt und umgekehrt. Diese Hilfslinien erscheinen nur auf dem Bildschirm und werden nicht gedruckt. Sie können bis zu 40 senkrechte und waagerechte Hilfslinien pro Seite anlegen. Besonders nützlich ist dies für Tabellen.

Sie können die Hilfslinien nachträglich verschieben, indem Sie diese anwählen und auf die gewünschte Position ziehen. Zum Löschen ziehen Sie die Linien wieder zurück ins Lineal. Bei ausgeblendeten Linealen bleiben bereits gesetzte Hilfslinien bestehen.

5.8.2 »Linealpositionierhilfe«   Ctrl + I

Wenn Sie diesen Befehl wählen, werden Seitenelemente an den gedachten Verlängerungen der Teilstriche des senkrechten und waagerechten Lineals ausgerichtet. Das gilt auch für Hilfslinien. Sie können dadurch z.B. ein Verschieben von Elementen genau in den Einheiten erreichen, die Sie im Menü »Bearbeiten« im Befehl »Vorgaben wählen...« festgelegt haben.

5.8.3 »Nullpunktfestsetzung«

Der Nullpunkt beider Lineale befindet sich bei Einzelseitendarstellung normalerweise genau auf der linken oberen Ecke der dargestellten Seite. Werden Doppelseiten dargestellt, liegt er auf der linken oberen Ecke der rechten Seite.

Wenn Sie den Befehl anwählen, ist der Nullpunkt unverrückbar. Wählen Sie den Befehl erneut an, ist der Nullpunkt wieder beweglich. Sie können ihn frei verschieben, indem Sie mit dem Mauspfeil in der linken oberen Bildschirmecke auf den Schnittpunkt der beiden Lineale zielen und den Nullpunkt mit der Maus an die gewünschte neue Position ziehen. Äußerst nützlich ist dies zum Vermessen von Elementen auf der Seite.

5.8.4 »Hilfslinien«

Mit diesem Befehl wählen Sie, ob Hilfslinien auf dem Bildschirm angezeigt werden oder nicht. Hilfslinien werden niemals ausgedruckt, sie dienen lediglich dazu, das Ausrichten von Elementen auf einer Seite zu erleichtern.

5.8.4.1 Arten von Hilfslinien

Es gibt drei verschiedene Arten von Hilfslinien:

- Die oben erwähnten Positionierhilfslinien, die Sie aus den Linealen ziehen können.

- Die Steghilfslinien, die Ihren Satzspiegel umgeben. Sie bestimmen sie über das Dialogfeld »Seite einrichten...« aus dem Menü »Datei«.

- Spaltenhilfslinien, die Sie über das Dialogfeld »Spaltenhilfslinien...« aus dem Menü »Optionen« festlegen.

Die Anzahl von Hilfslinien auf einer Seite ist auf 40 beschränkt. Werden Doppelseiten dargestellt, gehen waagerechte Linealhilfslinien über beide Seiten.

5.8.5 »Positionierhilfe«   Ctrl + P

Ist dieser Befehl gewählt, wird der Mauspfeil und alle Elemente, die Sie in der Nähe einer beliebigen Hilfslinie placieren wollen, von dieser Hilfslinie angezogen.

Sie können eine Hilfslinie z.B. in der Darstellungsgröße »400%« mit höchstmöglicher Präzision festlegen, um dann in der Originalgröße Elemente ebenso exakt placieren zu können.

Durch erneutes Anwählen schalten Sie den Befehl wieder ab.

5.8.6 »Hilfslinien festsetzen«

Ist dieser Befehl gewählt, können Lineal- und Spaltenhilfslinien nicht mehr bewegt werden. Erst wenn sie den Befehl erneut anwählen, werden die Linien wieder beweglich. Steghilfslinien sind davon nicht betroffen. Sie werden immer über den Befehl »Seite einrichten...« im Menü »Datei« festgelegt.

5.8.7 »Spaltenhilfslinien...«

Wenn Sie Ihren Text in mehr als einer Spalte setzen wollen, können Sie mit diesem Befehl bis zu 20 Spalten pro Seite festlegen.

In dem Dialogfeld können Sie die Anzahl und den jeweiligen Abstand der Spalten angeben. Wenn Sie die Angaben machen, bevor Sie ein Dokument geöffnet haben, ändern Sie damit die Standardangaben von PageMaker. Ansonsten beziehen sich die Angaben nur auf die gerade dargestellte Seite im momentan geöffneten Dokument.

Sind gerade die Standardseiten dargestellt, haben Sie die gleiche Anzahl von Spalten auf allen Seiten Ihres Dokumentes. Wird Ihr Dokument zweiseitig dargestellt, können Sie Anzahl und Abstand der Spalten für linke und rechte Seiten getrennt festlegen. Dazu wählen Sie die Option »Auf Doppelseiten getrennt einstellen« an.

Die Spalten werden von PageMaker automatisch in gleicher Breite angelegt. Wünschen Sie Spalten mit verschiedener Breite auf einer Seite, können Sie mit dem Mauspfeil die Spaltenhilfslinien auf der entsprechenden Seite verschieben. Ändern Sie nachträglich bei bereits positionierten Seitenelementen die Spaltenanzahl oder -breite, beeinflußt das diese Elemente nicht.

5.8.8 »Autom. Textanschluß«

Dieser Befehl regelt, wie Text beim Positionieren auf die Seite gebracht wird. Vergleichen Sie dazu auch weiter oben unter Menü »Datei«, Befehl »Positionieren...«.

Es gibt drei verschiedene Arten von Textanschluß:

5.8.8.1 Automatisch

Ist dieser Befehl angewählt, wird der vollständige Text positioniert. Reicht die dargestellte Seite dazu nicht aus, wird der Text auf die nächste(n) Seite(n) placiert. PageMaker kann dazu selbsttätig neue Seiten einrichten.

5.8.8.2 Manuell

Ist dieser Befehl nicht angewählt, endet das Positionieren am jeweiligen Seiten- bzw. Spaltenende. Längeren Text müssen Sie manuell auf die nächste Spalte oder Seite placieren. Der Text muß dazu erst wieder in den Mauszeiger geladen werden.

5.8.8.3 Halbautomatisch

Diesen Befehl können Sie nicht im Menü anwählen. Vielmehr müssen Sie beim Placieren gleichzeitig mit dem Mausklick die Shift-Taste gedrückt halten. Dabei spielt es keine Rolle, ob Sie sich in manuellem oder automatischem Textanschluß befinden.

PageMaker unterbricht das Positionieren am Spaltenende, der Rest des zu positionierenden Textes bleibt aber noch im Sinnbild geladen. Sie können sofort mit dem Positionieren weitermachen.

5.8.9 »Konturenführung...«

Hier bestimmen Sie, wie PageMaker Text um Bilder herumführt. Um jedes Bild wird ein nichtdruckender gedachter Rahmen gelegt, der den Konturen des Bildes entspricht. An diese Bildbegrenzung kann der Text beim Positionieren direkt anstoßen. Den Abstand des Rahmens zum Bild können Sie ebenfalls frei wählen. Bevor der Text positioniert wird, muß eine Bildbegrenzung da sein. Ist keine Bildbegrenzung da, wird der Text über das Bild hinweggeführt.

Setzen Sie die Art der Konturenführung fest, bevor Sie ein Dokument geöffnet haben, gilt diese für alle zu positionierenden Bilder. Wollen Sie die Konturenführung nur für ein bestimmtes Bild in einem geöffneten Dokument festlegen, müssen Sie dieses zunächst markieren, bevor Sie den Befehl wählen.

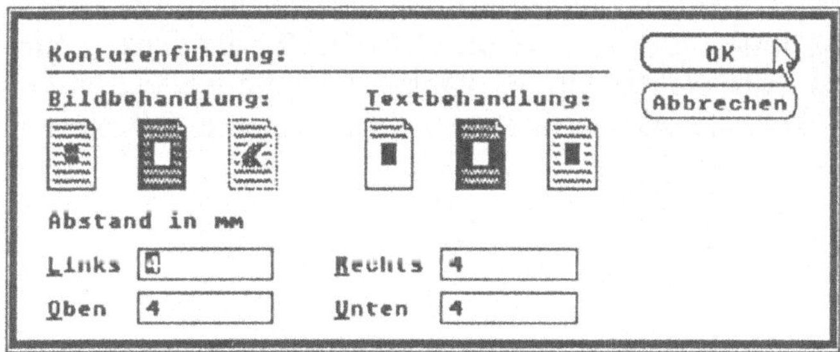

Es gibt drei Arten der Bildbegrenzung:

5.8.9.1 Ohne Bildbegrenzung

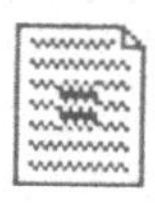 Der Text läuft ohne Aussparung über das Bild weg.

5.8.9.2 Rechteckige Bildbegrenzung

 Der Text läuft in einem von Ihnen festzulegenden Abstand rechteckig um das Bild herum. Wählen Sie diese Variante, ändert sich automatisch die Art der Textbehandlung auf Herumlegen.

5.8.9.3 Unregelmäßige Bildbegrenzung

 Die Grundform des Bildes ist nicht rechteckig. Diese Variante ist im Dialogfeld nicht wählbar. Wenn Sie bereits die Form des Rahmens mit dem Mauspfeil geändert haben, ist diese Variante angewählt. Sie müssen dazu den Begrenzungsrahmen mit dem Mauspfeil auf der Seite geändert haben.

Dann bestimmen Sie die Art der Textbehandlung. Wiederum haben Sie drei Möglichkeiten:

5.8.9.4 Spaltenwechsel

 Ist diese Option gewählt, wechselt PageMaker die Spalte bzw. bei einspaltigem Satz die Seite, allerdings nur, wenn Sie den Befehl »Autom. Textanschluß« gewählt haben. Das heißt, der Text endet vor dem Bild und geht am Anfang der nächsten Spalte weiter. Ist der Befehl »Autom. Textanschluß« nicht gewählt, stoppt der Text vor dem Bild.

5.8.9.5 Bild überspringen

 Ist diese Option gewählt, überspringt der Text das Bild und geht an der unteren Bildbegrenzung weiter.

5.8.9.6 Herumlegen

 Ist diese Option gewählt, fließt der Text links und rechts um die vorher festgelegten Konturen des Bildes.

5.8.10 »Farben definieren...«

Sie können mit PageMaker Volltonfarbauszüge drucken. D.h., PageMaker
druckt alle Elemente, die z.B. rot sind, auf einem Blatt aus, alle Elemente, die
grün sind, auf einem anderen, getrennt davon, usw. (Befehl »Drucken...«
Option »Volltonfarbauszüge«).

Mit dem Befehl »Farben definieren...« können Sie diese Farben definieren,
indem Sie einen beliebigen Namen wählen und die Komponenten der Farbe
festlegen. Da diese Möglichkeit weder für die Darstellung am Bildschirm noch
für die Herstellung von Volltonfarbauszügen großen Nutzen hat, ist hier ganz
offensichtlich für eine spätere PageMaker-Version geplant worden, die mehr
Kontrollmöglichkeiten für Farbverarbeitung hat.

Zum Definieren von Farben können Sie eines der folgenden Farbsysteme
benützen:

> RGB - Rot, Grün, Blau

> THS - Farbton, Helligkeit, Sättigung

> CMGS - Cyan, Magenta, Gelb, Schwarz

Am einfachsten geben Sie die jeweilige Prozentzahl der Komponenten ein, da
auch an einem Farbbildschirm die Farbe nicht völlig korrekt wiedergegeben
wird.

Wenn Sie den Befehl nach dem Öffnen eines neuen Dokumentes anwählen,
werden in dem auftauchenden Dialogfeld zunächst die sechs von PageMaker
vorgegebenen Farben in einer Liste gezeigt.

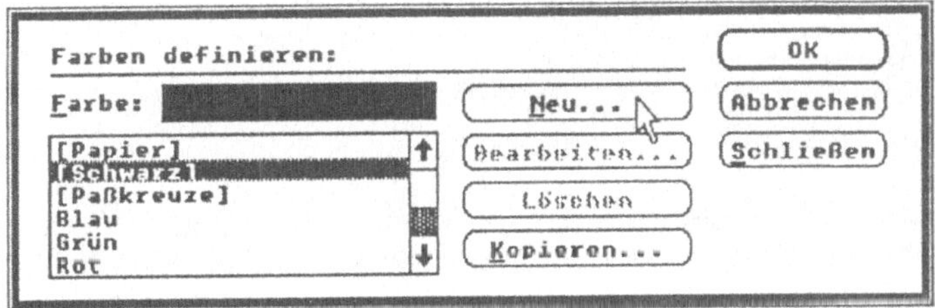

- Die Farbe [Papier] ist als weiß definiert, kann jedoch von Ihnen geändert
  werden.

- Die Farbe [Schwarz] kann nicht geändert werden. Sie wird automatisch als
  Standardvorgabe für jeden Text angewendet. Sie können aber einem Text
  eine andere Farbe zuordnen.

- Die Farbe [Paßkreuze] ist keine eigentliche Farbe. Sie kann auch nicht geändert werden. Sie ist eine Eigenschaft, die Elementen wie eine Farbe zugeordnet werden kann. Sie können diese Eigenschaft Elementen zuordnen, die als Druckhilfe auf jeder Druckform erscheinen sollen, also z.B. Paßkreuze. Alle mit dieser Farbe versehenen Elemente erscheinen beim Drucken eines mehrfarbigen Farbauszuges auf jedem Blatt, unabhängig von der Farbe.

- Blau, Grün und Rot sind Volltonfarben, deren Farbton beliebig definiert werden kann.

Eine Farbe definieren können Sie über die Schalter »Neu...« und »Bearbeiten...«, die Sie im Dialogfeld sehen.

5.8.10.1 Neue Farbe definieren

Wollen Sie eine völlig neue Farbe definieren, klicken Sie auf dem Schalter »Neu...«. Dabei spielt es keine Rolle, welche Farbe in der Liste gerade angewählt ist.

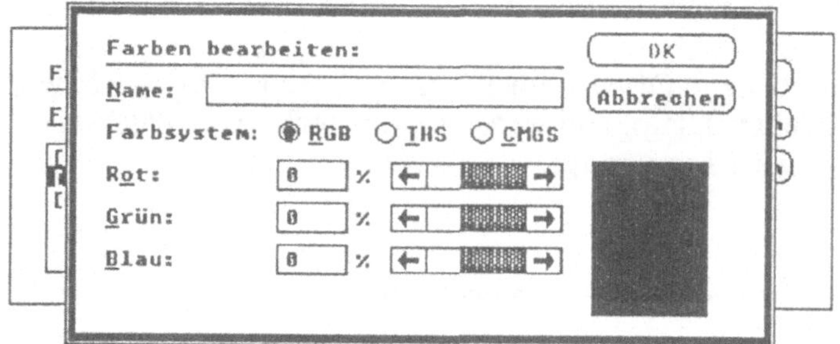

Darauf erscheint ein Dialogfeld, in dem Sie der Farbe einen beliebigen Namen geben können. Dann wählen Sie das Farbsystem. Geben Sie entweder die Zahlenwerte der einzelnen Komponenten der Farbe ein, oder schieben Sie die Regelleisten der Komponenten mit dem Mauspfeil auf den gewünschten Wert. Besitzen Sie einen Farbmonitor, wird in dem Feld neben den Regelleisten der aktuelle Farbwert angezeigt. Klicken Sie den Schalter »OK«, wird die neue Farbe in die Liste der vorhandenen Farben aufgenommen.

5.8.10.2 Eine Farbe bearbeiten

Klicken Sie den Schalter »Bearbeiten...«, werden in dem auftauchenden Dialogfeld die Werte und der Name der gerade markierten Farbe angezeigt.

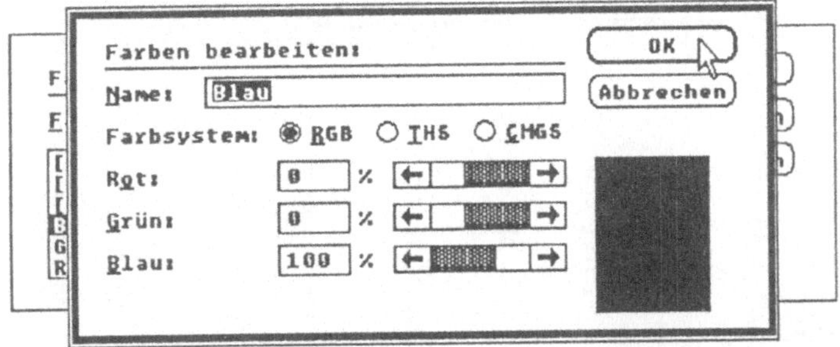

Sie können nun sowohl den Farbnamen ändern als auch die Werte der Farbkomponenten.

Dasselbe Dialogfeld erscheint auch, wenn Sie bei eingeblendeter Farbpalette auf einer Farbe aus der Liste klicken und dabei die Ctrl-Taste drücken. Dieser Befehl ist für die Farben [Schwarz] und [Paßkreuz] nicht verfügbar. Klicken Sie den Schalter »OK«, wird die bearbeitete Farbe in die Liste der vorhandenen Farben aufgenommen. Die alte Definition bzw. der alte Name der Farbe existiert nicht mehr. Dasselbe Dialogfeld erscheint, wenn Sie zweimal auf dem zu bearbeitenden Farbnamen klicken.

Neben den Schaltern »Neu...« und »Bearbeiten...« gibt es noch die Schalter »Löschen« und »Kopieren...«.

5.8.10.3 Eine Farbe löschen

Sie löschen eine markierte Farbe aus der Liste, indem Sie den Schalter »Löschen« anwählen. Daraufhin werden alle Elemente des Dokumentes, die diese Farbe hatten, mit der Farbe [Schwarz] versehen. Sie müssen diesen Befehl in einem Warnfeld nochmals bestätigen.

5.8.10.4 Eine Farbe kopieren

Wollen Sie Farben, die bereits in einem anderen Dokument oder einer Mustervorlage definiert wurden, in Ihr aktuelles Dokument übernehmen, wählen Sie den Schalter »Kopieren...«.

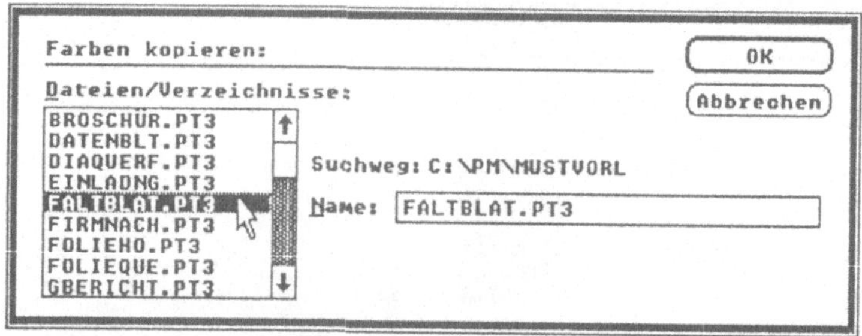

In dem auftauchenden Dialogfeld finden Sie eine Liste aller PageMaker -
Dokumente, aus denen Sie Farben übernehmen können. Wählen Sie das
entsprechende Dokument an. PageMaker kopiert dann die Farben mit Namen
und Definition diese Dokumentes in die Farbpalette Ihres aktuellen
Dokumentes. Befindet sich dort schon eine Farbe mit demselben Namen,
werden Sie gefragt, ob diese Farbe durch die neue gleichnamige Farbe ersetzt
werden soll.

5.8.10.5 Ein Element mit Farbe versehen

Sie können ein Element Ihres Dokumentes mit einer Farbe versehen, indem Sie
es markieren, dann den Befehl »Farben definieren...« aufrufen und die
gewünschte Farbe in der Liste anwählen. Klicken Sie jetzt den Schalter »OK«.

Eine andere, schnellere Methode ist es, die Farbpalette im Arbeitsfenster
einzublenden und den markierten Gegenstand direkt mit einer Farbe aus der
Farbpalette zu versehen. Die Farbpalette ist dann im Arbeitsfenster, wenn Sie
den Befehl »Farbpalette« im Menü »Optionen« angewählt haben.

5.8.11 »Bild nachbearbeiten...«

Mit diesem Befehl können Sie Bitmustergrafiken oder mit einem Scanner
digitalisierte Bilder bearbeiten, nicht dagegen die mit PageMaker gezeichneten,
Formelementegrafiken oder Bilder im EPS-Format.

Im Dialogfeld können Sie folgende Optionen ändern:

5.8.11.1 »Helligkeit:«

Sie können einen Prozentwert eingeben oder mit dem Mauspfeil das Rollbild bewegen.

5.8.11.2 »Kontrast:«

Sie können wiederum einen Prozentwert direkt eingeben oder mit dem Mauspfeil das Rollbild bewegen.

5.8.11.3 »Raster:«

Die Standardvorgabe in PageMaker ist das Punktraster. Alternativ können Sie Linienraster anwählen.

5.8.11.4 »Rasterwinkelung:«

Die Standardvorgabe in PageMaker ist 45 Grad. Dabei wird von einer waagerechten Linie ausgehend im Uhrzeigersinn gemessen. In diesem Winkel erscheinen die Rasterlinien am wenigsten auffällig. Bei mehrfarbigem Druck kann dieser Winkel jedoch nur für eine Farbe beibehalten werden, da sonst unerwünschte Überlagerungen (Moiré-Effekte) auftreten können. Üblicherweise werden die anderen Farben um 60° versetzt.

5.8.11.5 »Rasterweite:«

Die Standardvorgabe in PageMaker ist 53 Linien pro Zoll. Den in Europa üblichen Wert in Linien pro Zentimeter erhalten Sie, wenn Sie den Zollwert durch 2,54 dividieren. Der Standardwert entspricht etwa 21 Linien pro Zentimeter.

5.8.12 »Eckenrundung...«

In dem Dialogfeld können Sie die Eckenrundung von Rechtecken, die Sie mit der Zeichenfunktion von PageMaker gezeichnet haben, ändern.

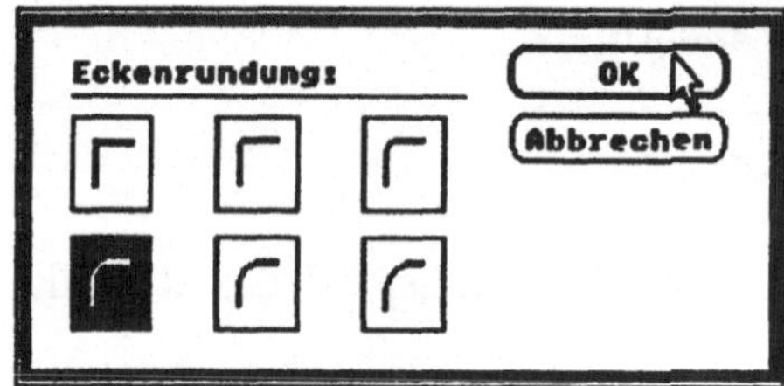

Das zu ändernde Rechteck muß vorher markiert sein. Ist nichts markiert, verändern Sie damit die Standardvorgabe für die Sonderrechteckfunktion.

5.8.13 »Funktionen«

Mit diesem Befehl können Sie das normalerweise in der oberen rechten Ecke gezeigte Funktionenfenster ausblenden. Wählen Sie den Befehl erneut, wird es wieder eingeblendet.

Ist das Funktionenfenster ausgeblendet, können die verschiedenen Funktionen über die Tastatur eingegeben werden. Sie können das Funktionenfenster mit der Maus verschieben, indem Sie es an der Titelleiste an die gewünschte Stelle ziehen.

5.8.14 »Bildlaufleisten«

Mit diesem Befehl können Sie die im rechten und unteren Rand des Arbeitsfensters gezeigten Bildlaufleisten ausblenden. Sind die Leisten ausgeblendet, können Sie die Seite im Arbeitsfenster mit der PageMaker-Hand bewegen. Drücken Sie dazu Alt- und Maustaste.

Gleichzeitig mit den Bildlaufleisten werden auch die Sinnbilder für die Seiten des Dokumentes ausgeblendet. Sie können mit dem Befehl »Seite anzeigen...« im Menü »Seite« blättern, oder Sie drücken Ctrl + Tab bzw. Ctrl + Shift + Tab, um die nächste bzw. die vorausgehende Seite darzustellen.

Wählen Sie den Befehl erneut an, werden Bildlaufleisten und Seitensinnbilder wieder eingeblendet.

5.8.15 »Druckformatliste«   Ctrl + Y

Wählen Sie diesen Befehl, erscheint am rechten oberen Bildrand ein Fenster mit einer Liste der vorhandenen Druckformate.

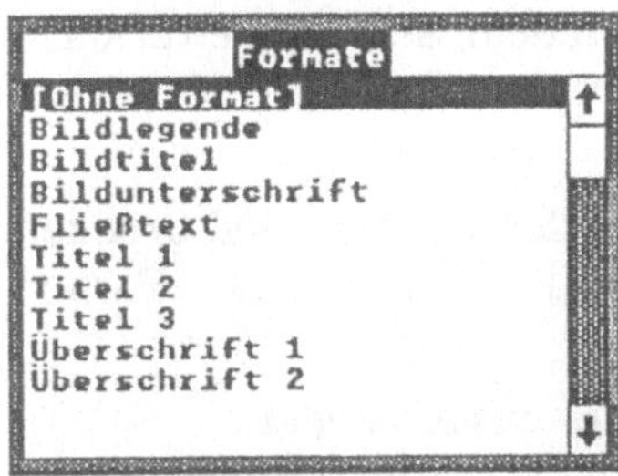

Durch Ziehen des Fensterrandes mit der Maus können Sie die Größe des Fensters verändern. Sie können auch das Fenster mit der Maus verschieben, indem Sie es an der Titelleiste an die gewünschte Stelle des Bildschirms ziehen.

Einen Absatz versehen Sie mit einem Druckformat, indem Sie die Einfügeposition auf den Absatz setzen und das gewünschte Format auf der Liste anklicken. Dann erscheint das Dialogfeld »Druckformate bearbeiten« aus dem Menü »Typographie«.

Wollen Sie ein Druckformat bearbeiten, wählen Sie es auf der Liste an und drücken Sie gleichzeitig die Ctrl-Taste.

Wählen Sie den Befehl erneut an, wird die Liste wieder ausgeblendet.

5.8.16 »Farbpalette«   Ctrl + X

Wählen Sie diesen Befehl, erscheint am rechten oberen Bildrand ein Fenster mit einer Liste der verfügbaren Farben.

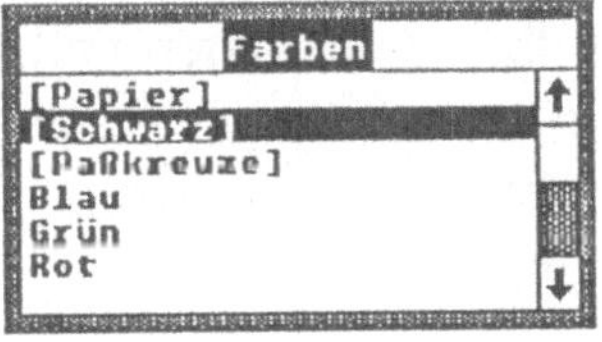

Sie können durch Ziehen des Fensterrandes mit der Maus die Größe des Fensters verändern. Sie können das Fenster mit der Maus verschieben, indem Sie es an der Titelleiste an die gewünschte Stelle des Bildschirms ziehen.

Sie können ein Element mit einer Farbe versehen, indem Sie das betreffende Element (Text oder Bild) markieren und die gewünschte Farbe auf der Liste anklicken.

Wollen Sie eine Farbe bearbeiten, wählen Sie sie auf der Liste an und drücken Sie gleichzeitig die Ctrl-Taste. Darauf erscheint das Dialogfeld »Farben bearbeiten« aus dem Menü »Optionen«.

Wählen Sie den Befehl erneut an, wird die Liste wieder ausgeblendet.

5.9 Menü »Seite«

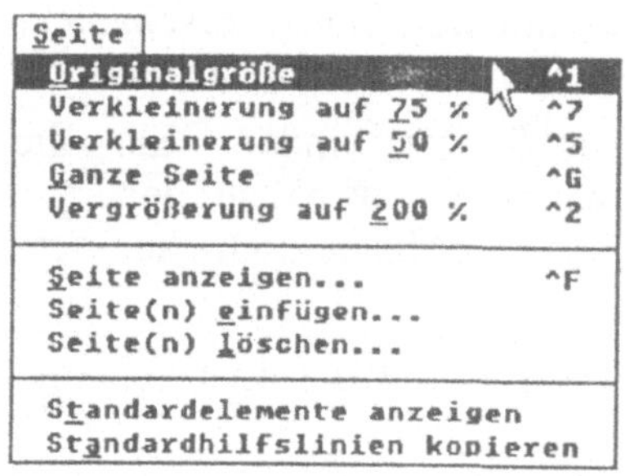

Mit der ersten Gruppe von Befehlen können Sie die Darstellungsgröße der Seite verändern. Selbst wenn Sie einen Ganzseitenbildschirm haben, ist es manchmal sinnvoll, bei präzisen Arbeiten die Ausschnitte der Seite vergrößert darzustellen. Sieben verschiedene Darstellungsgrößen stehen zur Verfügung:

5.9.1 »Originalgröße«   Ctrl + 1

Die Seite wird im Maßstab 1:1 dargestellt, d.h., Teile der Seite passen evtl. nicht auf Ihren Bildschirm.

5.9.2 »Verkleinern auf 75%«   Ctrl + 7

Die Seite wird im entsprechenden Maßstab dargestellt.

5.9.3 »Verkleinern auf 50%«   Ctrl + 5

Die Seite wird im entsprechenden Maßstab dargestellt.

5.9.4 »Ganze Seite«   Ctrl + G

Dabei paßt die gesamte Seite mit einem Teil der Montagefläche auf Ihren Bildschirm, gleichgültig, wie groß dieser ist.

Drücken Sie beim Anwählen dieses Befehls im Menü die Shift-Taste, wird die gesamte Montagefläche (ca. 63 cm x 59 cm) auf Ihrem Bildschirm dargestellt.

5.9.5 »Vergrößerung auf 200%«   Ctrl + 2

Die Seite wird im entsprechenden Maßstab dargestellt.

Drücken Sie bei der Wahl dieses Befehls (im Menü oder über die Tastatur) die Shift-Taste, wird »Vergrößerung auf 400 %« dargestellt.

5.9.6 »Seite anzeigen...«   Ctrl + F

Mit diesem Befehl können Sie in Ihrem Dokument blättern.

Im Dialogfeld können Sie angeben, welche Seite auf dem Bildschirm dargestellt werden soll.

Bei eingeblendeten Bildlaufleisten und Seitensinnbildern erreichen Sie dasselbe schneller durch Anklicken des entsprechenden Seitensinnbildes.

5.9.7 »Seite(n) einfügen...«

Sie können mit diesem Befehl eine oder mehrere Seiten vor oder nach der Seite einfügen, die gerade auf dem Bildschirm ist. Der maximale Seitenumfang eines Dokumentes ist 128 Seiten.

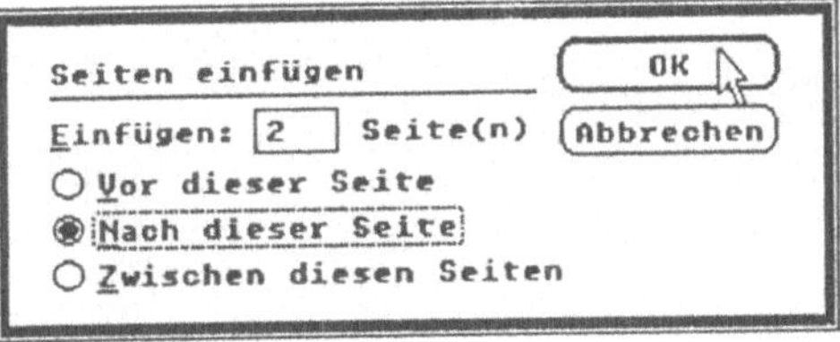

PageMaker numeriert automatisch die Seiten entsprechend um. Fügen Sie in eine zweiseitige Datei eine ungerade Zahl von neuen Seiten ein, werden zwangsläufig die folgenden rechten Seiten zu linken Seiten und umgekehrt. Wenn Bund- und Außenstege unterschiedlich sind, ordnet PageMaker automatisch den Seiteninhalt, also Text und Bilder, neu an.

Wenn Sie eine neue Seite zwischen zwei Seiten einfügen, auf denen sich ein zusammenhängender Textblock befindet, wird der Text nicht automatisch auf die neue Seite gesetzt. Die neue Seite bleibt also leer, automatisch enthält sie lediglich alle Elemente der Standardseite.

Bei zweiseitigen Dokumenten ist zu beachten, daß Seitenelemente wie etwa angeschnittene Bilder, die von der linken Seite auf die rechte Seite reichen, immer auf der (alten) linken Seite liegen bleiben, auch wenn diese durch die Einfügung zu einer rechten Seite wird. Dadurch würde dann das angeschnittene Bild auf die Montagefläche ragen.

Waagerechte Linealhilfslinien werden beim Einfügen einer einzelnen neuen Seite zwischen zwei Doppelseiten automatisch von der alten Doppelseite auf die neue übertragen. Die maximale Anzahl von 40 Linealhilfslinien wird jedoch nicht überschritten.

5.9.8 »Seite(n) löschen...«

Mit diesem Befehl können Sie eine oder mehrere Seiten aus dem Dokument löschen.

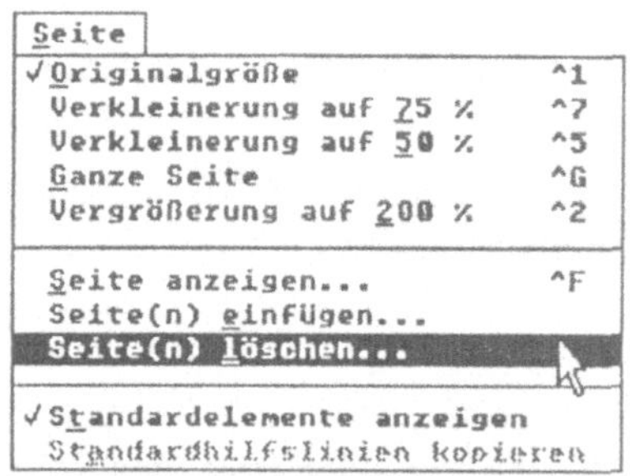

Dabei werden die Seiten komplett mit allen Elementen gelöscht. Sie müssen den Verlust der Seiten nochmals in einem Warnfeld bestätigen:

Nach dem Löschen wird der Text der vorausgehenden Seite automatisch mit dem Text der folgenden Seite verknüpft. Die Seiten werden automatisch neu numeriert. Bei Doppelseiten gelten für das Löschen dieselben Überlegungen wie beim Einfügen einer Seite. Wollen Sie den Inhalt einer Seite, etwa ein Bild, für die Weiterverwendung retten, ziehen Sie es vor dem Löschen der betreffenden Seite einfach auf die Montagefläche. Von dort können Sie es auf jede beliebige andere Seite ziehen. Da PageMaker auch leere Seiten ausdruckt, müssen Sie jede Seite löschen, die nicht gedruckt werden soll.

5.9.9 »Standardelemente anzeigen«

Alle Elemente der Standardseiten werden automatisch auf den entsprechenden normalen Seiten gezeigt. Mit diesem Befehl können Sie die druckenden Elemente der Standardseite auf der gerade dargestellten normalen Seite ausblenden, z.B. eine Seitenzahl. Nichtdruckende Hilfslinien der Standardseite werden aber nach wie vor auf der Normalseite dargestellt. Der Befehl bezieht sich nur auf die momentan dargestellte Seite.

Es werden alle druckenden Elemente gleichzeitig ausgeblendet. Notfalls müssen Sie ein gewünschtes Element neu auf die Normalseite placieren. Wollen Sie nur ein einziges Standardelement von mehreren ausblenden, ist es am besten, dieses Element mit einer weißen randlosen Fläche zu überdecken, die beim Ausdrucken dann nicht gesehen wird.

Durch erneutes Anwählen des Befehls werden die Standardelemente wieder eingeblendet.

5.9.10 »Standardhilfslinien kopieren«

Sie können auf einer Normalseite die Hilfslinien der Standardseite verschieben, wenn im Menü »Optionen« der Befehl »Hilfslinien festsetzen« nicht angewählt ist. Eine solche Verschiebung betrifft nur die gerade dargestellte Seite. Wollen Sie eine solche Verschiebung wieder rückgängig machen, können Sie mit diesem Befehl die ursprüngliche Position der Standardhilfslinien wieder herstellen.

5.10 Menü »Typographie«

Mit den Befehlen dieses Menüs können Sie die optische Erscheinung des Textes in Ihrem Dokument beeinflussen. Näheres zu Typographie und zur Terminologie finden Sie im Kapitel 10 weiter unten.

- Wählen Sie die Befehle an, solange mit dem Editor Text markiert ist oder Sie eine Einfügeposition hergestellt haben, beziehen sich die Änderungen lediglich auf diesen Text.

* Ist dagegen kein Text markiert und auch keine Einfügeposition vorhanden, wird der gewählte Befehl zur Standardvorgabe für alle mit dem Editor geschriebenen Texte. Dasselbe gilt, wenn Sie einen dieser Befehle mit der Zeigefunktion anwählen und erst später in den Editor umschalten.

* Sie können beliebig viele dieser Merkmale gleichzeitig angewählt haben, müssen jedoch jedes einzeln im Menü anwählen. Jeder Befehl kann durch erneutes Anwählen wieder ungültig gemacht werden.

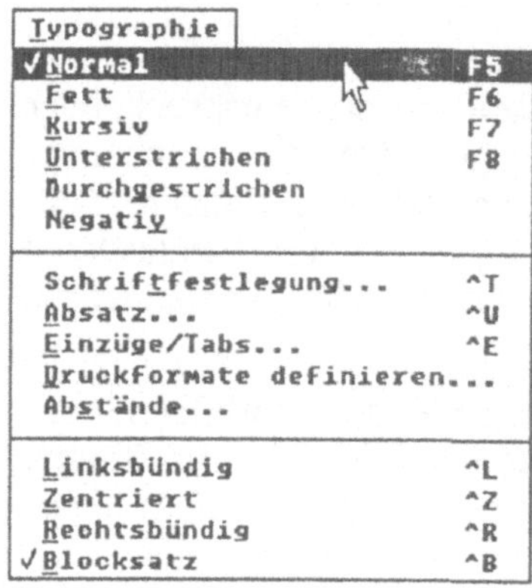

5.10.1 »Normal«   F5

Ist dieser Befehl angewählt, werden die anderen Befehle in diesem Menü, die den Schriftschnitt bestimmen, automatisch abgewählt.

5.10.2 »Fett«   F6

Ist dieser Befehl angewählt, wird mit dem Editor markierter Text fett dargestellt. Wird der Befehl angewählt, wenn Sie sich in der Zeigefunktion befinden, wird diese Option zur Standardvorgabe für neuen Text, den Sie im Editor schreiben. Andere Schriftschnittoptionen können gleichzeitig angewählt sein.

5.10.3 »Kursiv«   F7

Ist dieser Befehl angewählt, wird mit dem Editor markierter Text kursiv dargestellt. Wird der Befehl angewählt, wenn Sie sich in der Zeigefunktion befinden, wird diese Option zur Standardvorgabe für neuen Text, den Sie im Editor schreiben. Andere Schriftschnittoptionen können gleichzeitig angewählt sein.

5.10.4 »Unterstrichen«   **F8**

Ist dieser Befehl angewählt, wird mit dem Editor markierter Text unterstrichen
dargestellt. Wird der Befehl angewählt, wenn Sie sich in der Zeigefunktion
befinden, wird diese Option zur Standardvorgabe für neuen Text, den Sie im
Editor schreiben. Andere Schriftschnittoptionen können gleichzeitig angewählt
sein.

5.10.5 »Durchgestrichen«

Ist dieser Befehl angewählt, wird mit dem Editor markierter Text
durchgestrichen dargestellt. Wird der Befehl angewählt, wenn Sie sich in der
Zeigefunktion befinden, wird diese Option zur Standardvorgabe für neuen
Text, den Sie im Editor schreiben. Andere Schriftschnittoptionen können
gleichzeitig angewählt sein.

5.10.6 »Negativ«

Ist das Merkmal »Negativ« angewählt, wird mit dem Editor markierter Text in
der Farbe [Papier] geschrieben. Er wird erst auf einem andersfarbigen
Untergrund sichtbar. Wird der Befehl angewählt, wenn Sie sich in der
Zeigefunktion befinden, wird diese Option zur Standardvorgabe für neuen
Text, den Sie im Editor schreiben. Andere Schriftschnittoptionen können
gleichzeitig angewählt sein.

5.10.7 »Schriftfestlegung...«   **Ctrl + T**

In diesem Dialogfeld können Sie nicht nur die Schriftart, Schriftgrad und
Zeilenabstand (Durchschuß) bestimmen, sondern auch den Schriftschnitt, die
Zeichenlage und die Buchstabenart. Der angeschlossene Reindrucker bestimmt,
was für Schriftarten und Schriftgrade Ihnen zur Verfügung stehen. Diese
Merkmale können Sie auch in einer beliebigen Kombination in einem
Druckformat zusammenfassen und mit einem frei wählbaren Namen versehen.

Wie üblich, beziehen sich die Merkmale auf gerade markierten Text. Ist nichts
markiert, wird diese Einstellung zur Standardeingabe für alle mit dem Editor
geschriebenen Texte. Zu den verwendeten typographischen Begriffen lesen Sie
bitte auch das Kapitel 10 weiter unten.

Im einzelnen können Sie folgende Merkmale festlegen:

5.10.7.1 »Schriftart und Schriftgrad«

Je nach gewähltem Drucker haben Sie verschiedene Schriftarten und -grade zur
Verfügung.

5.10.7.2 »Zeilenabstand«

Hier können Sie den gewünschten Durchschuß in Point angeben.

5.10.7.3 »Autom. Zeilenabstand«

Ist diese Option angewählt, wird ein Durchschuß proportional zum gewählten
Schriftgrad verwendet. Die Standardvorgabe ist 120% des Schriftgrades.
Diesen Wert können Sie mit dem Befehl »Abstände« im Menü »Typographie«
ändern.

5.10.7.4 »Schriftschnitt:«

Es gibt die Möglichkeiten »Normal«, Fett«, »Kursiv«, »Unterstrichen«,
»Durchgestrichen« und »Negativ«. Diese Eigenschaften können auch direkt im
Menü »Typographie« angewählt werden.

5.10.7.5 »Zeichenlage:«

Sie haben die Wahl zwischen »Normal«, »Hochgestellt« und »Tiefgestellt«.

»Buchstabenart:«

Sie haben die Wahl zwischen »Normal«, »Großbuchstaben« und »Kapitälchen«.

5.10.8 »Absatz...«   Ctrl + U

In diesem Dialogfeld können Sie das Aussehen der Absätze in Ihrem Dokument
bestimmen.

```
Absatzformat:                                          OK

Silbentrennung:  ☒ Autom.  ☐ Mit Bestätigung     (Abbrechen)

Ausgleich:  ☒ Autom. bei mehr als [12    ] Point

Ausrichtung:  ○ Links  ○ Rechts  ○ Zentriert  ◉ Blocksatz

Einzüge:                          Abstand:

  Links          [0      ] mm      Oben    [0      ] mm

  Erste Zeile    [5      ] mm      Unten   [0      ] mm

  Rechts         [0      ] mm
```

5.10.8.1 »Silbentrennung: Autom./ Mit Bestätigung«

Für einen guten Umbruch ist es notwendig, daß am Zeilenende Wörter getrennt
werden. PageMaker hat eine eingebaute Silbentrennung, die im allgemeinen gut
funktioniert. Wählen Sie die Option »Autom.« an, trennt PageMaker selbsttätig
die Wörter, die er in seinem Lexikon findet. Ist die Option »Mit Bestätigung«
angewählt und ein Abschnitt markiert, zeigt Ihnen PageMaker das zu trennende
Wort und wartet auf eine Eingabe von Ihnen. Sie können eine Trennstelle mit
der Maus anklicken und auch die Schreibweise des Wortes korrigieren, ehe Sie
»Weiter« anklicken. Haben Sie beide Optionen angewählt, können Sie ein Wort
auch noch zusätzlich in das Benutzerwörterbuch von PageMaker aufnehmen.
Das Benutzerwörterbuch kann bis zu 1300 Wörter enthalten. Wie Sie das
Benutzerwörterbuch direkt bearbeiten, können Sie im Kapitel *7.5.12
Erweiterung des Benutzerwörterbuchs* nachlesen.

5.10.8.2 »Ausgleich: Autom. bei mehr als...Point«

Ist diese Option angewählt, ist die automatische Unterschneidung aktiv. Damit können Sie den Abstand zwischen bestimmten Buchstabenpaaren beeinflussen, um ein geschlosseneres Schriftbild zu erreichen. Welche Buchstabenpaare ausgeglichen werden können, hängt von der verwendeten Schrift ab und kann von Ihnen nicht geändert werden.

Da das Anwählen dieser Option die Arbeit mit PageMaker stark verlangsamt, empfiehlt es sich, nur ab einer bestimmten Schriftgröße auszugleichen. Standardvorgabe ist 12 Point, bei kleineren Schriftgrößen ist die Wirkung der Unterschneidung kaum erkennbar.

Ist die Option abgewählt, müssen Sie manuell unterschneiden. Sie rücken ein Buchstabenpaar zusammen, indem Sie im Editor an der Einfügestelle zwischen den betreffenden Buchstaben gleichzeitig die Ctrl-Taste und die Backspace-Taste drücken. Lesen Sie zur Unterschneidung auch das Kapitel 10.2.5 weiter unten.

5.10.8.3 »Ausrichtung:«

Durch Wählen der betreffenden Option können Sie den Absatz links, rechts, zentriert oder im Blocksatz ausrichten.

5.10.8.4 »Einzüge:«

Die Maßeinheit der Einzüge bestimmen Sie im Menü »Bearbeiten« im Dialogfeld »Vorgaben wählen«.

Einen hängenden Einzug stellen Sie her, indem Sie im Feld »Einzüge Links« einen positiven Wert eingeben, im Feld »Einzüge Erste Zeile« einen negativen Wert eintragen.

5.10.8.5 »Abstand:«

Hier geben Sie den Abstandswert ein, den die Absätze untereinander haben sollen. Wie üblich, beziehen sich die Merkmale auf gerade markierten Text. Ist nichts markiert, wird diese Einstellung zur Standardeingabe für alle mit dem Editor geschriebenen Texte. Diese Merkmale können Sie in einer beliebigen Kombination in einem Druckformat zusammenfassen und mit einem frei wählbaren Namen versehen.

5.10.9 »Einzüge/Tabs...«   Ctrl + E

Mit diesem Befehl werden Tabstops festgelegt. Bis zu 20 Stück können definiert werden.

Im Dialogfeld sehen Sie ein Lineal, das mit der von Ihnen gewählten Maßeinheit dargestellt wird. In den Optionen darüber legen Sie zunächst die Ausrichtung der Tabstops fest. Die Option »Komma« wählen Sie z.B. für Preistabellen, bei denen die Dezimalstellen immer genau untereinander stehen sollen. Als Füllzeichen wählen Sie entweder eine der vorgeschlagenen Optionen, oder Sie setzen ein beliebiges Zeichen ein.

5.10.9.1 Verändern der Einzüge

Auf dem Lineal sehen Sie kleine Marken. Die beiden Dreiecke links beziehen sich auf den linken Rand des Absatzes sowie den Einzug der ersten Zeile. Indem Sie diese Marken mit der Maus nach links oder rechts ziehen und dann »OK« anwählen, verändern Sie die Einzüge eines markierten Absatzes. Sie können auf dem Lineal und in dem Ziffernfeld genau ablesen, wohin Sie die Einzüge gesetzt haben.

5.10.9.2 Verändern der Tabstops

Als Standardvorgabe ist alle 10 mm ein linksgerichteter Tabstop gesetzt. Die Ausrichtung ist erkenntlich an der Richtung des Fähnchens: Nach links bedeutet rechtsbündige Ausrichtung, nach rechts dagegen linksbündige Ausrichtung. Ohne Fähnchen ist der Tabstop zentriert, und die Option »Komma« ist ebenfalls durch ein nach rechts weisendes Fähnchen gekennzeichnet, das leider nur eine Spur dicker ist als das des linksbündigen Tabstops.

Durch einfaches Ziehen eines der Pfeile können Sie die Position des Stops verändern. Wollen Sie völlig neue Tabstops festlegen, wählen Sie zuerst die Option »Löschen«, bestimmen dann die Ausrichtung und das Füllzeichen des ersten Tabstops und klicken anschließend einfach auf die entsprechende Stelle des Lineals. Die Position des Tabstops wird in dem Zahlenfeld angezeigt und kann durch Verschieben korrigiert werden.

Wie üblich, beziehen sich die Merkmale auf gerade markierten Text. Ist nichts markiert, wird diese Einstellung zur Standardeingabe für alle mit dem Editor geschriebenen Texte. Diese Merkmale können Sie ebenfalls in einer beliebigen Kombination in einem Druckformat zusammenfassen und mit einem frei wählbaren Namen versehen.

5.10.10 »Druckformate definieren...«

Druckformate sind eines der wirkungsvollsten Arbeitsmittel von PageMaker. Ein Druckformat ist eine Sammlung von verschiedenen Merkmalen von Schriftart, Ausrichtung und Farbe, die zusammengefaßt und mit einem Namen versehen worden ist. Durch einfaches Zuordnen dieses Namens zu einem Textabschnitt erhält dieser Text alle vom Druckformat definierten Eigenschaften.

Im Dialogfeld können Sie ein neues Druckformat definieren, ein existierendes bearbeiten oder löschen und Druckformate aus anderen PageMaker-Dokumenten übernehmen. Wählen Sie den Befehl von einem frisch geöffneten Dokument an, sehen Sie das folgende Dialogfeld:

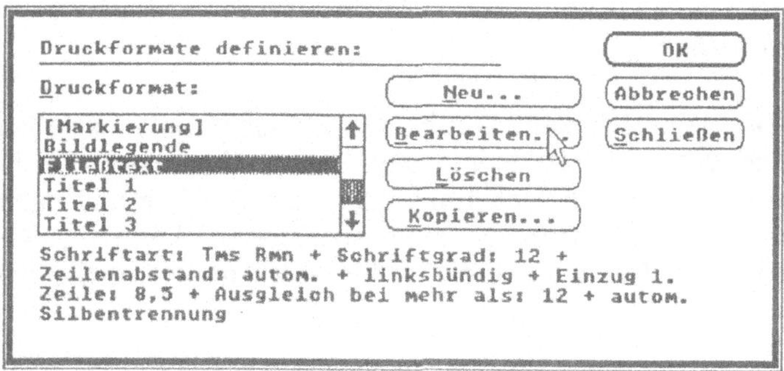

Wählen Sie z.B. das Format »Fließtext« mit der Maus an, sehen Sie am unteren Rand des Dialogfeldes die definierenden Merkmale aufgelistet.

Die vier Schaltflächen »Schrift...«, »Absatz...«, »Tabs...« und »Farbe...« führen Sie in weitere Dialogfelder, in denen Sie die neuen Merkmale für Ihr Format festlegen können.

Wollen Sie ein neues Format lediglich in die Liste aufnehmen und nicht sofort auf einen Textabschnitt anwenden, wählen Sie in diesem Dialogfeld statt »OK« die Option »Schließen«.

Klicken Sie »OK«, ohne daß Text markiert ist bzw. ohne daß sich die Einfügemarke in einem Textblock befindet, wird das neu definierte Format zur Standardvorgabe.

Klicken Sie »OK«, wenn Text markiert ist bzw. wenn sich die Einfügemarke in einem Textblock befindet, wird das neu definierte Format auf diesen Textabschnitt angewendet.

Wollen Sie abbrechen und Ihre Druckformatvorlage unverändert lassen, können Sie jederzeit die Option »Abbrechen« wählen.

Wollen Sie ein existierendes Druckformat verändern, wählen Sie den Schalter »Bearbeiten« an.

5.10.10.1 »Bearbeiten...«

Ein neues Dialogfeld erscheint. Je nachdem, welches Merkmal Sie ändern wollen, wählen Sie entweder die Option »Schrift...«, »Absatz...«, »Tabs...«, oder »Farbe...« an.

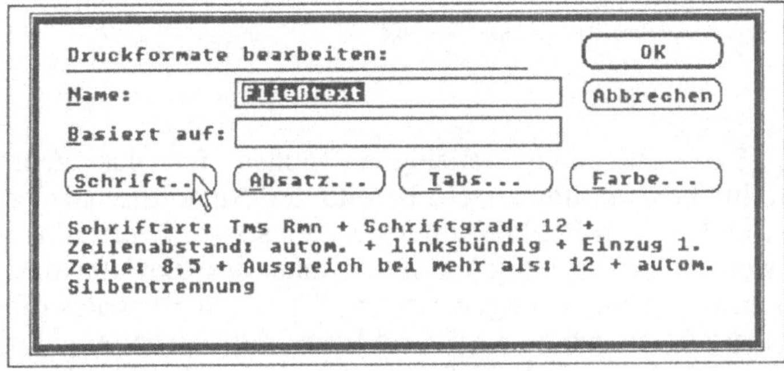

Sie können dieses Dialogfeld auch direkt vom Arbeitsfenster unter Umgehung des Menüs »Typographie« anwählen. Dazu muß das Druckformatfenster im Arbeitsfenster eingeblendet sein (Befehl »Druckformatliste« im Menü »Optionen«). Wählen Sie das zu bearbeitende Druckformat bei gedrückter Ctrl-Taste im Druckformatfenster an. Das Dialogfeld erscheint.

Wählen Sie »Schrift...«, erscheint das Dialogfeld »Schriftfestlegung«. Wählen Sie »Absatz...«, erscheint das Dialogfeld »Absatzformat«. Wählen Sie »Tabs...«, erscheint das Dialogfeld »Einzüge/Tabs«. Alle diese Dialogfelder können auch direkt über das Menü »Typographie« angewählt werden, beziehen sich aber dann, wenn sie direkt angewählt werden, lediglich auf gerade markierten Text. Wählen Sie »Farbe...«, erscheint das Dialogfeld »Farben definieren«. Dieses Dialogfeld kann auch direkt über das Menü »Optionen« angewählt werden, bezieht sich dann aber ebenfalls nur auf gerade markierten Text.

5.10.10.2 »Neu...«

Wollen Sie ein neues Druckformat anlegen, das aber z.B. in wesentlichen
Eigenschaften einem anderen, bereits festgelegten Druckformat entspricht,
markieren Sie zunächst auf der Druckformatliste dieses Basisdruckformat.
Dann wählen Sie den Schalter »Neu« an.

```
Druckformate bearbeiten:                    (    OK    )

Name:            [|                    ]    (Abbrechen)

Basiert auf: [Absatz normal          ]

(Schrift...)  (Absatz...)  (Tabs...)  (Farbe...)

Absatz normal
```

Im Dialogfeld können Sie nun einen beliebigen Namen für das neue
Tochterformat eingeben. Im Feld darunter steht bereits der Name des vorher
markierten Basisformats, und in dem Feld darunter, in dem sonst die einzelnen
Eigenschaften gelistet werden, wird lediglich der Name des Basisformats
angegeben. Sie können nun wie beim Festlegen eines völlig neuen Formates die
entsprechenden Eigenschaften eingeben. Alle anderen Eigenschaften des
Tochterformats werden unverändert vom Basisformat übernommen, Sie müssen
also nicht mehr alles neu definieren.

Jedes Tochterformat bleibt mit seinem Basisformat nach wie vor verbunden.
Wenn Sie nachträglich eine Eigenschaft des Basisformats ändern, wird dieselbe
Änderung auch in allen Tochterformaten durchgeführt. Wollen Sie diese
Verknüpfung vermeiden, müssen Sie, nachdem das Tochterformat vollständig
definiert ist, den Namen des Basisformats im Dialogfeld »Druckformate
bearbeiten:« im Eingabefeld »Basiert auf:« löschen. Dadurch werden unten im
Dialogfeld alle Schriftmerkmale einzeln aufgelistet, und die Verbindung zum
Basisformat wird aufgehoben.

Sie können auch die Merkmale eines bereits existierenden Textabschnittes, der
nicht mit einem Druckformat formatiert wurde, in die Druckformatliste
aufnehmen und mit einem Namen versehen. Dazu markieren Sie den
betreffenden Absatz mit dem Editor und wählen im Dialogfeld »Druckformate
definieren« das Format [Markierung] an. Wählen Sie nun den Schalter »Neu« an
und geben dem Format einen Namen.

5.10.10.3 »Löschen«

Das Anwählen dieses Schalters löscht ein markiertes Druckformat ohne weitere Warnung.

5.10.10.4 »Kopieren...«

Im auftauchenden Dialogfeld können Sie die PageMaker-Datei auswählen, von der Sie die Druckformatvorlage kopieren möchten.

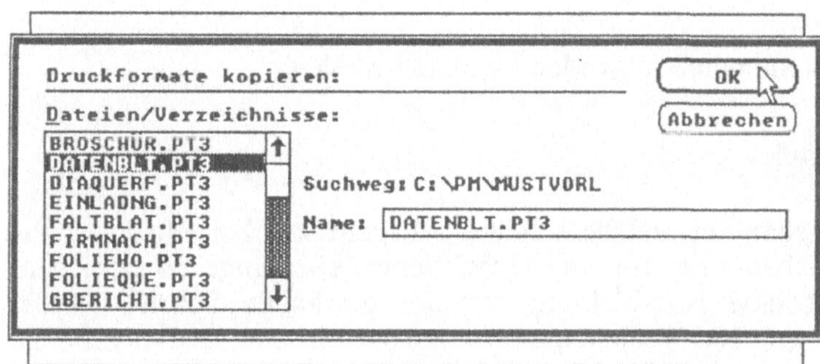

Existiert in Ihrem aktuellen Dokument ein Druckformat gleichen Namens, wird es ohne Warnung durch das neue Druckformat ersetzt.

5.10.11 »Abstände...«

Dieser Befehl betrifft Zeichen- und Wortabstände in einem Text. Außerdem können Sie die Standardvorgaben für den automatischen Zeilenabstand und die Silbentrennzone eingeben. Die Angabe ist in Prozenten einzugeben, was etwas verwirrend ist, weil nicht immer klar ist, wovon dieser Prozentwert gerechnet wird.

Lediglich die Silbentrennzone wird in der von Ihnen in dem Dialogfeld »Vorgaben wählen...« (Menü »Bearbeiten«) festgelegten Einheit gemessen. Da Werte und Ergebnisse sehr stark von den verwendeten Schriftarten und Schriftgrößen abhängen, ist hier ein wenig Experimentieren unerläßlich, um ein wirklich optimiertes Ergebnis zu erzielen. Im Normalfall allerdings genügt das automatisch mit den Standardvorgaben von PageMaker erzielte Ergebnis den meisten Ansprüchen.

Wort- und Zeichenabstand bestimmen, wieviel Worte bei Blocksatz auf eine Zeile von gegebener Länge passen, und damit auch, wo von PageMaker getrennt wird, falls die automatische Trennfunktion eingeschaltet ist.

```
Abstände:                                                    (   OK   )
Wortabstand:              Zeichenabstand:               (Abbrechen)
  Minimum:   [50 ] %        Minimum:   [0  ] %
  Erwünscht: [100] %        Erwünscht: [0  ] %
  Maximum:   [200] %        Maximum:   [25 ] %
Silbentrennzone:   [12     ] mm
Autom. Zeilenabstand: [120 ] % des Schriftgrads
Zeilenabstand:   ● Absolut   ○ Relativ
```

Im Dialogfeld können Sie unter folgenden Optionen wählen:

5.10.11.1 »Wortabstand:«

Hier können Sie angeben, in welchem Bereich PageMaker bei Blocksatz die
Wortabstände ausgleichen soll, um eine einheitliche Zeilenlänge zu erreichen.
Der absolute Wortabstand ist abhängig von der gewählten Schrift. Dieser
Normalabstand wird mit 100% gleichgesetzt und ist als Standardvorgabe im
Feld »Erwünscht:« eingetragen. Sie können diesen Wert aber auch ändern. Der
Wert für »Minimum:« ist mit 50% vorgegeben und muß immer kleiner oder
höchstens gleich sein wie der Wert für »Erwünscht:«. Der Maximalwert für
»Minimum:« ist 500%, Sie müssen also gegebenenfalls auch den Wert für
»Erwünscht:« erhöhen. Der Maximalwert für »Maximum:« ist ebenfalls 500%,
er muß größer oder gleich dem Wert für »Erwünscht:« sein.

5.10.11.2 »Zeichenabstand«

Ähnliches gilt für den Zeichenabstand. Auch er ist von der Schriftart abhängig,
wobei diesmal der Normalwert (»Erwünscht:«) mit 0% vorgegeben ist. Auch
dieser Wert kann geändert werden, wobei darauf zu achten ist, das er immer
kleiner oder gleich dem Wert für »Minimum:« ist. Der Maximalwert für
»Minimum:« ist diesmal 200%. Der Maximalwert für »Maximum:« ist ebenfalls
200%, und er muß immer größer oder gleich dem Wert für »Erwünscht:« sein.

5.10.11.3 »Silbentrennzone«

Damit wird der rechte Rand bei Flattersatz beeinflußt: je größer die
Silbentrennzone ist, desto unausgeglichener wird der rechte Rand. Wenn das
letzte Wort nicht mehr ganz in die Zeile passt, trennt PageMaker bei
eingeschalteter Silbentrennfunktion dieses Wort so, daß der Bindestrich in der

Silbentrennzone liegt. Ist dies nicht möglich, wird das Wort auf die nächste Zeile gestellt.

5.10.11.4 »Autom. Zeilenabstand: ...% des Schriftgrads«

Hier legen Sie fest, wieviel Prozent der Schriftgröße der Zeilenabstand (Durchschuß) zu sein hat, wenn bei der Wahl des Durchschusses im Dialogfeld »Schriftfestlegung:« im Menü »Typographie« die Option »Autom. Zeilenabstand« gewählt wird. Die Standardvorgabe, 120%, liefert gute Ergebnisse.

5.10.11.5 »Zeilenabstand: Absolut/ Relativ«

Hier wird zwischen zwei verschiedenen Methoden gewählt, den Zeilenabstand zu messen.

Die Standardvorgabe ist »Absolut«, was bedeutet, daß bei der Berechnung des Zeilenabstandes zwei Drittel des Abstandes oberhalb der Schriftlinie liegen, ein Drittel darunter. Bei Schriftartenwechsel auf derselben Zeile erhält man dadurch ein ruhigeres Schriftbild.

Die Option »Relativ« gibt es deshalb, weil in früheren PageMaker-Versionen damit gearbeitet wurde. Verwenden Sie sie nur, wenn Sie eine Datei bearbeiten, die mit der PageMaker-Version 1.0a für PC und 1.2 und 2.0a für Macintosh erstellt wurde.

5.10.12 »Linksbündig«   Ctrl + L

Dieser Befehl richtet einen mit dem Editor markierten Absatz am linken Rand des Textblockes aus. Der Befehl bezieht sich immer auf einen ganzen Absatz. Ist nichts markiert, wird diese Einstellung zur Standardeingabe für alle mit dem Editor geschriebenen Texte.

Durch erneutes Anwählen des Befehls wird er wieder abgewählt.

5.10.13 »Zentriert«   Ctrl + Z

Dieser Befehl richtet einen mit dem Editor markierten Absatz zentrisch innerhalb des Textblockes aus. Sie können die Breite des Textblockes erkennen, wenn er markiert ist. Die Breite der Seite spielt dabei keine Rolle. Der Befehl bezieht sich immer auf einen ganzen Absatz. Ist nichts markiert, wird diese Einstellung zur Standardeingabe für alle mit dem Editor geschriebenen Texte.

Durch erneutes Anwählen des Befehls wird er wieder abgewählt.

5.10.14 »Rechtsbündig«   Ctrl + R

Dieser Befehl richtet einen mit dem Editor markierten Absatz am rechten Rand des Textblockes aus. Sie können die Breite des Textblockes erkennen, wenn er markiert ist. Die Breite der Seite spielt dabei keine Rolle. Der Befehl bezieht sich immer auf einen ganzen Absatz. Ist nichts markiert, wird diese Einstellung zur Standardeingabe für alle mit dem Editor geschriebenen Texte.

Durch erneutes Anwählen des Befehls wird er wieder abgewählt.

5.10.15 »Blocksatz«   Ctrl + B

Dieser Befehl richtet einen mit dem Editor markierten Absatz auf die ganze Breite des Textblockes aus. Sie können die Breite des Textblockes erkennen, wenn er markiert ist. Die Breite der Seite spielt dabei keine Rolle. Der Befehl bezieht sich immer auf einen ganzen Absatz. Ist nichts markiert, wird diese Einstellung zur Standardeingabe für alle mit dem Editor geschriebenen Texte.

Durch erneutes Anwählen eines dieser Befehle wird er wieder abgewählt.

5.11 Menü »Linien«

In diesem Menü finden Sie eine Liste mit allen Linienstärken und Ausführungen, die Ihnen für die Zeichenfunktionen von PageMaker zur Verfügung stehen.

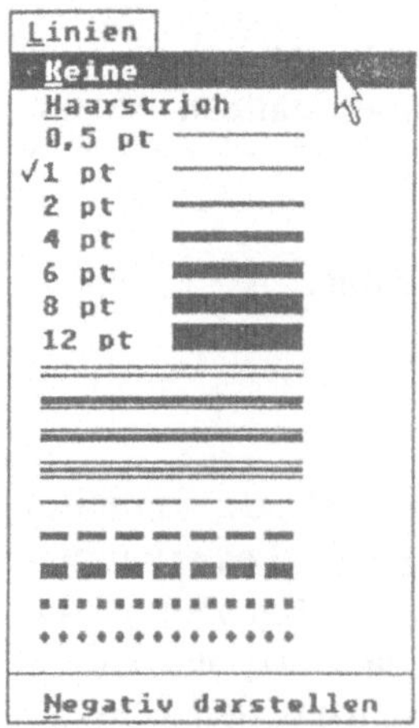

Sie können eine bereits gezeichnete Linie (oder auch ein Rechteck bzw. einen Kreis) nachträglich mit einem der Linienformate versehen, indem Sie die Linie markieren und dann das entsprechende Format anwählen.

Wählen Sie ein Linienformat, ohne daß eine Linienzeichnung markiert ist, wird dieses Format zur Standardvorgabe. Ist eine Linie markiert, bezieht sich das gewählte Format nur auf die markierte Linie.

5.11.1 »Keine«

Durch dieses Format können Sie unsichtbare Linien zeichnen. Sinnvoll ist das, wenn Sie ein Formelement ohne eine Begrenzungslinie zeichnen wollen. Ein Formelement ist ein mit einer bestimmten Flächenausführung, etwa einem Raster, gefüllter Kreis oder ein Rechteck.

5.11.2 Verschiedene Stärken und Ausführungen

Am besten drucken Sie sich ein Musterblatt mit allen Linienformaten aus, um zu sehen, wie Ihr Drucker die verschiedenen Muster behandelt. Es kann bei jedem Element immer nur ein Linienformat zu einer gegebenen Zeit angewählt sein.

5.11.3 »Negativ darstellen«

Ist dieser Befehl angewählt, werden dunkle Linien hell und helle Linien dunkel gedruckt. Interessant ist das bei Doppellinien oder unterbrochenen Linien. Durch erneutes Anwählen wird der Befehl aufgehoben.

5.12 Menü »Flächen«

Ähnlich wie im Menü »Linien« finden Sie in diesem Menü eine Liste mit allen Flächenausführungen, die Ihnen für die Zeichenfunktionen von PageMaker zur Verfügung stehen.

Eine Fläche ist von einem geschlossenen Rahmen (Kreis oder Rechteck) umgeben und immer mit einer bestimmten Flächenausführung gefüllt. Eine Fläche ist undurchsichtig, d.h., sie verdeckt darunterliegende Elemente. Der Rahmen kann eine bestimmte Linienausführung haben, die nicht mit der Flächenausführung identisch zu sein braucht.

Sie können eine bereits existierende Fläche nachträglich mit einer anderen Flächenausführung versehen, indem Sie den Rahmen markieren und dann im Menü »Flächen« die entsprechende Ausführung anwählen.

Wählen Sie eine Flächenausführung, ohne daß eine Fläche markiert ist, wird diese zur Standardvorgabe.

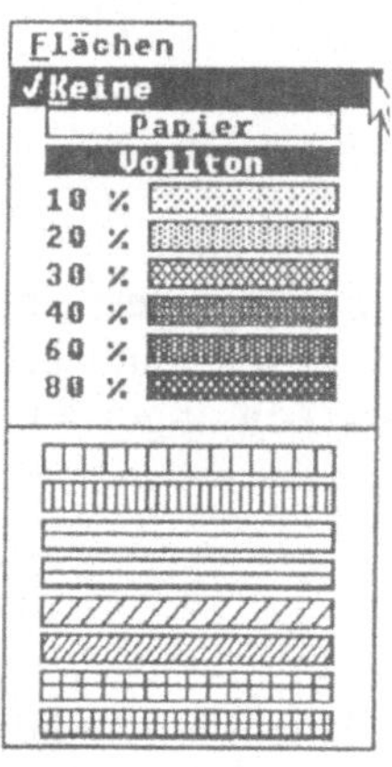

Wählen Sie eine Flächenausführung, während eine Fläche markiert ist, bezieht sich diese nur auf die angewählte Fläche.

Als Flächenfüllmittel haben Sie verschiedene Ausführungen zur Auswahl:

5.12.1 »Keine:«

Dann handelt es sich nicht um eine Fläche, sondern lediglich um einen Rahmen. Ein Rahmen ist durchsichtig, d.h., er verdeckt keine darunterliegenden Elemente.

5.12.2 »Papier«

Ist eine Fläche mit dieser Ausführung versehen, unterscheidet sie sich zunächst kaum von einem ungefüllten Rahmen. Eine papierfarbene Fläche überdeckt aber alles, was unter ihr liegt, während ein Rahmen durchsichtig ist. Sie können eine Fläche in den Vordergrund stellen, indem Sie sie markieren und den Befehl »Nach vorne stellen« im Menü »Bearbeiten« wählen.

Wählen Sie bei einer papierfarbenen Fläche als Linienmuster »keine«, haben Sie eine unsichtbare Fläche.

Wenn Sie vermuten, daß sich auf Ihrer Seite eine unsichtbare Fläche befindet, wählen Sie den Befehl »Alles markieren« aus dem Menü »Bearbeiten«. Dann sehen Sie genau, was auf Ihrer Seite ist, da auch unsichtbare Flächen durch die Anfasser erkennbar werden.

5.12.3 »Vollton« und andere Ausführungen

Sie können außerdem einer Fläche einen Vollton oder ein Raster in verschiedenen Abstufungen zuordnen.

Schließlich gibt es noch Schraffierungen und einige andere Flächenmuster.

Eine Fläche kann immer nur mit einem einzigen Muster versehen werden.

5.13 Menü »Hilfe«

In diesem Menü stehen Ihnen zwei Befehle zur Verfügung.

5.13.1 »Hilfe-Rubriken...«   F1

Im Dialogfeld finden Sie eine Liste, auf der Sie verschiedene Rubriken anwählen können.

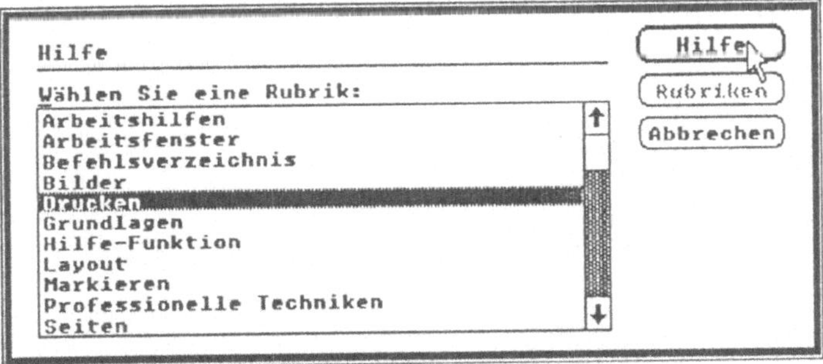

Durch zweimaliges Klicken einer dieser Rubriken erscheint ein neues
Dialogfeld, das eine Liste von Unter-Themen zur gewählten Rubrik enthält.

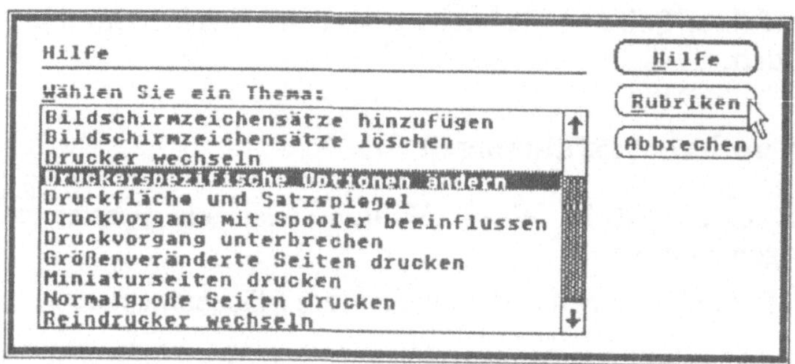

Wählen Sie eines dieser Themen an, erscheint ein Fenster mit einer kurzen
Erläuterung zum gewählten Thema.

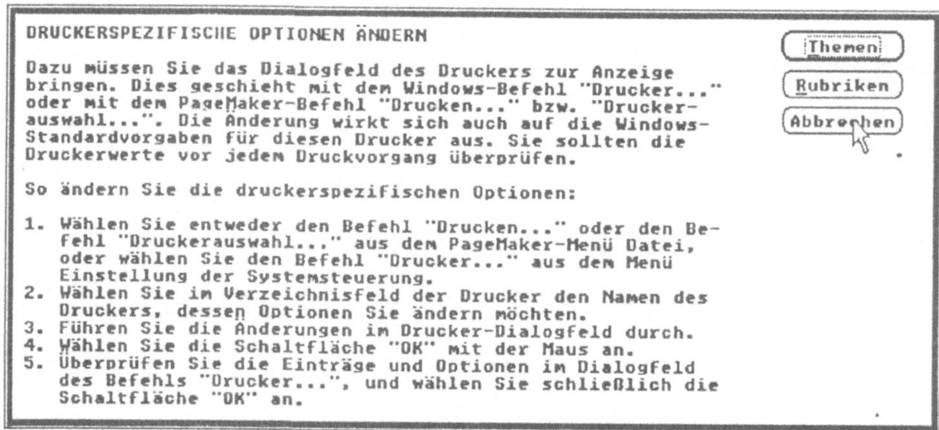

5.13.2 »Info PageMaker«

Wählen Sie diesen Befehl, erscheint die Copyright-Abbildung von PageMaker
auf dem Bildschirm.

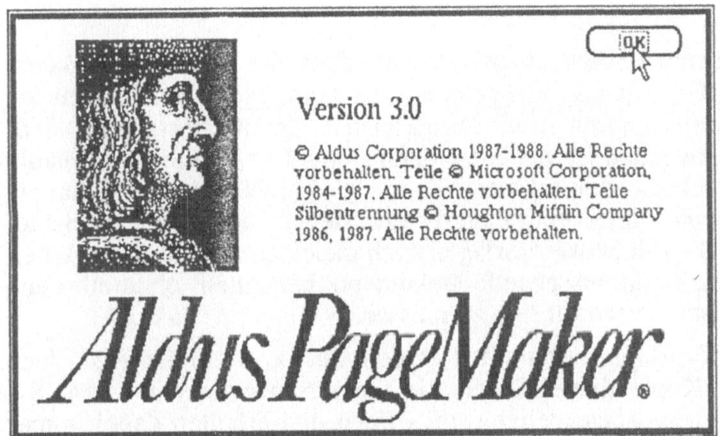

6 Mustervorlagen

Im PageMaker-Paket sind 17 Mustervorlagen enthalten. Sie haben einige davon schon in den obigen Übungen kennengelernt. Mit Mustervorlagen können Sie viel Zeit sparen, weil Layout und Druckformat bereits festgelegt sind. Mustervorlagen zu verwenden ist vor allem dann sinnvoll, wenn Sie regelmäßig bestimmte Dokumente herstellen müssen, die ein gleichmäßiges Erscheinungsbild haben sollen, etwa Preis- und Lagerlisten oder firmeninterne Berichte. Nicht zuletzt können Sie mit Mustervorlagen auch gleich zu Beginn Ihrer Arbeit mit PageMaker professionell aussehende Dokumente herstellen, ohne mit allen Feinheiten des Programms vertraut sein zu müssen.

Wenn Sie eine Mustervorlage (erkenntlich an dem Suffix .PT3) öffnen, öffnen Sie automatisch eine Kopie dieser Datei, die Sie erst benennen müssen. Sie können also eine Mustervorlage beliebig oft öffnen und erhalten dabei immer dieselbe Ausgangssituation.

6.1 Die einzelnen Mustervorlagen

Auf den folgenden Seiten sehen Sie die im PageMaker-Paket mitgelieferten Mustervorlagen.

VERZCHNS.PT3
(Angestelltenverzeichnis)

VERTEIL.PT3
(Verteilerliste)

KBERICHT.PT3
(Kurzbericht)

FALTBLAT.PT3
(Faltblatt)

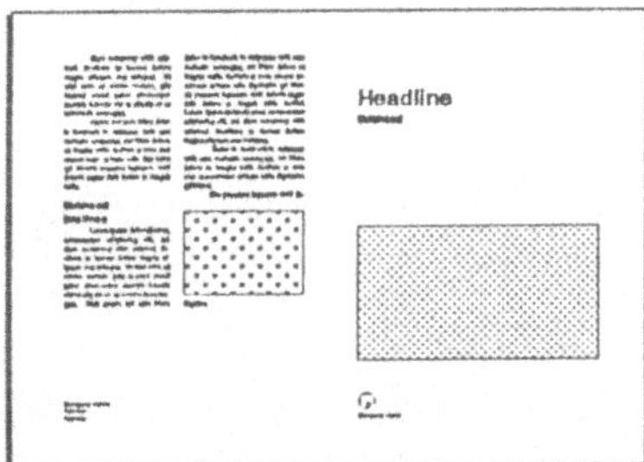
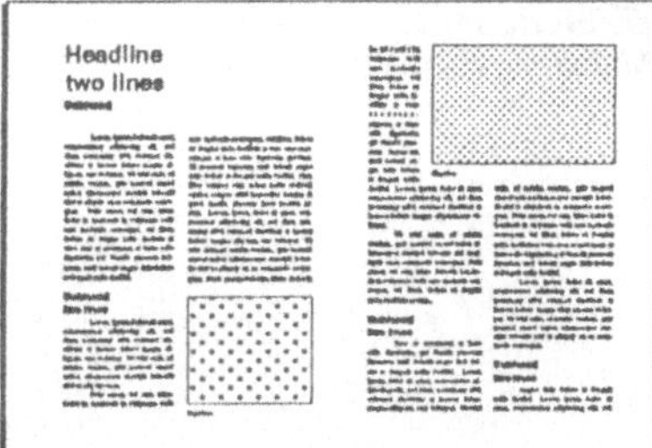

FOLIEQUE.PT3
(Projektorfolie, Quer)

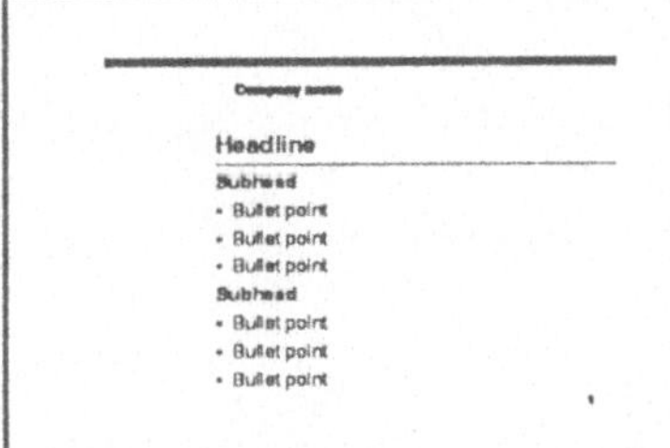

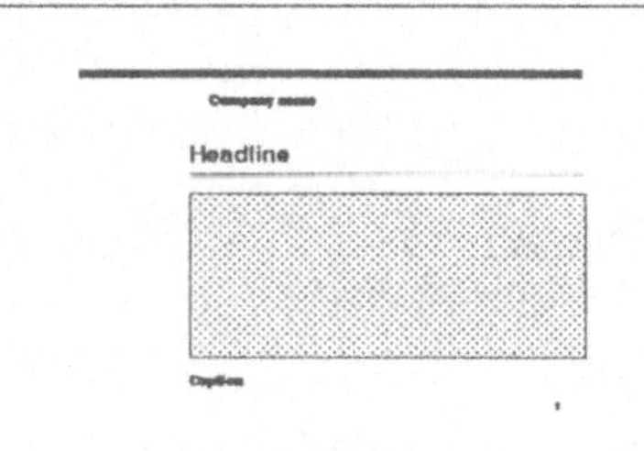

DIAQUERF.PT3
(Dia, Querformat)

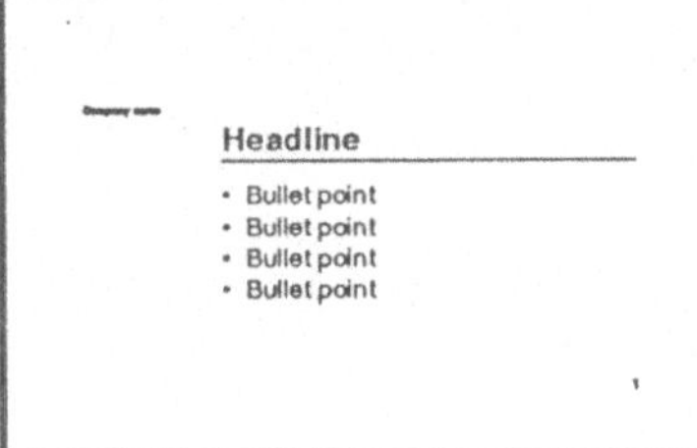

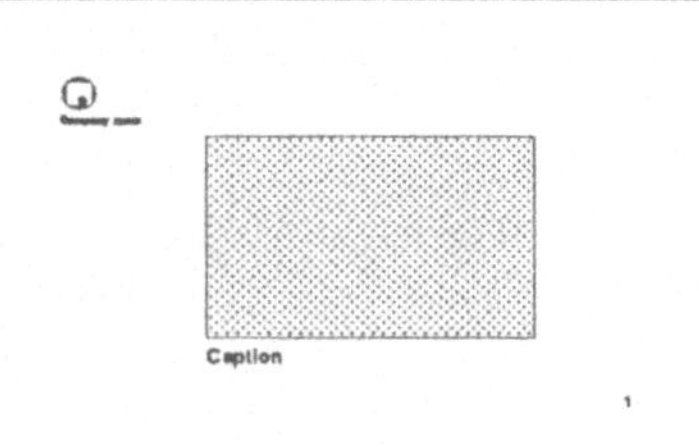

NAMSCHLD.PT3
Namensschilder

EINLADNG.PT3
(Einladung)

MITEILBL.PT3
(Mitteilungsblatt)

FOLIEHO.PT3
(Projektorfolie, Hoch)

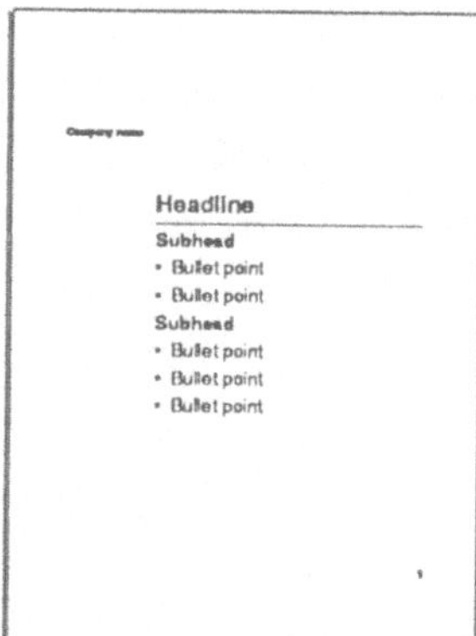

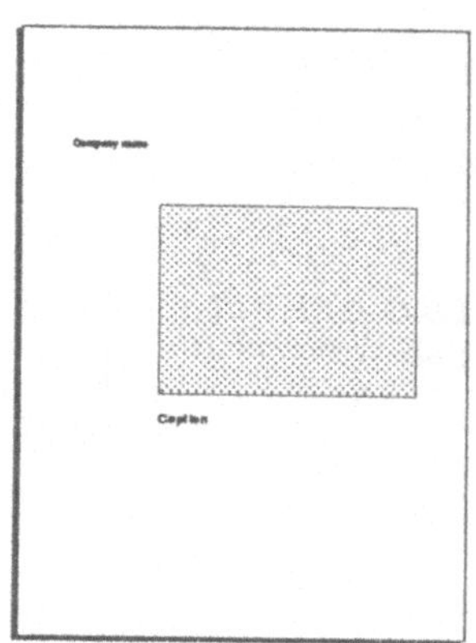

MEMORAND.PT3
(Memorandum)

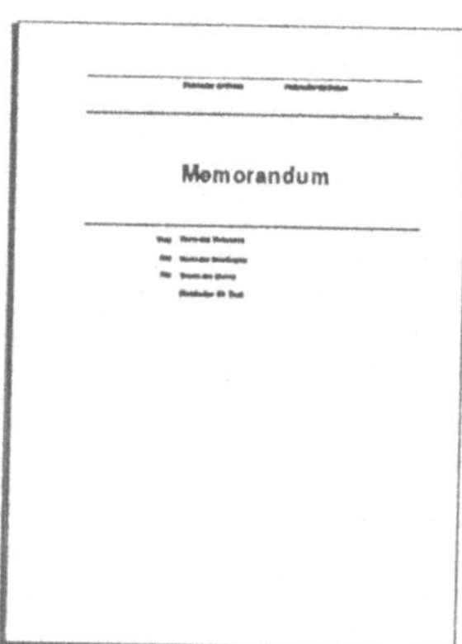

PREISLST.PT3
(Preisliste)

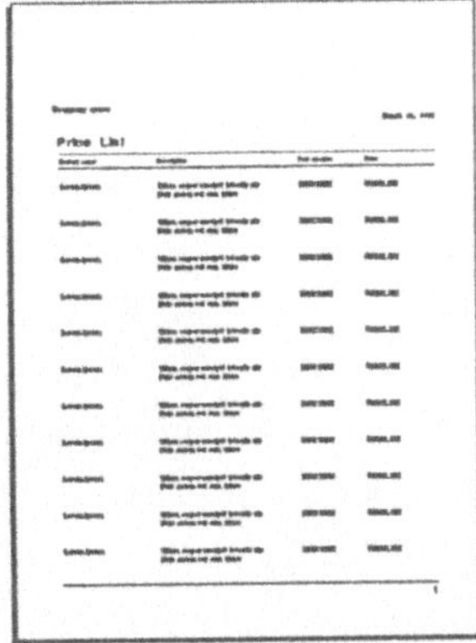

DATENBLT.PT3
(Datenblatt)

PRAESENT.PT3
(Präsentation)

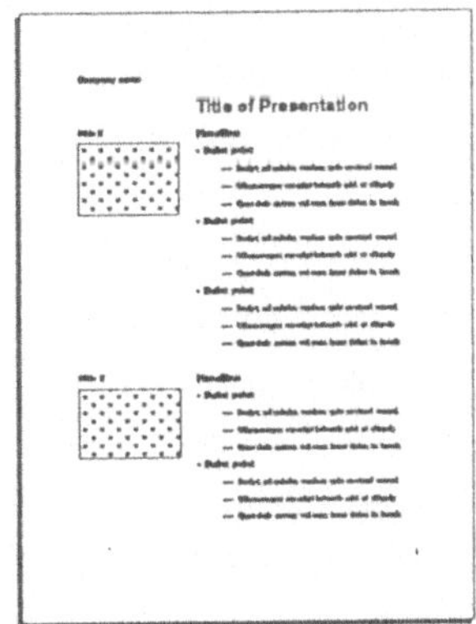
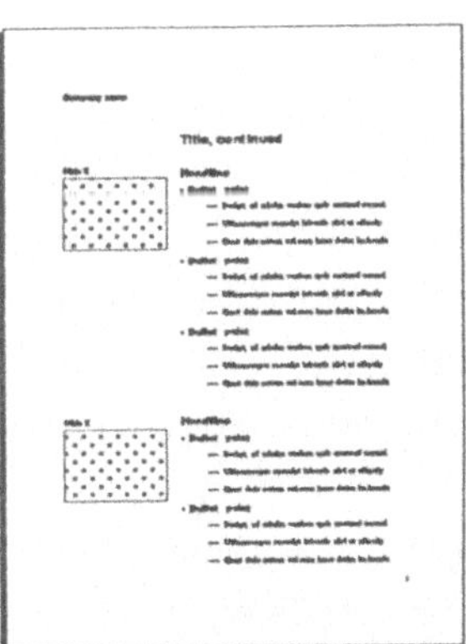

GBERICHT.PT3
(Geschäftsbericht)

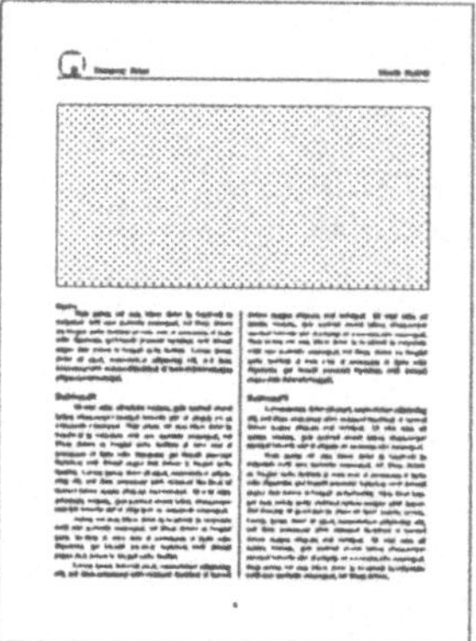

BROSCHÜR.PT3
(Broschüre)

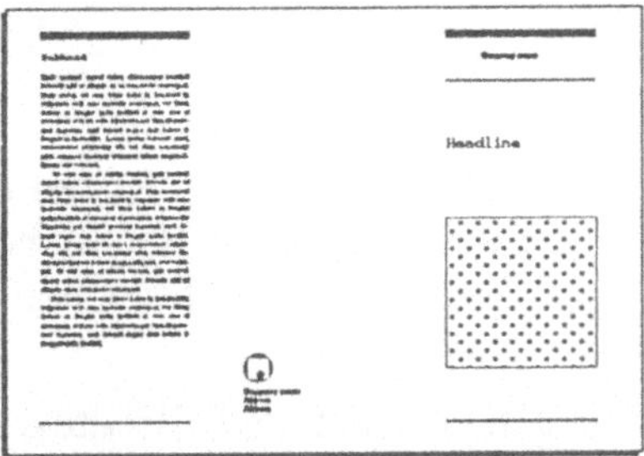

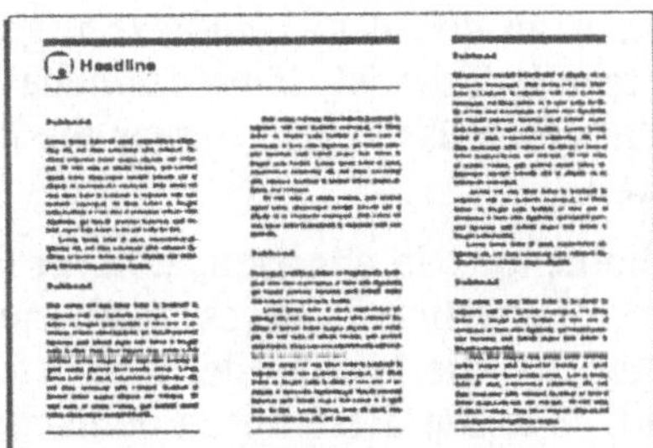

FIRMNACH.PT3
(Firmennachrichten)

6.2 Platzhaltertext

Der in der Mustervorlage enthaltene Blindtext ist lediglich ein Platzhalter für den endgültigen Text. Mit einem besonderen Befehl können Sie den Blindtext durch den richtigen Text ersetzen lassen. Sie brauchen den Platzhaltertext also nicht separat zu löschen.

Sie können sämtliche Formatmerkmale des Blindtextes automatisch auf den endgültigen Text übertragen. Das erspart Ihnen Arbeit. Allerdings hält sich der neu positionierte Text nicht an den dem Blindtext zugestandenen Raum. Wenn er länger als der zu ersetzende Text ist, läuft der neue Text einfach weiter, bis er an den Seitenrand stößt. Sie müssen also immer die neue Datei kontrollieren, bevor Sie diese ausdrucken.

Der Platzhaltertext erscheint teils in englisch, teils in Pseudolatein. Lassen Sie sich davon nicht stören. Ärgerlicher ist es, daß zumindest bei den ersten Versionen von PageMaker 3.0 die Namen der Druckformate (und der Farben) ebenfalls in englisch sind. Wie Sie diese durch deutsche Namen ersetzen, ist in den Übungen weiter oben erklärt. Sie können die Namen der Druckformate folgendermaßen übersetzen:

6.2.1 BROSCHÜR.PT3

Body Text - Fließtext, Caption - Bildunterschrift, First Para - Absatz 1, Headline - Hauptüberschrift , Subhead - Überschrift Text.

6.2.2 DATENBLT.PT3

Address - Adresse, Body text - Fließtext, Company Name - Firmenname, First Para - Absatz 1, Footer - Fußzeile, Headline - Hauptüberschrift , List Entry - Eintrag, List Heading - Überschrift Liste, Subhead - Überschrift Text.

6.2.3 DIAQUERF.PT3

Bullet - Punkt, Caption - Bildunterschrift, Headline - Hauptüberschrift.

6.2.4 EINLADNG.PT3

Body Text - Fließtext

6.2.5 FALTBLAT.PT3

Body Text - Fließtext, Caption - Bildunterschrift, Headline - Hauptüberschrift, Subhead Line 2 - Überschrift zweite Zeile, Subhead - Überschrift Text.

6.2.6 FIRMNACH.PT3

Body Text - Fließtext, Caption - Bildunterschrift, First Para - Abschnitt 1, Headline - Hauptüberschrift, Intro - Einführung, Pull Quote.- Zitat, Subhead End - Überschrift 1 Endzeile, Subhead -Überschrift 1 , Volume - Band.

6.2.7 FOLIEHO.PT3

Bullet - Punkt, Caption - Bildunterschrift, Headline - Hauptüberschrift, Subhead - Überschrift 1.

6.2.8 FOLIEQUE.PT3

Bullet - Punkt, Caption - Bildunterschrift, Headline - Hauptüberschrift, Subhead - Überschrift 1.

6.2.9 GBERICHT.PT3

Body text - Fließtext, Caption Title - Bildtitel, Caption - Bildunterschrift, Subhead 1 - Überschrift 1, Subhead 2 - Überschrift 2.

6.2.10 KBERICHT.PT3

Body Text - Fließtext, Bullet List - Punkteliste, Subhead - Überschrift 1.

6.2.11 MEMORAND.PT3

Address - Adresse, Body Text - Fließtext, Memo - Memo, Names - Namen.

6.2.12 MITEILBL.PT3

Body Text - Fließtext, Caption - Bildunterschrift, Contents - Inhalt, First Para - Abschnitt 1, Headline - Hauptüberschrift, Subhead - Überschrift 1.

6.2.13 NAMSCHLD.PT3

In dieser Mustervorlage sind keine englischen Druckformatnamen vorhanden.

6.2.14 PRAESENT.PT3

Bullet Headline - Überschrift Punkte, List - Liste, Slide - Dia, Title, continued - wiederholter Titel, Title - Titel.

6.2.15 PREISLST.PT3

Description - Beschreibung, Item- Gegenstand.

6.2.16 VERTEIL.PT3

List Item - Gegenstand.

6.2.17 VERZCHNS.PT3

Listhead - Überschrift Liste, Listing- Liste.

6.3 Bildplatzhalter

Für Bildplatzhalter gilt ähnliches wie für die Textplatzhalter: Größe, Position und die Art des Begrenzungsrahmens können in der Mustervorlage festgelegt sein und werden auf die neuen Bilder übertragen.

6.4 Gestaltungsraster

Eine Mustervorlage muß allerdings nicht unbedingt Platzhalter für Texte oder Bilder enthalten. Sie kann z.B. lediglich das Gestaltungsraster enthalten, also die Standardelemente oder Hilfslinien. In diesem Fall müssen Sie Ihren Text bzw. Ihre Bilder ganz normal einzeln positionieren.

6.5 Unterschiede zu normalen Satzdateien

Mustervorlagen unterscheiden sich fast nicht von normalen Satzdateien. Äußerlich sind sie an dem Suffix .PT3 zu erkennen, während normale Satzdateien das Suffix .PM3 besitzen. Allerdings öffnen Sie bei einer Mustervorlage immer automatisch eine Kopie, außer Sie wollen bewußt das Original der Mustervorlage bearbeiten. Das Original bearbeiten Sie, um die Mustervorlage Ihren Anforderungen anzupassen und auf Ihren Reindrucker einzustellen. Die Kopie der Mustervorlage ist zunächst namenlos und muß von Ihnen beim ersten Speichern mit einem Namen versehen werden. Damit ist gewährleistet, daß das Original der Mustervorlage nicht versehentlich verändert wird und die geöffnete Kopie immer gleich aussieht. Beim Öffnen einer normalen Satzdatei öffnen Sie immer das Original, außer Sie wählen die Option »Kopie« in dem entsprechenden Dialogfeld.

6.6 Satzdatei als Mustervorlage speichern

Sie können aus jeder Satzdatei eine Mustervorlage machen, indem Sie beim Speichern die Option »Speichern als Mustervorlage« anwählen. PageMaker versieht den Dateinamen dann automatisch mit dem Mustervorlagen-Suffix .PT3.

6.7 Notwendige Änderungen der Mustervorlagen

Bevor Sie mit dem Mustervorlagen arbeiten können, müssen Sie diese an Ihr System und eventuell auch an Ihre Bedürfnisse anpassen.

6.7.1 Druckeranpassung

Bei den im PageMaker-Programmpaket enthaltenen Mustervorlagen müssen Sie beachten, daß bei diesen noch kein Reindrucker vorgegeben ist. Der erste Schritt ist also, für die Originale der Mustervorlagen den Reindrucker auszuwählen, den Sie später zum Ausdruck verwenden wollen. Dabei gehen Sie so vor:

- Markieren Sie im Dialogfeld »Datei öffnen...« die entsprechende Mustervorlage.

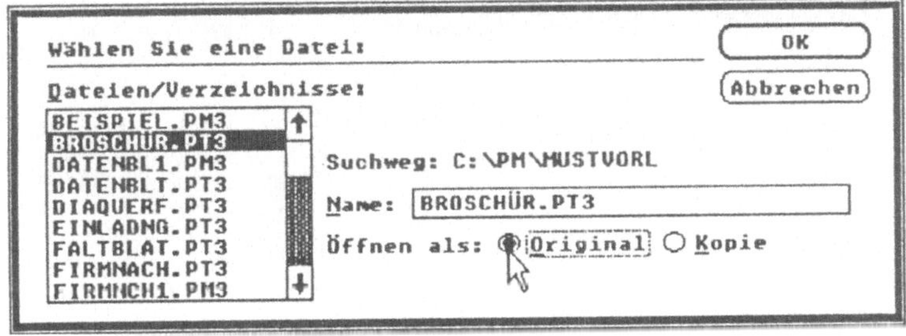

- Markieren Sie dann die Option »Öffnen als Original« und klicken erst dann auf »OK«.

- Wählen Sie den Befehl »Druckerauswahl...« im Menü »Datei«.

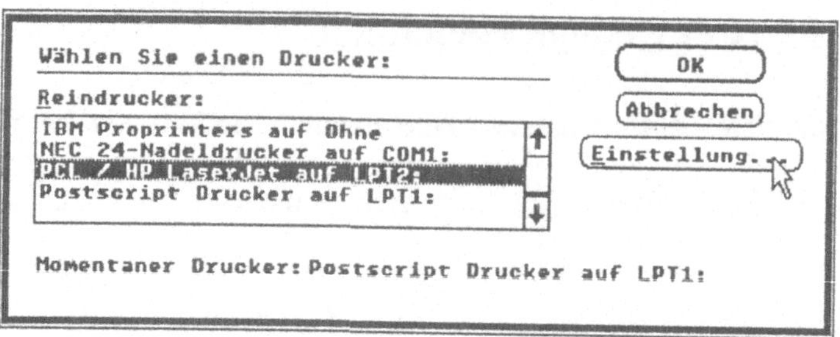

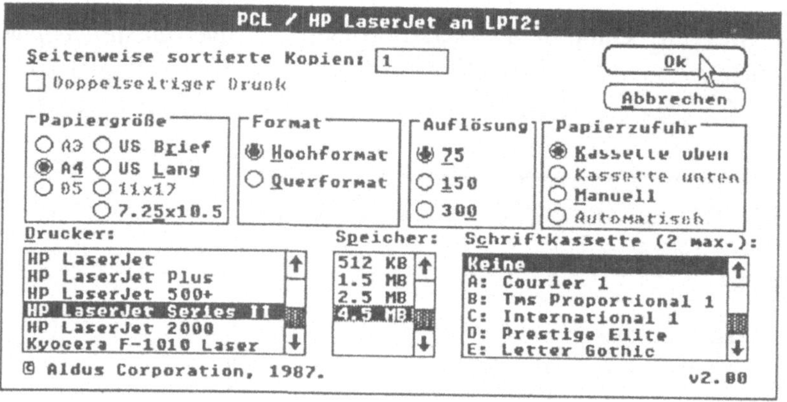

- Markieren Sie in der Druckerliste Ihren gewünschten Reindrucker. Falls Sie Ihren gewünschten Drucker nicht finden, müssen Sie eventuell erst den entsprechenden Druckertreiber installieren. Lesen Sie dazu das entsprechende Kapitel weiter oben.

- Klicken Sie dann im Dialogfeld »Druckerauswahl...« auf die Option »Einstellung...«.

- In dem auftauchenden druckerspezifischen Dialogfeld prüfen Sie alle Einstellungen. Gegebenenfalls korrigieren Sie diese. Klicken Sie »OK«.

- Sie sind wieder im ersten Dialogfeld. Klicken Sie wieder »OK«. Nun erscheint ein Warnfeld.

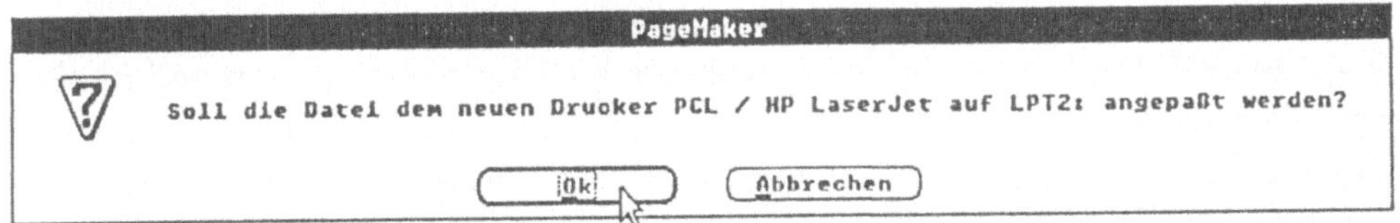

- Sie müssen PageMaker bestätigen, daß die Satzdatei an den gewählten Reindrucker angepaßt werden soll. Klicken Sie nochmals »OK«.

- Prüfen Sie nun, ob die Mustervorlage noch Ihren Anforderungen entspricht. Je nachdem, welcher Drucker als Reindrucker bestimmt wurde, kann sich die Textanordnung und die Schriftart geändert haben. Ändern Sie diese gegebenenfalls. Jetzt speichern Sie das geänderte Original. Wählen Sie die Option »Speichern als Mustervorlage« an und klicken Sie »OK«. Dann schließen Sie die Datei.

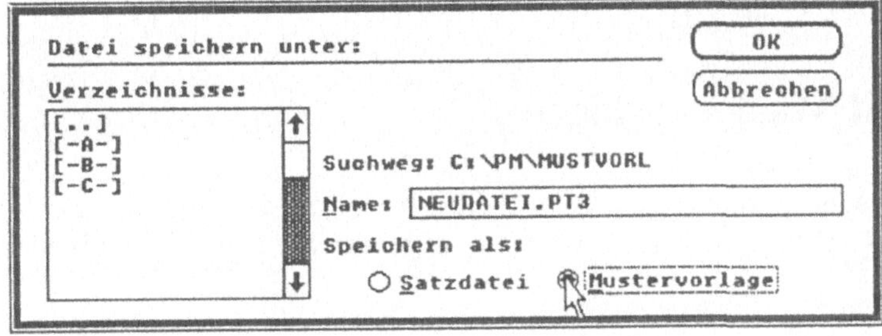

Wenn Sie keine weiteren Änderungen an der Mustervorlage mehr durchführen wollen, können Sie nun mittels der geänderten Mustervorlage ein neues Dokument herstellen. Dazu öffnen Sie eine Kopie der Mustervorlage.

6.8 Mögliche Änderungen der Mustervorlagen

Prüfen Sie nach der Druckeranpassung, ob die Mustervorlage noch Ihren Anforderungen entspricht. Je nachdem, welcher Drucker als Reindrucker bestimmt wurde, kann sich die Textanordnung und die Schriftart geändert haben. Sie können das Original der Mustervorlage auch noch weiter Ihren Bedürfnissen anpassen. Prüfen Sie, ob der Umfang der Mustervorlage ausreicht, ebenso, ob die Schriftart und der Schriftgrad Ihnen zusagen. Sind Bilder in der Mustervorlage vorhanden, prüfen Sie Anzahl, Format und Art der

Konturenführung derselben. Anschließend speichern Sie das geänderte Original. Wählen Sie die Option »Speichern als Mustervorlage« an und klicken Sie »OK«.

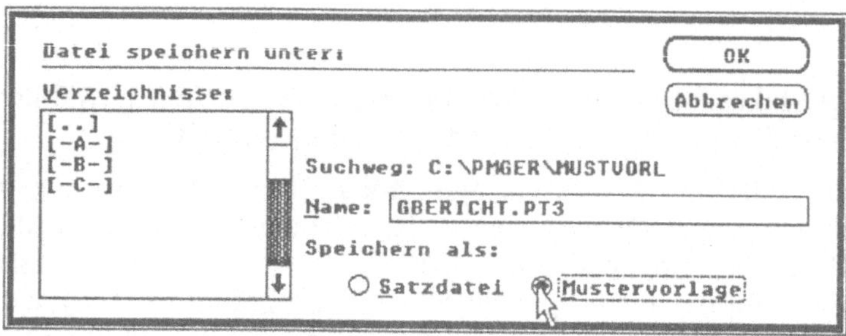

Sie können nun mittels der geänderten Mustervorlage ein neues Dokument herstellen. Dazu öffnen Sie eine Kopie der Mustervorlage.

6.9 Arbeiten mit Mustervorlagen

Beim Arbeiten mit Mustervorlagen ersetzen Sie die einzelnen Platzhalter für Überschriften, Fließtext und Bilder durch Ihren eigenen Text und Ihre eigenen Bilder.

6.9.1 Ersetzen von Überschriften

Überschriften können Sie direkt mit dem Editor schreiben. Dazu markieren Sie den entsprechenden Platzhalter (zweimal klicken), dann schreiben Sie den neuen Text, ohne vorher den zu Ersetzenden zu löschen. Der neu geschriebene Text erhält so das Format des ersetzten Textes.

6.9.2 Positionieren und Ersetzen von Text:

Da der Text in den Original-Mustervorlagen sinnloser Text ist, müssen Sie diesen immer völlig ersetzen. Schalten Sie in den Editor und positionieren Sie die Einfügemarke in den zu ersetzenden Text. Dann wählen Sie beim Positionieren des neuen Textes im Dialogfeld »Positionieren...« die Option »Ganzen Textabschnitt ersetzen« an. Diese Option wird erst dann verfügbar, wenn Sie eine Datei in der Liste markiert haben. Klicken Sie also nicht sofort zweimal auf dem neuen Text, sondern markieren Sie ihn erst (einmal klicken), dann wählen Sie die Option, dann klicken Sie »OK«.

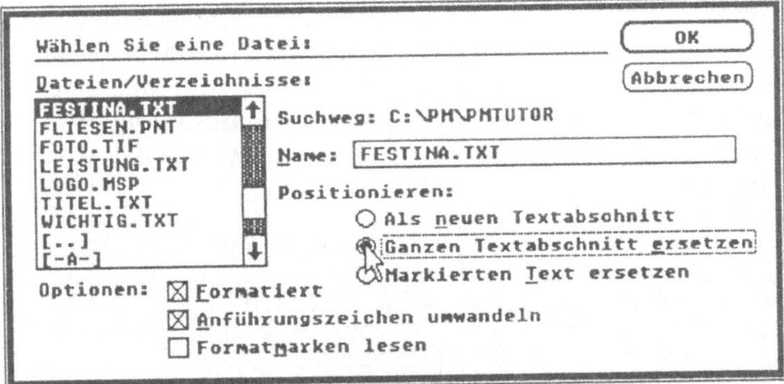

Wenn Sie nur einen bestimmten Teil eines Textblockes ersetzen wollen, muß dieser mit dem Editor markiert sein. Wählen Sie den Befehl »Positionieren...« im Menü »Datei« an und markieren Sie den neuen Text in der Liste. Klicken Sie dann auf der Option »Markierten Text ersetzen« und anschließend »OK«.

Wenn Sie keinen Textabschnitt mit dem Editor markiert haben, aber sich eine Einfügeposition irgendwo im Textblock befindet, der ersetzt werden soll, können Sie zwischen den Optionen »Als neuen Textabschnitt« und »Ganzen Textabschnitt ersetzen« wählen. Befinden Sie sich nicht im Editor, kann der zu positionierende Text nur als neuer Textabschnitt positioniert werden. Haben Sie mit dem Mauspfeil einen Textblock markiert, haben Sie die Option »Ganzen Textabschnitt ersetzen« zur Verfügung.

Nach dem Klicken auf »OK« sollte der neue Text den Platzhaltertext problemlos ersetzen. Prüfen Sie aber nach dem Ersetzen des Textes, ob der neue Text vollständig auf der Seite vorhanden ist. Ist der neue Text länger als der ersetzte Text, müssen Sie eventuell Platz für den noch nicht dargestellten Text schaffen, also eine Seite einfügen, und den Text manuell positionieren.

Prüfen Sie vor allem, ob der neu positionierte Text auch das korrekte Format hat. Je nachdem, welches Textverarbeitungsprogramm Sie verwenden, müssen Sie dabei verschiedene Dinge beachten. Dazu finden Sie näheres in dem Kapitel über PageMaker und Textverarbeitungsprogramme sowie in der Liste möglicher Probleme beim Positionieren.

Wenn Sie anschließend vor dem Ausdrucken die neue Datei speichern, ist die Option »Satzdatei« schon angewählt. Sie müssen lediglich noch Namen und Verzeichnis der Datei wählen.

6.9.3 Format des neuen Textes

Wenn Sie mit dem Textverarbeitungsprogramm Word von Microsoft arbeiten, können Sie nahezu alle Formatmerkmale des Textes in die PageMaker-Datei

übertragen. Dazu müssen nicht einmal die Namen und Eigenschaften der
Druckformate aus der Textdatei in der Druckformatliste der PageMaker-Datei
vorhanden sein. Wenn Sie den Text positionieren, wählen Sie die Option
»Formatiert« im Dialogfeld an. PageMaker übernimmt dann alle in der Word-
Druckformatvorlage verwendeten Formate und fügt diese in die schon
bestehende Druckformatliste ein.

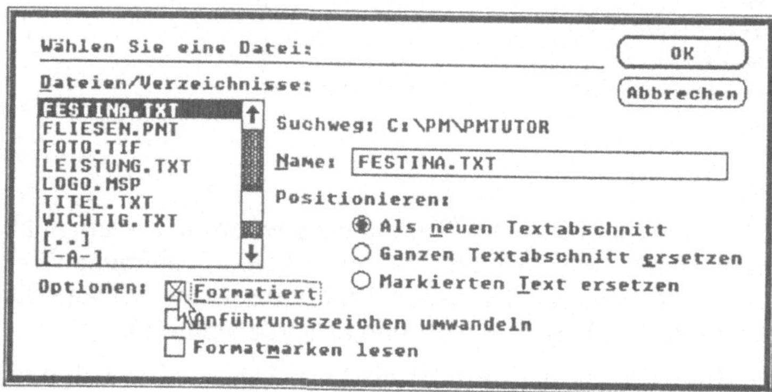

Solche aus einem Textverarbeitungsprogramm übernommenen Druckformate
sind mit einem * gekennzeichnet. Das Sternchen verschwindet, wenn Sie das
Format in PageMaker bearbeiten. Existiert in der PageMaker-Datei aber bereits
ein gleichnamiges Druckformat mit anderen Merkmalen, werden die Merkmale
des PageMaker-Druckformates verwendet. Vergleichen Sie auch die
Aufzählung der übertragbaren Eigenschaften von veschiedenen Programmen.

6.9.4 Formatmarken

Verwenden Sie ein anderes Textverarbeitungsprogramm, vergleichen Sie in der
Übersicht, welche Formate in PageMaker übertragen werden. Machen Sie
zunächst eine Probeseite und drucken Sie diese aus.

Die sicherste Methode ist es, den Text mit Formatmarken zu versehen. Diese
Formatmarken sind Namen von Druckformaten, die zwischen spitzen
Klammern stehen. Der Druckformatname muß in der Druckformatliste der
PageMaker-Datei stehen. PageMaker liest beim Positionieren des Textes den
Formatnamen und versieht den Absatz des Textes mit den Merkmalen aus
seiner Druckformatliste.

Folgendes müssen Sie dabei beachten:

• Die Formatmarken müssen am Anfang jeden Absatzes des zu
  positionierenden Textes in spitzen Klammern stehen.

- Damit PageMaker beim Positionieren nach Formatmarken Ausschau hält, müssen Sie die Option »Formatmarken lesen« anwählen.

- Findet PageMaker am Anfang eines Absatzes keine Formatmarke, formatiert er den Absatz genau so wie den vorhergehenden.

- Die Formatmarken und die spitzen Klammern erscheinen nicht auf der Seite des PageMaker-Dokumentes.

- Existiert in der PageMaker-Datei kein entsprechendes Druckformat, legt PageMaker ein neues Druckformat mit dem Namen der Formatmarke an. PageMaker verwendet diejenigen Merkmale, die die Formatmarke selbst aufweist.

6.9.5 Format nachträglich festlegen

Selbstverständlich können Sie auch einen bereits positionierten Text mit den Druckformaten aus der Druckformatliste versehen, indem Sie die Absatze markieren und mit dem entsprechenden Format versehen.

6.9.6 Bilder ersetzen

Markieren Sie das zu ersetzende Bild mit dem Mauspfeil. Wählen Sie den Befehl »Positionieren...« im Menü »Datei«. Markieren Sie im Verzeichnis das zu positionierende Bild, und klicken Sie die Option »Bild ersetzen« an.

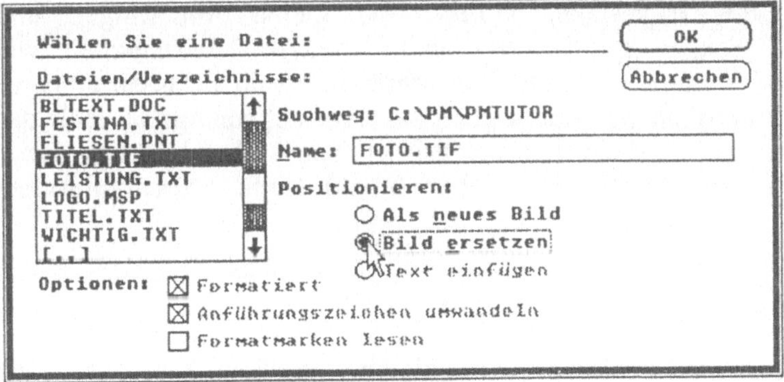

Größe und Art der Konturenführung des ersetzten Bildes wird auf das neue Bild übertragen. Haben Sie vorher keinen Platzhalter markiert, ist die Option »Bild ersetzen« nicht wählbar, und das zu positionierende Bild wird als neues Bild positioniert.

7 PageMaker und Textverarbeitungsprogramme

Wie Sie wissen, ist PageMaker kein Textverarbeitungsprogramm. Die Erfassung eines Textes müssen Sie nach wie vor mit einem anderen Programm durchführen. PageMaker ist dazu zu langsam, und es fehlen ihm einige notwendige Eigenschaften eines Textverarbeitungsprogrammes. Glücklicherweise läßt Ihnen PageMaker eine große Auswahl unter den verwendbaren Textverarbeitungsprogrammen.

PageMaker versucht, beim Placieren des Textes in ein PageMaker-Dokument möglichst viele Merkmale der ursprünglichen Textdatei zu übernehmen. Wenn Sie dies vermeiden wollen, müssen Sie die Option »Formatiert« im Dialogfeld »Positionieren...« desaktivieren. Als Standardvorgabe ist diese Option jedoch angewählt.

Ist der Text erst einmal in ein PageMaker-Dokument importiert, spielt es keine Rolle mehr, mit welchem Programm der Text erstellt wurde. Sie können ihn dann im PageMaker-Dokument beliebig weiter behandeln, also z.B. korrigieren und typographisch gestalten.

7.1 Editor in PageMaker

Mit dem Editor von PageMaker können Sie kleine Änderungen und Korrekturen am Text durchführen und kürzere Textstücke wie Bildunterschriften oder Kapitelüberschriften schreiben. Zum Erfassen längerer Texte ist dieser Editor nicht besonders geeignet. Am notwendigsten fehlt das automatische Suchen und Ersetzen eines Begriffes. PageMaker bietet zwar ein ausgezeichnetes Trennprogramm, kann aber (noch) keine orthographischen Fehler korrigieren.

7.1.1 Aktualisieren der Originaldateien

Wenn Sie den Text in PageMaker korrigieren, beachten Sie bitte, daß Änderungen nicht automatisch auch in der Originaldatei durchgeführt werden. Wenn Sie also einen Text in PageMaker ausgiebig korrigieren, enthält die Datei des Textverarbeitungsprogramms nach wie vor alle Fehler. Dies ist kein Nachteil, denn PageMaker bietet Ihnen die Möglichkeit, die Originaldatei zu aktualisieren, indem Sie den Text aus der PageMaker-Datei wieder exportieren. (Dazu markieren Sie den entsprechenden Text im Editor und wählen im Menü

»Datei« den Befehl »Übertragen...« an.) Es muß lediglich der entsprechende Exportfilter installiert sein.

7.2 Wahl des Textverarbeitungsprogrammes

PageMaker kann mit einer großen Anzahl von verschiedenen Textverarbeitungsprogrammen arbeiten. Das heißt, PageMaker übernimmt nicht nur den Text, sondern darüber hinaus auch viele Formatierungsmerkmale. Bei weitem am besten arbeitet PageMaker mit Microsoft Word. Nahezu jede Formatierung von Word wird in eine PageMaker-Datei übertragen.

PageMaker erkennt die Formate der verschiedenen Dateien an ihrem Suffix. Hier ist eine Liste der verschiedenen Programme und der von ihnen verwendeten Suffixe:

ASCII-Format	.TXT
DCA-Format	.DCA, .RFT
HP Advance Write	.AW
HP Executive MemoMaker	.WS
IBM PC Text 3 und 4	.DCA
MS Word	.DOC, .TXT
MultiMate	.DOC
Olivetti Olitext	.OTX
Samna Word	.SAM, DCA
Volkswriter	.DCA
Wang PC/IWP	.DOC
Windows Write	.WRI, .TXT
WordPerfect	.WP
WordStar 3.4 und 4.2	.WS
Wordstar 2000	.DCA
WPS-Plus	.DX
XyWrite/Euroscript	.XYW

Beim Importieren werden die verschiedenen Dateien mit einem Filterprogramm automatisch in ein PageMaker-Format konvertiert. Je nachdem, mit welchem Textverarbeitungsprogramm Sie arbeiten wollen, müssen Sie vorher den entsprechenden Filter installieren. Der Installiervorgang wird weiter oben besprochen. Es können maximal 10 Import- und 20 Exportfilter gleichzeitig installiert sein.

Manchmal kann PageMaker beim Positionieren einer Datei das Standardsuffix des Textverarbeitungsprogramms nicht korrekt einordnen. Einige Programme verwenden überdies dasselbe Suffix. In diesem Fall taucht ein Dialogfeld auf, und Sie müssen die Dateiart angeben. Wenn Sie eine falsche Dateiart angeben, passiert nichts weiter. PageMaker positioniert dann nicht und blendet noch einmal das Dialogfeld ein. Sie können dann einen anderen Filter ausprobieren.

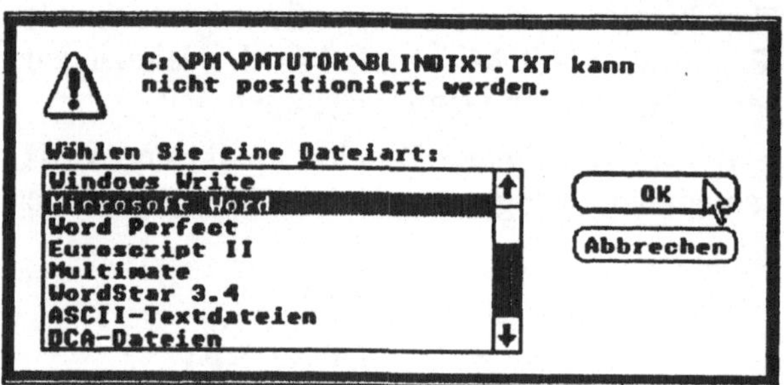

Einige Textverarbeitungsprogramme verwenden dasselbe Format für ihre Dateien, nämlich das DCA-Format (Document Content Architecture), das von IBM PC Text 3 und 4, Samna Word, Volkswriter und WordStar 2000 verwendet wird. Momentan werden Zeichen des erweiterten ASCII-Zeichensatzes (das sind unter anderem alle Umlaute) in diesem Format nicht importiert. Die DCA-Dateien haben entweder das Suffix DCA oder RFT.

Verwenden Sie ein Textverarbeitungsprogramm, dessen Dateiformat nicht von PageMaker übernommen wird, können Sie Ihre Dateien vielleicht in ein anderes Format übertragen, z.B. in das DCA-Format. Vielen Textverarbeitungs-programmen liegt ein entsprechendes Konvertierungsprogramm bei. Sie können auch einfach der Reihe nach die verschiedenen Filter ausprobieren. Die Datei kann dadurch nicht zerstört werden. Schließlich versteht PageMaker noch das ASCII-Format. Dies ist ein reines Textformat und enthält keine Formatierungsmerkmale. Die meisten Textverarbeitungsprogramme können ihre Dateien auch in diesem Format speichern. Verwenden Sie dieses Format aber nur, wenn Ihr Textverarbeitungsprogramm nicht von PageMaker unter-stützt wird, da auf diesem Weg grundsätzlich alle Formatierungsmerkmale verloren gehen.

Sobald die Texte erst einmal in eine PageMaker-Datei importiert sind, können alle Textarten auf gleiche Weise weiter bearbeitet werden. Es spielt dann keine Rolle mehr, mit welchem Textverarbeitungsprogramm Sie den Text erstellt haben. Allerdings kann PageMaker von einigen Textverarbeitungsprogrammen mehr Texteigenschaften übernehmen als von anderen und Ihnen somit Arbeit ersparen. Beim Positionieren ist im Dialogfeld »Positionieren...« als

Standardvorgabe die Option »Formatiert« angewählt. Ist diese Option aktiv, werden Texte, die in einem Textverarbeitungsprogramm formatiert wurden, auch formatiert übernommen. Von den meisten Textverarbeitungsprogrammen übernimmt PageMaker Absatzmerkmale wie Block- und Flattersatz. Schriftart oder Schriftgröße dagegen werden manchmal ignoriert bzw. durch solche ersetzt, die PageMaker für den angeschlossenen Reindrucker zur Verfügung stehen. Ist die Option »Formatiert« nicht gewählt, versieht PageMaker den Text mit den Standardschriftmerkmalen.

Es empfiehlt sich in jedem Fall, einmal einen Probeausdruck in PageMaker vorzunehmen. Weiter unten erfahren Sie mehr über verschiedene Textverarbeitungsprogramme.

7.2.1 Schriftgrad und Zeilenabstand

Die meisten Textverarbeitungsprogramme geben für die Schriftgröße eine Teilung an, also wieviele Zeichen pro Zoll gesetzt werden. PageMaker mißt den Schriftgrad in Point und rechnet diese Angaben um. Dabei gilt die Formel

$$120 : \text{Zeichen pro Zoll} = \text{Schriftgrad}$$

Die gleiche Formel gilt für Tabstops.

Der Zeilenabstand wird von Textverarbeitungsprogrammen meist in Zeilen gemessen. PageMaker übersetzt auch diese Werte in Points. Der Abstand »Einzeilig« oder »Auto« erhält in PageMaker meist den automatischen Zeilenabstand. Wird der Zeilenabstand in Zeilen pro Zoll gemessen, wird er von PageMaker in Points übertragen nach der folgenden Formel:

$$72 : \text{Zeilenabstand (in Zeilen/Zoll)} = \text{Zeilenabstand in Points}$$

7.2.2 Druckformatvorlagen

Einige Textverarbeitungsprogramme, z.B. Microsoft Word, arbeiten mit Druckformatvorlagen. PageMaker kann mit Druckformatvorlagen formatierte Texte ohne weiteres mit allen Formatmerkmalen übernehmen. Wenn Sie bisher noch nicht mit Druckformatvorlagen gearbeitet haben, sollten Sie sich mit diesem Konzept vertraut machen. Hinter dem Wort-Ungetüm *Druckformatvorlage* verbirgt sich nämlich ein praktisches und vor allem zeitsparendes Mittel, das Ihnen in der PageMaker-Version 3.0 zur Verfügung steht.

Eine Druckformatvorlage ist eine Liste von Formatanweisungen. Diese Formatanweisungen können in PageMaker mit einem einzelnen Mausklick einem beliebigen markierten Text zugeordnet werden. Dazu ein Beispiel:

Sie wollen, daß alle Überschriften derselben Hierarchiestufe in Ihrem Text gleich aussehen. Alle sollen, im Gegensatz zum normalen Fließtext, mit Helvetica 20 Point fett gesetzt und zentriert sein. Statt bei jeder Überschrift einzeln diese Merkmale nacheinander festzulegen, können Sie in der

Druckformatliste die Merkmale in dieser speziellen Kombination festlegen und mit einem Namen (in diesem Fall etwa »Überschrift 1«) versehen. Am Bildschirm verbinden Sie dann die vorher markierte Überschrift mit dem Format »Überschrift 1« durch Anklicken des Formats in einer Liste.

In PageMaker kann ein Druckformat immer nur auf einen ganzen Absatz angewendet werden, nicht aber auf ein einzelnes Wort in einem Absatz. Ein Absatz ist in diesem Fall jede Texteinheit, die mit dem Drücken der Return-Taste abgeschlossen wurde.

Der Vorteil einer Druckformatvorlage liegt auf der Hand: Sie können damit auf eine bequeme Weise die vielfältigen Gestaltungsmöglichkeiten ausnutzen, die PageMaker durch die verschiedenen Schriftarten und Schriftgrade bietet, und gleichzeitig ein einheitliches Aussehen von verschiedenen Dokumenten sicherstellen. Wollten Sie bisher ein solches einheitliches Erscheinungsbild innerhalb eines Textes oder bei verschiedenen Texten verschiedener Autoren erreichen, mußten Sie zunächst eine Liste der gewünschten Formate für die verschieden Arten von Überschriften, Absätzen und Fließtext anlegen, in denen die jeweilige Schriftart, Schriftgrad, Durchschuß, Ausschluß, Einzug usw. festgelegt wurden. Diese verschiedenen Eigenschaften mußten jeweils einzeln einem Absatz zugeordnet werden. Dies ist zwar nicht schwierig, aber umständlich und zeitraubend. Nachträgliche Korrekturen sind dabei nur durch erneutes einzelnes Festlegen der Merkmale möglich. Mit einer Druckformat-vorlage können Sie dem Text verschiedene Formatmerkmale in einem einzigen Arbeitsgang zuordnen.

Die einmal festgelegte Druckformatvorlage kann an verschiedenen Dokumenten und auch von verschiedenen Bearbeitern verwendet werden. Ist eine nachträgliche Korrektur nötig, muß lediglich die Druckformatvorlage geändert werden, das Dokument wird automatisch korrigiert!

Ein Beispiel dafür: Alle Überschriften des vorher erwähnten Formats »Überschrift 1« sollen statt wie bisher mit Helvetica 20 Point fett mit Helvetica 25 Point fett gesetzt werden. Sie müssen dazu nicht einzeln alle in Frage kommenden Überschriften suchen, sondern Sie ändern lediglich in der Druckformatvorlage den Schriftgrad des Formats »Überschrift 1«. Alle so formatierten Textabschnitte erhalten automatisch den neuen Schriftgrad zugeordnet.

PageMaker versieht jedes Dokument automatisch mit einigen Druckformaten, die Sie auch beliebig ändern können. Wie Sie diese Ihren Anforderungen anpassen können, wird in den Übungen besprochen. Lesen Sie auch den Abschnitt zum Befehl »Druckformate definieren...« im Menü »Typographie« weiter oben.

7.3 Tips zur Arbeit im Textverarbeitungsprogramm

Um die Übertragung möglichst vieler Formatmerkmale in eine PageMaker-Datei sicherzustellen und um keine unerwünschten Ergebnisse zu erhalten, sollten Sie einige Regeln beachten. Diese allgemeinen Tips gelten für alle Textverarbeitungsprogramme.

- Wenn irgend möglich, sollte die Textdatei für denselben Drucker erstellt werden, der später in PageMaker verwendet wird. Vom gewählten Drucker hängen nämlich viele Schrifteigenschaften ab.

- Versuchen Sie unbedingt, den Text schon im Textverarbeitungsprogramm in eine endgültige Form zu bringen. Nützen Sie dazu die Korrekturfunktion des Textverarbeitungsprogramms, da PageMaker diese Funktion nicht bietet.

- Handelt es sich bei Ihrem Text um eine Tabelle, erfassen Sie diese immer mit Tabstops. Verwenden Sie keine Leerschritte und keine senkrechten Trennstriche.

- Wenn Ihr Dokument einen Index oder ein Inhaltsverzeichnis benötigt, fertigen Sie diesen in Ihrem Textverarbeitungsprogramm an, sofern dies möglich ist. Dabei müssen Sie allerdings nachträglich manuell den Seitenumbruch in der Text-Datei an den Seitenumbruch der PageMaker-Datei angleichen. Dies lohnt sich vermutlich nicht immer.

- Wenn Sie einen bereits erfaßten Text erst noch typografisch gestalten müssen, lohnt es sich vielleicht, dies erst in PageMaker zu tun. Prüfen Sie, welche Merkmale aus Ihrem Textverarbeitungsprogramm übertragen werden.

7.4 Das sollten Sie im Textverarbeitungsprogramm vermeiden

Um beim Importieren von Text keine unerwünschten Ergebnisse in Ihrer PageMaker-Datei zu erhalten, sollten Sie einige Dinge beim Erfassen des Textes vermeiden.

- Da PageMaker einen eigenen Zeilen- und Seitenumbruch vornimmt, führen Sie in Ihrer Textdatei keine erzwungenen Zeilen- bzw. Seitenwechsel durch. Drücken Sie die Return-Taste nur dann, wenn Sie einen Absatz beenden. Auch der Satzspiegel wird in PageMaker festgelegt.

- Korrigieren Sie den Text im Textverarbeitungsprogramm, aber fügen Sie keine harten Trennstriche ein. PageMaker trennt selbst und hat ein gutes Trennprogramm.

- Zeichnen Sie keine Kästen oder ähnliches in Ihrem Textverarbeitungsprogramm.

- Geben Sie Sonderzeichen wie besondere Anführungszeichen etc. erst in PageMaker ein. Eine Liste der möglichen Sonderzeichen finden Sie weiter unten.

- Seitenzahlen, Kopf- und Fußzeilen sowie Fußnoten aus einer Text-Datei können nicht in eine PageMaker-Datei übertragen werden.

7.5 Tips zur Arbeit in PageMaker

Einige Arbeitsgänge können Sie nicht in Ihrem Textverarbeitungsprogramm, sondern müssen Sie in PageMaker machen.

7.5.1 Formatieren in PageMaker

Werden die betreffenden Textmerkmale Ihrer Text-Datei nicht wie gewünscht in die PageMaker-Datei übertragen, gibt es mehrere Möglichkeiten, die Formatierung in PageMaker durchzuführen.

7.5.1.1 Die manuelle Methode

Diese erste Möglichkeit ist die umständlichste: Importieren Sie einfach den Text und formatieren Sie diesen in PageMaker mit den verschiedenen Formatbefehlen.

7.5.1.2 Formatieren über die Standardvorgaben

Die zweite Methode formatiert den ganzen Text gleichmäßig. Sie ist dann sinnvoll, wenn Ihr Text ausschließlich oder zu einem großen Teil nur auf eine einzige Art formatiert werden soll.

Legen Sie zunächst die Standardvorgaben von PageMaker so fest, daß diese dem gewünschten Format entsprechen.

Zum Ändern der Standardvorgaben gehen Sie so vor:

- Vergewissern Sie sich, daß *kein Text* in der PageMaker-Datei markiert ist, dann wählen Sie im Menü »Typographie« die gewünschten Vorgaben. Alle Angaben, die Sie in diesem Menü selbst oder in den Dialogfeldern festlegen, werden auf den importierten Text übertragen.

- Importieren Sie dann den Text, wobei im Dialogfeld »Positionieren...« die Optionen »Formatiert« und »Formatmarken lesen« abgeschaltet sein müssen. Dadurch werden die Formate des Textverarbeitungsprogrammes nicht berücksichtigt und nur die Standardvorgaben von PageMaker verwendet. Der gesamte Text wird auf diese Weise formatiert.

7.5.1.3 Formatieren mit Druckformatvorlagen

Die dritte Methode ist die eleganteste, wenn Sie mit verschiedenen Formaten arbeiten. Sie benützen dabei die Druckformatvorlagen von PageMaker, auch wenn Ihr Textverarbeitungsprogramm selbst diese Möglichkeit nicht bietet. Arbeiten Sie mit Microsoft Word, ist diese Methode nicht notwendig, da PageMaker von diesem Programm Druckformatvorlagen direkt übernehmen kann. (Dazu müssen Sie beim Positionieren im Dialogfeld die Option »Formatiert« anwählen, die Option »Formatmarken lesen« muß abgewählt sein.)

- Legen Sie zunächst in der PageMaker-Datei alle gewünschten Druckformate an.

- Dann versehen Sie den Text im Textverarbeitungsprogramm mit Formatmarken. Diese Formatmarken sind nichts anderes als die Namen der Druckformate aus der PageMaker-Datei, die zwischen spitzen Klammern an den Anfang eines Textabschnitts gestellt werden.

- Beim Positionieren muß im Dialogfeld »Positionieren...« die Option »Formatmarken lesen« aktiv sein, die Option »Formatiert« muß dagegen abgewählt sein.

PageMaker erkennt beim Positionieren die Formatmarken in dem Text und versieht den Absatz, an dessen Anfang die Formatmarken stehen, automatisch mit den entsprechenden Formatmerkmalen aus seiner Druckformatvorlage. Steht am Anfang eines Absatzes keine Formatmarke, wird dieser Absatz so formatiert wie der vorgehende Absatz. Selbstverständlich können Sie ein Druckformat später in der PageMaker-Datei neu definieren.

Verwenden Sie versehentlich eine Formatmarke, für die in der PageMaker-Datei noch kein entsprechendes Druckformat existiert, legt PageMaker ein Druckformat an. Als Formatmerkmale werden diejenigen der Formatmarke selbst übernommen, also des Textes zwischen den spitzen Klammern. Die spitzen Klammern und die Formatmarke erscheinen nicht als Text im PageMaker-Dokument.

Ein Beispiel:

```
<Überschrift 2>Subhead 2

<Fließtext>Lorem ipsum dolor sit amet, consectetuer
adipiscing elit, sed diam nonummy nibh euismod tincidunt ut
laoreet. Ut wisi enim ad minim veniam, quis nostrud exerci.

<Fließtext>Duis autem vel eum iriure dolor in hendrerit in
vulputate velit esse molestie consequat, vel illum dolore
eu feugiat nulla facilisis at vero eros et accumsan et
iusto odio dignissim.
```

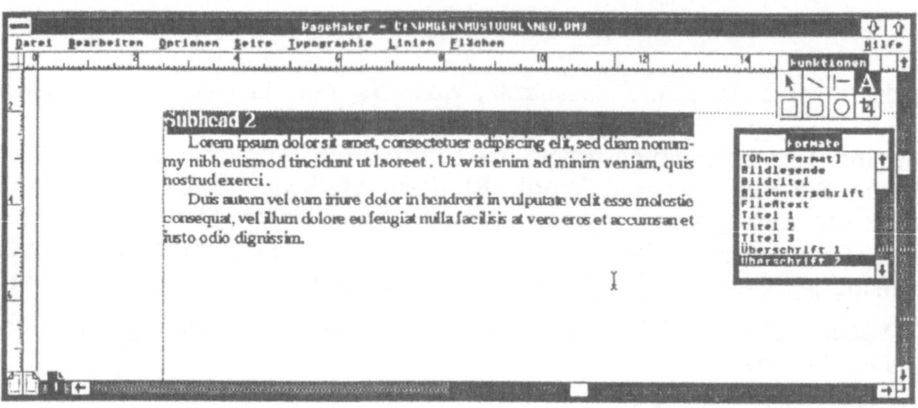

Der importierte Text

7.5.2 Standardseiten

Auf jeder Seite Ihres Dokumentes erscheinende Elemente wie Seitenzahlen, Kopfzeilen oder Fußzeilen müssen Sie auf den PageMaker-Standardseiten anlegen.

7.5.3 Normalseitengestaltung

Der Seitenumbruch kann beim Positionieren automatisch, manuell oder halbautomatisch ausgeführt werden (Befehl »Autom. Textanschluß« im Menü »Optionen«).

Fußnoten müssen in der jetzigen PageMaker-Version noch manuell auf jeder Normalseite einzeln positioniert werden.

7.5.4 Zeilenumbruch

Den Zeilenumbruch können Sie beeinflussen durch Änderung des Wort- und Zeichenabstandes sowie der Silbentrennzone am Zeilenende. Diese ändern Sie im Dialogfeld »Abstände...« im Menü »Typographie«.

Abstände:

Wortabstand: Zeichenabstand:

Minimum: 50 %   Minimum: 0 %

Erwünscht: 100 %   Erwünscht: 0 %

Maximum: 200 %   Maximum: 25 %

Silbentrennzone: 12 mm

Autom. Zeilenabstand: 120 % des Schriftgrads

Zeilenabstand: ● Absolut ○ Relativ

OK
Abbrechen

Normalerweise erreichen Sie mit den Standardvorgaben von PageMaker recht gute Ergebnisse. Sie brauchen diese Abstände nur dann zu ändern, wenn Ihnen der damit erzielte Abstand und Zeilenfall nicht gefällt.

Die Abstandswerte sind keine absoluten Werte, sondern jeweils abhängig von der gewählten Schrift und dem Schriftgrad. Für den Wortabstand wird als Normalwert ein Abstand angenommen, der etwa der Breite des Buchstabens »N« entspricht. Im Dialogfeld entspricht dieser Wert 100%.

Die eingestellten Abstandswerte beziehen sich nicht nur auf einen einzelnen Absatz, sondern auf den ganzen Textblock. Wollen Sie lediglich die Werte für einen einzelnen Absatz ändern, müssen Sie diesen durch Löschen und Wiedereinfügen außerhalb des existierenden Textblockes von diesem Textblock trennen.

Für eine Änderung der Abstandswerte muß sich die Einfügeposition in dem betreffenden Textblock bzw. in dem ausgekoppelten Absatz befinden. Bei der Änderung spielt es eine gewisse Rolle, ob Sie Absätze im Blocksatz oder im Flattersatz formatiert haben.

7.5.5 Blocksatz

Meist erzielen Sie mit der Standardvorgabe bei eingeschalteter automatischer Silbentrennung (Menü »Typographie«, Befehl »Absatz...«) ein gutes Ergebnis. Um ein geschlossenes Schriftbild zu erreichen, trennt PageMaker zuerst an den möglichen Stellen. Dann verändert PageMaker den Wortabstand innerhalb des angegebenen Wertebereichs. Je größer der zugelassene Wertebereich ist, desto weniger Trennungen werden vorgenommen. Allerdings wird der Wortabstand groß und der Text dadurch schlecht lesbar. Anschließend erst wird der Zeichenabstand verändert. Kann dann immer noch keine gleichmäßige Zeilenbreite erzielt werden, dehnt PageMaker den Wortzwischenraum über den angegebenen Bereich hinaus.

Für den **Wortabstand** gelten folgende Bereiche:

»Minimum:«	0 bis 500
»Maximum:«	0 bis 500
»Erwünscht:«	immer zwischen den eingegebenen Werten

Standardvorgabe ist 50% für »Minimum:«, 100% für »Erwünscht:« und 200% für »Maximum:«. Der Wert 100% bei »Erwünscht:« entspricht der Breite des Buchstabens »n«. Mit diesem Wert wird im Normalfall ein gutes Schriftbild erreicht. Üblicherweise sollen die Wortabstände nicht unter 50% und nicht über 150% des Normalabstandes (100%) sein.

Für den **Zeichenabstand** gelten folgende Bereiche:

»Minimum:«	-200 bis 0
»Maximum:«	0 bis 200
»Erwünscht:«	immer zwischen den eingegebenen Werten

Standardvorgabe ist -5% für »Minimum:«, 0% für »Erwünscht:« und 25% für »Maximum:«.

Um ein gutes Schriftbild zu erreichen, sollte der Zeichenabstand möglichst immer den Wert 0% haben. Wollen Sie dies erzwingen, wählen Sie als Wert bei »Maximum:« 0%.

Die **Silbentrennzone** ist für den Blocksatz irrelevant.

<Fließtext>Duis autem vel eum iriure dolor in hendrerit in vulputate velit esse molestie consequat, vel illum dolore eu feugiat nulla facilisis at vero eros et accumsan et iusto odio dignissim qui blandit praesent luptatum zzril delenit augue duis dolore te feugait nulla facilisi. Nam liber tempor cum soluta nobis eleifend option congue nihil imperdiet doming id quod mazim placerat facer possim assum. Lorem ipsum dolor sit amet, consectetuer adipiscing elit, sed diam nonummy nibh euismod tincidunt ut laoreet

Text in Blocksatz, mit Standardwerten für Wort- und Zeichenabstand

<Fließtext>Duis autem vel eum iriure dolor in hendrerit in vulputate velit esse molestie consequat, vel illum dolore eu feugiat nulla facilisis at vero eros et accumsan et iusto odio dignissim qui blandit praesent luptatum zzril delenit augue duis dolore te feugait nulla facilisi. Nam liber tempor cum soluta nobis eleifend option congue nihil imperdiet doming id quod mazim placerat facer possim assum.   Lorem ipsum dolor sit amet, consectetuer adipiscing elit, sed diam nonummy nibh euismod tincidunt ut laoreet

Text in Blocksatz, mit Standardwerten für Zeichenabstand, Wortabstand erweitert: »Minimum:« 300, »Erwünscht:« 400, »Maximum:« 500.

< F l i e ß t e x t > D u i s   a u t e m   v e l   e u m i r i u r e   d o l o r   i n   h e n d r e r i t   i n v u l p u t a t e   v e l i t   e s s e   m o l e s t i e c o n s e q u a t ,   v e l   i l l u m   d o l o r e   e u f e u g i a t   n u l l a   f a c i l i s i s   a t   v e r o e r o s   e t   a c c u m s a n   e t   i u s t o   o d i o d i g n i s s i m   q u i   b l a n d i t   p r a e s e n t l u p t a t u m   z z r i l   d e l e n i t   a u g u e   d u i s d o l o r e   t e   f e u g a i t   n u l l a   f a c i l i s i . N a m   l i b e r   t e m p o r   c u m   s o l u t a   n o b i s e l e i f e n d   o p t i o n   c o n g u e   n i h i l i m p e r d i e t   d o m i n g   i d   q u o d   m a z i m p l a c e r a t   f a c e r   p o s s i m   a s s u m . L o r e m   i p s u m   d o l o r   s i t   a m e t , c o n s e c t e t u e r   a d i p i s c i n g   e l i t ,   s e d d i a m   n o n u m m y   n i b h   e u i s m o d t i n c i d u n t   u t   l a o r e e t

Text in Blocksatz, mit Werten für Wort- und Zeichenabstand erweitert. Wortabstand »Minimum:« 300, »Erwünscht:« 400, »Maximum:« 500, Zeichenabstand »Minimum:« -5, »Erwünscht:« 200, »Maximum:« 200.

7.5.6 Flattersatz

Beim Flattersatz wird der Wortabstand von PageMaker auf den Wert »Erwünscht:« eingestellt, ebenso der Zeichenabstand. Meist erzielen Sie mit der Standardvorgabe bei eingeschalteter automatischer Silbentrennung (Menü »Typographie«, Befehl »Absatz...«) gute Ergebnisse.

Für den **Wortabstand** gelten folgende Bereiche:

»Minimum:«	0 bis 500
»Maximum:«	0 bis 500
»Erwünscht:«	immer zwischen den eingegebenen Werten

Standardvorgabe ist 50% für »Minimum:«, 100% für »Erwünscht:« und 200% für »Maximum:«. Der Wert 100% bei »Erwünscht:« entspricht der Breite des Buchstabens »n« und liefert die besten Ergebnisse. Üblicherweise sollen die Wortabstände nicht unter 50% und nicht über 150% des Normalabstandes (100%) sein.

Für den **Zeichenabstand** gelten folgende Bereiche:

»Minimum:«	-200 bis 0
»Maximum:«	0 bis 200
»Erwünscht:«	immer zwischen den eingegebenen Werten

Um ein gutes Schriftbild zu erreichen, sollte der Zeichenabstand möglichst immer den Wert 0% haben. Die Standardvorgabe ist -5% für »Minimum:«, 0% für »Erwünscht:« und 25% für »Maximum:«.

Die **Silbentrennzone** beeinflußt die Zeilenlänge. Sie wird in Millimetern gemessen. Der Maximalwert ist 50 mm. Die Standardvorgabe ist 12 mm. Das letzte Wort einer Zeile wird so getrennt, daß der Trennstrich in der Silbentrennzone liegt. Ist dies nicht möglich, setzt PageMaker das betreffende Wort in die nächste Zeile. Je größer der eingegebene Wert für die Silbentrennzone ist, desto unregelmäßiger wird der Rand Ihres Absatzes und desto weniger versucht PageMaker zu trennen. Je kleiner der angegebene Wert ist, desto gleichmäßiger ist der Rand. Ändern Sie die Standardvorgaben nur dann, wenn der Satz zu unruhig ist.

Bei den Antiquaschriften sind zwei wichtige Untergruppen zu unterscheiden, Schriften mit Serifen und serifenlose Schriften. Serifen sind die kleinen Abschlußstriche an den Enden der Buchstaben. Sie betonen die Schriftlinien und machen eine Schrift leicht lesbar. Times ist eine Serifenschrift. Serifenlose Schriften wirken eher etwas kühl und nüchtern. Diese werden auch Grotesk-Schriften genannt. Helvetica ist eine serifenlose Schrift.

Text in Flattersatz, mit Standardwerten für Wort- und Zeichenabstand, Silbentrennzone 12 mm. Wortabstand »Minimum:« 50, »Erwünscht:« 100, »Maximum:« 200, Zeichenabstand »Minimum:« -5, »Erwünscht:« 0, »Maximum:« 25.

Bei den Antiquaschriften sind zwei wichtige Untergruppen zu unterscheiden, Schriften mit Serifen und serifenlose Schriften. Serifen sind die kleinen Abschlußstriche an den Enden der Buchstaben. Sie betonen die Schriftlinien und machen eine Schrift leicht lesbar. Times ist eine Serifenschrift. Serifenlose Schriften wirken eher etwas kühl und nüchtern. Diese werden auch Grotesk-Schriften genannt. Helvetica ist eine serifenlose Schrift.

Text in Flattersatz, mit Standardwerten für Wortabstand. Silbentrennzone 12 mm. Zeichenabstand erweitert. Wortabstand »Minimum:« 50, »Erwünscht:« 100, »Maximum:« 200, Zeichenabstand »Minimum:« -5, »Erwünscht:« 100, »Maximum:« 100.

Bei den Antiquaschriften sind zwei wichtige Untergruppen zu unterscheiden, Schriften mit Serifen und serifenlose Schriften. Serifen sind die kleinen Abschlußstriche an den Enden der Buchstaben. Sie betonen die Schriftlinien und machen eine Schrift leicht lesbar. Times ist eine Serifenschrift. Serifenlose Schriften wirken eher etwas kühl und nüchtern. Diese werden auch Grotesk-Schriften genannt. Helvetica ist eine serifenlose Schrift.

Text in Flattersatz, mit Standardwerten für Zeichenabstand. Wortabstand erweitert. Silbentrennzone 5 mm. Wortabstand »Minimum:« 50, »Erwünscht:« 200, »Maximum:« 500, Zeichenabstand »Minimum:« -5, »Erwünscht:« 0, »Maximum:« 25.

7.5.7 Silbentrennung

Für die Silbentrennung des Textes benützt PageMaker das eingebaute Silbentrennprogramm und zusätzlich ein Benutzerwörterbuch. Immer wenn ein Wort zu trennen ist, prüft PageMaker zunächst nach, ob dieses Wort im Benutzerwörterbuch vorhanden ist. Ist es vorhanden, wird es nach den dort angegebenen möglichen Trennstellen getrennt. Findet PageMaker das Wort nicht vor, wird es nach den eingebauten Trennregeln getrennt.

Für Fremdwörter oder Eigennamen sind diese Regeln oft nicht ausreichend. Sie können Wörter, die PageMaker nicht nach Ihren Wünschen trennen kann, in das Benutzerwörterbuch aufnehmen. Dazu gibt es zwei Möglichkeiten:

7.5.7.1 Silbentrennung mit Bestätigung

Diese Methode ist vor allem bei längeren Dokumenten recht umständlich. Sie können im Dialogfeld »Absatz...« im Menü »Typographie« die Option »Silbentrennung: Mit Bestätigung« anwählen. Als Standardvorgabe ist lediglich die Option »Silbentrennung: Autom.« angewählt.

Lassen Sie gleichzeitig noch die Option »Silbentrennung: Autom.« angewählt, trennt PageMaker zunächst alle Wörter nach den Angaben im Benutzerwörterbuch, dann nach den eingebauten Trennregeln. Findet PageMaker dann immer noch keine Trennmöglichkeit, werden Sie in einem Dialogfeld aufgefordert, Trennmöglichkeiten einzugeben.

Ist lediglich die Option »Silbentrennung: Mit Bestätigung« angewählt, müssen Sie alle Trennstellen festlegen. Dabei erscheint dasselbe Dialogfeld wie oben. In dem Dialogfeld wird das zu trennende Wort mit den Trennstellen angezeigt. Vor dem letzten Buchstaben, der noch auf die Zeile passen würde, ist ein senkrechter Strich. Wenn die Trennmöglichkeiten korrekt sind, klicken Sie »Weiter«. Eine neue mögliche Trennstelle geben Sie ein, indem Sie an der entsprechenden Stelle mit der Maus klicken. Klicken Sie anschließend »Weiter«.

Das Wort können Sie in diesem Dialogfeld nur dann ins Benutzerwörterbuch aufnehmen, wenn Sie mit der automatischen Silbentrennung arbeiten.

7.5.7.2 Erweiterung des Benutzerwörterbuchs

Einfacher und auch schneller ist es, wenn Sie das Benutzerwörterbuch direkt bearbeiten. Das Wörterbuch besteht aus der Datei PMDTBEN.TXT, die sich normalerweise bereits im PageMaker-Verzeichnis befindet. Sie können die entsprechenden Wörter mit den möglichen Trennstellen in die Datei PMDTBEN.TXT aufnehmen. Maximal kann das Wörterbuch 1300 Einträge enthalten.

- Öffnen Sie die Datei am einfachsten mit dem Notizblock von Windows.

- Geben Sie das neue Wort ein und fügen Sie dabei an jeder möglichen Trennstelle einen normalen Trennstrich ein.

- Schreiben Sie lediglich ein Wort pro Zeile und drücken Sie am Ende jeder Zeile die Return-Taste.

- Wenn Sie ein Wort aufnehmen wollen, das nirgends getrennt werden soll, schreiben Sie vor dem Wort einen Trennstrich.

- Die Einträge müssen nicht alphabetisch geordnet sein.

7.5.7.3 Trennstelle direkt eingeben

Wollen Sie nur ein einzelnes Wort trennen, können Sie im Editor einen weichen Trennstrich eingeben, indem Sie an der richtigen Stelle des Wortes eine Einfügepostion erzeugen und bei gedrückter Ctrl-Taste einen Bindestrich eingeben. PageMaker trennt dann das Wort an dieser Stelle, falls dies möglich ist. Ändern Sie später die Zeilenbreite, wird das getrennte Wort automatisch wieder zusammengefügt und der Bindestrich nicht mehr gedruckt.

7.5.8 Typographische Sonderzeichen

Die folgenden Sonderzeichen geben Sie am besten nachträglich in der PageMaker-Datei ein. Erzeugen Sie dazu mit dem Editor eine Einfügeposition an der betreffenden Stelle drücken Sie die Ctrl-Taste gleichzeitig mit der oder den anderen hier angegebenen Tasten:

Weicher Trennstrich	Ctrl + Bindestrich
Gedankenstrich (1 Geviert)	Ctrl + Shift + 0
Gedankenstrich (1 Halbgeviert)	Ctrl + 0
Öffnendes Anführungszeichen (hochgest.)	Ctrl + Shift + ü
Schließendes Anführungszeichen	Ctrl + Shift + ä
Öffnendes halbes Anführungszeichen	Ctrl + ü
Schließendes halbes Anführungszeichen	Ctrl + ä
Paginierungsmarke	Ctrl + Shift + 3
Fetter Punkt (auf halber Zeilenhöhe)	Ctrl + Shift + 8
Eingetragenes Warenzeichen	Ctrl + Shift + R
Copyright-Zeichen	Ctrl + Shift + C
Absatzmarke	Ctrl + Shift + 7
Geschütztes Leerzeichen (1 Geviert)	Ctrl + Shift + M
Geschütztes Leerzeichen (Halbgeviert)	Ctrl + Shift + N
Geschütztes Leerzeichen (Viertelgeviert)	Ctrl + Shift + T
Geschützter Wortzwischenraum	Ctrl + Leertaste

Darüber hinaus können Sie sämtliche Zeichen des ANSI-Codes verwenden. Ein Verzeichnis des Codes finden Sie weiter hinten im Buch.

7.6 Textverarbeitungsprogramme

Im folgenden finden Sie einen Überblick über verschiedene Textverarbeitungsprogramme, die Sie zusammen mit PageMaker benutzen können.

7.6.1 Microsoft Word

Da Aldus, die Herstellerfirma von PageMaker, eng mit der Firma Microsoft kooperiert, ist es nicht weiter erstaunlich, daß PageMaker mit dem Textverarbeitungsprogramm Word auch am besten zusammenarbeitet. Wenn Sie noch kein Textverarbeitungsprogramm besitzen sollten und viel mit PageMaker arbeiten wollen, spricht einiges für die Anschaffung von Microsoft Word. Praktisch alle Formate, die Sie in Word anwenden, werden von PageMaker übernommen. Sie können Ihren Text sowohl mit dem Absatz- bzw. Zeichenformatsbefehl formatiert haben oder auch mit Druckformatvorlagen. Korrigieren Sie auf jeden Fall Ihren Text bereits in Word. Führen Sie aber keine Silbentrennung durch. Vermeiden Sie auch erzwungene Seitenumbrüche und Zeilenumbrüche.

7.6.1.1 Schriftmerkmale

Um alle typographischen Merkmale übernehmen zu können, ist es notwendig, daß die Word-Datei unter Verwendung desselben Druckers erstellt wird, mit dem auch die PageMaker-Datei ausgedruckt werden soll. Die zur Verfügung stehenden Schriftarten, Schriftgrade und Schriftschnitte sind nämlich vom verwendeten Drucker abhängig. Es stehen Ihnen dann sowohl in Word als auch in PageMaker dieselben Schriften zur Verfügung. Verwenden Sie für Ihr PageMaker-Dokument einen HP- Laserjet oder einen anderen PCL-kompatiblen Drucker, müssen Sie in Word einen Druckertreiber wählen, der HPLASER.DBS oder ähnlich heißt. Für einen PostScript-Drucker verwenden Sie den Treiber namens APPLASER.DBS.

Steht Ihnen aus irgendeinem Grund nicht der Druckertreiber für denselben Drucker zur Verfügung, mit dem die PageMaker-Datei gedruckt werden soll, oder verwenden Sie eine Schriftart oder einen Schriftgrad, die PageMaker nicht zur Verfügung stehen, ersetzt PageMaker diese durch eine möglichst ähnliche Schriftart bzw. Schriftgrad. Schriftart, Schriftgrad, Schriftschnitt, Zeichenlage und die Buchstabenart (normal, versal, Kapitälchen) werden von PageMaker übernommen. Die einzige Ausnahme: In Word doppelt unterstrichener Text wird in PageMaker nur einfach unterstrichen dargestellt.

7.6.1.2 Absatzformat

Alle Absatzmerkmale werden übernommen. Machen Sie in Word keine Leerzeilen zwischen Absätzen, sondern verwenden Sie dazu besser das Absatzformat. Ebenso sollte ein Einzug der ersten Zeile nicht mit Leerzeichen oder Tabstops erstellt werden, sondern ebenfalls mit dem Absatzformat. Der Absatzabstand, Tabstopps (links, rechts, zentriert, dezimal) und die Absatzausrichtung werden exakt übernommen. Dies gilt auch für Absatzseinzüge links und rechts und für Einzüge der ersten Zeile. Tabellen sollten nur mit Tabstops und nicht mit Leerzeichen erstellt werden.

Die Messung der Zeilenhöhe bildet eine Ausnahme. Der Zeilenabstand ist in PageMaker ein Schriftmerkmal, in Word ein Absatzmerkmal. Daraus können eventuell Probleme entstehen, wenn Sie verschiedene Schriftgrade auf einer Zeile verwenden.

7.6.1.3 Druckformatvorlage

PageMaker übernimmt alle Druckformatvorlagen aus Word. Die Druckformate werden in die Druckformatliste der PageMaker-Datei aufgenommen und können dort auch weiterverarbeitet werden. Der bei dem Druckformat in Word im Feld »Anmerkung« eingetragene Name wird zum Namen des Druckformats in PageMaker. Allerdings müssen Sie folgende Zeichen in diesem Namen vermeiden: Semikolon (;), Doppelpunkt (:), öffnende oder schließende Klammer (()), Schrägstrich (/) und Umlaute.

Die aus Word übernommenen Druckformate sind mit einem * gekennzeichnet. Das Sternchen verschwindet, wenn Sie das Format in PageMaker bearbeiten. Existieren in der PageMaker-Datei allerdings bereits gleichnamige Druckformate, werden diese PageMaker-Formate beim Positionieren auf den Text angewendet, nicht die ursprünglichen Word-Formate.

7.6.2 DEC WPS-Plus

7.6.2.1 Schriftmerkmale

Schriftart und Schriftgrad werden nicht übernommen, alle Schriftschnitte werden übertragen, lediglich Kursiv ist nicht verfügbar. Korrekturmarkierungen werden durchgestrichen dargestellt, doppelt unterstrichene Zeichen als Kapitälchen.

7.6.2.2 Absatzmerkmale

Der Zeilenabstand wird übernommen, nicht aber der Absatzabstand. Tabstops werden übertragen. Einzüge werden übertragen, als Ausrichtung aber nur linksbündig.

7.6.3 Euroscript

7.6.3.1 Schriftmerkmale

PageMaker übernimmt weder Schriftart noch Schriftgrad, sondern ersetzt diese durch die Standardvorgaben. Übernommen werden aber die Schriftschnitte fett, kursiv, unterstrichen, hoch- und tiefgestellt. Durchgestrichen ist in Euroscript nicht verfügbar. Negativ dargestellter Text wird kursiv, fett unterstrichener Text wird einfach unterstrichen.

7.6.3.2 Absatzmerkmale

An Absatzmerkmalen übernimmt PageMaker alle Arten von Tabstops, sowie linke Einzüge und die Absatzausrichtung. Als Grundeinheit nimmt PageMaker Zehntel Zoll an. Da in Euroscript die Ausrichtung zeilenweise gewählt werden kann, in PageMaker dagegen nur absatzweise, wird die Einstellung der ersten Zeile auf den ganzen Absatz übertragen. Zeilenabstand und Absatzabstand werden nicht übernommen. Zehnerteilung (10 Zeichen pro Zoll) wird hier als Einheit angenommen.

7.6.4 HP Advance Write

7.6.4.1 Schriftmerkmale

Schriftart und Schriftgrad werden nicht übernommen. Alle Schriftschnitte werden übernommen, im Korrekturmodus eingefügter Text wird in PageMaker kursiv gesetzt. Im Korrekturmodus gelöschter Text wird durchgestrichen.

7.6.4.2 Absatzmerkmale

Der Zeilenabstand wird übernommen, linke und Dezimaltabstops ebenso. Einzüge und Absatzausrichtung werden erkannt.

7.6.5 HP Executive MemoMaker

7.6.5.1 Schriftmerkmale

Schriftart und Schriftgrad werden nicht übernommen. Lediglich die Schriftschnitte fett und unterstrichen werden übertragen.

7.6.5.2 Absatzmerkmale

Keines der Absatzmerkmale wird übertragen.

7.6.6 IBM PC Text 3 und 4 bzw. alle Dateien im DCA/RFT Format (Lotus Manuscript, Samna Word, Volkswriter, Wordstar 2000)

7.6.6.1 Schriftmerkmale

Schriftart und Schriftgrad werden nicht übernommen. Die Schriftgröße (Zeichen pro Zoll) wird übersetzt (nach der Formel 120 : Teilung = points) Die Schriftschnitte fett, unterstrichen, durchgestrichen sowie hoch- und tiefgestellt werden übernommen. Kursiv ist nicht verfügbar.

7.6.6.2 Absatzmerkmale

Der Zeilenabstand wird übernommen. Der Abstand »einzeilig« wird in den Abstand »autom.« umgerechnet. Der Absatzabstand wird nicht übernommen. Alle Tabstops sowie Einzüge und die Absatzausrichtung werden übernommen.

7.6.7 MultiMate

7.6.7.1 Schriftmerkmale

PageMaker übernimmt Schriftart und Schriftgrad. Die Angaben in der Pitchziffer bzw. in der Einheit Zeichen pro Zoll übersetzt PageMaker in einen Schriftgrad in Point: Die Pitchziffer 1, 2 und 3 entsprechen den Schriftgraden 24, 18 und 14 Point. Der Standardwert 4 wird zu 12 Point. Die Pitchziffern 5, 6, 7, 8 und 9 entsprechen den Schriftgraden 10, 9, 8, 7 und 6 Point. Die Schriftschnitte fett, unterstrichen, durchgestrichen, hoch- und tiefgestellt werden übertragen. Kursiv ist in MultiMate nicht verfügbar.

7.6.7.2 Absatzmerkmale

Der Zeilenabstand wird übernommen, aber umgerechnet in Point je nach dem verwendetem Schriftgrad. Der Absatzabstand wird nicht übernommen. Tabstops werden erkannt, aber immer als links orientierte übernommen. Einzüge werden nicht übernommen. Die Absatzausrichtung wird übernommen, sofern diese linksbündig oder zentriert ist.

7.6.8 Olivetti Olitext

7.6.8.1 Schriftmerkmale

Die Schriftart wird nicht übernommen. Der Schriftgrad wird übernommen, allerdings erscheinen proportionale Schriften in PageMaker in 10 Point. Schriftschnitte werden übernommen außer kursiv und durchgestrichen.

7.6.8.2 Absatzmerkmale

Der Zeilenabstand wird übernommen, der Absatzabstand nicht. Linke und Dezimaltabstops werden übernommen, allerdings pro Absatz nur eine Art von Tabstops. Die Absatzausrichtung wird übernommen.

7.6.9 Wang Integrated Word Processing

7.6.9.1 Schriftmerkmale

Von den Schriftmerkmalen werden lediglich die Schriftschnitte fett und unterstrichen sowie hoch- und tiefgestellt übernommen.

7.6.9.2 Absatzmerkmale

Der Zeilenabstand wird übernommen, der Absatzabstand nicht. Linke und Dezimaltabstops werden übernommen. Absatzausrichtung und Einzüge werden übernommmen.

7.6.10 Windows Write

Dieses Textverarbeitungsprogramm erhalten Sie zusammen mit der Vollversion von Windows. Es ist eines der wenigen Textverarbeitungsprogramme, das wie PageMaker unter Windows läuft. Deshalb kann PageMaker sehr viel von Write-

Dateien übernehmen. Allerdings bietet Write nicht so viele Möglichkeiten wie etwa Word oder WordPerfect.

7.6.10.1 Schriftmerkmale

Da Write wie PageMaker unter Windows läuft, kann PageMaker ohne weiteres alle Schriftmerkmale, also Schriftart, Schriftgrad und Schriftschnitt übernehmen. Stellen Sie sicher, daß in Write und PageMaker derselbe Reindrucker gewählt ist.

7.6.10.2 Absatzmerkmale

Alle Absatzmerkmale werdeen übernommen, lediglich der Absatzabstand ist in Write nicht verfügbar.

7.6.11 WordPerfect 4.2/5.0

7.6.11.1 Schriftmerkmale

Weder Schriftart noch Schriftgrad werden übernommen. Der Schriftgrad wird umgerechnet nach der Formel 120/Teilung = Points. Alle Schriftschnitte werden übertragen. Alle Unterstreichungen werden jedoch als einfache Unterstreichungen übertragen. Korrekturmarkierungen werden in PageMaker kursiv dargestellt

7.6.11.2 Absatzmerkmale

Zeilenabstand und Absatzabstand werden nicht übertragen. Nur linksbündige Tabstops werden übertragen. Die Absatzausrichtung und die Einzüge werden übernommen, wenn Sie in WordPerfect mit den Standardvorgaben für den linken und rechten Rand arbeiten (Position 10 und 74).

Für WordPerfect 5.0 ist ein eigener Filter zu installieren, der Anfang 1989 noch nicht lieferbar war.

7.6.12 WordStar 3.4 und 4.2

7.6.12.1 Schriftmerkmale

Schriftart und Schriftgrad werden nicht übernommen. Die Schriftschnitte werden übernommen, allerdings wird doppelt unterstrichener Text in PageMaker kursiv gesetzt.

7.6.12.2 Absatzmerkmale

Zeilenabstand und Absatzabstand werden nicht übernommen, auch nicht die Tabstops. Die Absatzausrichtung wird nicht übernommen, aber Einzüge werden erkannt.

8 Tabellensatz

Eine häufig herzustellende Art von Dokumenten sind Tabellen. Sie können eine Tabelle ohne weiteres aus einen Textverarbeitungsprogramm übernehmen, wenn die Tabelle richtig erfaßt wurde. Falls Sie Probleme beim Übertragen der Formatierung haben, können Sie die Tabelle auch erst in PageMaker selbst erstellen. In den folgenden Abschnitten werden dazu einige Beispiele gegeben.

8.1 Wie Erfassen

Das Wichtigste bei der Erfassung des Textes ist, daß Sie die Einzüge nie mit der Leertaste herstellen, sondern immer mit der Tab-Taste. Sie können, nachdem der Text dann in einer PageMaker-Datei positioniert ist, sehr leicht und anschaulich nach dem WYSIWYG-Prinzip die verschiedenen Tabstops umändern, falls dies nötig sein sollte.

8.1.1 In Word

Wenn Sie den Text in Microsoft Word erfassen, können Sie dort bereits in einem Druckformat die Gestaltung der Tabelle vornehmen. PageMaker gibt Ihnen allerdings eine größere Auswahl an verwendbaren Füllzeichen. Sie können die Füllzeichen ganz einfach in PageMaker ändern, ebenso wie die Position und Ausrichtung.

Wenn Sie nicht mit Word arbeiten, müssen Sie die Tabstops vermutlich ohne ein Druckformat direkt definieren.

Ein Beispiel: Sie können eine einfache Beispieltabelle erfassen, um Sie probehalber in PageMaker zu positionieren. Legen Sie eine Teileliste an mit drei Spalten für Teile-Nr., Beschreibung und Preis. In Word können Sie den Abstand vom linken Rand direkt in Millimeter eingeben, ebenso die Ausrichtung. Legen Sie ein Druckformat *TAB* an mit folgenden Merkmalen für die Tabstops: Erster Tab linksbündig bei 20 mm, kein Füllzeichen. Zweiter Tab dezimal ausgerichtet bei 70 mm, als Füllzeichen Punkte.

Schreiben Sie den folgenden Text: *Teile-Nr. <Tab> Beschreibung <Tab> DM 0,00* und versehen Sie diesen Text mit dem eben erstellten Format TAB. Speichern Sie den Text unter dem Namen TABTEST und positionieren Sie ihn in einer PageMaker-Datei, wobei Sie die Option »Formatiert« angewählt haben.

Wie Sie sehen, übernimmt PageMaker die Tabelle genau so, wie Sie in Word
erstellt wurde. Das Druckformat TAB aus Word erscheint im
Druckformatfenster. Da es aus Word übernommen wurde, ist es mit einem
Sternchen versehen.

8.1.2 Ändern der Einzüge in PageMaker

Markieren Sie den positionierten Text mit dem Editor und wählen Sie den
Befehl »Einzüge/Tabs...« im Menü »Typographie«. Wenn Sie wollen, können
sie direkt mit der Maus die Tabstops verschieben. Klicken Sie »OK«. Die
Änderung wird sofort ausgeführt. Sie können einen Tabstop auch löschen und
neu definieren. PageMaker erlaubt im Gegensatz zu Word die Verwendung
eines beliebigen Füllzeichens.

8.1.3 Als ASCII-Datei

Verwenden Sie ein anderes Textverarbeitungsprogramm oder einen ASCII-
Text, geben Sie denselben Text ein mit Tabstops zwischen den
Spalteneinträgen: *Teile-Nr. <Tab> Beschreibung <Tab> DM 0,00*.
Speichern Sie den Text unter dem Namen TESTTAB. Positionieren Sie den
Text in die PageMaker-Datei. Die Option »Formatiert« ist dabei wieder
angewählt. Markieren Sie den Text mit dem Editor. Wählen Sie wieder den
Befehl »Einzüge/Tabs...« im Menü »Typographie«. Im Tabellenfeld sehen Sie,
daß keine Tabstops für den markierten Text definiert sind.

8.1.4 Tabstops in PageMaker setzen

Wählen Sie die Optionen »Ausrichtung: Links« und »Füllzeichen: Keine« an.
Wenn Sie jetzt mit der Maus auf dem Lineal bei 20 mm klicken, erscheint ein
Tab-Symbol über dem Lineal. Am nach rechts gerichteten Fähnchen erkennen
Sie, daß es ein linksbündiger Tabstop ist, und im Zahlenfeld rechts können Sie
die Position ablesen. Steht dort eine andere Zahl als 20, greifen Sie einfach das
Tab-Symbol mit der Maus und ziehen es auf den Wert 20 mm. Um den rechts-
bündigen Tabstop zu definieren, wählen Sie die Option »Rechtsbündig« an.
Wenn Sie wollen, können Sie beim Eingabefeld für das Füllzeichen ein beliebiges Zeichen eingeben, z.B. ein Ausrufezeichen. Wenn Sie »OK« klicken,
wird der markierte Text entsprechend ausgerichtet.

8.1.5 Tabstops in PageMaker definieren

Wichtig bei der Definition eines Tabstops in PageMaker ist, daß Sie zuerst die
Ausrichtung und das Füllzeichen festlegen, bevor Sie die Position festlegen. Sie
können also bei einem bereits gesetzten Tabstop mit der Maus nur die Position
auf dem Lineal verändern, nicht aber Ausrichtung und Füllzeichen.

8.2 Kolonnensatz statt Reihensatz

Manchmal ist bei solchen Teilelisten der Beschreibungsteil mehrere Worte oder
gar Zeilen lang, während Preis und Teile-Nr. nur aus einer Zahl bestehen. Eine
solche Tafel könnte etwa so aussehen:

Teile-Nr.	Beschreibung	Preis (DM)
10/375-B	autem vel eum iriure dolor in hendrerit in vulputate velit esse molestie consequat, vel illum dolore eu feugiat nulla facilisis at vero eros et accumsan et iusto odio dignissim qui blandit praesent luptatum zzril delenit augue duis dolore te feugait nulla facilisi. Nam liber tempor cum	3,95

In diesem Fall empfiehlt es sich, die Tafel aus lauter einzelnen unabhängigen
Textblöcken aufzubauen, die einzeln auf der Seite des PageMaker-Dokumentes
positioniert werden.

Teile-Nr.	Beschreibung	Preis (DM)
10/375-B	autem vel eum iriure dolor in hendrerit in vulputate velit esse molestie consequat, vel illum dolore eu feugiat nulla facilisis at vero eros et accumsan et iusto odio dignissim qui blandit praesent luptatum zzril delenit augue duis dolore te feugait nulla facilisi. Nam liber tempor cum	3,95

Wenn es sich um viele, doch relativ kurze Dateien handelt, dauert das einzelne
Positionieren recht lange. Oft ist es besser, die verschiedenen Tabellenspalten

zusammenhängend in einer einzelnen Datei zu erfassen. Sie müssen dann nur eine Datei positionieren, diese dann aber in PageMaker in verschiedene eigenständige Textblöcke zerlegen. Diese Textblöcke schieben Sie dann an die entsprechenden Positionen. Teilenummern, Preise und andere sehr kurze Texte können Sie auch direkt mit dem Editor als eigenständigen Textblock eingeben und anschließend an die gewünschte Position schieben.

8.2.1 Zusammenhängenden Text trennen

PageMaker läßt normalerweise Text, der in verschiedenen Blöcken placiert wurde, zusammenhängend. Das heißt, Text, der auf zwei Seiten verteilt ist, ist immer noch eine große Texteinheit. Wenn Sie die erste Seite durch Ziehen an den Anfassern verkürzen, wird dadurch die zweite Seite entsprechend länger. Spalten einer Tabelle sollten nicht auf diese Weise verbunden sein. Durch Ausschneiden und Einfügen einzelner Absätze zerlegen Sie das Dokument in unabhängige Textblöcke. Gehen Sie dabei so vor:

- Markieren Sie mit dem Editor den entsprechenden Absatz. Wählen Sie im Menü »Bearbeiten« den Befehl »Ausschneiden«. Dadurch wird der markierte Abschnitt in die Zwischenablage gelöscht.

- Setzen Sie jetzt die Einfügeposition auf eine Stelle außerhalb des Textes, am einfachsten auf die Montagefläche neben der dargestellten Seite.

- Wählen Sie nun den Befehl »Einfügen« im Menü »Bearbeiten« an. Der Text wird an der Einfügeposition wieder aus der Zwischenablage eingefügt.

- Nun können Sie diesen Textblock mit dem Mauspfeil an die gewünschte Stelle schieben.

8.3 Ausrichten der einzelnen Blöcke

Zur genauen Ausrichtung müssen Sie sich Hilfslinien auf die Seite legen. Aktivieren Sie sowohl die Positionierhilfe als auch die Linealpositionierhilfe, damit die einzelnen Textstücke genau ausgerichtet werden können.

8.3.1 Linealpositionierhilfe

Wenn Sie diese Option im Menü »Optionen« angewählt haben, werden alle Elemente beim Positionieren oder Verschieben an gedachten Verlängerungen der Einheitsteilstriche des senkrechten Lineals ausgerichtet. Je nach gewählter Maßeinheit im senkrechten Lineal können Sie damit eine genaue Ausrichtung der zu positionierenden Elemente erreichen.

8.3.2 Einheit des senkrechten Lineals

Wählen Sie als Einheit des senkrechten Lineals (Menü »Bearbeiten«, Befehl »Vorgaben wählen...«) für das Ausrichten einer Tabelle den Zeilenabstand (Durchschuß) des zu positionierenden Textes in Point (Option »Vorgabe«). Wenn Sie den Durchschuß des Textes nicht kennen, markieren Sie ihn mit dem Editor und wählen Sie den Befehl »Schriftfestlegung...« im Menü »Typographie«. Falls unter Zeilenabstand die Option »Autom.« steht, müssen Sie den Schriftgrad mit 1,2 multiplizieren. Dies ist die Standardvorgabe für automatischen Zeilenabstand. Sind Sie nicht sicher, sehen Sie im Dialogfeld »Abstände...« (Menü »Typographie«) nach. Dort finden Sie den aktuellen Wert des automatischen Zeilenabstandes in Prozent des Schriftgrades angegeben. Dadurch werden alle einzelnen Textblöcke der Tabelle automatisch einheitlich so ausgerichtet, daß die Einträge in den verschiedenen Spalten auf derselben Zeile stehen.

8.4 Vorteile des Kolonnensatzes

Bei einer auf diese Weise hergestellten Tabelle können Sie sehr einfach einzelne Elemente austauschen, die sich häufiger ändern, etwa Preise oder Teilenummern. Wenn allerdings der Platzbedarf eines neuen Eintrags erheblich größer ist als der des alten, müssen Sie alle Tabellenelemente neu ausrichten. Wie Sie mehrere Elemente zusammen markieren und verschieben können, finden Sie in den Übungen. Dank des WYSIWYG-Prinzips können Sie die einzelnen Spalten direkt nach Augenmaß auf der Seite verteilen, um das beste Aussehen zu erzielen. Achten Sie darauf, daß gleichwertige Spalten auch die gleiche Breite erhalten. Machen Sie auf jeden Fall einen Probeausdruck.

8.5 Rahmen

Eine Tabelle kann zur besseren Übersichtlichkeit nicht nur mit Füllzeichen, sondern auch mit Spaltenlinien versehen werden. Sie können Spaltenlinien und waagerechte Linien mit Hilfslinien und der Festwinkelzeichenfunktion von PageMaker zeichnen. Zeichnen Sie nicht zu dicke Linien, 0,5 Point oder 1 Point sind vermutlich ausreichend. Machen Sie auf jeden Fall einen Probeausdruck der Tabelle. Je nachdem, ob die Tabelle von einem Rahmen umgeben ist oder nicht, redet man von einer geschlossenen bzw. offenen Tabelle. Die dickste verwendete Linie sollte bei einer geschlossenen Tabelle die Randlinie sein.

9 PageMaker und Graphik-Programme

Mit Bildern oder Grafiken verhält es sich ähnlich wie mit Texten: Sie brauchen neben PageMaker ein anderes Programm, mit dem Sie diese Bilder erstellen. Die Bilddateien können dann mit dem Befehl »Positionieren...« im Menü »Datei« importiert werden, genauso wie Textdateien. Zwar haben Sie gewisse Möglichkeiten, auch in PageMaker selbst zu zeichnen. Ebenso können Sie importierte Bilder in PageMaker bearbeiten. Diese Möglichkeiten sind aber recht begrenzt und kaum mit einem der Grafikprogramme vergleichbar.

Die Qualität von Bildern hängt von einigen Faktoren ab. Ganz wichtig dabei ist die Wahl des Reindruckers. Verwenden Sie die üblichen Laserdrucker mit einer Auflösung von 300 dpi, sollten Sie sich möglichst auf Strichzeichnungen, also Volltonzeichnungen, beschränken und gerasterte Abbildungen auf traditionellem Wege manuell in die Druckvorlage einmontieren, wenn Sie Wert auf eine höhere Auflösung legen. Verwenden Sie dagegen eine hochauflösende Photosatzanlage zur Ausgabe, können Sie auch gerasterte Abbildungen in ausgezeichneter Qualität ausdrucken. Allerdings sind Dateien, die solche Bilder enthalten, recht umfangreich und der Ausdruck kann unter Umständen sehr lange dauern, so daß diese Methode nicht unbedingt wirtschaftlich ist. Da sich der Markt sehr schnell entwickelt, ist es an dieser Stelle nicht möglich, einen genauen Überblick über einzelne Programme zu geben. Sie finden hier also lediglich grundsätzliche Informationen.

9.1 In PageMaker positionierbare Bilder

Bild-Dateien werden in verschiedenen Formaten gespeichert. Die Dateien haben dabei verschiedene Suffixe. Sie müssen beachten, in welchem Format das betreffende Bild gespeichert ist. Gegebenenfalls müssen Sie den korrekten Importfilter für Ihr Programm installieren. Es können bis zu 10 Importfilter gleichzeitig installiert sein. Außerdem müssen Sie Ihren Drucker berücksichtigen. Sie können zwar Dateien im EPS-Format in eine PageMaker-Datei importieren, aber nur auf einem PostScript-fähigen Drucker ausdrucken. Erkennt PageMaker beim Positionieren das Format der Datei nicht, erscheint dasselbe Dialogfeld wie beim Positionieren von Text, und Sie werden aufgefordert, die Datei zu identifizieren.

Es gibt auch Konvertierungsprogramme, die ein Format in ein anderes umrechnen können. Klären Sie die Notwendigkeit dazu evtl. mit Ihrem Händler. Dateien im Format .CGM können von vielen Programmen erzeugt werden. Wenn Sie ein auf einem MacIntosh-Computer erzeugtes Bild in eine PageMaker-Datei importieren wollen, müssen Sie diese Datei erst auf Ihren PC überspielen. Am einfachsten geht das durch ein Diskettenlaufwerk, das auch das Mac-Format lesen kann. Sonst müssen Sie ein Kabel und ein Datenübertragungsprogramm verwenden.

9.1.1 Verzeichnis der importierbaren Formate:

Encapsulated PostScript	.EPS
Tag Image File Format	.TIF

Bitmusterdateien:

PC Paint	.PIC
PC Paint Plus	.PIC
PC Paintbrush	.PCX
PC Paintbrush Plus	.PCX
Publishers Paintbrush	.PCX
Windows Paint	.MSP
MacPaint	.PNT

Formelementegrafiken:

HPGL Plotter Format	.PLT
Computer Grafics Metafile	.CGM
Videoshow	.PIC
Windows GDI Metadatei Format	.WMF
AutoCAD	.DWG
In-A-Vision	.PIC
Windows Draw	.PIC
Mirage	.IMA
Lotus 123	.PIC
Symphony	.PIC

9.2 Einfügen aus der Zwischenablage

Statt Dateien zu positionieren, können Sie auch Bilder über die Zwischenablage übernehmen. Dies ist bei allen Programmen möglich, die unter Windows laufen, wie Windows Paint, Excel, Designer usw. Die Auswahl an Programmen ist also eingeschränkt. Beim Einfügen aus der Zwischenablage wird keine Datei importiert, sondern eben der Inhalt der Zwischenablage übernommen, etwa Diagramme oder ähnliches. Sie können das Ursprungsprogramm und PageMaker nicht gleichzeitig laufen lassen, dazu ist der Arbeitsspeicher zu klein. Deshalb dürfen Sie Windows nicht verlassen, bevor Sie PageMaker starten, da sonst der Inhalt der Zwischenablage verloren geht. Beachten Sie auch, daß die Zwischenablage nur 64 KByte speichern kann.

9.3 Farbe

PageMaker bietet Ihnen die Wahl zwischen drei Farbmodellen, RGB, THS und CMGS. Wenn Ihr Grafikprogramm mit einem dieser Systeme arbeitet, können Sie farbige Grafiken ohne weiteres in Ihre PageMaker-Datei übernehmen. Da die meisten Drucker nicht farbfähig sind, können Sie auf einfarbigen Druckern Vollton-Farbauszüge herstellen, die dann in einer Druckerei verwendbar sind.

9.4 Arten von Dateien

Es gibt neben den verschiedenen Formaten, die durch das Suffix bestimmt werden, noch verschiedene Arten von Dateien, die mit verschiedenen Programmen erzeugt werden. Eine Hauptgruppe sind Bitmustergrafiken, eine andere Formelementegrafiken. Diese werden auch Liniengrafiken genannt.

9.4.1 Bitmusterdateien

Eine solche Datei besteht aus einer Matrix von Bildpunkten. Aus diesen Bildpunkten setzt sich die Grafik wie ein Mosaik zusammen. Der Umfang einer Datei ist lediglich abhängig von der dargestellten Fläche, nicht von der Komplexität des Inhalts, da jeder Punkt immer definiert sein muß. Bei einem schwarz-weißen Bild muß jeder Punkt entweder schwarz oder weiß sein. Solche Grafiken können von Programmen und von Scannern erzeugt werden.

9.4.1.1 Auflösung

Bei Bitmustergrafiken ist die Auflösung der Grafik selbst sowie des Bildschirms und des Druckers sehr wichtig. Angenommen, Ihr Bildschirm hat eine Auflösung von 100 dpi (Sie kennen diese Einheit bereits, es sind Punkte pro Zoll) und Sie zeichnen mit einem Grafikprogramm eine Figur. Eine Grafik, die auf Ihrem Bildschirm 2 Zoll lang ist, wird dabei aus 200 Punkten aufgebaut.

Ein einzelner Bildpunkt ist also 1 Hundertstel Zoll groß. Wenn Sie jetzt diese 200 Bildpunkte auf einem Laserdrucker mit einer Auflösung von 300 dpi ausdrucken, nehmen 200 Punkte gerade 2 Drittel Zoll ein. Durch die verschiedene Auflösung (die Grafik besteht immer noch aus 200 Punkten) ist die Grafik also deutlich kleiner geworden, weil die einzelnen Bildpunkte, die der Laserdrucker erzeugen kann, kleiner sind. Die Auflösung des Druckers ist dreimal so hoch wie die des Bildschirms, das Bild wird dreimal kleiner. Wenn Sie das Bild auf die Originalgröße vergrößert ausdrucken, erscheint es unschärfer. Sie machen dabei aus einem einzelnen Bildpunkt mehrere, in diesem Fall drei. Dadurch wird das Auflösungsvermögen des Druckers nicht mehr ausgenützt. Wenn Sie die Grafik gar auf einem Photosatzgerät mit einer Auflösung von 2500 dpi ausdrucken, wird diese noch mehr verkleinert.

Wenn Ihr Bildschirm eine andere vertikale Auflösung hat als horizontal (und bei fast allen Bildschirmen trifft das zu), sind die Bildpunkte nicht quadratisch, sondern rechteckig. Der Drucker erzeugt aber quadratische Bildpunkte. Dadurch verzerrt er die ursprüngliche Gestalt der Grafik. Was auf Ihrem Bildschirm ein Kreis war, wird zur Ellipse.

Noch komplizierter wird es, wenn Sie die Größe einer Bitmustergrafik selbst ändern wollen. Wenn Sie eine Figur etwa 2,5mal größer machen wollen, müssen aus einem Bildpunkt 2,5 Bildpunkte werden. Da der Bildpunkt aber die kleinste Einheit ist, kann nur ein ganzzahliges Vielfaches dargestellt werden, also entweder 2 oder 3 Bildpunkte. In jedem Fall wird die Grafik verzerrt. Dasselbe Problem taucht auf, wenn Sie eine Bitmusterdatei, z.B. ein digitalisiertes Photo, in eine PageMaker-Datei importieren. Nicht alle Einzelheiten können auf dem Bildschirm dargestellt werden, und das Bild kann auch verzerrt erscheinen. PageMaker speichert aber die gesamte Information und druckt mit der korrekten Auflösung.

Wenn Sie ein digitalisiertes Photo mit einem Grafikprogramm bearbeiten wollen, stellt sich dabei dasselbe Problem. Sie müssen dann das Bild zur Bearbeitung in der entsprechenden Vergrößerung (etwa vierfach) darstellen.

9.4.1.2 Optimale Druckgröße finden

Wenn Sie Bitmustergrafiken vergrößern oder verkleinern, vergrößern oder verkleinern Sie dabei die Gesamtzahl der Bildpunkte. Wenn die Grafik wenig detailiert ist und vor allem, wenn es sich dabei um eine Strichzeichnung handelt, gibt es dabei relativ wenig Probleme. Sie können die Größe in PageMaker durch Ziehen an den Anfassern verändern. Wenn es sich allerdings um eine komplizierte Grafik handelt und Sie das Auflösungsvermögen Ihres Druckers dabei optimal ausnutzen wollen, etwa bei einem digitalisierten Bild, sollten Sie die Grafik nicht willkürlich vergrößern. Digitalisierte Bilder werden normalerweise von PageMaker in der Originalgröße positioniert. Wollen Sie die Größe ändern, schlägt Ihnen PageMaker einige Größenstufen vor, die optimal auf Ihren Drucker zugeschnitten sind. Dazu müssen Sie zunächst im

Menü »Datei« über den Befehl »Druckerauswahl...« den Reindrucker gewählt
haben. Wenn Sie die Option »Einstellung...« anklicken, können Sie in dem
auftauchenden Dialogfeld auch die gewünschte Auflösung eintragen. Die
höchste Auflösung bietet eine Photosatzanlage wie die Linotronic.

Markieren Sie das betreffende Bild. Drücken Sie die Ctrl-Taste und ziehen Sie
mit der Maus an einem Anfasser. Dabei stellen sich automatisch nacheinander
verschiedene Größenstufen ein. Wählen Sie diejenige, die am besten für Ihr
Dokument passt. Wenn Sie beim Ziehen zusätzlich zur Ctrl-Taste auch die
Shift-Taste drücken, bleiben die ursprünglichen Proportionen des Bildes
erhalten. Wenn das Bild nicht in den vorgesehenen Platz paßt, können Sie es
jetzt mit dem Schneidewerkzeug beschneiden und es dadurch auf die richtige
Größe bringen.

9.4.2 Mit Scannern hergestellte Bilder

Sie können Strichzeichnungen, also Volltonbilder, und Halbtonbilder, also
Fotos, mit einem Scanner digitalisieren. Die meisten Scanner benutzen ein
Bitmusterformat oder das TIF-Format und stellen Vollton- oder Rasterbilder
her. Wollen Sie das digitalisierte Bild in einem Grafikprogramm weiter
bearbeiten, müssen Sie es als Bitmusterdatei speichern. Manche Scanner
können auch Graustufenbilder herstellen, wobei Bildabschnitte in bis zu 256
Grautönen gespeichert werden. Die Zerlegung in einzelne Bildpunkte erfolgt
erst beim Ausdruck. Dabei wird immer das TIF-Format benützt. Die Auflösung
der digitalisierten Bilder hängt von Ihrem Scanner ab und vom verwendeten
Drucker. Die Scannerauflösung soll aus den oben genannten Gründen der
Druckerauflösung entsprechen.

Wenn Sie das digitalisierte Bild mit mehr als 64 KByte Dateigröße
positionieren, legt PageMaker zu diesem Bild automatisch eine Version mit
einer niederen Auflösung an, die dann auf dem Bildschirm zu sehen ist.
Dadurch wird der Speicher entlastet und die Bearbeitungszeit verkürzt. Zum
Drucken wird selbstverständlich die Originaldatei mit allen eventuellen
Änderungen daran benützt. Deshalb muß die Originaldatei beim Ausdruck für
PageMaker verfügbar sein. Gegebenenfalls fordert PageMaker Sie auf, das
Verzeichnis, in dem sich die Datei befindet, anzugeben.

9.4.3 TIF-Dateien

Das Tag Image File Format wurde von Aldus, Microsoft und einigen Scanner-
Herstellerfirmen entwickelt. Dateien in diesem Format lassen sich problemlos
in PageMaker positionieren. TIF-Dateien sind eine besondere Art von
Bitmusterdateien. Sie enthalten Informationen für das am Bildschirm
dargestellte Bild und unabhängig davon noch Informationen für das zu
druckende Bild. Diese Doppelbild-Datei berücksichtigt also die verschiedene

Auflösung von Bildschirm und Drucker. Dadurch wird eine gute Bildschirm-wiedergabe erzielt und gleichzeitig eine hohe Druckauflösung. Im TIF-Format können Bilder in einer Auflösung gespeichert werden, die höher ist als die eines üblichen Laserdruckers. Leider haben TIF-Dateien den Nachteil, daß sie sehr umfangreich sind und die Speicherkapazität Ihres Computers sehr beanspruchen. Die in den Übungen verwendete Datei FOTO.TIF etwa, ein relativ kleines digitalisiertes Bild, hat einen Umfang von 190 KByte. Der andere Nachteil ist die lange Belichtungszeit, die auf einer Photosatzanlage in die Stunden gehen kann.

9.4.4 Formelementgrafiken

Diese Art von Grafiken bestehen aus mathematisch beschriebenen Kurven und Linien. Deshalb ist die Dateigröße auch abhängig vom Inhalt der Grafik, nicht nur von der dargestellten Fläche. Je komplexer die Grafik, desto mehr Information muß gespeichert werden. Einfache Liniengrafiken brauchen wesentlich weniger Speicherkapazität als Bitmustergrafiken, die dasselbe Bild darstellen.

Wenn Sie mit den Zeichenfunktionen von PageMaker arbeiten, erzeugen Sie immer Formelementegrafiken. Formelementegrafiken werden in der Original-größe positioniert, können aber in jeder beliebigen Größe stufenlos ohne Qualitätsverlust von PageMaker ausgedruckt werden. Wollen Sie eine Linien-grafik positionieren, wird diese in eine Windows-Metadatei konvertiert. Diese Datei darf nicht größer als 64 KByte sein, sonst kann PageMaker sie nicht positionieren. Der Umfang hängt nicht nur von der Größe der Zeichnung ab, sondern auch von der Komplexität.

9.4.5 EPS-Dateien

Dies ist ein Sonderformat für Grafiken, die mit der Programmiersprache PostScript erzeugt wurden. Mit dieser Sprache kann direkt mit den entsprechenden Befehlen eine Datei erzeugt werden, wie sie auch PageMaker oder ein anderes Programm wie Illustrator von Adobe (auf einem Macintosh) erzeugt. Diese Dateien können nur auf einem PostScript-fähigen Drucker ausgegeben werden.

9.5 Bearbeitungsmöglichkeiten eines Bildes

Prinzipiell sollten Sie ein Bild möglichst so importieren, wie es endgültig aussehen soll, da die Weiterbearbeitungsmethoden in PageMaker recht eingeschränkt sind.

9.5.1 Konturenführung

In der PageMaker-Datei müssen Sie auf jeden Fall die Konturenführung des positionierten Bildes festlegen. Dazu markieren Sie das betreffende Bild und wählen im Menü »Optionen« den Befehl »Konturenführung...«.

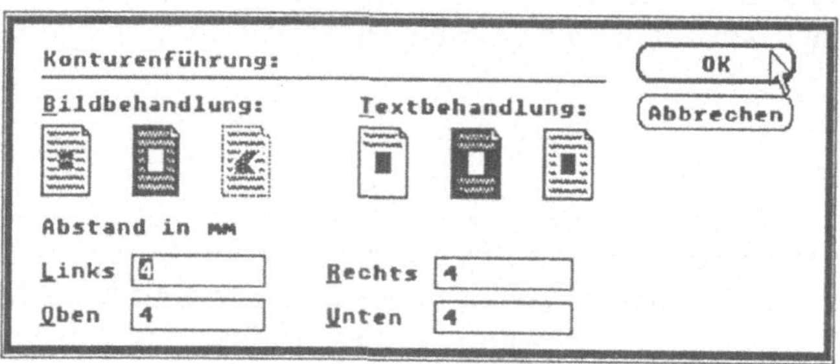

In dem Dialogfeld können Sie den Abstand des Begrenzungsrahmens festlegen. Die Konturenführung regelt auch die Textführung um das Bild.

9.5.2 Größe verändern

Sie können mit der Maus durch Ziehen an einem Anfasser die Größe des Bildes verändern. Beachten Sie dabei die oben erwähnte optimale Druckgröße für Ihren Drucker.

9.5.3 Beschneiden

Mit dem Beschneide-Werkzeug können Sie ein zu großes Bild zurechttrimmen. Dabei wird der unerwünschte Teil des Bildes nicht gelöscht, sondern nur nicht dargestellt bzw. gedruckt.

9.5.4 Retuschieren

Sie können ein Bild auch mit den Zeichenfunktionen von PageMaker retuschieren, nachdem Sie es auf die richtige Größe gebracht haben. Dazu können Sie gegebenenfalls eine Abdeckung mit einer weißen unsichtbaren Fläche hinzufügen und auch Linien oder Rahmen.

9.5.5 Text hinzufügen

Wenn Sie Text aus einem Grafikprogramm in eine PageMaker-Datei importieren, läßt sich der Text in PageMaker nicht mehr bearbeiten. Es kann auch

vorkommen, daß der Text in der PageMaker-Datei nicht mehr korrekt angeordnet ist. Am einfachsten sind solche Probleme zu vermeiden, wenn Sie die
Bilder erst nachträglich in PageMaker mit Text versehen, soweit dies möglich
ist.

9.5.6 Bitmustergrafiken bearbeiten

Sie können Bitmustergrafiken, etwa ein digitalisiertes Bild, in PageMaker
nachbearbeiten. Dazu benützen Sie das Dialogfeld »Bild nachbearbeiten...« im
Menü »Optionen«. Das entsprechende Bild muß dazu markiert sein. Dieser
Befehl ist nicht auf Formelementegrafiken und EPS-Dateien anwendbar.
Machen Sie auf jeden Fall einen Probeausdruck, wenn Sie ein Bild in
PageMaker weiter bearbeiten.

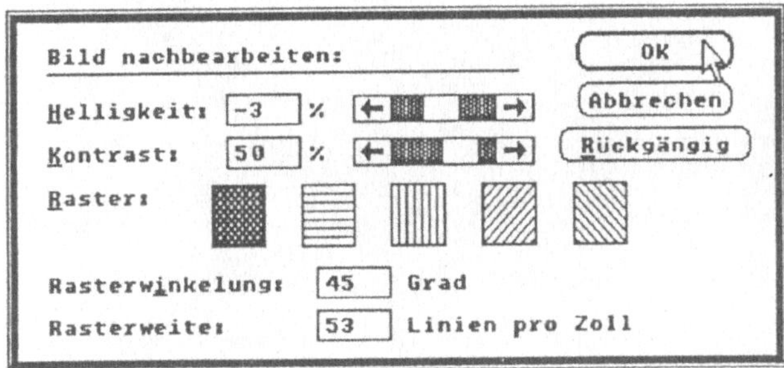

9.5.6.1 Helligkeit

Im Dialogfeld können Sie die Helligkeit einstellen (Wertebereich von -100 bis
+100). Bei -100 wird das Bild ganz dunkel, bei 0 ist die Normaleinstellung, bei
100 wird das Bild ganz hell.

9.5.6.2 Kontrast

Der Wertebereich bei den Kontrasten reicht ebenfalls von -100 bis +100. Bei
-100 wird das Bild negativ, bei 0 ist es gleichmäßig grau und völlig kontrastlos,
50 ist die Normaleinstellung, bei 100 ist der Kontrast sehr hart.

9.5.6.3 Raster

Die Rasterwinkelung und die Rasterweite in Linien pro Zoll kann ebenfalls geändert werden. Die Standardvorgabe von 53 Linien pro Zoll bei der Rasterweite eignet sich für Drucker mit einer Auflösung von 300 dpi am besten. Von der Druckerauflösung und Rasterweite hängt die Anzahl der dargestellten Grautöne ab. Je geringer der Wert für die Rasterweite ist, desto länger ist die Druckzeit.

10 Typographie und Schrift

Sie haben in den bisherigen Kapiteln die verschiedenene Möglichkeiten von PageMaker kennengelernt. Mit Schrift, dem eigentlichen Medium bei der Arbeit mit PageMaker, haben wir uns aber noch nicht näher befaßt. In den nächsten Abschnitten werden einige Grundbegriffe der Typografie besprochen, Themen, die mit Schrift und verschiedenen Arten von Schrift zu tun haben. Ebenso werden die Darstellung von Schrift am Bildschirm und damit verbundene Probleme angesprochen. Anschließend wird es um die Gestaltungsmöglichkeiten von Texten mit PageMaker gehen. Es folgen einige Beispiele mit kurzen Erklärungen.

10.1 Schrift und Buchstaben

Erwarten Sie hier keinen geschichtlichen Überblick über die Entwicklung der Schrift. Es sollen lediglich einige Begriffe geklärt werden, die Ihnen im Umgang mit Schriften und damit bei der besseren Nutzung von PageMaker helfen können. Sie haben bereits in den Übungen mit PageMaker ohne Probleme verschiedene Schriften verwendet, genauer gesagt, verschiedene Schriftarten, die in verschiedenen Größen in den Mustervorlagen vorhanden waren.

Eine **Schriftart** besteht aus Zeichen und Buchstaben, die miteinander harmonieren. Man kann ähnlich aussehende Schriftarten in **Schriftfamilien** zusammenfassen. Eine solche Familie ist z.B. *Times Roman*. Da dieser Name urheberrechtlich geschützt ist, wird die entsprechende Schrift in PageMaker *Tms Rmn* genannt (Fontware nennt sie *Dutch*). Eine andere Schriftfamilie ist *Helvetica*, in PageMaker aus demselben Grund *Helv* genannt (Fontware nennt sie *Swiss*).

Schriften einer Familie gibt es in verschiedenen Größen, die **Schriftgrade** genannt werden. Der Schriftgrad wird nicht in Millimetern gemessen, sondern in alter Setzertradition in Punkt. Leider unterscheidet der amerikanische Point sich etwas vom europäischen Punkt. PageMaker mißt den Schriftgrad immer in amerikanischen Points. Dabei gilt:

1 Point = 0,353 mm = 1/12 Pica

1 Punkt = 0,376 mm = 1/12 Cicero

Schriften können außerdem verschieden ausgezeichnet werden. Eine **Auszeichnung** bei einer Schrift ist eine besondere Form der einzelnen

Buchstaben, die von der Grundform abgeleitet ist. Bei PageMaker gibt es die Auszeichnungen *normal, fett, kursiv, unterstrichen, durchgestrichen.* Die Sonderformen *Kapitälchen, hochgestellt* und *tiefgestellt* gehören ebenfalls hierzu. Eine auf eine bestimmte Art ausgezeichnete Schrift nennt man einen **Schriftschnitt**.

Jeder einzelne solche Schriftschnitt ist ein zusammengehöriger Satz einzelner Lettern, die den gleichen Schriftgrad und die gleiche Auszeichnung besitzen. Zu einem solchen Schriftschnitt gehören nicht nur die Groß- und Kleinbuchstaben, sondern auch Satzzeichen, Zahlen und verschiedene Sonderzeichen. Wenn Sie mit einer Typenradschreibmaschine gearbeitet haben, kennen Sie ein Typenrad. Ein einzelnes Typenrad entspricht einem Schriftschnitt.

Eine Schriftfamilie wird gebildet aus allen Schriftschnitten in allen möglichen Schriftgraden. Im allgemeinen wird ein Text nur mit Lettern einer Schriftfamilie gesetzt. Eine andere Schriftfamilie verwendet man höchstens für Überschriften oder für Bemerkungen im Text, die besonders hervorgehoben werden sollen. Eine falsch gewählte **Schriftmischung** kann recht unschön aussehen, vor allem, wenn die Schriften verschiedene Ober- und Unterlängen haben.

In diesem Buch sind der gesamte Text und auch die Überschriften in Times gesetzt, allerdings in verschiedenen Auszeichnungen (fett und kursiv) und in verschiedenen Schriftgraden. Lediglich Befehlstexte, die an Ihren Computer gerichtet sind, sind in der Schrift Courier gesetzt, um diese besonders hervorzuheben.

10.1.1 Unterschiede zwischen Schriftfamilien

Alle heutzutage üblicherweise verwendeten Schriften sehen bis auf Kleinigkeiten recht gleich aus. Sie gehören alle zur großen Gruppe der **Antiqua**-Schriften, die, zumindest in den Großbuchstaben, auf die römischen Kapitalbuchstaben zurückgehen. Eine andere große Gruppe sind die gotischen Schriften wie etwa Frakturschriften.

Bei den Antiquaschriften sind zwei wichtige Untergruppen zu unterscheiden, Schriften mit Serifen und serifenlose Schriften. **Serifen** sind die kleinen Abschlußstriche an den Enden der Buchstaben (wie bei den Buchstaben des vorliegenden Abschnittes). Sie betonen die Schriftlinien und machen eine Schrift leicht lesbar. Times ist eine Serifenschrift. Serifenlose Schriften wirken eher etwas kühl und nüchtern. Diese werden auch **Grotesk**-Schriften genannt. Helvetica ist eine serifenlose Schrift.

Eine weitere wichtige Unterscheidung ist die Zeichenbreite und der Zeichenabstand, der vom Design der Schrift her vorgesehen ist. Es gibt proportionale und nicht-proportionale Schriften. Bei einer **nicht-proportionalen** Schrift bekommen alle Zeichen den gleichen Platz auf einer

Zeile zugewiesen, der Buchstabe *i* nimmt also den gleichen Raum ein wie der Buchstabe *m*. Sie kennen diese Schriften von jeder normalen Schreibmaschine. Courier ist eine nicht-proportionale Serifenschrift.

Die Verwendung solcher Schriften hat Vorteile, die aber nichts mit der Schrift zu tun haben, sondern meist mit Mechanik. Zum Beispiel wird bei einer Schreibmaschine der Wagen beim Schreiben immer um den gleichen Betrag weiter gerückt. Der Nachteil solcher Schriften ist, daß diese weder schön aussehen noch leicht lesbar sind.

Bei **proportionalen** Schriften existiert dieser Nachteil nicht. Die **Buchstabenweite** ist bei jedem Buchstaben unterschiedlich. Worte wirken dadurch geschlossener und sind leichter lesbar. Der Text bekommt ein professionelles Aussehen, er wirkt "gesetzt".

Der vom Design her vorgesehene Standardabstand zwischen einzelnen Buchstaben gehört ebenfalls zur Schrift. Dieser Raum links und rechts des Buchstabens plus die Buchstabenweite nennt man die **Dickte** des Buchstabens. Die Strichführung, also die Strichdicke an verschiedenen Stellen des einzelnen Buchstabens, ist ein weiteres Kriterium einer Schrift und wird **Duktus** genannt.

10.1.2 Buchstabenabstände

Zur Erreichung eines besseren Schriftbildes kann man einzelne Buchstabenpaare enger zusammenrücken oder auch weiter auseinanderrücken. Man spricht dann von **Sperren** und **Unterschneiden**. Der Abstand, der dazu hinzugefügt bzw. weggenommen wird, nennt der Setzer ein Spatium. Die bei PageMaker für diese Feinpositionierung von Zeichenpaaren verwendete Einheit ist 1/48 Geviert. Ein **Geviert** wiederum ist eine Einheit, die von der Schriftgröße abhängig ist und jeweils gleich dem Schriftgrad ist. Bei einer 12 Point Schrift ist ein Geviert 12 Point breit, 1/48 Geviert also 1/4 Point.

10.1.3 Satzspiegel

Während der Schriftgrad meist in Point bzw. Punkt gemessen wird, wird der **Satzspiegel** meist in Millimetern angegeben. Der Satzspiegel ist die vom Text und von Abbildungen eingenommene Fläche einer Seite. Fußnoten eines Textes stehen ebenfalls im Satzspiegel, während die Seitenzahl auf dem Steg steht. **Stege** sind die freien, unbedruckten Flächen rings um den Text auf der Seite. Man unterscheidet Kopf-, Fuß-, Bund- und Außensteg. Bei PageMaker wird der Satzspiegel über die Seitenabmessungen und die verschiedenen Stegbreiten definiert.

10.1.4 Schrift am Bildschirm

Da Sie in PageMaker eine satzidentische Darstellung am Bildschirm haben,
müssen alle Schriften, die Sie ausdrucken können, auch am Bildschirm
erscheinen. Da eine Seite Ihres Dokumentes am Bildschirm in verschiedenen
Größen dargestellt werden kann, müssen auch die Schriften entsprechend
vergrößert oder verkleinert dargestellt werden. Hier stößt man an die Grenzen
des WYSIWYG-Prinzips. Vor allem Serifen sind wegen der relativ niederen
Bildschirmauflösung nur unpräzise darzustellen.

Jedem Schriftschnitt des Druckers entspricht ein bestimmter
Bildschirmzeichensatz. Ist kein spezieller, zum Druckerzeichensatz gehöriger
Bildschirmzeichensatz vorhanden, benutzt PageMaker zur Darstellung am
Bildschirm einen der eingebauten **Systemzeichensätze.** Damit kann eine
Serifenschrift, eine Groteskschrift und eine nicht-proportionale Schrift
dargestellt werden. Die Zeichen, die mit den Systemzeichensätzen dargestellt
werden, entsprechen in Höhe und Breite aber nicht den gedruckten Zeichen.

Diese Systemzeichensätze sind in den Schriftgraden 6, 7, 8, 9, 10, 11, 12, 14,
16, 18 und 24 Point vorhanden. Um die Speicherkapazität nicht unnötig zu
überlasten, existieren nicht für jede Schriftgröße Zeichensätze. Für andere
Schriftgrade können diese Schriften auf ein ganzzahliges Vielfaches vergrößert
werden, sonst wird der nächstkleinere Schriftgrad verwendet. Dabei werden die
Buchstaben als **Bitmuster** dargestellt.

In den anderen Fällen und bei sehr großen Schriften (als Standardvorgabe bei
Schriften ab 24 Pixel) werden am Bildschirm **Vektorzeichen** verwendet, die
sich beliebig vergrößern lassen. Sie bestehen aus einer Folge von Linien im
Umriss der Buchstaben und ähneln der gedruckten Schrift nicht mehr sehr. Vor
allem stimmt die Größe der Buchstaben und ihrer Zwischenräume nicht immer.
Lediglich die Zeilenlänge und der Zeilenumbruch stimmt nach wie vor mit dem
Druckergebnis überein.

Wenn Sie bei Ihrem Drucker mit ladbaren Zeichensätzen arbeiten, haben Sie
vielleicht auch für jede Schrift, die Sie drucken können, eine Schrift, die am
Bildschirm gezeigt wird. Die letztere ist aber nur zur getreueren Darstellung
nötig, nicht zum tatsächlichen Ausdruck.

10.1.4.1 Bildschirmanzeige beeinflussen

Sie können über den Befehl »Vorgaben wählen...« im Menü »Bearbeiten«
bestimmen, ob System- oder Vektorzeichen für die Bildschirmanzeige
verwendet werden sollen. Dabei sind einige Umstände zu berücksichtigen:

* Die getreueste Wiedergabe der gedruckten Zeichen erhalten Sie mit
  speziell zum Druckerzeichensatz passenden Bildschirmzeichen.

- Diese Bildschirmzeichensätze brauchen mehr Speicherkapazität als die integrierten Systemzeichensätze. Je mehr Bildschirmzeichensätze Sie verwenden, desto langsamer arbeitet PageMaker.

- Verwenden Sie wegen der getreuen Darstellung für den immer verwendeten Fließtext möglichst Bildschirmzeichensätze. Die üblichen Schriftgrößen für Fließtext sind 8 bis 12 Point.

- Für selten verwendete Schriften und für große Überschriften verwenden Sie Systemzeichensätze oder Vektorzeichensätze.

- Normalerweise erhalten Sie mit den vorgegebenen Standardwerten gute Ergebnisse. Wenn Sie aber die Bildschirmanzeige ändern wollen, müssen Sie den Befehl »Vorgaben wählen...« im Menü »Bearbeiten« wählen.

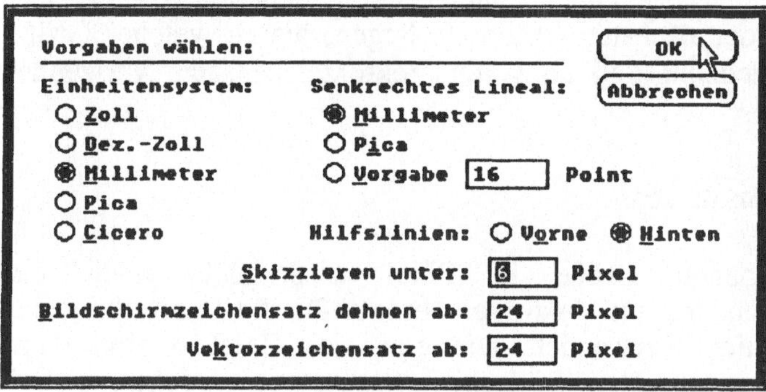

In diesem Zusammenhang sind die drei letzten Optionen dieses Dialogfeldes wichtig. Die dabei verwendete Einheit **Pixel** entspricht einem Bildpunkt und hängt mit der Auflösung Ihres Bildschirmes zusammen. Wenn Ihr Bildschirm eine Auflösung von 72 Bildpunkten pro Zoll hat (wie etwa ein Macintosh), entspricht die Einheit *Pixel* der Einheit *Point*.

10.1.4.1.1 »Skizzieren unter:«

Hier können Sie die Größe in Pixel eingeben, unter welcher Schriftgröße PageMaker Schrift nicht mehr als Text, sondern als schraffierte Fläche (skizziert) darstellt. Die Auflösung der meisten Bildschirme läßt unter einer bestimmten Größe keine Schriftdarstellung mehr zu. Bei Layout-Arbeiten, bei denen Sie den Text nicht mehr lesen müssen, wird durch das Skizzieren außerdem die Arbeitsgeschwindigkeit erhöht. Standardvorgabe ist 6 Pixel, größerer Text wird normal dargestellt.

10.1.4.1.2 »Bildschirmzeichensatz dehnen ab:«

Hier können Sie festlegen, ab welcher Größe ein Bildschirmzeichensatz gedehnt werden soll, um dadurch eine andere Größe darstellen zu können. Voraussetzung ist, daß Bildschirmzeichensätze vorhanden sind. Die Standardvorgabe ist 24 Pixel. Das bedeutet, daß zur Darstellung größerer Schriften ein kleinerer Bildschirmzeichensatz gedehnt wird, auch wenn der entsprechende Bildschirmzeichensatz in der richtigen Größe vorhanden ist. Gedehnte kleinere Zeichensätze werden schneller angezeigt als Zeichensätze in der entsprechenden Größe. Sie beanspruchen aber mehr Arbeitsspeicher als Systemzeichensätze. Je mehr die Bildschirmzeichensätze vergrößert werden, desto ungleichmäßiger erscheinen diese am Bildschirm. Wenn Bildschirmzeichensätze größer als 24 Pixel vorhanden sind und diese zur Darstellung am Bildschirm verwendet werden sollen, müssen Sie den Wert in diesem Feld entsprechend erhöhen. Statt gedehnter Bildschirmzeichensätze können auch Vektorzeichensätze verwendet werden. Sie können mit der nächsten Option festlegen, bis zu welcher Größe Bildschirmzeichensätze gedehnt und ab wann Vektorzeichensätze verwendet werden sollen.

10.1.4.1.3 »Vektorzeichensatz ab:«

Ab der hier eingegebenen Größe in Pixel wird nicht mehr ein Bildschirmzeichensatz, sondern ein Vektorzeichensatz für die Darstellung der Schrift auf dem Bildschirm verwendet. Die einzelnen Zeichen sind dann vergrößerbare Formelemente. Die Bildschirmanzeige von Vektorzeichen erfordert weniger Speicherkapazität, dauert aber meist länger als das Vergrößern vorhandener Bildschirmzeichensätze.

Standardvorgabe ist wie in der Option »Bildschirmzeichensatz dehnen ab:« 24 Pixel. Das bedeutet, daß ab dieser Größe nicht mehr Bildschirmzeichensätze, sondern Vektorzeichensätze verwendet werden. Ein Vektorzeichensatz wird dabei auch dann verwendet, wenn ein Bildschirmzeichensatz in der richtigen Größe vorhanden ist. Sind Bildschirmzeichensätze größer als 24 Pixel vorhanden und sollen diese zur Darstellung am Bildschirm verwendet werden, müssen Sie den Wert in diesem Feld entsprechend erhöhen.

10.1.4.2 Bildschirmzeichensätze installieren

Wenn Sie ladbare Zeichensätze für Ihren Drucker kaufen, übernimmt das mitgelieferte Installationsprogramm meist auch das Installieren der Bildschirmzeichensätze. Sonst verwenden Sie dazu den Befehl »Schriftart hinzufügen...« im Menü »Installation« in der Systemsteuerung von Windows. Sie müssen dazu eine Diskette mit den Bildschirmzeichensatzdateien einlegen. Geben Sie als Verzeichnis zur Speicherung der neuen Bildschirmzeichensätze das Verzeichnis WINDOWS an.

10.2 Typographische Möglichkeiten in PageMaker

PageMaker bietet Ihnen einige Möglichkeiten zur typografischen Aufbereitung Ihres Textes. Der ausgewählte Reindrucker bestimmt dabei aber immer, welche Schriftarten und Schriftgrade Ihnen beim Ausdruck zur Verfügung stehen. Verwenden Sie am Bildschirm Schriftschnitte, die Ihrem Drucker nicht zur Verfügung stehen (weil z.B. die entsprechende Schriftkassette nicht eingesteckt ist), wird beim Ausdruck ein vorhandener Schriftschnitt verwendet. Viele Eigenschaften können Sie sowohl einzelnen Zeichen als auch ganzen Worten oder Absätzen zuordnen. Die entsprechende Texteinheit muß dazu immer mit dem Editor markiert sein.

Kombinieren Sie mehrere Eigenschaften in einem Druckformat, gelten diese immer absatzweise. Der Absatz muß zum Zuordnen eines Druckformats nicht vollständig markiert sein, es genügt, wenn sich die Einfügeposition des Editors in dem betreffenden Absatz befindet.

Durch die Wahl einer bestimmten Schriftart können Sie bereits den Charakter Ihres Dokumentes beeinflussen. Eine serifenlose Schrift verleiht einem Text einen eher nüchternen Charakter.

An den einzelnen Zeichen selbst können Sie in PageMaker nichts ändern, wohl aber an der Art und Weise, wie diese Zeichen zusammengesetzt werden.

10.2.1 Schriftart / Schriftgrad / Schriftschnitt

Schriftart, Schriftgrad und Schriftschnitt bestimmen Sie im Dialogfeld »Schriftfestlegung...« des Menüs »Typographie«. Was Sie hier festlegen, bezieht sich auf den vorher markierten Textabschnitt (Zeichen, Wort, Absatz). Den Schriftschnitt eines markierten Textes können Sie auch direkt über die Optionen im Menü »Typographie« festlegen. Sie können mehrere Eigenschaften miteinander kombinieren, um z.B. fette kursive Schrift zu erhalten. Negative Schriften können nicht mit jedem Drucker dargestellt werden. Auf der nächsten Seite sehen Sie einige Beispiele der möglichen Optionen.

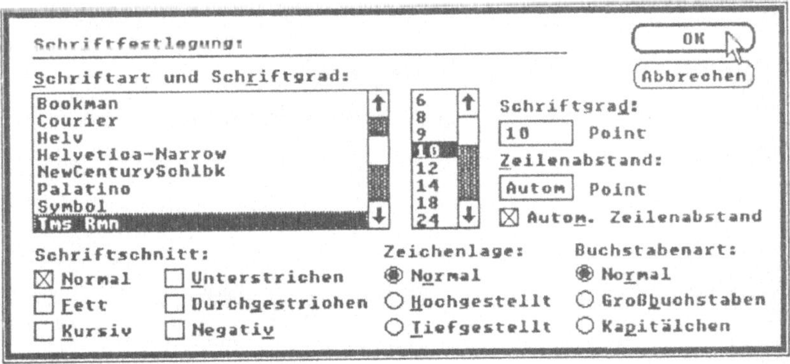

Das ist TMS RMN in 24 Point

Das ist HELV in 24 Point

Das ist Tms Rmn in 12 Point

Das ist Helv in 12 Point

Das ist Courier in 12 Point

Das ist Tms Rmn 10 Point kursiv

Das ist Helv 14 Point fett

Negative Schrift ist nicht mit jedem Drucker möglich

Farbige Schrift können Sie hier nicht erkennen.

DAS SIND KAPITÄLCHEN. DIE HÖHE DER KLEINEN VERSALBUCH-
STABEN IST CA. 70% DES SCHRIFTGRADES.

Hochgestellt: cm^3 und tiefgestellt: H_2O. Der Schriftgrad wird dabei
automatisch auf ca. $^7/_{12}$ des normalen Schriftgrades verringert. Hat Ihr
Drucker dazu nicht den richtigen Zeichensatz, wird der am besten
passende Zeichensatz verwendet.

Schlagschatten können im Farbe sein.
Verschiedene Schriftproben

10.2.2 Initial

Ein Sonderfall des Schriftgradwechsels ist das Initial. Ein Initial ist ein vergrößerter Schmuckbuchstabe und dient der Hervorhebung eines Kapitel- oder Abschnittanfangs. Oft werden nach einem Initial die ersten drei Wörter in Kapitälchen gesetzt. Leider können Sie mit der Konturenführung von PageMaker den Text nicht automatisch um den vergrößerten Buchstaben fließen lassen, da PageMaker auch einen einzelnen vergrößerten Buchstaben nach wie vor als Buchstaben und nicht als Grafik betrachtet. Sie müssen deshalb manuell vorgehen.

Duis autem vel eum iriure dolor in hendrerit in vulputate velit esse molestie consequat, vel illum dolore eu feugiat nulla facilisis at vero eros et accumsan et iusto odio dignissim qui blandit praesent luptatum zzril delenit augue duis dolore te feugait nulla facilisi. Nam liber tempor cum soluta nobis eleifend option congue nihil imperdiet doming id quod mazim placerat facer possim assum. Lorem ipsum dolor sit amet, consectetuer adipiscing elit, sed diam nonummy nibh euismod tincidunt ut laoreet dolore magna aliquam erat volutpat.

- Löschen Sie den zu vergrößernden Buchstaben vom Wortanfang.

- Schreiben Sie den Buchstaben in einem eigenen Textblock und versehen Sie ihn mit dem gewünschten großen Schriftgrad.

- Schieben Sie ihn dann mit dem Mauspfeil an die gewünschte Stelle am Zeilenanfang.

- Nun müssen Sie den Text zeilenweise um das Initial anordnen. Dazu machen Sie den Textblock unmittelbar rechts vom Initial mit dem Mauspfeil schmäler.

- Verkürzen Sie dann den markierten Textblock, indem Sie die untere Begrenzung nach oben bis auf die Höhe des Initials schieben.

- Dann laden Sie den Text wieder in den Mauspfeil, indem Sie auf dem unteren Anfasser des markierten Textblockes klicken.

- Positionieren Sie nun den Text Zeile für Zeile in der richtigen Breite. Ziehen Sie dazu Hilfslinien aus dem senkrechten Lineal.

- Damit der Durchschuß zwischen den Textblöcken nicht verändert wird, können Sie eine Hilfslinie aus dem waagerechten Lineal ziehen. Legen Sie diese auf die untere Begrenzungslinie eines markierten Textblockes. Wenn Sie jetzt einen neuen Textblock unter dem ersten Textblock neu positionieren, legen Sie dessen obere Begrenzungslinie auf dieselbe Hilfslinie.

10.2.3 Farbe

Sie können einem Text genau wie einer Grafik mit der Farbpalette eine beliebige Volltonfarbe zuordnen. Dabei muß der Text mit dem Editor markiert sein.

10.2.4 Sperren

Sie können ein Wort zur Hervorhebung sperren, indem Sie manuell zwischen die einzelnen Buchstaben Abstände einfügen. Dabei verwendet PageMaker als Einheit das von der Schriftgröße abhängige Geviert. Sie fügen 1/48 Geviert ein, indem Sie die Einfügeposition zwischen die betreffenden Buchstaben setzen und die Ctrl-Taste und die Shift-Taste gleichzeitig mit der Backspace-Taste drücken.

Wenn Sie eine Überschrift genau auf eine bestimmte Breite setzen wollen, müssen Sie etwas anders vorgehen.

- Schreiben Sie die Überschrift dafür zunächst in einem unabhängigen Textblock, der die gewünschte Breite hat. Dehnen Sie den Textblock notfalls an den Anfassern.

- Setzen Sie ein Leerzeichen zwischen jeden Buchstaben, zwei Leerzeichen zwischen zwei Wörter. Fügen Sie auch am Ende der Überschrift ein Leerzeichen ein.

- Jetzt füllen Sie das Zeilenende mit geschützten Leerschritten auf (Ctrl-Taste und Leertaste), bis der Cursor in die nächste Zeile springt.

- PageMaker glaubt jetzt, ein Buchstabe sei ein Wort. Wenn Sie anschließend die Überschrift mit dem Editor markieren und im Menü »Typographie« den Befehl »Blocksatz« anwählen, dehnt PageMaker die Überschrift auf die gewünschte Breite.

Ü b e r s c h r i f t

Lorem ipsum dolor sit amet, consectetuer adipiscing elit, sed diam nonummy nibh euismod tincidunt ut laoreet dolore magna aliquam erat volutpat. Ut wisi enim ad veniam, quis nostrud exerci tation ullamcorper suscipit lobortis nisl ut aliquip ex ea commodo consequat.
Autem vel eum iriure dolor in hendrerit in vulputate velit esse molestie consequat, vel illum dolore eu feugiat nulla facilisis at vero eros et accumsan et iusto odio dignissim qui blandit praesent luptatum zzril delenit augue duis dolore te feugait nulla facilisi.
Lorem ipsum dolor sit amet, consectetuer adipiscing elit, sed diam nonummy nibh euismod tincidunt ut laoreet dolore magna aliquam erat volutpat. Ut wisi enim ad minim veniam, quis nostrud exerci tation ullamcorper suscipit lobortis nisl ut aliquip ex ea commodo consequat.

Mehrspaltige Überschrift

10.2.5 Unterschneiden

Manuell: Sie können zwischen einem Buchstabenpaar Abstand herausnehmen, indem Sie die Einfügeposition zwischen die entsprechenden Buchstaben setzen und dann bei gedrückter Ctrl-Taste die Backspace-Taste drücken. Dabei wird bei jedem Tastendruck ein 1/48 Geviert großer Abstand weggenommen. Solche enger zusammengerückten Buchstabenpaare nennt man Ligaturen. Sie können mit ihnen das Erscheinungsbild einzelner Wörter verbessern. Das manuelle Erzeugen von Ligaturen ist aber relativ aufwendig und lohnt sich nur bei größeren Schriftgraden, wenn der Standardabstand zweier Buchstaben sehr unschön wirkt.

Dieses W o r t wurde gesperrt, um es hervorzuheben.

Vater - Vater

Sauerstoffflasche   -   Sauerstoffflasche

geschafft - geschafft

Das ist auch unterschnitten: O + - ⊕

Einige Beispiele von gesperrtem und unterschnittenem Text

10.2.5.1 Automatisches Unterschneiden

Sie können die Standardabstände in einem ganzen Textabschnitt verbessern, indem Sie im Menü »Typografie« den Befehl »Absatz« und in diesem Dialogfeld die Option »Ausgleich: Autom. bei mehr als…Point« anwählen.

Dadurch ist die automatische Unterschneidung aktiv. Der Befehl wirkt auf markierte Absätze. Welche Buchstabenpaare dabei ausgeglichen werden, hängt von der verwendeten Schrift ab und kann von Ihnen nicht geändert werden. Da das Anwählen dieser Option die Arbeit mit PageMaker stark verlangsamt, empfiehlt es sich, nur ab einer bestimmten Schriftgröße zu unterschneiden. Standardvorgabe ist 12 Point, bei kleineren Schriftgrößen ist die Wirkung der Unterschneidung kaum erkennbar.

10.2.6 Dickte und Abstände im Blocksatz und Flattersatz

Sie können auf die Dickte der Buchstaben auch begrenzt mit dem Befehl »Abstände...« im Menü »Typografie« Einfluß nehmen. Die hier eingebbaren Abstandswerte sind keine absoluten Werte, sondern jeweils abhängig von der gewählten Schrift und dem Schriftgrad. Sie können einen Minimalwert und einen Maximalwert eingeben.

Die Abstandswerte in diesem Dialogfeld beziehen sich aber nicht nur auf einen einzelnen Absatz, sondern auf den ganzen Textblock. Wollen Sie lediglich die Werte für einen einzelnen Absatz ändern, müssen Sie diesen durch Löschen und Wiedereinfügen außerhalb des existierenden Textblockes von diesem Textblock auskoppeln.

Für eine Änderung der Abstandswerte muß sich die Einfügeposition in dem betreffenden Textblock bzw. in dem ausgekoppelten Absatz befinden. Bei der Änderung spielt es eine gewisse Rolle, ob Sie Absätze im Blocksatz oder im Flattersatz formatiert haben. Lesen Sie dazu auch den Abschnitt über Zeilenumbruch weiter oben.

10.2.6.1 Blocksatz

Um im Blocksatz ein geschlossenes Schriftbild zu erreichen, trennt PageMaker zuerst die letzten Wörter jeder Zeile, sofern dies möglich ist. Dann verändert

PageMaker zunächst den Wortabstand innerhalb des angegebenen Wertebereichs. Je größer der zugelassene Wertebereich ist, desto weniger Trennungen werden vorgenommen. Allerdings wird der Wortabstand groß und der Text dadurch schlecht lesbar. Kann mit der Vergrößerung der Wortabstände noch kein Blocksatz erreicht werden, wird anschließend der Zeichenabstand verändert. Für den Wortabstand gelten folgende Bereiche:

»Minimum:«   0 bis 500%

»Maximum:«   0 bis 500%

»Erwünscht:«   immer zwischen den eingegebenen Werten

Standardvorgabe ist 50% für »Minimum:«, 100% für »Erwünscht:« und 200% für »Maximum:«. Der Wert 100% bei »Erwünscht:« entspricht der Breite des Buchstabens »n«. Mit diesen Standardwerten wird im Normalfall ein gutes Schriftbild erreicht. Üblicherweise sollen die Wortabstände nicht unter 50% und nicht über 150% des Normalabstandes (100%) sein.

Die Option »Zeichenabstand« bestimmt den Standardwert der Dicke. Er ist von der Schriftart abhängig. Der Normalwert (»Erwünscht:«) ist mit 0% vorgegeben. Für den Zeichenabstand gelten folgende Bereiche:

»Minimum:«   -200 bis 0%

»Maximum:«   0 bis 200%

»Erwünscht:«   immer zwischen den eingegebenen Werten

Standardvorgabe ist -5% für »Minimum:«, 0% für »Erwünscht:« und 25% für »Maximum:«. Um ein gutes Schriftbild zu erreichen, sollte der Zeichenabstand möglichst immer den Wert 0% haben. Wollen Sie dies erzwingen, wählen Sie als Wert bei »Maximum:« 0%.

10.2.6.2 Flattersatz

Beim Flattersatz wird der Zeichenabstand von PageMaker auf den Wert »Erwünscht:« eingestellt, ebenso der Wortabstand. Meist erzielen Sie mit der Standardvorgabe bei eingeschalteter automatischer Silbentrennung (Menü »Typographie«, Befehl »Absatz...«) gute Ergebnisse. Standardvorgabe ist -5 % für »Minimum:«, 0 % für »Erwünscht:« und 25 % für »Maximum:«. Für den Zeichenabstand gelten, wie im Blocksatz, folgende Bereiche:

»Minimum:«   -200 bis 0%

»Maximum:«   0 bis 200%

»Erwünscht:«   immer zwischen den eingegebenen Werten

Um ein gutes Schriftbild zu erreichen, sollte der Zeichenabstand möglichst immer den Wert 0% haben.

10.2.7 Absatzausrichtung

Unter Absatzausrichtung oder Zeilenfall versteht man die Anordnung der Zeilen einer Satzgruppe. Der Zeilenfall ist bedingt durch die Länge der einzelnen Zeilen.

Duis autem vel eum iriure dolor in hendrerit in vulputate velit esse molestie consequat, vel illum dolore eu feugiat nulla facilisis at vero eros et accumsan et iusto odio dignissim qui blandit praesent luptatum zzril delenit augue duis dolore te feugait nulla facilisi. Lorem ipsum dolor sit amet, consectetuer adipiscing elit, sed diam nonummy nibh euismod tincidunt ut laoreet dolore magna aliquam erat volutpat.

Duis autem vel eum iriure dolor in hendrerit in vulputate velit esse molestie consequat, vel illum dolore eu feugiat nulla facilisis at vero eros et accumsan et iusto odio dignissim qui blandit praesent luptatum zzril delenit augue duis dolore te feugait nulla facilisi. Lorem ipsum dolor sit amet, consectetuer adipiscing elit, sed diam nonummy nibh euismod tincidunt ut laoreet dolore magna aliquam erat volutpat.

Duis autem vel eum iriure dolor in hendrerit in vulputate velit esse molestie consequat, vel illum dolore eu feugiat nulla facilisis at vero eros et accumsan et iusto odio dignissim qui blandit praesent luptatum zzril delenit augue duis dolore te feugait nulla facilisi. Lorem ipsum dolor sit amet, consectetuer adipiscing elit, sed diam nonummy nibh euismod tincidunt ut laoreet dolore magna aliquam erat volutpat.

Duis autem vel eum iriure dolor in hendrerit in vulputate velit esse molestie consequat, vel illum dolore eu feugiat nulla facilisis at vero eros et accumsan et iusto odio dignissim qui blandit praesent luptatum zzril delenit augue duis dolore te feugait nulla facilisi. Lorem ipsum dolor sit amet, consectetuer adipiscing elit, sed diam nonummy nibh euismod tincidunt ut laoreet dolore magna aliquam erat volutpat.

Absätze in Blocksatz, zentriert, linksbündig, rechtsbündig

Durch Wählen der betreffenden Option im Menü »Typografie« können Sie den markierten Absatz links, rechts, zentriert oder im Blocksatz ausrichten. Diese Optionen können Sie auch im Dialogfeld »Absatz...« anwählen.

10.2.8 Zeileneinzug

In demselben Dialogfeld »Absatz...« können Sie über die Option »Einzüge:« das Aussehen der Absätze bestimmen. Die Maßeinheit der Einzüge bestimmen Sie im Menü »Bearbeiten« im Dialogfeld »Vorgaben wählen«.

Einen hängenden Einzug stellen Sie her, indem Sie im Feld »Links« unter »Einzüge« einen positiven Wert eingeben, im Feld »Erste Zeile« dagegen einen negativen Wert.

Dieser Abschnitt wurde rechts um 20 Millimeter eingezogen. Duis autem vel eum iriure dolor in hendrerit in vulputate velit esse molestie consequat, vel illum dolore eu feugiat nulla facilisis at vero eros et accumsan et iusto odio dignissim qui blandit praesent luptatum zzril delenit augue duis dolore te feugait nulla facilisi. Lorem ipsum dolor sit amet, consectetuer adipiscing elit, sed diam nonummy nibh euismod tincidunt ut laoreet dolore magna aliquam erat volutpat.

Bei einem hängenden Einzug ragt die erste Zeile über den linken Textrand hinaus. Im Dialogfeld »Absatz...« im Menü »Typographie« müssen Sie für dieses Beispiel im Feld »Einzüge:« den Wert - *10* für die erste Zeile eintragen

Ein Zitat könnten Sie durch entsprechende Angaben in demselben Dialogfeld zur Hervorhebung links und rechts einziehen und dadurch vom normalen Fließtext besser abheben.

Verschieden eingezogene Absätze

10.2.9 Durchschuß

Den gewünschten Durchschuß können Sie im Dialogfeld »Schriftfestlegung:« im Menü »Typographie« direkt in Point angeben.

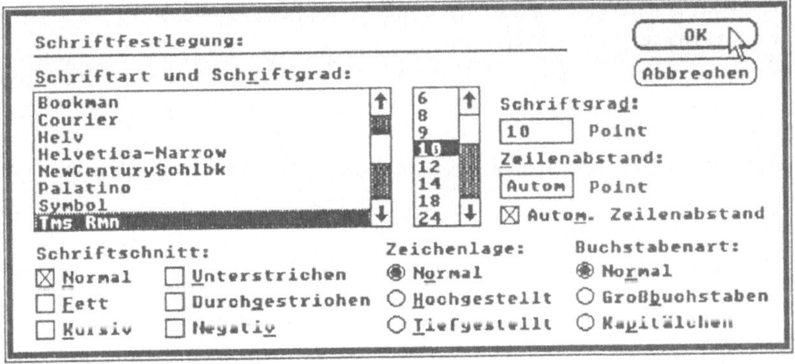

Mit der Option »Autom. Zeilenabstand« in diesem Dialogfeld wird ein Durchschuß proportional zum gewählten Schriftgrad verwendet. Die Standardvorgabe ist 120% des Schriftgrades. Dieser Wert liefert gute Ergebnisse. Wird der Durchschuß zu gering eingestellt, ist der Text sehr schwer lesbar. Verwenden Sie dann auch noch einen kleinen Schriftgrad, wird der Text zu "Augenpulver".

Duis autem vel eum iriure dolor in hendrerit in vulputate velit esse molestie consequat, vel illum dolore eu feugiat nulla facilisis at vero eros et accumsan et iusto odio dignissim qui blandit praesent luptatum zzril delenit augue duis dolore te feugait nulla facilisi. Lorem ipsum dolor sit amet, consectetuer adipiscing elit, sed diam nonummy nibh euismod tincidunt ut laoreet dolore magna aliquam erat volutpat.

Duis autem vel eum iriure dolor in hendrerit in vulputate velit esse molestie consequat, vel illum dolore eu feugiat nulla facilisis at vero eros et accumsan et iusto odio dignissim qui blandit praesent luptatum zzril delenit augue duis dolore te feugait nulla facilisi. Lorem ipsum dolor sit amet, consectetuer adipiscing elit, sed diam nonummy nibh euismod tincidunt ut laoreet dolore magna aliquam erat volutpat.

Dieser Text wurde in Tms Rmn 10 Point mit automatischem Durchschuß gesetzt.

Duis autem vel eum iriure dolor in hendrerit in vulputate velit esse molestie consequat, vel illum dolore eu feugiat nulla facilisis at vero eros et accumsan et iusto odio dignissim qui blandit praesent luptatum zzril delenit augue duis dolore te feugait nulla facilisi. Lorem ipsum dolor sit amet, consectetuer adipiscing elit, sed diam nonummy nibh euismod tincidunt ut laoreet dolore magna aliquam erat volutpat.
Duis autem vel eum iriure dolor in hendrerit in vulputate velit esse molestie consequat, vel illum dolore eu feugiat nulla facilisis at vero eros et accumsan et iusto odio dignissim qui blandit praesent luptatum zzril delenit augue duis dolore te feugait nulla facilisi. Lorem ipsum dolor sit amet, consectetuer adipiscing elit, sed diam nonummy nibh euismod tincidunt ut laoreet dolore magna aliquam erat volutpat.

Dieser Text wurde in Tms Rmn 9 Point mit 8 Point Durchschuß gesetzt.

Die Standardvorgabe für den automatischen Durchschuß von 120% des Schriftgrades können Sie verändern. Mit der Option »Autom. Zeilenabstand: ...% des Schriftgrads« im Dialogfeld »Abstände...« legen Sie fest, wieviel Prozent der Schriftgröße der Durchschuß sein soll.

```
Abstände:                                      ( OK )
Wortabstand:            Zeichenabstand:         (Abbrechen)
  Minimum:   [50] %       Minimum:   [0]  %
  Erwünscht: [100] %      Erwünscht: [0]  %
  Maximum:   [200] %      Maximum:   [25] %
Silbentrennzone: [12]  mm
Autom. Zeilenabstand: [120] % des Schriftgrads
Zeilenabstand:  ● Absolut   ○ Relativ
```

10.2.10 Absatzabstand

Mit der Option »Abstand:« im Dialogfeld »Absatz...« geben Sie den Abstandswert ein, den die Absätze untereinander haben sollen. Wie üblich beziehen sich die Merkmale auf gerade markierten Text. Ist nichts markiert, wird diese Einstellung zur Standardeingabe für alle mit dem Editor geschriebenen Texte.

10.2.11 Seiten

Der Seitenumbruch ist in PageMaker zugegebenermaßen nicht sehr weit entwickelt. Sie können zwar mit dem Befehl »Seite einrichten...« im Menü »Datei« jederzeit die Seitenabmessungen Ihres Dokumentes festlegen und dann über die Stege den Satzspiegel, das ist aber auch schon alles. PageMaker übernimmt es (noch) nicht, Fußnoten für Sie zu placieren, und Seitenende und Seitenanfang müssen Sie auch selbst kontrollieren, um Hurenkinder und Schusterjungen zu vermeiden.

Hurenkind nennt man in der Setzersprache die letzte Zeile eines Absatzes, die zur ersten Zeile einer neuen Seite wird.

Ein *Schusterjunge* ist die erste Zeile eines Absatzes, die gleichzeitig die letzte Zeile einer Seite ist.

10.2.11.1 Erzwungener Seitenwechsel

Es gibt allerdings einen Trick, mit dem Sie einen erzwungenen Seiten- bzw. Spaltenwechsel erreichen können, ohne den Text manuell neu positionieren zu müssen. Markieren Sie den Absatz, der am Anfang einer neuen Spalte oder Seite stehen soll, und wählen Sie den Befehl »Absatz...« im Menü »Typographie«. In dem Dialogfeld legen Sie jetzt den Wert für »Abstand: Oben« so fest, daß er genau der Höhe des Satzspiegels entspricht. Da ein Abschnitt mit dieser Festlegung nicht auf eine Seite oder in eine Spalte paßt, die bereits Text enthält, wird der Abschnitt an den Anfang einer neuen Seite bzw. Spalte gesetzt. Die vorhergehende Seite bzw. Spalte wird nicht leer gelassen, da unnötige Leerräume automatisch unterdrückt werden.

Natürlich läßt sich dies in ein Druckformat einbauen. Wenn Sie z.B. immer die Hauptüberschrift am Anfang einer neuen Seite wollen, legen Sie den Wert für »Abstand: Oben« entsprechend fest. Der so formatierte Abschnitt wird dann von PageMaker bereits beim Positionieren automatisch an den Anfang einer neuen Seite oder Spalte gestellt.

11 Ausdruck und Drucker

Dieses Kapitel befaßt sich mit technischen Details, die zur Verwendung und zum Verständnis der verschiedenen mit PageMaker verwendbaren Drucker wichtig sind. Zunächst wird die Konfiguration Ihres Systems besprochen und auch, welche Möglichkeiten Windows und PageMaker dabei bieten. Die Unterschiede zwischen Rein-, Standard- und Konzeptdrucker werden erklärt und anschließend die Benutzung eines PostScript-Druckers sowie eines PCL-Druckers. In diesem Zusammenhang wird das mit PageMaker mitgelieferte Programm Fontware erklärt, mit dem Sie Zeichensätze erzeugen können.

11.1 Rein-, Standard- und Konzeptdrucker

Da PageMaker unter Windows läuft, können Sie prinzipiell mit allen Windows-kompatiblen Druckern abeiten. Jeder Drucker, den Sie an Ihr System anschließen wollen bzw. für den Sie eine PageMaker-Datei erstellen wollen, muß mit der entsprechenden Druckertreiberdatei und eventuell zu verwendenden Zeichensätzen unter Windows installiert sein. Wenn Sie die volle Windows-Version verwenden, prüfen Sie nach, ob die entsprechenden Druckertreiber, die mit dem PageMaker-Paket auf den Disketten der Windows-Kurzfassung geliefert wurde, ein neueres Datum haben als die Treiber der Vollversion. Installieren Sie auf jeden Fall die neueren Treiber.

Man unterscheidet Standard-, Rein- und Konzeptdrucker. Das ist nur auf den ersten Anblick verwirrend:

- Der **Standarddrucker** ist derjenige Drucker, mit dem Sie normalerweise in Windows arbeiten, der also mit einem Kabel an Ihren Computer angeschlossen ist.

- Der **Reindrucker** ist derjenige Drucker, für den Sie Ihre PageMaker-Datei anlegen. Er muß nicht unbedingt tatsächlich an Ihren Computer angeschlossen sein. Von diesem Drucker hängt z.B. ab, welche Schriften Sie in Ihrer PageMaker-Datei verwenden können.

- Der **Konzeptdrucker** ist derjenige Drucker, mit dem Sie Ihre PageMaker-Datei ausdrucken, wenn Ihr Reindrucker nicht an Ihren Computer angeschlossen ist. Der Konzeptdrucker ist also tatsächlich an Ihr System angeschlossen.

Alle drei Drucker können identisch sein. Oft ist auch der Standarddrucker nur der Konzeptdrucker, und Sie lassen Ihre Datei auf einem PageMaker-Reindrucker, z.B. einer Photosatzanlage, außer Haus ausdrucken.

11.1.1 Mehrere Druckertreiber

Sie können mehrere Druckertreiber installieren. Das ist dann sinnvoll, wenn Sie selbst direkt mit mehreren verschiedenen Druckern arbeiten wollen. Es empfiehlt sich auch dann, wenn Sie den endgültigen Ausdruck Ihrer PageMaker-Datei über einen nicht an Ihr System tatsächlich angeschlossenen Reindrucker vornehmen wollen. Bis zu zehn Druckertreiber können gleichzeitig installiert sein.

Von der Wahl des Reindruckers in PageMaker hängt u.a. ab, welche Schriftarten Ihnen für Ihre Arbeit zur Verfügung stehen. Deshalb ist es wichtig, daß Sie gleich zu Beginn Ihrer Arbeit festlegen, mit welchem Drucker Ihre Datei später ausgedruckt werden soll.

11.2 Anschluß eines Druckers

Wenn Sie bereits beim Installieren von Windows und PageMaker wissen, mit welchem Drucker bzw. mit welchen Druckern Sie arbeiten werden, geben Sie diese gleich bei der Installation an. Hier können Sie auch den Ausgang (Port) für Ihren Drucker wählen. Wenn Sie später einen anderen Drucker anschließen wollen, können Sie das jederzeit tun. Auch die Ausgänge der Drucker können später jederzeit geändert werden. Drucker werden immer unter Windows installiert. Um einen neuen Drucker zu installieren, müssen Sie deshalb die Systemsteuerung von Windows aufrufen.

11.3 Systemsteuerung aufrufen

Starten Sie PageMaker, aber öffnen Sie noch keine PageMaker-Datei. Die Systemsteuerung wird mit dem Befehl »Systemsteuerung« im Menü »System« aufgerufen.

Sie können diesen Befehl nur dann anwählen, wenn noch keine Datei in
PageMaker geöffnet wurde. Dann erscheint das folgende Dialogfeld:

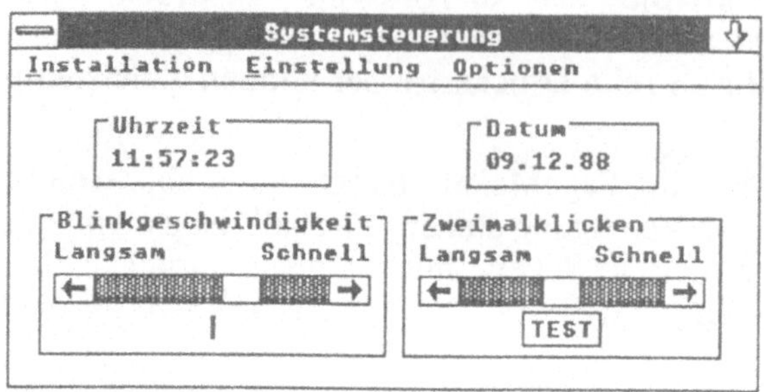

Sie können nun im Menü »Installation« den Befehl »Drucker hinzufügen...«
anwählen. Sie werden aufgefordert, die Diskette mit den Druckertreibern
einzulegen. Dabei handelt es sich entweder um eine der Windows-Disketten
oder um eine der PageMaker-Disketten. Legen Sie die falsche Diskette ein,
kann nichts passieren, Sie müssen es dann noch einmal mit einer anderen
Diskette versuchen.

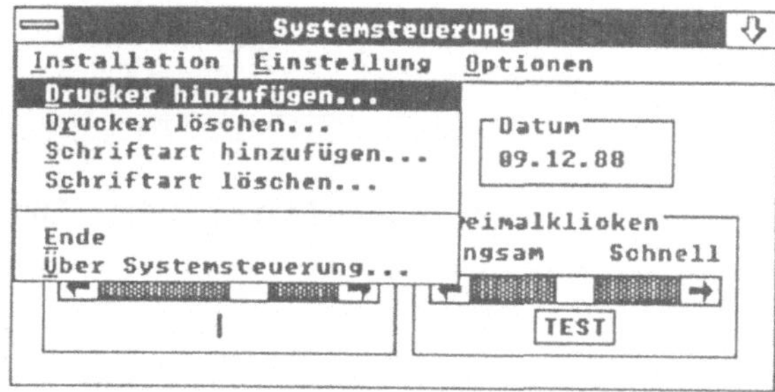

Haben Sie die richtige Diskette eingelegt, erscheint ein Verzeichnis, aus dem
Sie den gewünschten Drucker wählen müssen.

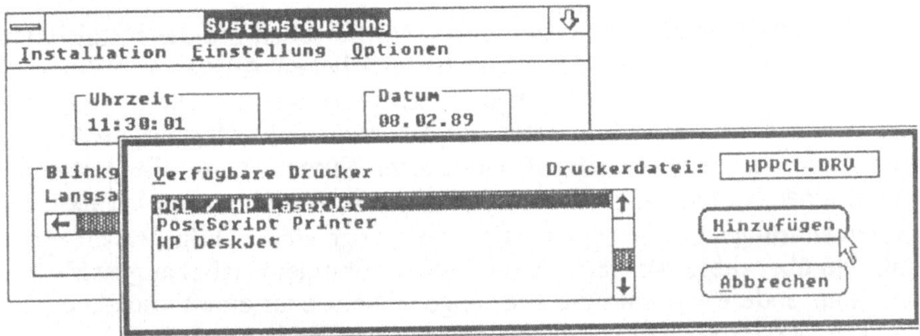

Daraufhin wird die Druckerdatei in das entsprechende Verzeichnis auf Ihrer Festplatte kopiert.

11.3.1 Aktualisierte Druckerdatei

Auf die gleiche Art nehmen Sie eine neue Druckerdatei auf, wenn z.B. eine aktualisierte Datei auf den Markt kommt. Dabei müssen Sie beachten, daß niemals zwei Druckertreiber für denselben Drucker gleichzeitig installiert sein sollten. Sie müssen dann gegebenenfalls zuerst die alte Datei löschen. Dazu verwenden Sie den Befehl »Drucker löschen...« im Menü »Installation« der Systemsteuerung.

11.4 Ausgänge

Als nächstes müssen Sie den richtigen Ausgang (Schnittstelle) für Ihren Drucker wählen. Dazu wählen Sie in dem Dialogfeld »Systemsteuerung« im Menü »Einstellung« den Befehl »Anschlüsse...«.

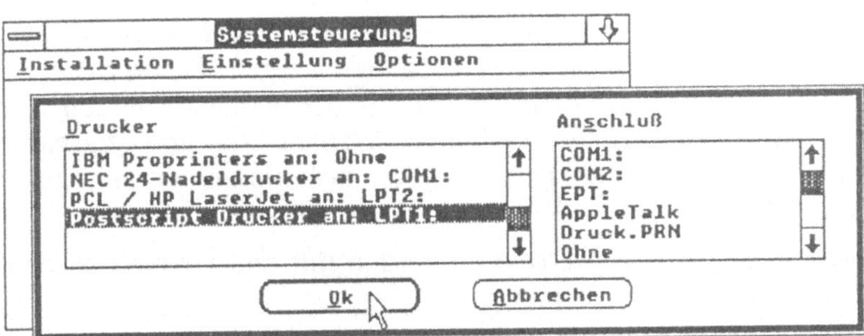

Ein neues Dialogfeld erscheint. In der linken Hälfte sehen Sie die installierten Drucker, in der rechten Hälfte die Liste der möglichen Ausgänge. Windows bietet Ihnen bis zu 8 mögliche Ausgänge für Ihre Drucker an. Diese Ausgänge sind auch in der Datei WIN.INI unter der Überschrift [ports] aufgelistet. Es können parallele Ausgänge sein (»LPT« mit einer Nummer), serielle Ausgänge (»COM« mit einer Nummer), aber auch der spezielle Ausgang »AppleTalk«, für den eine Erweiterungskarte nötig ist. Diese Ausgänge sind richtige Ausgänge in dem Sinn, daß über diese Ausgänge ein Drucker mit einem Kabel angeschlossen sein kann. Eine andere Art sind die Ausgänge »Ohne« oder eine Druckdatei, die »DRUCK.DAT« oder »OUTPUT.PRN« genannt werden kann.

Eine solche Druckdatei brauchen Sie nur, wenn Sie eine PageMaker-Datei nicht direkt über einen an Ihr System angeschlossenen Drucker ausdrucken wollen. Sie müssen dafür die Datei WIN.INI modifizieren. Lesen Sie dazu das entsprechende Kapitel weiter unten.

11.4.1 Drucker an Ausgang legen

Sie müssen nun in diesem Dialogfeld »Anschlüsse...« den Drucker auf einen Ausgang legen. Wählen Sie dazu zuerst in der linken Liste den entsprechenden Drucker an. Klicken Sie dann in der rechten Liste auf dem entsprechenden Ausgang.

11.4.2 Welcher Ausgang für welchen Drucker?

Welchen Ausgang Sie einem Drucker zuordnen, hängt davon ab, ob er tatsächlich an Ihr System angeschlossen ist oder ob Sie lediglich PageMaker-Dateien für diesen Drucker erstellen wollen. Ist ein Drucker tatsächlich an Ihr System angeschlossen, müssen Sie diesem auch einen tatsächlichen Ausgang geben. Verwenden Sie einen PCL-Drucker (HP), sollten Sie einen parallelen Ausgang dafür wählen, also z.B.»LPT1«. PostScript-Drucker wie etwa ein LaserWriter dagegen werden an einen seriellen Ausgang angeschlossen, etwa »COM1«, oder an den Ausgang »AppleTalk«, für den Sie eine eigene Erweiterungskarte in Ihren Computer installieren müssen.

Während Sie mehrere Drucker auf den "unechten" Ausgang »Ohne« legen können, erscheint ein Warnfeld, wenn Sie versuchen, zwei verschiedene Drucker gleichzeitig auf denselben "echten" Ausgang zu legen. Wenn Sie z.B. mehrere Paralleldrucker an Ihren Computer anschließen wollen, müssen Sie diese auf mehrere Parallel-Ausgänge verteilen. Wählen Sie den Ausgang »Ohne«, wenn Sie den Druckertreiber vorsorglich installieren wollen, etwa wenn Sie vorhaben, später mit diesem Drucker zu arbeiten.

Klicken Sie nun auf »OK«, und die Drucker werden mit den entsprechenden Ausgängen verbunden.

11.4.3 Serieller Ausgang

Serielle Anschlüsse müssen besonders konfiguriert werden. Dazu wählen Sie
im Menü »Einstellung« der Systemsteuerung den Befehl »Datenübertragungsanschluß...«. Ein neues Dialogfeld taucht auf.

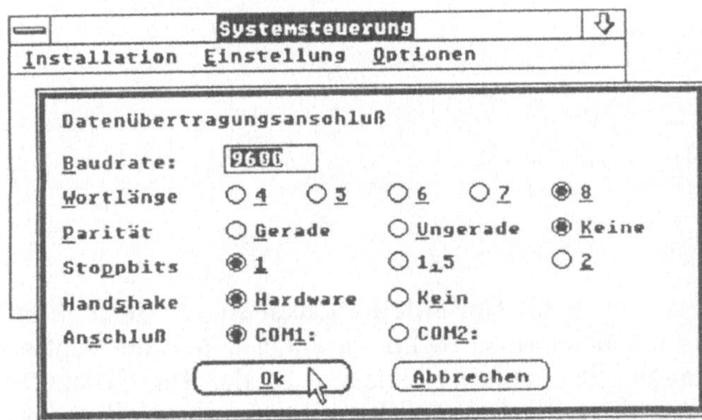

Sie können hier u.a. die Übertragungsgeschwindigkeit festlegen. Wählen Sie
die Daten, die in Ihrem Druckerhandbuch angegeben werden. Falls Sie keine
Angaben darüber finden, probieren Sie die folgenden Angaben: Baudrate:
9600, Wortlänge *8*, Parität *Keine*, Stoppbits *1*, Handshake *Hardware*, Anschluß
COM1. Klicken Sie dann »OK«.

11.5 Wahl des Standarddruckers in der Windows-Systemsteuerung

Wählen Sie nun den Standarddrucker von Windows. Das ist derjenige Drucker,
der tatsächlich an Ihr System angeschlossen ist und mit dem Sie normalerweise
Dateien ausdrucken wollen. Wählen Sie dazu im Menü »Einstellung« der
Systemsteuerung den Befehl »Drucker...«. In dem auftauchenden Dialogfeld
sehen Sie eine Liste aller benutzbaren Drucker. Das sind diejenigen Drucker,
deren Treiberdatei Sie auf Ihrer Festplatte gespeichert haben. Wählen Sie
denjenigen an, mit dem Sie normalerweise arbeiten wollen. Vermutlich ist in
dieser Liste derjenige Drucker bereits angewählt, den Sie zuerst installiert
haben.

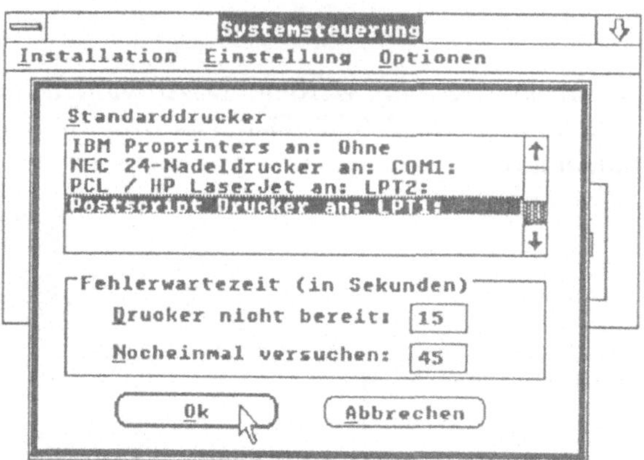

In diesem Dialogfeld gibt es auch noch Einstellmöglichkeiten für die Fehler-
wartezeit. Sie brauchen hier normalerweise nichts zu ändern. Mit der Option
»Drucker nicht bereit:« können Sie die Zeit festlegen, in der Ihr Computer
versucht, auf dem gewählten Drucker zu drucken, bevor im Falle eines
Problems der Druckversuch abgebrochen wird. Die Standardvorgabe ist 15
Sekunden.

Mit der Option »Noch einmal versuchen:« können Sie die Zeit festlegen, in der
ein Druckversuch wiederholt werden soll, wenn der Drucker gerade belegt ist.
Die Standardvorgabe ist 45 Sekunden.

Klicken Sie »OK«. Ein neues Dialogfeld erscheint. Es ist abhängig von dem von
Ihnen gewählten Drucker. Hier geben Sie u.a. die Formatlage des Papiers an.
Diese druckerspezifischen Dialogfelder werden weiter unten in den Abschnitten
zu PostScript- und PCL-Druckern näher besprochen. Das druckerspezifische
Dialogfeld können Sie auch über die PageMaker-Befehle »Drucken...« und
»Druckerauswahl...« im Menü »Datei« erreichen, indem Sie in diesen
Dialogfeldern die Option »Einstellung...« anwählen.

11.6 Der PageMaker-Reindrucker

Den Reindrucker legen Sie fest, wenn Sie eine neue Datei anlegen. Wählen Sie
dazu im Menü »Datei« den Befehl »Druckerauswahl...«. In dem Dialogfeld
können Sie unter den verfügbaren Druckern denjenigen wählen, mit dem die
Datei letztendlich gedruckt werden soll. Dieser Drucker kann von Datei zu
Datei wechseln und muß nicht an Ihr System angeschlossen sein. Wählen Sie
dann wieder das Feld »Einstellung...« an. Es erscheint dasselbe Dialogfeld, das
auch bei der Wahl des Windows-Standarddruckers erscheint. Prüfen Sie die
Angaben und klicken Sie dann »OK«.

Wenn Sie den Reindrucker wechseln, nachdem Sie bereits eine Datei angelegt haben, berechnet PageMaker die Datei neu. Da sich dabei das Seitenlayout ändern kann, erscheint ein Warnfeld. Lesen Sie dazu auch die Übung 3 weiter oben.

11.7 Der PageMaker-Konzeptdrucker

Diesen Drucker verwenden Sie, wenn der Reindrucker nicht an Ihr System angeschlossen ist. Sie wählen diesen Drucker im Menü »Datei« über den Befehl »Drucken...«.

Auf der Liste können Sie unter den Druckern wählen, die auf einem echten Ausgang bzw. der Druckdatei liegen. Die Datei wird auf jeden Fall auf dem hier angewählten Drucker ausgedruckt. Wählen Sie das Feld »Einstellung...« an, prüfen Sie die Angaben und klicken Sie »OK«.

Wenn der Konzeptdrucker nicht mit dem Reindrucker identisch ist, weist Sie PageMaker darauf hin. Der Ausdruck entspricht dann vermutlich nicht den am Bildschirm dargestellten Seiten. Es kann sein, daß Schriftarten und Schriftgrade des Reindruckers durch diejenigen des Konzeptdruckers ersetzt werden müssen.

11.8 Die Druckfläche

Drucker können aus technischen Gründen meist nicht das volle Blattformat bedrucken. Diese Druckfläche des Druckers hat nichts mit dem Satzspiegel und den Stegen zu tun, die Sie im Menü »Datei« mit dem Befehl »Seite einrichten...«

festlegen. Diese Druckfläche ist vielmehr eine unveränderliche technische Eigenschaft Ihres Druckers. Achten Sie darauf, daß Ihr Satzspiegel nicht größer ist als die maximale Druckfläche Ihres Druckers. Ansonsten müssen Sie im Dialogfeld »Drucken...« die Option »Unterteilen« anwählen. PageMaker druckt dann jede Dokumentseite auf mehrere Blätter verteilt aus.

Wählen Sie die Option »Unterteilen: Manuell«, bestimmen Sie die zu druckenden Ausschnitte selbst, indem Sie den Nullpunkt auf die obere linke Ecke des jeweiligen Ausschnittes legen. PageMaker kann dies auch automatisch tun. Wählen Sie die Option »Unterteilen: Autom.«, müssen Sie die gewünschte Überlagerung festlegen. Standardvorgabe ist 17 mm.

11.9 Der Spooler

Der Spooler ist ein Windows-Programm, das selbsttätig den Druckvorgang steuert. Der Ausdruck einer mehrseitigen PageMaker-Datei dauert relativ lange, besonders, wenn diese viele Grafiken enthält. Der Spooler ermöglicht Ihnen, während des Druckens einer PageMaker-Datei gleichzeitig an Ihrem Computer zu arbeiten. Der Spooler speichert wie ein Puffer die zu druckende Datei zunächst auf der Festplatte. Dies geht wesentlich schneller als das Drucken selbst. Von der Festplatte wird das Dokument (oder die Dokumente) dann portionsweise an den Drucker weitergeleitet und dort ausgedruckt. Sie können während dieser Zeit weiter mit PageMaker arbeiten. Sie können auch mehrere Dokumente hintereinander an den Drucker schicken. Diese sind dann in einer Warteschlange und werden der Reihe nach bearbeitet.

Dies geschieht vollständig ohne Ihr Zutun. Wenn Sie den Spooler über den Befehl »Spooler« im Menü »System« aufrufen, sehen Sie zunächst ein Fenster, in dem Ihnen gezeigt wird, welcher Drucker auf welchem Ausgang liegt und welche Dokumente gerade gedruckt werden bzw. in der Warteschlange sind.

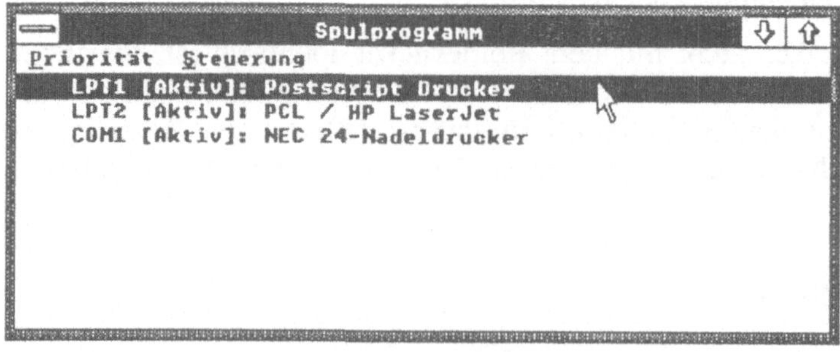

11.9.1 Spoolergeschwindigkeit

Im Menü »Priorität« können Sie die Geschwindigkeit des Spoolers beeinflussen. Der Spooler stiehlt gewissermaßen Rechenkapazität von Ihrem Computer, um die Datei immer wieder an den Drucker weiterleiten zu können. Da Ihr Computer aber leider eine begrenzte Kapazität hat, fehlt die vom Spooler beanspruchte Zeit woanders.

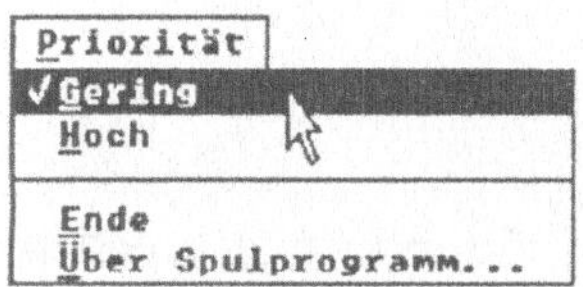

Wenn Sie über die Option »Priorität Hoch« dem Spooler mehr Kapazität zugestehen, druckt er zwar schneller, aber dafür wird das im Vordergrund laufende Programm, also z.B. PageMaker, zwangsläufig langsamer. Je nach Geschwindigkeit Ihres Computers und der Festplatte macht sich das bemerkbar. Um wieder auf die normale Geschwindigkeit zu kommen, wählen Sie die Option »Priorität Gering«. Mit dem Befehl »Ende« verlassen Sie den Spooler wieder.

11.9.2 Spooler ausschalten

Am schnellsten druckt der Computer, wenn er seine ungeteilte Aufmerksamkeit dem Drucken widmen kann. Wenn Sie nur ein kurzes Dokument drucken wollen, können Sie den Spooler auch ganz abschalten. Dazu müssen Sie die Datei WIN.INI modifizieren. Öffnen Sie die Datei WIN.INI mit dem Notizblock. Da dieses Programm normalerweise eine Datei mit dem Suffix .TXT erwartet, müssen Sie den Namen WIN.INI eingeben.

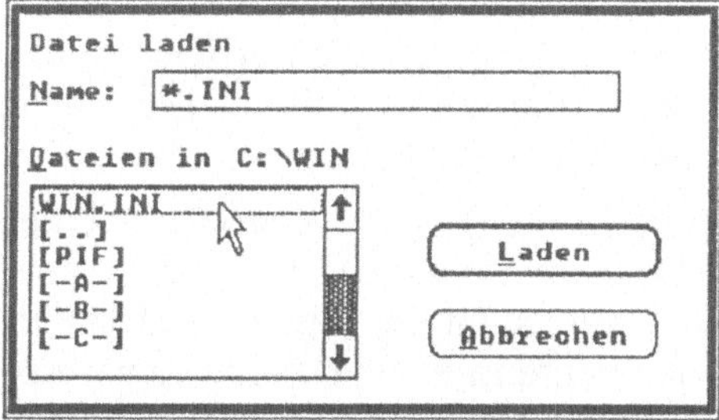

Mit der Suchfunktion suchen Sie den Eintrag [windows]. Diese Überschrift steht normalerweise gleich am Beginn der Datei. Unter der Überschrift [windows] suchen Sie die Zeile:

        Spooler=yes

Ändern Sie das *yes* in ein *no*, so daß der Eintrag lautet:

        Spooler=no.

Dadurch wird der Spooler umgangen. Sie müssen den Spooler auch abschalten, wenn Sie den Drucker über ein Computernetz mit eigenem Spooler benutzen.

11.9.3 Druckvorgang unterbrechen

Wollen Sie den Druckvorgang aus einem beliebigen Grund unterbrechen, wählen Sie im Menü »Steuerung« des Spoolers den Befehl »Anhalten«. Der Druckvorgang wird vorübergehend gestoppt, die Dateien bleiben aber nach wie vor im Spooler.

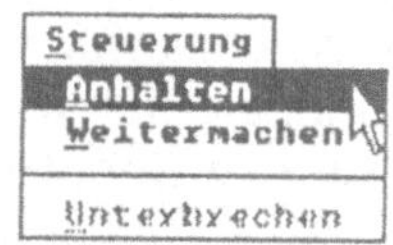

Falls mehrere Drucker an Ihren Computer angeschlossen sind, müssen Sie im Spoolerfenster den Drucker, den Sie stoppen wollen, vorher mit der Maus anwählen. Erst dann klicken Sie den Befehl »Anhalten«. Um mit dem Drucken fortzufahren, wählen Sie den Befehl »Weitermachen«. Es wird an der entsprechenden Stelle weitergedruckt, ohne daß Sie noch etwas angeben müssen.

11.10 Farbige Dokumente

Falls Sie einen Farbmonitor haben, können Sie verschiedenfarbige Seitenelemente Ihrer Datei entsprechend auf dem Bildschirm sehen. Bei einem monochromen Monitor geht das selbstverständlich nicht.

Sie können eine Datei, die mit verschiedenen Farben gestaltet wurde, jederzeit auf einem normalen schwarz druckenden Drucker ausgeben. Wenn Sie einen Farbdrucker haben, kann PageMaker die Datei auch in Farbe ausdrucken. Normalerweise werden Sie aber farbige Dokumente in einer Druckerei vervielfältigen lassen. Die Druckerei stellt dazu für jede verwendete Farbe eine eigene Druckform her. Für eine zweifarbige Seite sind zwei Druckvorgänge notwendig, jeder mit einer Farbe. Jede der Druckformen hat an denselben Stellen Paßkreuze, mit denen der Drucker die beiden Farben auf derselben Seite genau übereinanderdrucken kann. Durch diese Paßkreuze wird eine hohe Paßgenauigkeit der beiden verschiedenfarbigen Drucke erreicht.

Mit PageMaker können Sie für eine zweifarbige Seite die beiden Farben getrennt voneinander (schwarz) ausdrucken lassen. Alle Elemente, die z.B. rot gedruckt werden sollen, werden auf einem Blatt ausgedruckt, und alle Elemente, die z.B. schwarz gedruckt werden sollen, werden auf einem anderen, separaten Blatt gedruckt. PageMaker kann auf beiden Blättern automatisch an den gleichen Stellen die nötigen Paßkreuze anbringen.

Setzen Sie sich gegebenenfalls erst mit Ihrer Druckerei in Verbindung.

11.10.1 Ausdruck von Farbauszügen

Um Volltonfarbauszüge zu drucken, wählen Sie den Befehl »Drucken...« an.

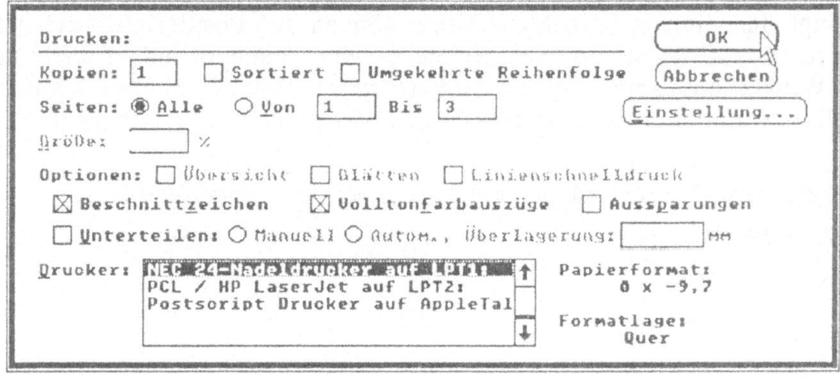

Wählen Sie im Dialogfeld die Optionen »Volltonfarbauszüge« und »Beschnittzeichen«, druckt PageMaker außer den Schneidemarken auch Paßkreuze und den Farbnamen aus. Das Papierformat muß dazu größer sein als das Seitenformat Ihres Dokuments. Wenn Sie vorher bereits die Einstellung geprüft haben, klicken Sie auf »OK«. PageMaker druckt nun (in schwarz) für jede Dokumentseite soviel Blätter aus, wie Farben vorhanden sind. Jedes Blatt enthält jeweils alle Elemente einer Farbe und ist mit Paßkreuzen und Beschnittzeichen versehen. Aus diesen Ausdrucken kann eine Druckerei dann die Formen für den Farbdruck herstellen. Wenn Sie auch die Option »Aussparungen« wählen, erreichen Sie, daß der unterste Farbauszug an den entsprechenden Stellen unbedruckt bleibt. Nur der oberste Auszug wird voll gedruckt. Dadurch überlagern sich beim Drucken keine Farben.

Machen Sie am besten einen Probeausdruck und klären Sie mit Ihrer Druckerei die beste Vorgehensweise. Für optimale Druckergebnisse muß manchmal die Druckerei die Aussparungen vornehmen.

11.11 Postscript-Drucker

Mit einem PostScript-Drucker können Sie die vielen Möglichkeiten, die Ihnen PageMaker bietet, voll ausnützen. PostScript ist eine sogenannte Seitenbeschreibungssprache, mit deren Hilfe der Drucker die Seite gestaltet. Allerdings können nicht alle Laserdrucker mit dieser Sprache arbeiten. PostScript wird von den Apple LaserWriter-Druckern benutzt und auch von hochauflösenden Satzanlagen wie der Linotronic. Ein PostScript -Drucker kann Seiten in einem Maßstab zwischen 25 und 1000 % der Originalgröße drucken, außerdem auch verkleinerte Übersichtsseiten. Darüber hinaus können PostScript-Drucker auch Schriften in einer beträchtlichen Vielfalt ausdrucken. Die meisten dieser Drucker können über 30 verschiedene Schriftarten in beliebiger Größe und auch negativ drucken. PageMaker setzt allerdings die Grenzen zwischen 4 Point und 127 Point. Jedes Zeichen wird durch Linien und Bögen erzeugt und einzeln berechnet. Texte können auf PostScript-Druckern beliebig verzerrt und nicht nur waagerecht, sondern auch in jedem anderen beliebigen Winkel und sogar kreisförmig gedruckt werden. Ebenso können Grafiken, Raster und beliebige andere Muster in guter Auflösung gedruckt werden.

Folgende PostScript-Drucker können mit PageMaker verwendet werden:

> AST PS-R4081
>
> Agfa P400PS
>
> Apple LaserWriter
>
> Apple LaserWriter Plus
>
> Apple LaserWriter II NT
>
> Apple LaserWriter II NTx
>
> Dataproducts LZR 2665
>
> Digital LN03R ScriptPrinter
>
> Digital LPS PrintServer 40
>
> IBM Personal Pageprinter
>
> Linotronic 100/300/500
>
> NEC LC-890
>
> QMS-PS 800
>
> QMS-PS 800A

QMS-PS 800 Plus

TI OmniLaser 2108

TI OmniLaser 2115

Varityper VT-600

Wang LCS15

Wang LCS15 FontPlus

11.11.1 Anschluß eines Apple LaserWriters

Prinzipiell gibt es zwei Möglichkeiten, diesen Drucker an Ihren PC anzuschließen, erstens mit Hilfe einer AppleTalk-Erweiterungskarte und zweitens über den seriellen Ausgang.

11.11.1.1 AppleTalk

Wenn Sie AppleTalk benutzen, folgen Sie den Anweisungen der Karten-Hersteller bzw. des Drucker-Herstellers. Vermutlich müssen Sie einige Schalter am Drucker in eine bestimmte Position bringen. Der Vorteil dieser Art des Anschlusses ist die schnelle Datenübertragung.

11.11.1.2 Seriell

Wenn Ihr Computer einen dem Standard RS 232 entsprechenden Ausgang hat, können Sie ein übliches Kabel verwenden. Am LaserWriter IINT müssen Sie noch die beiden Schalter an der linken Seite des Druckers in folgende Position bringen: Schalter 1 nach oben, Schalter 2 nach unten. Beim LaserWriter IINTX muß der Schalter 2 unten sein, Schalter 3 und 4 beide oben. Schalter 1 kann eine beliebige Stellung einnehmen. Prüfen Sie diese Angaben auf jeden Fall anhand Ihres Druckerhandbuches nach. Wenn Sie den Drucker einschalten, sollten die Angaben RS-232 9600 Baud ausgedruckt werden.

11.11.1.3 Druckerspezifische Angaben

Sie müssen zunächst den Drucker zum Standarddrucker wählen (Befehl »Drucker...« im Menü »Einstellung« der Systemsteuerung). Dann müssen Sie im druckerspezifischen Dialogfeld (dieses erscheint, wenn Sie bei der Wahl des Standarddruckers in der Liste der verfügbaren Drucker zweimal auf dem entsprechenden Druckernamen klicken) die entsprechenden Angaben für Ihren Drucker eingeben. Dies ist für jeden Drucker notwendig.

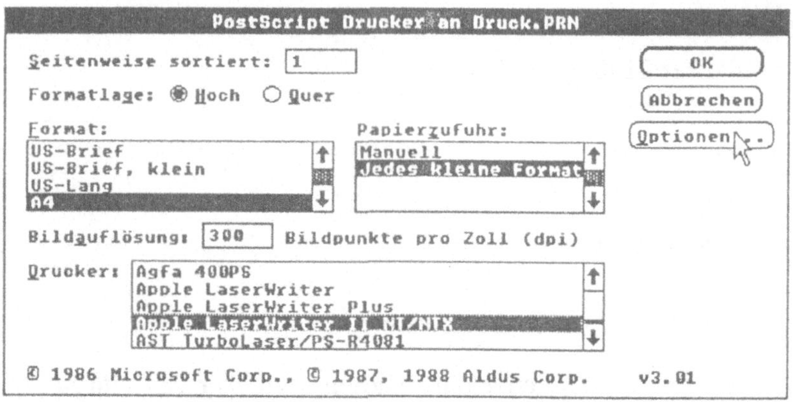

- Wählen Sie zunächst Ihren Drucker aus der Liste an.

- Stellen Sie dann das gewünschte Format, die Formatlage und die Papierzufuhr ein.

- Das Feld »Seitenweise sortiert:« brauchen Sie nicht zu verändern. Hier können Sie angeben, wieviel Exemplare von jeder Seite gedruckt werden sollen. Welchen Wert Sie hier auch angeben, gedruckt wird mit dem Wert, der in dem Dialogfeld »Drucken...« (Menü »Datei«) bei der Option »Kopien:« angegeben ist.

- Wenn Sie eine Linotronic benutzen, ist die Auflösung wichtig. Sie müssen im Feld »Bildauflösung:« dieselbe Auflösung eingeben, die auch am Ausgabegerät selbst eingestellt ist.

- Als letztes wählen Sie das Feld »Optionen...« an.

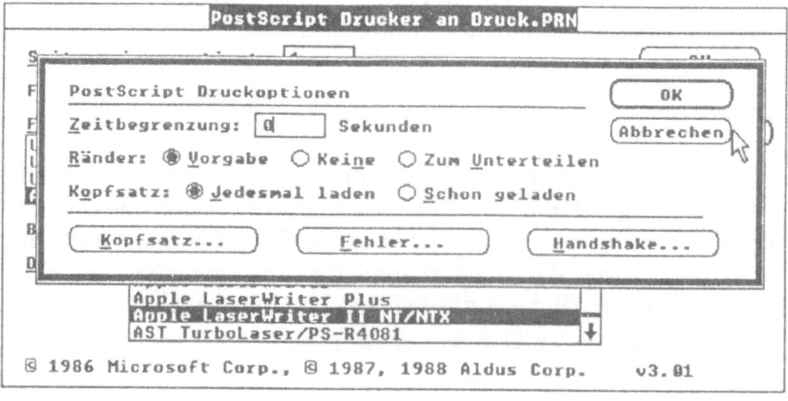

• Lassen Sie die Standardvorgabe 0 Sekunden im Feld »Zeitbegrenzung:« unverändert. Ändern Sie diesen Wert nur, wenn Sie über ein Netz drucken und die Ihrem Computer zur Verfügung stehende Zeit begrenzen wollen.

• Ebenso können Sie die Option »Ränder« unverändert lassen. Wählen Sie hier »Keine«, löschen Sie die Ränder, »Zum Unterteilen« verbessert die Qualität von unterteilten Seiten.

11.11.1.4 Kopfsatz

Mit dieser Option können Sie beim Drucken etwas Zeit sparen. Wenn Sie nämlich einen PageMaker-Druckauftrag an einen PostScript-Drucker senden, wird vorher als Standardvorgabe jedesmal ein Kopfsatz in den Drucker geladen. Der Kopfsatz besteht aus einer Anzahl von PostScript-Befehlen, die den Drucker auf das Empfangen von Daten vorbereiten. Das Laden bzw. Senden dieser Datei vom Computer zum Drucker dauert etwa 30 Sekunden. Sie können den Kopfsatz auch nur einmal zu Beginn der Arbeit in den Drucker laden. Damit sparen Sie pro Druckvorgang eine halbe Minute Zeit. Falls Sie aber PostScript-Dateien vorbereiten, um sie von einem Serviceunternehmen ausdrucken zu lassen, sollten Sie diese Methode nicht wählen.

Der Kopfsatz bleibt solange geladen, bis der Drucker ausgeschaltet wird. Wenn der Drucker ständig eingeschaltet bleibt, müssen Sie ihn nicht wieder laden.

Falls der Drucker aber irgendwann ausgeschaltet wird, müssen Sie den Kopfsatz wieder laden. Falls der Kopfsatz bereits geladen war und Sie ihn nochmals laden, erhalten Sie eine entsprechende Meldung.

Sie müssen zunächst den Kopfsatz in eine Datei speichern. Wählen Sie dazu im Dialogfeld »PostScript Druckoptionen...« die Option »Kopfsatz: Schon geladen« und dann die Option »Kopfsatz...«.

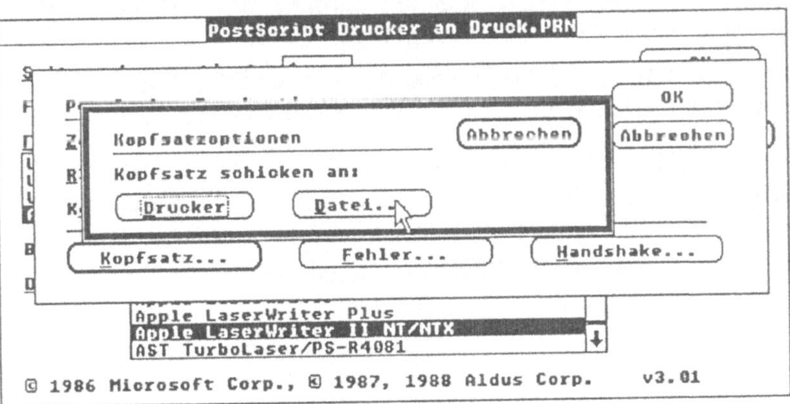

Es erscheint das Dialogfeld »Kopfsatzoptionen«. Wählen Sie »Datei...« und geben Sie im nächsten Dialogfeld als Suchweg für die Kopfsatzdatei das Verzeichnis und den Namen dieser Datei ein. Der Name ist beliebig, wird aber meist PSPREP.TXT genannt.

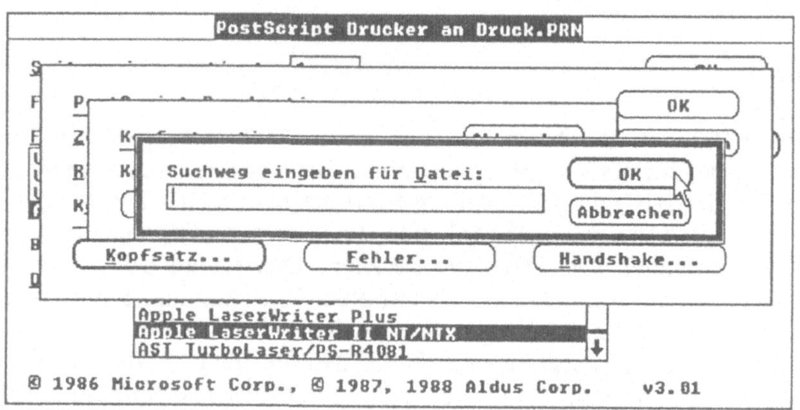

Geben Sie also *C:\PM\PSPREP.TXT* ein, falls Sie PageMaker im Verzeichnis PM gespeichert haben. Der Kopfsatz ist nun in der Datei PSPREP.TXT gespeichert.

11.11.1.5 Laden des Kopfsatzes

Zum Laden des Kopfsatzes gibt es zwei Möglichkeiten. Entweder Sie setzen den Ladebefehl in Ihre AUTOEXEC.BAT-Datei. Oder Sie geben den Ladebefehl manuell ein. In beiden Fällen muß der Drucker aber immer bereits eingeschaltet sein, da er sonst keine Daten empfangen kann!

Wenn Sie die AUTOEXEC.BAT-Datei modifizieren wollen, fügen Sie die folgende Zeile ein, vorausgesetzt, Ihr Drucker liegt auf dem Ausgang COM1:

```
COPY C:\PM\PSPREP.TXT COM1:
```

Wenn Sie den Computer das nächste Mal einschalten, wird automatisch die Kopfsatzdatei zu dem an COM1: angeschlossenen Drucker kopiert .

Sonst geben Sie einfach von der DOS-Ebene den Befehl ein:

```
COPY C:\PM\PSPREP.TXT COM1:
```

11.11.1.6 Fehler

Wenn beim Ausdruck ein Fehler vorkommt, können Sie mit der Option »Fehler...« ein Fehlerprotokoll herstellen, das entweder ausgedruckt oder als Datei gespeichert wird.

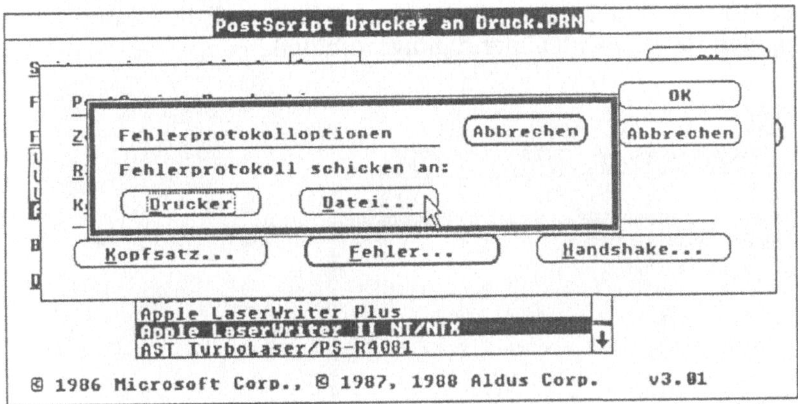

Wollen Sie eine Datei, müssen Sie die Option »Datei...« anwählen und im Dialogfeld Name und Verzeichnis dieser Datei festlegen.

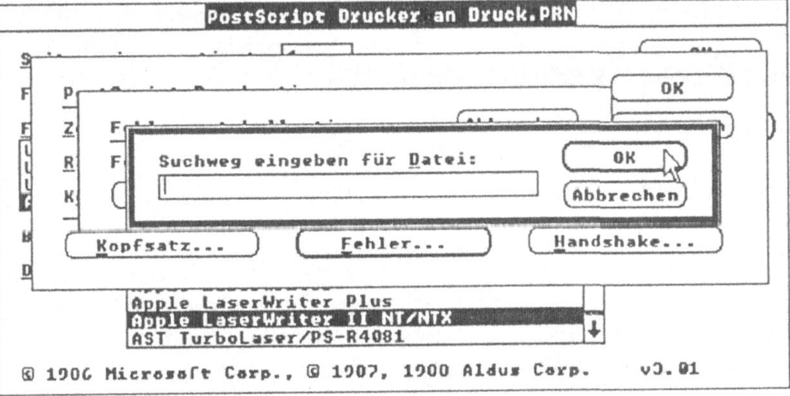

11.11.1.7 Handshake

Diese Option brauchen Sie nicht zu ändern.

11.11.2 Datenübertragungsanschluß

Für seriell angeschlossene Drucker muß nun noch die Datenübertragung eingestellt werden. Wählen Sie dazu im Menü »Einstellung« der Systemsteuerung den Befehl »Datenübertragungsanschluß...«.

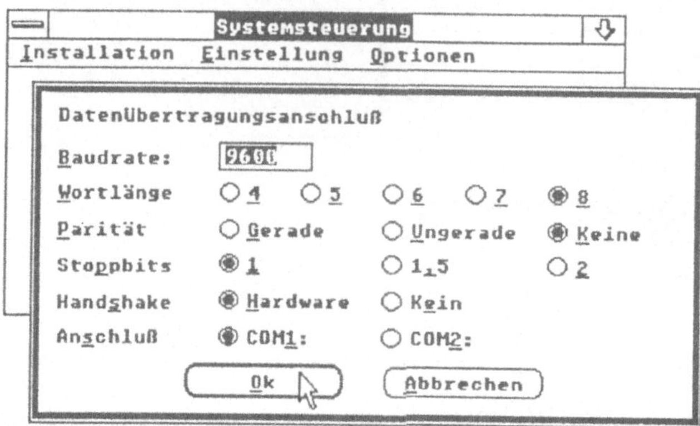

In dem auftauchenden Dialogfeld stellen Sie die Angaben ein, die auf Ihren Drucker zutreffen. Für die Apple LaserWriter geben Sie folgende Werte ein: Baudrate: *9600*, Wortlänge *8*, Parität *Keine*, Stoppbits *1*, Handshake *Hardware*, Anschluß *COM1*. Klicken Sie dann »OK«.

11.12 PCL-Drucker

PCL-Drucker nennt man die Gruppe von Druckern, die mit der Drucker-befehlssprache PCL von Hewlett-Packard arbeiten. Es handelt sich dabei um die LaserJet-Drucker von HP und mit diesen kompatible Drucker. Folgende PCL-Drucker können mit PageMaker benützt werden:

     Apricot Laser

     Epson GQ-3500

     HP LaserJet

     HP LaserJet Plus

HP LaserJet 500 Plus

HP LaserJet Series II

HP LaserJet 2000

Kyocera F-1010 Laser

Okidata Laserline 6

QuadLaser I

Tandy LP-1000

Tegra Genesis

Die Größe des im Drucker eingebauten Arbeitsspeichers ist sehr wichtig. Sie sollte mindestens 1 MByte betragen. Wenn Sie viel mit Grafiken arbeiten und ladbare Zeichensätze benutzen, erhöht sich der benötigte Speicher auf 2 MByte.

11.12.1 Anschluß eines PCL-Druckers

PCL-Drucker werden über den parallelen Ausgang angeschlossen. Sie brauchen deshalb nichts an der Datenübertragung (in der Windows-Systemsteuerung) zu ändern.

11.12.1.1 Druckerspezifische Einstellung

Sie müssen zunächst den Drucker zum Standarddrucker wählen. Dann müssen Sie im druckerspezifischen Dialogfeld die entsprechenden Angaben für Ihren Drucker eingeben. Dies ist für jeden Drucker notwendig.

- Wählen Sie dann das Feld »Einstellung...« an.

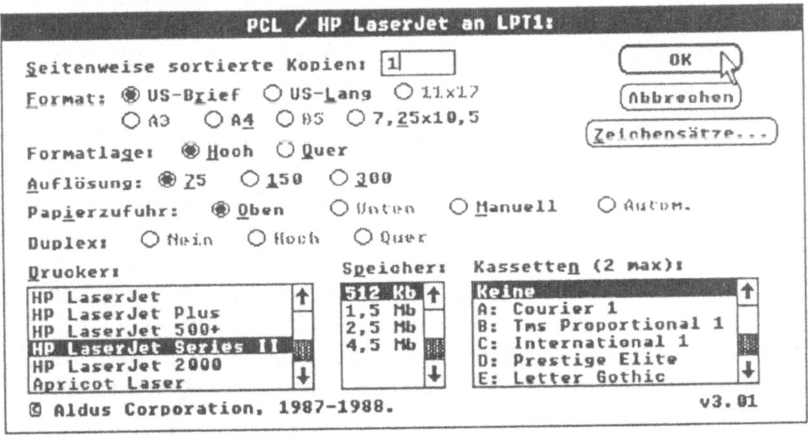

- In diesem druckerspezifischen Dialogfeld müssen Sie zunächst Ihren Drucker aus der Liste anwählen. Markieren Sie dann die entsprechende Speicherkapazität und gegebenenfalls, welche Schriftkassetten Sie verwenden.

- Stellen Sie dann das gewünschte Format, die Formatlage und die Papierzufuhr ein.

- Das Feld »Seitenweise sortiert:« brauchen Sie nicht zu verändern. Hier können Sie angeben, wieviel Exemplare von jeder Seite gedruckt werden sollen. Welchen Wert Sie hier auch angeben, entscheidend ist der Wert, der im Dialogfeld »Drucken...« (Menü »Datei«) bei der Option »Kopien:« angegeben ist.

- Bei »Auflösung:« brauchen Sie den Wert *300* nur dann zu ändern, wenn Sie sehr wenig Arbeitsspeicher im Drucker haben.

- Die Option »Duplex« steht nur beim LaserJet 2000 zur Verfügung. Damit können Sie Papier beidseitig bedrucken.

- Das Feld »Zeichensätze...« brauchen Sie nur anzuwählen, wenn Sie mit ladbaren Zeichensätzen arbeiten und diese installieren oder kopieren wollen.

11.12.2 PCL Drucker (HP Laserjet) und Zeichensätze

Im Gegensatz zu PostScript-Druckern, wo verschiedene Schriftgrade und sogar verschiedene Schriftschnitte einer Sprachfamilie aus derselben mathematischen Beschreibung abgeleitet werden, brauchen PCL-Drucker für jede Schrift einen Zeichensatz. Diese Zeichensätze existieren in verschiedener Form: einige Standardzeichensätze sind bereits fest im Drucker eingebaut und vom jeweiligen Druckertyp abhängig. Diese residenten Schriften stehen Ihnen immer zur Verfügung. Zusätzliche Zeichensätze befinden sich in einer separaten Kassette. Sie können diese nur verwenden, wenn die entsprechende Kassette eingeschoben ist. Die dritte Art von Zeichensätzen, sogenannte Softfonts, sind ladbar in Form von Dateien. Solche Zeichensatzdateien können Sie mit dem mit PageMaker mitgelieferten Programm Fontware selbst erzeugen.

Sie brauchen für die Verwendung mit PCL-Druckern für jede Schrift eine eigene Zeichensatzdatei, und zwar für jeden Schriftgrad eines jeden Schriftschnittes einer jeden Schriftfamilie. Außerdem benötigt Windows für jede Schrift eine zusätzliche Datei, die Zeichensatzmaßdatei, in der sich Zusatzinformation zu der betreffenden Schrift befindet. Darüber hinaus brauchen Sie für die korrekte Darstellung am Bildschirm einen entsprechenden Bildschirmzeichensatz, am besten ebenfalls in allen Schriftschnitten. Durch die verschiedenen Darstellungsmöglichkeiten am Bildschirm (50%, 75%, 100%, 200%, 400%) multipliziert sich der notwendige Datenumfang entsprechend schnell.

Sie können Druckerzeichensätze permanent oder bedarfsbedingt in den Druckerspeicher laden. Sind die Zeichensätze permanent im Druckerspeicher, verkürzt sich der Druckvorgang um die jeweilige Ladezeit der Zeichensätze. Allerdings wird auf diese Weise sehr viel Speicherkapazität beansprucht. Umgekehrt kommen Sie bei bedarfsbedingt geladenen Zeichensätzen mit weniger Speicherplatz aus, brauchen aber mehr Druckzeit.

Sie sollten bei der Planung einer PageMaker-Datei berücksichtigen, welche Schriftarten verwendet werden sollen. Meist kommen Sie mit wenigen Schriften aus.

11.12.2.1 Bildschirmzeichensätze

Wenn Sie nicht die richtigen Bildschirmzeichensätze zur Verfügung haben, verwendet PageMaker die vorhandenen integrierten Systemzeichensätze. Da diese nicht genau den gedruckten Zeichen entsprechen, stimmt die Bildschirmanzeige nicht mehr mit dem gedruckten Ergebnis überein. Das WYSIWYG-Prinzip wird dadurch umgestoßen. Allerdings werden Zeilenbrüche nach wie vor richtig dargestellt. Sie können aber ohne weiteres ohne die richtigen Bildschirmzeichensätze arbeiten, d.h. Ihren Text ausdrucken.

11.12.3 Generieren von Zeichensätzen mit Fontware

Sie erhalten mit PageMaker ein separates Programm, Fontware, mit dem Sie verschiedene Schriften Ihrer Wahl für Ihren PCL-Drucker erzeugen können. Mitgeliefert sind die Schriftfamilien Courier, Dutch, Swiss und Symbol A. Mit den daraus erzeugbaren Schriften haben Sie eine hohe Gestaltungsfreiheit bei Ihren PageMaker-Dokumenten. Darüber hinaus können Sie noch weitere Schriftfamilien erwerben.

Fontware ist ein völlig eigenständiges Programm, es hat nichts mit Windows und PageMaker zu tun. Um es benützen zu können, müssen Sie es zunächst auf Ihrer Festplatte installieren. Dabei müssen Sie wieder Ihren Druckertyp und auch Ihren Bildschirmtyp angeben. Anschließend können Sie beliebig viele Schriften erzeugen, die Ihnen dann ohne weiteren Aufwand zur Verfügung stehen. Dieser etwas umständliche Weg wird genommen, um eine höchstmögliche Flexibilität bei der Schrifterzeugung zu erreichen.

Dafür wird ein wenig Planung und Arbeit von Ihnen erwartet. Sie müssen nämlich wissen, welche Schriften Sie benötigen werden. Es ist nicht sinnvoll, einfach alle möglichen Schriften zu erzeugen. Schriften benötigen einerseits eine gewisse Herstellungszeit, während der Ihr Computer beschäfigt ist, zum anderen eine beträchtliche Speicherkapazität. Sie könnten ohne weiteres Ihre Festplatte mit Schriften füllen. Da diese Schriften in den Drucker geladen werden müssen, wäre die Arbeitsspeicherkapazität des Druckers zu schnell überfordert. Die Erzeugung der verschiedenen Schriften dauert einige Zeit, in der der Computer zu nichts anderem benutzt werden kann. Planen Sie also entsprechend. Sie müssen dabei in mehreren Schritten vorgehen:

- Zuerst installieren Sie das Programm Fontware auf Ihrer Festplatte und stimmen es auf Ihr System ab. Dazu müssen Sie entscheiden, für welchen Drucker und für welchen Bildschirm Sie Zeichensätze erzeugen wollen.

- Dann können Sie entscheiden, welche Schriftfamilien Sie überhaupt benutzen wollen. Mitgeliefert sind Courier, Swiss, Dutch und Symbol A. Wenn Sie annehmen, daß Sie nur mit Schriften der Familie Dutch und Swiss arbeiten werden, genügt es, wenn Sie diese beiden Schriftfamilien mit den Schriftschnitten Roman, Italic, Bold und Bold Italic installieren.

Nach diesen ersten beiden Schritten ist Ihr "Schriftgenerator" betriebsbereit und Sie können sich dem eigentlichen Ziel zuwenden:

- Der letze Schritt ist, Schriften in verschiedenen Schriftgraden und Schriftschnitten für die Verwendung mit PageMaker zu erzeugen. Dabei müssen Sie sowohl einen Zeichensatz für die Verwendung mit dem Drucker als auch einen identischen Zeichensatz für die Darstellung am Bildschirm erzeugen. Diese Zeichensätze und somit die Schriften für den Ausdruck stehen dann sofort und ohne weiteren Aufwand zur Verfügung. Dabei müssen Sie wissen, welchen Schriftschnitt Sie in welchem Schriftgrad benötigen.

11.12.3.1 Zeichenvorrat

Je nachdem, welche Zeichenmenge einer Schrift zugrunde liegt, können verschiedene Zeichen dargestellt werden. Zwei häufig verwendete Zeichenmengen sind der ASCII- und der ANSI-Zeichensatz. Beide Zeichenmengen enthalten neben sämtlichen Buchstaben des Alphabets (in Groß- und Kleinbuchstaben) noch eine Anzahl anderer Zeichen, wie etwa Satzzeichen (also Komma, Ausrufezeichen usw.) und Sonderzeichen wie Symbole für Dollar oder Pfund. Der *ASCII*-Zeichensatz ist nicht so umfangreich wie der *ANSI*-Zeichensatz, der auch nützliche Zeichen wie das Copyright-Symbol und das Symbol für eingetragenes Warenzeichen enthält. Verwenden Sie für die Schriftfamilien Courier 10, Dutch und Swiss den ANSI-Zeichensatz. Andere Zeichensätze sind der von HP benutzte *Symbol A Math 8*, der mathematische Symbole und griechische Buchstaben enthält, oder *Symbol A LineDraw*, der verschiedene Linienausführungen enthält. Im Anhang finden Sie Tafeln mit verschiedenen Zeichensätzen.

Der zur Erstellung eines Zeichensatzes benützte Zeichenvorrat beeinflußt den Dateiumfang: je größer der Zeichenvorrat, desto größer die Datei. Der Schriftgrad beeinflußt ebenfalls den Dateiumfang: je größer der Schriftgrad, desto größer die Datei.

Hier noch ein Hinweis: Das Wort *Zeichensatz* wird oft auf verschiedene Weise verwendet. Zum einen bezieht es sich auf diese eben angesprochene zugrunde gelegte Zeichenmenge wie den ANSI-Zeichensatz, zum andern auf eine bestimmte Datei, die alle Zeichen einer Schriftfamilie mit einem bestimmten Schriftschnitt und einem bestimmten Schriftgrad enthält.

11.12.4 Installieren von Fontware

Fontware modifiziert die Datei WIN.INI in Ihrem Windows-Verzeichnis. Da diese Datei für das Funktionieren von Windows und PageMaker unerläßlich ist, legen Sie am besten eine Sicherungskopie davon an, z.B. unter dem Namen WINBAK.INI. Es ist normalerweise nicht zu erwarten, daß Sie auf diese Sicherungskopie zurückgreifen müssen.

Zum Installieren legen Sie die erste Fontware-Diskette ein, wechseln in das entsprechende Laufwerk, schreiben *Fontware* und drücken die Return-Taste. Der Fontware-Schriftzug erscheint und Sie müssen angeben, ob Sie diesen farbig sehen. Mit dieser Angabe stellt sich Fontware automatisch auf monochrome oder mehrfarbige Darstellung ein. Dann erscheint ein Menü, auf dem Sie »Fontware Installieren« anwählen. Darauf müssen Sie die Verzeichnisse benennen, in die Fontware Dateien speichern soll. Normalerweise können Sie die vorgeschlagenen Namen (FONTWARE, FONTS und WINDOWS) einfach akzeptieren, es sei denn, Sie haben dem Windows-Verzeichnis einen anderen Namen gegeben. Nun speichert Fontware Dateien auf der Festplatte. Sie werden aufgefordert, die nächste(n) Diskette(n) einzulegen. Außerdem müssen Sie Angaben über Ihr System machen:

- Geben Sie an, welchen Bildschirm Sie verwenden und welcher Zeichenvorrat für die Bildschirmanzeige verwendet werden soll. Wählen Sie am besten den ANSI-Zeichenvorrat.

- Als nächstes müssen Sie Ihren Drucker angeben, die Formatlage des Papiers (hoch oder quer, Sie können auch Zeichensätze für beide Formatlagen gleichzeitig erstellen lassen) und den Druckerausgang, der verwendet werden soll. Ändern Sie später den Druckerausgang, müssen Sie die Zeichensätze bzw. die Anweisungen für Windows auf diesen neuen Ausgang kopieren.

- Als letztes müssen Sie wieder den Zeichenvorrat angeben. Wählen Sie denselben, den Sie für die Bildschirmzeichensätze gewählt haben, also normalerweise den ANSI-Zeichenvorrat.

Im nächsten Schritt müssen Sie festlegen, welche Schriftarten aus welcher Schriftfamilie Sie erzeugen wollen.

11.12.5 Schriftfamilien wählen

Mit Fontware und dem PageMaker-Paket bekommen Sie vier verschiedene Schriftfamilien: Courier, Dutch, Swiss und Symbol A. Mit dem Befehl

»Schriftbilder Hinzufügen/Löschen« müssen Sie nun zunächst die gewünschten Basisschriftarten (Fontware nennt diese *Schriftbilder*) installieren. Dabei werden Sie aufgefordert, die übrigen Fontware-Disketten einzulegen. Installieren Sie zunächst nur diejenigen Schriftfamilien, mit denen Sie arbeiten wollen. Sie können jederzeit später andere Schriftfamilien hinzufügen. Sie müssen dabei nicht nur die Schriftfamilie angeben, also z.B. Swiss oder Dutch, sondern auch den Schriftschnitt. Sie haben die Wahl zwischen Roman (normal), Italic (kursiv), Bold (fett) und Bold Italic (fett und kursiv). Wählen Sie zunächst Dutch und Swiss, jeweils Roman und Bold. Damit können Sie bereits vernünftig arbeiten.

Wenn Sie wollen, können Sie nun die Arbeit mit Fontware unterbrechen. Dazu drücken Sie die Ctrl-Taste und Q.

11.12.6 Erzeugen der einzelnen Schriften

Jetzt kommt der letzte und entscheidende Schritt. Während Sie bisher lediglich Ihr Fontware-Programm betriebsbereit gemacht haben, sollen Sie nun die Zeichensätze für die gewünschten Schriftgrade erzeugen. Erzeugen Sie am Anfang nur zwei oder drei Schriftgrade von jeder Schriftfamilie, jeweils in Roman und Bold, und dazu die entsprechenden Bildschirmzeichensätze. Sie können jederzeit später bei Bedarf neue Schriften erzeugen. Dazu müssen Sie nicht mehr die bisherige Installationsarbeit wiederholen.

11.12.6.1 Druckerzeichensatz

Sie brauchen im allgemeinen keinen *Druckerz*eichensatz für die Schriftschnitte *Bold* und *Bold Italic* anzulegen. Diese Schriftschnitte können aus den Dateien für *Roman* und *Italic* abgeleitet werden. Es genügt also, wenn Sie nur diese Schriftschnitte für jeden gewünschten Schriftgrad erzeugen.

11.12.6.2 Bildschirmzeichensatz

Legen Sie Bildschirmzeichensätze lediglich für den Schriftschnitt *Roman* an, also nicht für *Italic*, *Bold* und *Bold Italic*.

11.12.6.3 Fontware starten

Haben Sie vorher die Arbeit mit Fontware unterbrochen, wechseln Sie zunächst in das Verzeichnis FONTWARE, schreiben *Fontware* und drücken die Return-Taste. Dann erscheint das Fontware-Hauptmenü. Wählen Sie im Fontware-Hauptmenü den Befehl *Schriftbilder Erstellen*. Leider verwendet Fontware denselben Begriff *Schriftbild* für die eigentlichen Zeichensätze und die Schriftfamilien bzw. Schriftschnitte. Lassen Sie sich dadurch nicht verwirren.

Das Menü »Schriftbilder Erstellen für Drucker« erscheint. Im linken Feld sehen Sie, welche Schriftfamilien und Schriftschnitte (Fontware spricht von Schriftstilen) verfügbar sind. Im rechten Feld müssen Sie angeben, welche Zeichensätze in welchen Schriftgraden erstellt werden sollen. Erzeugen Sie zunächst nur Schriften in 10 und 12 Point.

11.12.6.4 Druckerzeichensatz erzeugen

Führen Sie den Markierungsbalken auf den ersten gewünschten Schriftschnitt, z.B. Dutch Roman, und drücken die Return-Taste. Jetzt können Sie im rechten Feld den Schriftgrad in Punkten angeben. Um die beiden Schriftgrade 10 und 12 Point zu erzeugen, geben Sie *10 12* ein, wobei ein Leerzeichen zwischen den beiden Zahlen sein muß. Für die Verwendung mit PageMaker können Sie hier zwischen 4 und 127 Points eingeben. Drücken Sie wieder die Return-Taste. Sie können nun den Vorgang für den Schriftschnitt Dutch Italic wiederholen und die beiden Schriftgrade 10 und 12 Point eingeben. Haben Sie alle zu erzeugenden Druckerzeichensätze eingegeben, müssen Sie Bildschirmzeichensätze herstellen.

11.12.6.5 Bildschirmzeichensatz erzeugen

Dazu drücken Sie die F2-Taste, und das Menü zur Erzeugung von Bildschirmzeichensätzen erscheint. Da PageMaker die Seite eines Dokumentes in verschiedenen Größen darstellen kann, genügt es nicht, wenn Sie dieselben Schriftgrade, also 10 und 12 Punkt, für die Darstellung am Bildschirm erzeugen. Vielmehr sollten Sie gleich eine Palette von Bildschirmzeichensätzen erzeugen, für unser Beispiel etwa 6, 8, 9, 10, 11, 12, 14, 24, 40 und 48 Point. Beachten Sie wieder, daß die einzelnen Zahlenwerte durch ein Leerzeichen voneinander getrennt sein müssen. Drücken Sie wieder die Return-Taste. Sie können dieselben Zahlenwerte für den nächsten Schriftschnitt direkt übernehmen, indem Sie die F9-Taste drücken. Wenn Sie Informationen über die einzelnen Möglichkeiten benötigen, drücken Sie die F1-Taste. Ein Hilfetext wird eingeblendet.

Haben Sie alle gewünschten Schriftgrade eingegeben, können Sie sich durch Drücken der F6-Taste anzeigen lassen, wie lange Ihr Computer mit dem Herstellen der Zeichensätze beschäfigt sein wird, und ob Ihre Festplatte genug Speicherkapazität bietet. Ist alles in Ordnung, drücken Sie die F10-Taste, und die Erstellung der Zeichensätze beginnt. Dabei wird automatisch noch eine weitere Art von Zeichensätzen erzeugt, die Zeichensatzmaßdateien, in die allgemeine Informationen abgelegt werden, die Windows für den Druck braucht.

Sie können anschließend sofort mit den neu erzeugten Schriften arbeiten. Sie werden bei Bedarf automatisch in den Drucker geladen. Wenn Sie im

PageMaker-Menü »Typografie« den Befehl »Schriftfestlegung...« wählen, sehen Sie die soeben erzeugten Zeichensätze in der Liste der verfügbaren Schriften.

11.12.6.6 Zeichensatzdateien

Sie brauchen sich um die Zeichensatzdateien nur dann zu kümmern, wenn Sie aus Platzgründen selten gebrauchte Dateien auf Disketten speichern wollen. Sonst aktualisiert das Programm Fontware die Datei WIN.INI automatisch und PageMaker hat dadurch sofort Zugang zu den erzeugten Dateien.

11.12.6.7 Dateinamen

Bildschirm- und Druckerzeichensätze unterscheiden sich durch die verwendeten Suffixe. Bildschirmzeichensätze verwenden .FON, Druckerzeichensätze für HP-Drucker verwenden .HPF. Die oben erwähnten, automatisch erstellten Zeichensatzmaßdateien haben das Suffix .PFM.

Der Name besteht aus verschiedenen Codes, um Schriftart, Schriftgrad usw. zu bezeichnen. Im Dateinamen TTPPPCDO.FON bedeutet:

TT	die Schriftfamilie und der Schriftschnitt
PPP	bei Druckerzeichensätzen der Schriftgrad, bei Bildschirmzeichensätzen die Fassungsnummer
C	der Code des verwendeteten Zeichenvorrates
D	der Code für die Geräteart
O	die Formatlage (*H* für Hochformat, @ für Querformat)

Dabei haben die Schriftfamilien und Schriftschnitte folgende Codes:

Swiss Roman	AA
Swiss Italic	AB
Swiss Bold	AC
Swiss Bold Italic	AD
Dutch Roman	AI
Dutch Italic	AJ
Dutch Bold	AK
Dutch Bold Italic	AL
Courier 10 Roman	BK
Symbol A	EN

Damit Windows die verschiedenen Dateien findet, wird automatisch die dafür notwendige Information in die Datei WIN.INI aufgenommen. Dabei stehen die

Druckerdateien und die Zeichensatzmaßdateien in dem Abschnitt mit der Druckerinformation:

```
[HPPCL.LPT1]
softfont1=C:\FONTS\bk0110wh.pfm,C:\FONTS\bk0110wh.hpf
```

Die Bildschirmzeichensätze dagegen sind im Abschnitt über Zeichensätze:

```
[fonts]
;Punktgröße 11 In Quellendatei bk000wbp.fon
;installiert
Bitstream Courier 10 Roman bk000wbp=bk000wbp.fon
```

11.12.7 Speicherkapazität sparen

Wenn Sie viele Schriftdateien erzeugt haben, kann es sein, daß Sie mehr Speicherkapazität auf Ihrer Festplatte benötigen.

11.12.7.1 Fontware von der Festplatte kopieren

Wenn Sie mehr freie Speicherkapazität auf Ihrer Festplatte benötigen, können Sie das Fontware-Programm auf Disketten kopieren. Die damit erzeugten Schriften bleiben Ihnen dann trotzdem zur Verfügung.

Das Programm Fontware erzeugt verschiedene neue Verzeichnisse auf Ihrer Festplatte. Lediglich Dateien in den Verzeichnissen FONTS und WINDOWS sind Zeichensätze, die Sie zum Arbeiten mit PageMaker benötigen. Dateien in dem Verzeichnis FONTWARE mit seinen Unterverzeichnissen werden dagegen benötigt, um neue Schriftdateien für PageMaker zu erzeugen. Wenn Sie das Fontware-Programm auf Disketten kopieren wollen, kopieren Sie alle Dateien im Verzeichnis FONTWARE und seinen Unterverzeichnissen. Die Fontware-Basisdateien (mit dem Suffix .BCO für Bitstream Compressed Outline) befindet sich im Verzeichnis FONTWARE\BCO. Die Dateien (mit dem Suffix .TDF für Typeface Descriptor Files) befindet sich im Verzeichnis FONTWARE\TDF.

Wenn Sie diese Dateien auf eine Diskette kopiert haben, können Sie die entsprechenden Verzeichnisse auf der Festplatte löschen. Eventuell reicht der dadurch gewonnene Speicherplatz schon aus.

11.12.7.2 Kopieren einzelner Schriften auf Disketten

Wenn Sie noch mehr freien Speicherplatz auf der Festplatte benötigen, können Sie auch die verschiedenen Zeichensätze, die Sie mit Fontware erzeugt haben, auf Disketten speichern und erst bei Bedarf wieder auf die Festplatte laden. Dabei ist folgendes zu beachten:

- Zeichensatzdateien, die Sie zum Arbeiten mit PageMaker benötigen, sind in den Verzeichnissen FONTS und WINDOWS gespeichert.

Zu einer Schrift gehören dabei immer mehrere Dateien:

- Die Bildschirmzeichensatzdatei (.FON). Sie enthält Informationen für alle Schriftgrade des entsprechenden Schriftschnittes und befindet sich im Verzeichnis WINDOWS.

- Die Druckerzeichensatzdatei (.HPF). Sie befindet sich im Verzeichnis FONTS.

- Die Zeichensatzmaßdatei (.PFM), ebenfalls im Verzeichnis FONTS.

- Kopieren Sie alle entsprechenden Dateien aus den Verzeichnissen WINDOWS und FONTS auf eine Diskette. Anschließend können Sie diese Dateien von der Festplatte löschen.

11.12.7.3 Bildschirmzeichensatz löschen

Löschen Sie die Dateien, indem Sie zunächst die Systemsteuerung von Windows aufrufen. Mit dem Befehl »Schriftart löschen...« im Menü »Installation« löschen Sie die Bildschirmzeichensatzdatei im Verzeichnis WINDOWS. Beim Löschen erscheint eine Meldung mit dem Dateinamen. Beachten Sie dabei, daß Sie dann die entsprechende Schrift überhaupt nicht mehr am Bildschirm zur Verfügung haben. Löschen Sie die Bildschirmzeichensätze nur, wenn Sie alle Schriftgrade eines Schriftschnittes nicht mehr benötigen. Die Datei WIN.INI wird automatisch modifiziert.

11.12.7.4 Druckerzeichensatz löschen

Dazu wählen Sie im PageMaker-Menü »Datei« den Befehl »Drucker-auswahl...«. Im Dialogfeld wählen Sie »Einstellung...«.

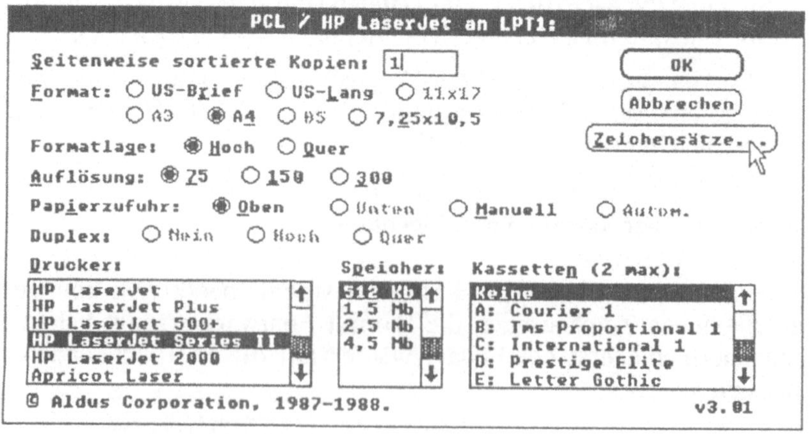

Wählen Sie in diesem druckerspezifischen Dialogfeld die Option »Zeichensätze...«. Ein neues Dialogfeld taucht auf.

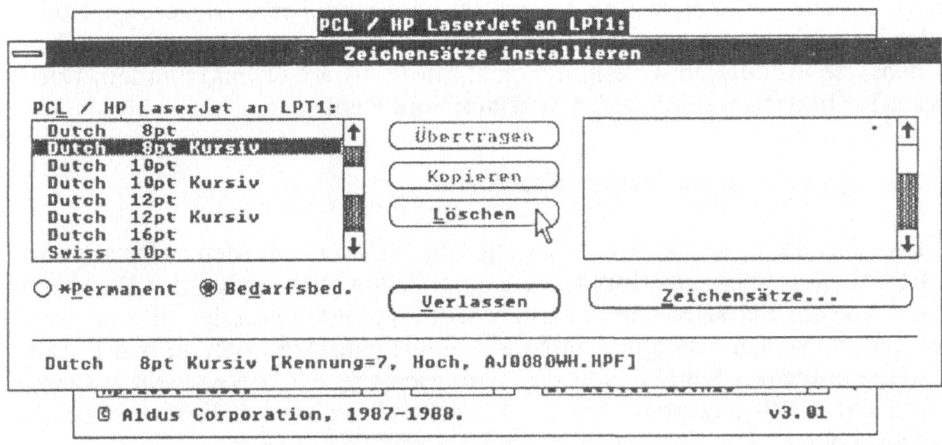

Markieren Sie im linken Feld den zu löschenden Schriftschnitt und wählen Sie dann das Feld »Löschen«. Dadurch werden die beiden zum Schriftschnitt gehörenden Dateien mit dem Suffix .PFM und .HPF gelöscht. Die Datei WIN.INI wird automatisch modifiziert. Dabei wird der oben erwähnte Eintrag

```
[HPPCL,LPT1]
softfont1=C:\FONTS\bk0110wh.pfm,C:\FONTS\bk0110wh.hpf
[fonts]
;Punktgröße 11 In Quellendatei bk000wbp.fon
;installiert
Bitstream Courier 10 Roman bk000wbp=bk000wbp.fon
```

folgendermaßen geändert:

```
[HPPCL,LPT1]
softfont1=
[fonts]
;Punktgröße 11 In Quellendatei bk000wbp.fon
;installiert
Bitstream Courier 10 Roman bk000wbp=
```

11.12.8 Zeichensätze wieder installieren

Sie können natürlich das Programm Fontware benützen und die einzelnen
Schriftschnitte einfach wieder erzeugen lassen. Um die dazu notwendige Zeit zu
sparen, sollten Sie aber besser die auf Disketten kopierten Sicherungsdateien
wieder installieren. Entsprechend verfahren Sie auch, wenn Sie andere ladbare
Zeichensätze installieren wollen, die nicht mit Fontware erzeugt wurden. Dabei
müssen Sie in den zwei folgenden Schritten vorgehen.

11.12.8.1 Bildschirmzeichensatz installieren

Dazu wählen Sie in der Systemsteuerung von Windows im Menü »Installation«
den Befehl »Schriftart hinzufügen...«. Legen Sie die Diskette mit den Dateien in
ein und klicken Sie »OK«. Im auftauchenden Dialogfeld werden alle in Frage
kommenden Dateien gezeigt. Wählen Sie die gewünschte Datei an und klicken
Sie »Hinzufügen«. Sobald Sie das vorgeschlagene Zielverzeichnis durch
Klicken auf »OK« akzeptiert bzw. entsprechend geändert haben, werden die
Datei(en) kopiert. Die Datei WIN.INI wird ebenfalls geändert.

11.12.8.2 Druckerzeichensatz installieren

Dazu wählen Sie im PageMaker-Menü »Datei« wieder den Befehl »Druckerauswahl...«. Im Dialogfeld wählen Sie »Einstellung...«, und im auftauchenden
druckerspezifischen Dialogfeld »Zeichensätze...«. In dem neu auftauchenden
Dialogfeld werden Sie aufgefordert, die Diskette mit den entsprechenden Dateien einzulegen. Klicken Sie anschließend »OK«. Das vorherige Dialogfeld erscheint wieder.

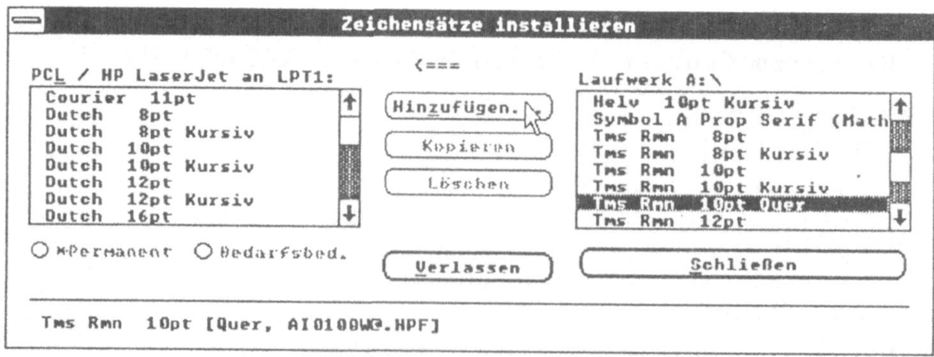

Markieren Sie nun im rechten Feld den zu kopierenden Schriftschnitt und wählen Sie dann das Feld »Hinzufügen...«. Im auftauchenden Dialogfeld werden Sie gefragt, ob die Dateien in das Verzeichnis C:\PCLFONTS kopiert werden sollen. Diese Dateien sollen aber wieder im Verzeichnis FONTS gespeichert werden. Ändern Sie die Angabe und klicken Sie »OK«. Dadurch werden die beiden Dateien .PFM und .HPF kopiert. Die Datei WIN.INI wird automatisch modifiziert. Anschließend stehen die Schriftschnitte wieder auf der Festplatte zur Verfügung.

11.12.9 Kopieren von Schriften auf andere Druckerausgänge

Beim Erzeugen von Zeichensätzen mit Fontware müssen Sie nicht nur angeben, welchen Drucker Sie benützen, sondern auch, auf welchem Ausgang dieser Drucker liegt. Die entsprechenden Angaben werden dann in der Datei WIN.INI gespeichert. Wenn Sie später aus irgendeinem Grund den Druckeranschluß wechseln, findet PageMaker diese Zeichensätze nicht mehr. Sie müssen dann die Zeichensätze nicht noch einmal für den neuen Druckerausgang erzeugen, sondern können die Zeichensatzinformationen auf den neuen Ausgang kopieren und dadurch die bereits erzeugten Zeichensätze wieder verfügbar machen. Wählen Sie dazu im druckerspezifischen Dialogfeld den Befehl »Zeichensätze...«.

Dieses Dialogfeld hat wieder ein Menü »System«, in dem Sie den Befehl »Kopie zw. Anschlüssen...« anwählen müssen. Wählen Sie nun in der auftauchenden Liste der möglichen Ausgänge Ihren neuen Ausgang und klicken Sie »OK«. Nun können Sie im linken Feld die entsprechenden Zeichensätze markieren. Wenn Sie die Shift-Taste beim Anwählen drücken, können Sie mehrere Schriften gleichzeitig markieren. Klicken Sie anschließend auf das Feld »Kopieren«.

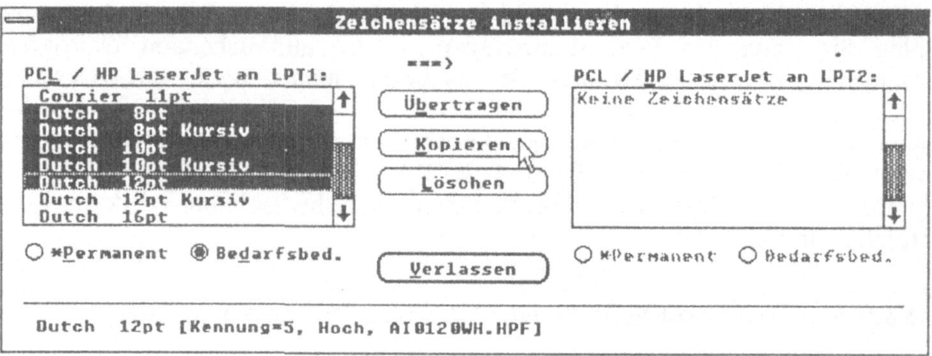

Die gewählten Zeichensätze erscheinen nun im rechten Feld und sind auf dem neuen Ausgang verfügbar. Für jeden Zeichensatz können Sie hier angeben, ob er permanent oder bedarfsbedingt geladen werden soll.

Im gleichen Dialogfeld können Sie auch Zeichensätze löschen, wie oben beschrieben.

11.12.10 Bearbeiten von Zeichensatznamen

Normalerweise müssen Sie diese Möglichkeit nicht in Anspruch nehmen. Wenn Sie aber z.B. Zeichensätze verschiedener Hersteller auseinanderhalten wollen, können Sie die Namen ändern. Damit Sie nicht versehentlich Namen ändern, müssen Sie die Möglichkeit dazu erst gesondert einschalten. Wählen Sie dazu im druckerspezifischen Dialogfeld den Befehl »Zeichensätze...«. Nun wählen Sie im Menü »System« dieses Dialogfeldes den Befehl »Bearbeiten aktivieren«.

Damit wird ein neues Feld im Dialogfeld »Zeichensätze installieren« geschaffen, das Feld »Bearbeiten«.

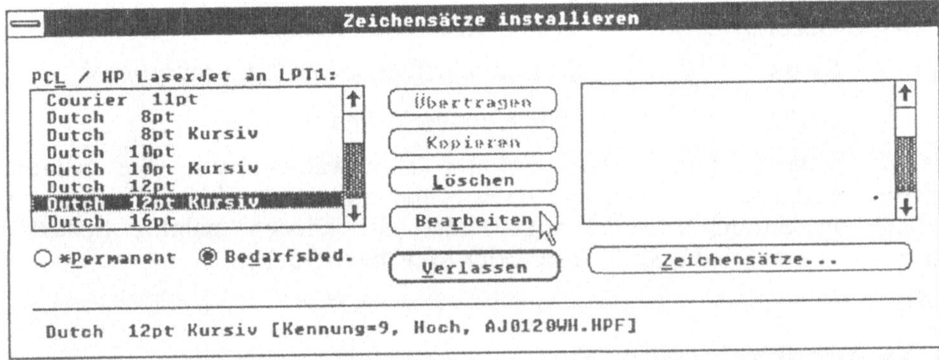

Wählen Sie zuerst die zu bearbeitende Schrift aus dem linken Feld an und klicken Sie dann »Bearbeiten«. Ein neues Dialogfeld erscheint.

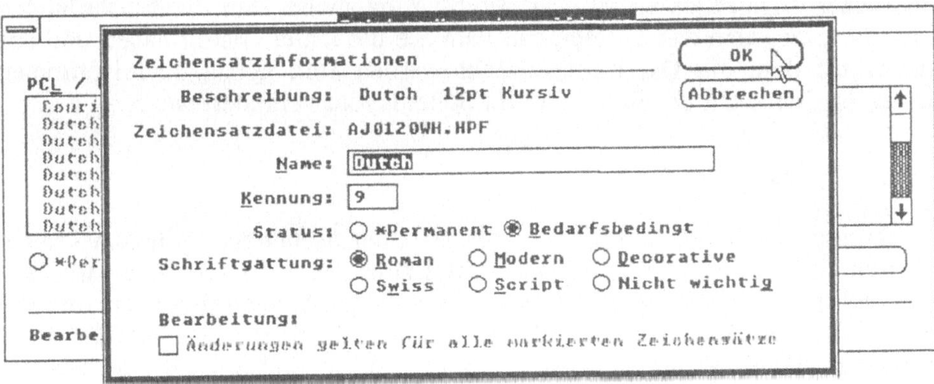

Hier werden Informationen zu dem angewählten Zeichensatz gezeigt. Sie können nun den Namen ändern. Es existieren noch einige andere Optionen.

Im Feld »Kennung« können Sie Angaben in der Datei WIN.INI ändern, die mit der Reihenfolge der Dateien zu tun haben.

Das Feld »Status« bestimmt, ob der Zeichensatz permanent oder bedarfsbedingt geladen wird.

In »Schriftgattung« wird die Zeichensatzmaßdatei beeinflußt. Folgende Schriftgattungen werden unterschieden:

Roman	Normalschrift mit Serifen, proportional
Modern	Normalschrift, nicht proportional
Decorative	Zierschriften wie Fraktur
Swiss	Normalschrift ohne Serifen, proportional
Script	Alle Kursivschriften

Das Feld »Bearbeitung« können Sie nur dann wählen, wenn Sie mehrere Schriften markiert haben. Dann wird der Name und die gewählte Schriftgattung auf alle markierten Schriften angewendet. Sie können mehrere Schriften markieren, wenn Sie die Shift-Taste beim Anwählen drücken.

11.13 Ausdruck außer Haus

Wenn Sie keinen Reindrucker an Ihr System angeschlossen haben bzw. wenn die Speicherkapazität Ihres Druckers nicht ausreicht, können Sie den Ausdruck außer Haus auf einem anderen System vornehmen lassen. Eine Möglichkeit dazu wäre, die entsprechende PageMaker-Datei auf einer Diskette zu speichern und dann die Datei in dem Computer zu öffnen, der an den gewünschten Reindrucker angeschlossen ist. Das Problem dabei ist, daß die Einstellungen beider Systeme, also das System, mit dem Sie die Datei erstellt haben und das System, auf dem die Datei ausgedruckt werden soll, genau übereinstimmen müssen. Ist dies nicht der Fall, kann Ihr Seitenlayout verändert werden.

11.13.1 Druckdatei

Die bessere Methode, bei der derartige Überraschungen gänzlich ausgeschlossen sind, ist es, die PageMaker-Datei zunächst auf Diskette zu drucken. Dabei wird die gesamte Datei mit allen Informationen über verwendete Zeichensätze und darin enthaltene Bilder komplett in einer Datei DRUCK.PRN gespeichert. Diese Datei kann umfangreicher als die Original-Datei werden. Die Druckdatei wird dann auf der DOS-Ebene in den gewünschten Drucker kopiert, ohne daß PageMaker dazu benötigt wird. Werden permanent geladene Zeichen in der Datei verwendet, müssen diese zuerst in den Reindrucker geladen werden. Werden Schriftkassetten verwendet, müssen diese in den Reindrucker eingesetzt werden. Lediglich bedarfsbedingt geladene Zeichensätze befinden sich in der Datei DRUCK.PRN.

Zunächst müssen Sie in der Datei WIN.INI einen neuen Ausgang eintragen, eben den Namen der Datei, in die Ihre PageMaker-Datei "gedruckt" werden soll. Dieser Dateiname wird dann behandelt wie ein Druckerausgang, und Sie drucken mit dem normalen Druckbefehl von PageMaker in diese Datei. Ändern

Sie die Datei WIN.INI, indem Sie im Abschnitt [ports] eine Zeile hinzufügen. Sie sehen dort die verschiedenen Ausgänge aufgezählt, z.B. LPT1:=, LPT2:= usw. Fügen Sie als letzte Zeile ein:

```
[ports]
DRUCK.PRN=
```

Das Gleichheitszeichen muß ohne Abstand eingefügt werden.

Starten Sie PageMaker und wählen Sie in der Windows-Systemsteuerung den Befehl »Anschlüsse...« im Menü »Einstellung«. Legen Sie den richtigen Reindrucker auf den Ausgang »Druck.PRN« und klicken Sie »OK«. Wählen Sie nun diesen Drucker auf dem Ausgang »Druck.PRN« als Konzeptdrucker. Dazu nehmen Sie den Befehl »Drucken...« im Menü »Datei«. Prüfen Sie vor dem Drucken die Einstellung nach und ändern Sie diese, falls nötig. Die PageMaker-Datei wird dann in die Datei DRUCK.PRN geschrieben. Die Datei DRUCK.PRN können Sie auf eine Diskette kopieren und von der Festplatte löschen. Wenn Sie die Datei auf Ihrer Festplatte lassen und eine neue PageMaker-Datei auf Diskette drucken wollen, wird der Inhalt der alten Datei DRUCK.PRN überschrieben.

Zum Ausdruck muß die Datei mit dem DOS-Befehl COPY als Binärdatei auf den Drucker kopiert werden. Verwenden Sie dazu den Schalter /B hinter dem Dateinamen: COPY A:\DRUCK.PRN/B LPT1.

11.14 Das Ausdrucken übergroßer Vorlagen

Sind die Seiten Ihrer PageMaker-Datei größer als das Papierformat des Druckers, können Sie diese dennoch ausdrucken. Dazu müssen Sie lediglich im Dialogfeld »Drucken...« die Option »Unterteilen« anwählen. Die Option »Doppelseite« muß dabei abgewählt sein.

Wählen Sie die Option »Autom. Überlagerung« an, übernimmt PageMaker die Verteilung des Seiteninhalts auf mehrere Druckseiten. Sie können hier einen Wert eingeben. Dieser Wert ist eine Minimalangabe. PageMaker gibt Ihnen soviel Überlagerung wie möglich und kann Ihre Angabe eventuell überschreiten.

Wählen Sie die Option »Manuell«, können Sie durch Verschieben des Nullpunkts jeweils die linke obere Ecke der nächsten zu druckenden Teilseite festlegen.

12 Leistungsoptimierung für PageMaker

Einige Faktoren können die Leistung und die Geschwindigkeit von PageMaker beeinflussen:

- Die Zugriffsgeschwindigkeit der Festplatte
- Die Computerleistung selbst
- Die Geschwindigkeit Ihrer Bildschirmkarte
- Die Druckergeschwindigkeit
- Die Größe des Arbeitsspeichers

Die Zugriffsgeschwindigkeit der Festplatte können Sie nur durch Ersetzen derselben durch ein schnelleres (und teureres) Modell anheben. Die Computerleistung ist durch den Prozessortyp und seine Taktfrequenz vorgegeben. Auch diese ist nur durch Ersetzen des Chips anhebbar. Die Bildschirmkarte kann ebenfalls nur durch eine schnellere ersetzt werden. Für die Druckergeschwindigkeit ist die Datenübertragungsgeschwindigkeit wichtig, da zum Ausdruck eine große Datenmenge in den Drucker geladen werden muß. Drucker können üblicherweise entweder seriell, parallel oder über AppleTalk an einen Computer angeschlossen werden. Ein serieller Anschluß ist am langsamsten, AppleTalk am schnellsten. Auch der Druckeranschluß läßt sich nicht ohne weiteres ändern. Der Arbeitsspeicher Ihres Computers kann dagegen erweitert werden, was zwar nicht billig ist, aber die Leistung vieler Programme erheblich steigert.

12.1 Arbeitsspeicher

Das verwendete Betriebssystem DOS kann lediglich einen Arbeitsspeicher von 640 KByte adressieren. Dies ist der konventionelle oder *Grundspeicher*. Die früher üblicherweise verwendeten Intel-Prozessoren 8086 und 8088 können Speicher bis zu einem MByte adressieren. Der Raum zwischen 640 KByte und 1 MByte ist *reservierter Speicher*. Zwar können die heute mehr und mehr verwendeten Intel-Prozessoren 80286 und 80386 selbst mehr als 1 MByte Speicher adressieren. Man spricht dann von *Erweiterungsspeicher*. Das Betriebssystem DOS wird aber nach wie vor verwendet, deshalb existiert immer noch die Beschränkung des adressierbaren Arbeitsspeichers. Um diese Einschränkung zu umgehen, wurden von den Software-Firmen Lotus, Intel und Microsoft (LIM) mehrere Vorschriften (Expanded Memory Specification = EMS) für Erweiterungskarten für den sogenannten *Ergänzungsspeicher* entwickelt. Dabei wird die Seitenwechseltechnik benutzt, mit der Teile (oder Seiten) des Ergänzungsspeichers in einen unbenutzten Teil des reservierten Speichers eingelesen werden. Der Ergänzungsspeicher kann von Windows nur dann genutzt werden, wenn die Erweiterungskarte der neuesten LIM-Spezifikation EMS 4.0 entspricht. Wenn Sie eine EMS-Erweiterungskarte mit der nötigen Software installiert haben, benützt Windows den Ergänzungsspeicher automatisch.

12.2 Prüfen der Speicherart und -kapazität

Laden Sie das mit PageMaker mitgelieferte Programm SPEICHER.EXE. Wechseln Sie dazu in das PageMaker-Verzeichnis und schreiben Sie *SPEICHER*, dann drücken Sie die Return-Taste. Am Bildschirm wird darauf die Art und der Umfang Ihres Arbeitsspeichers angezeigt. Wenn Sie die Meldung "Treiber für Erweiterungsspeicher Version 4.0" sehen, ist Ihr Ergänzungsspeicher mit LIM 4.0 kompatibel.

Wird eine andere Fassung angegeben, können Sie den Ergänzungsspeicher nicht für Programme nutzen, die unter Windows laufen. Beim Arbeiten mit PageMaker bietet dieser Speicher Ihnen also keine Vorteile. Setzen Sie sich in diesem Fall mit dem Hersteller der Karte in Verbindung. Von ihm können Sie höchstwahrscheinlich ein mit LIM 4.0 kompatibles Speicherverwaltungs-programm erhalten.

12.3 Disk-Caching und RAM-Disk

Sowohl der Erweiterungs- als auch der Ergänzungsspeicher kann software-mäßig auf zwei Arten angesprochen werden, mit Disk-Caching (auch Platten-pufferung genannt) und als RAM-Disk.

Beim *Disk-Caching* wird Information von der Festplatte im Speicher behalten. Wird diese Information ein zweites Mal verlangt, wird diese statt von der Festplatte direkt aus dem Speicher geholt. Das Programm muß dadurch nicht so oft auf die langsame Festplatte zugreifen. Das mit PageMaker mitgelieferte Programm SMARTDRV.SYS ist dafür geeignet. Das beste Ergebnis beim Disk-Caching wird mit Ergänzungsspeicher erzielt.

Bei einer *RAM-Disk* wird ein Teil des Speichers als Laufwerk behandelt. Wenn die Programmdateien oder ein Teil davon in dieses Pseudolaufwerk gespeichert werden, wird die hohe Zugriffsgeschwindigkeit des Speichers ausgenützt. Das mit PageMaker mitgelieferte Programm RAMDRIVE.SYS ist dafür geeignet. Wenigstens 800 KByte sollten einer RAM-Disk zugeteilt werden, besser noch 1,5 MByte.

Am einfachsten ist die Verwendung von SMARTDRV.SYS für eine Disk-Cache, da Sie dabei nicht angeben müssen, welches Programm beschleunigt werden soll. SMARTDRV ist i.a. auch ein wenig schneller als eine RAM-Disk. Eine RAM-Disk setzt eine gewisse Kenntnis von DOS voraus und beschleunigt nur die Programme, die speziell in das Pseudolaufwerk geladen werden.

12.4 Installieren von SMARTDRV

Prüfen Sie zunächst mit dem Program SPEICHER, wie groß der verfügbare Speicher ist. Prüfen Sie dann, ob sich die Datei SMARTDRV.SYS im Windows-Verzeichnis befindet. Kopieren Sie diese sonst in dieses Verzeichnis. Entscheiden Sie dann, ob Sie Erweiterungs- oder Ergänzungsspeicher benützen wollen.

Für die Nutzung des *Erweiterungsspeichers* muß in die Datei CONFIG.SYS folgende Zeile aufgenommen werden:

```
FILES=20

BUFFERS=10

DEVICE=SMARTDRV.SYS [Kapazität]
```

wobei Sie für [Kapazität] die oben mit dem Programm SPEICHER ermittelte Zahl einsetzen können. Setzen Sie nichts ein, erhält SMARTDRV die Standardvorgabe von 256 KByte. Die Zeile BUFFERS=10 bringt für SMARTDRV die besten Ergebnisse. Speichern Sie die geänderte Datei CONFIG.SYS und starten Sie Ihr System neu.

Wollen Sie den *Ergänzungsspeicher* benützen, müssen zunächst die Erweiterungskarte und der Treiber für den Speicher installiert sein. Ihre CONFIG.SYS Datei sollte so aussehen:

```
FILES=20

BUFFERS=10

DEVICE=EMM.SYS

DEVICE=SMARTDRV.SYS [Kapazität] /A
```

Legen Sie hier keine Kapazität fest, erhält SMARTDRV den gesamten verfügbaren Ergänzungsspeicher. Der optionale Schalter /A bestimmt, daß der Speicher als Ergänzungsspeicher benutzt wird. Dazu muß der Treiber für den Ergänzungsspeicher (EMM.SYS) zuerst geladen werden. Deshalb muß zuerst die entsprechende Zeile in der Datei CONFIG.SYS stehen. Speichern Sie die geänderte Datei CONFIG.SYS und starten Sie Ihr System neu.

12.5 Installieren von RAMDRIVE

Für dieses Programm sollten Sie mindesten 800 KByte oder besser 1,5 MByte zur Verfügung haben. Das Programm sollte sich ebenfalls im Windows-Verzeichnis befinden. Fügen Sie folgende Angaben in die Datei CONFIG.SYS ein:

```
FILES=20

BUFFERS=30

DEVICE=[EMM] [EXP]

DEVICE=RAMDRIVE.SYS [Kapazität]/E
```

Die besten Ergebnisse für RAMDRIVE bringt die Zeile BUFFERS=30. [EMM] ist der Name des Treiberprogramms für den Speicher, [EXP] die Gesamtspeicherkapazität des Ergänzungsspeichers, [Kapazität] dagegen die Kapazität, die der RAM-Disk zugewiesen werden soll.

Mit dem Schalter /E legen Sie Erweiterungsspeicher fest. Wählen Sie stattdessen den Schalter /A, legen Sie Ergänzungsspeicher fest.

Speichern Sie die geänderte Datei CONFIG.SYS und starten Sie Ihr System neu. Als nächstes müssen Sie die Programmdateien in das Pseudolaufwerk laden. Je größer der verfügbare Speicher, desto mehr Daten können darin geladen werden. Es muß mindestens Raum für die Datei PM.EXE sein. Diese Datei umfaßt ca 775 KByte. Sie sollte auf jeden Fall zuerst in die RAM-Disk geladen werden. Am einfachsten richten Sie sich dafür eine Batch-Datei ein, mit der automatisch mit dem COPY-Befehl die Dateien in das Pseudolaufwerk kopiert werden, also etwa COPY PM.EXE D:, wenn die RAM-Disk die Bezeichnung D: hat. Der restliche verfügbare Raum sollte zunächst den Bildschirmzeichensätzen zugeteilt werden, dann der Reihe nach den Dateien WIN200.OVL, WIN200.BIN, ROMAN.FON und MODERN.FON. Bei den Bildschirmzeichensätzen kommt es darauf an, mit welchen Schriften Sie arbeiten. Wenn Sie nicht sicher sind, um welche Dateinamen es sich handelt, können Sie die Systemsteuerung von Windows aufrufen. Wählen Sie im Menü »Installation« den Befehl »Schriftart löschen...«. Markieren Sie in dem Dialogfeld die Schrift, mit der Sie normalerweise arbeiten. In der rechten oberen Ecke des Dialogfeldes ist der Dateiname der markierten Schrift dann angegeben. Notieren Sie sich die entsprechenden Namen und verlassen Sie das Dialogfeld, indem Sie »Abbrechen« anklicken. Löschen Sie nicht versehentlich Dateien!

12.5.1 WIN.INI aktualisieren

Nun können Sie noch die Datei WIN.INI aktualisieren. Am wichtigsten sind die folgenden Zeilen im Abschnitt [PageMaker]:

```
Defaults =C:\PM\PM.CNF

User dictionary=C:\PM\PMDTBEN.TXT

Help=C:\PM\PM.HLP
```

Dadurch werden diese Dateien auf jeden Fall auf der echten Festplatte C: gespeichert, statt im Pseudolaufwerk D:. Da das Pseudolaufwerk nur ein temporärer elektronischer Speicher ist, verliert er beim Ausschalten des Gerätes alle Daten.

13 Mögliche Probleme mit PageMaker

Probleme beim Arbeiten mit PageMaker treten sehr selten auf. Meistens kommen Fragen beim Positionieren von Text vor, z.B. wenn sich Text beim Positionieren nicht wie erwartet verhält. Solche Überraschungen sind fast immer auf einen Bedienungsfehler zurückzuführen und leicht zu beheben.

Ein Abstürzen von PageMaker bzw. ein Aufhängen des Systems mit einem Datenverlust kann dann vorkommen, wenn Sie ein anderes, speicherresidentes Programm im Hintergrund laufen lassen. Entfernen Sie vor allem Programme, die die Zeit anzeigen oder die nach einiger Leerlaufzeit den Bildschirm abdunkeln, es sei denn, diese Programme sind ausdrücklich völlig verträglich mit Windows. Durch den hohen Arbeitsspeicherbedarf von PageMaker ist es sowieso sinnvoll, keine anderen Programme gleichzeitig zu benutzen.

Als allgemeine Sicherheitsmaßnahme ist es immer sinnvoll, Ihre Datei in regelmäßigen Abständen (alle 15 Minuten) zu speichern.

In diesem Kapitel finden Sie eine kurze Aufzählung von möglichen Problemen und ihren Lösungen. Falls Sie auf ein Problem stoßen, welches hier nicht behandelt wird, überprüfen Sie noch einmal genau, welche Arbeitsschritte Sie bisher gemacht haben und wo genau das Problem auftrat. Oft können Sie durch Überlegen und das nochmalige Lesen der betreffenden Stellen des Handbuchs Ihre Fragen selbst beantworten.

13.1 Probleme mit Druckformatvorlagen

Problem: Schriftmerkmale ändern sich im Text, obwohl Sie nur ein einzelnes Druckformat geändert haben.

Ursache: Das geänderte Format war ein Basisformat, alle Tochterformate werden automatisch mitgeändert.

Lösung: Trennen Sie die Verbindung zwischen Tochter- und Basisformat, indem Sie im Dialogfeld »Druckformate bearbeiten:« den Eintrag im Feld »Basiert auf:« löschen.

Problem: Neu positionierter Text wird nicht mehr im bisherigen Standardformat formatiert, sondern entsprechend einem gerade geänderten Format.

Ursache: Beim Ändern des neuen Formats war kein Text markiert. Dadurch wurde das neue Format zur Standardvorgabe.

Lösung: Klicken Sie beim Ändern eines Formats im Dialogfeld auf »Schließen« statt auf »OK«.

Problem: Bereits positionierter Text nimmt ein gerade geändertes Format an, ohne daß Sie den Text mit diesem Format versehen haben.

Ursache: Der betreffende Text war markiert bzw. die Einfügeposition befand sich darin, als Sie ein Format änderten. Sie klickten im Dialogfeld »Druckformate bearbeiten:« auf »OK«.

Lösung: Klicken Sie im Dialogfeld »Druckformate bearbeiten:« auf »Schließen« statt auf »OK«.

Problem: Der Abstand zwischen zwei Absätzen entspricht nicht dem gewählten Format.

Ursache: Das <Return>-Zeichen am Absatzende hat ein anderes Format als der Absatz selbst.

Lösung: Markieren Sie beide Absätze vollständig und versehen Sie diese erneut mit dem entsprechenden Format.

Problem: Formatmarken in einem zu importierenden Text werden nach dem Positionieren in PageMaker dargestellt.

Ursache 1: Die Option »Formatmarken lesen« im Dialogfeld »Positionieren...« war nicht angewählt.

Ursache 2: Die Formatmarken waren nicht in spitze Klammern gesetzt.

Ursache 3: Die öffnende spitze Klammer der Formatmarke war nicht das erste Zeichen auf der Zeile.

Lösung: Prüfen Sie nach, ob alle oben angegebenen Regeln eingehalten wurden.

Problem: Sie importieren Text mit Formatmarken, aber der Text wird nicht mit dem entsprechenden Format versehen.

Ursache: Das Format mit diesem Namen existierte noch nicht in der PageMaker-Datei. PageMaker legt dann ein neues Format dieses Namens an, verwendet aber als Schriftmerkmale diejenigen der Formatmarke selbst.

Lösung: Prüfen Sie, ob das betreffende Format mit dem richtigen Namen in der PageMaker-Datei vor dem Positionieren des Textes existiert.

Prüfen Sie nach dem Positionieren des Textes, ob das Format die richtigen Merkmale aufweist.

Problem: Text, der in Microsoft Word erfasst wurde und mit einem Druckformat versehen wurde, weist nach dem Importieren ein anderes Format auf.

Ursache: Ein gleichnamiges Druckformat mit anderen Merkmalen existierte bereits vor dem Positionieren in der PageMaker-Datei. PageMaker verwendet dann das bereits existierende Druckformat.

Lösung: Prüfen Sie vor dem Positionieren, ob bereits ein gleichnamiges Druckformat existiert. Ändern Sie entweder den Namen oder die Merkmale, sodaß diese mit dem entsprechenden Word-Druckformat übereinstimmen.

13.2 Probleme beim Positionieren von Text

Problem: Sie positionieren Text, wobei die Option »Autom. Textanschluß« aktiv ist. Trotzdem stoppt der Textfluß nach zwei Seiten, obwohl nicht der ganze Text positioniert ist.

Ursache: Sie haben den Text auf den Standardseiten positioniert.

Lösung: Laden Sie den Text erneut in den Mauszeiger, blättern Sie auf die richtige Seite, und positionieren Sie den Text erneut.

Problem: Sie haben in einer Mustervorlage den gesamten Text durch Ihren eigenen neuen Text ersetzt. Der positionierte Text beginnt nicht mit dem Anfang.

Ursache: Es kann sein, daß sich der Textanfang des Textblockes auf einer anderen Seite befindet. Dies ist der Fall z.B. in der Mustervorlage BROSCHÜR.PT3, die zweimal gefaltet ist. Dadurch befindet sich der Textanfang auf der zweiten Seite.

Lösung: Prüfen Sie, ob der Textabschnitt, den Sie ersetzen, nicht mit einem anderen Text verbunden ist. Markieren Sie ihn dazu mit dem Mauspfeil. Wenn sich im oberen Griff ein Plus-Zeichen befindet, ist der Text mit einem anderen Text verknüpft.

Problem: Beim Ersetzen von Platzhaltertext in einer Mustervorlage fließt der neue Text über den Platz des alten Textes und über den Satzspiegel hinaus bis an den unteren Seitenrand.

Ursache: Der neue Text ist wesentlich länger als der Platzhaltertext.

Lösung: Wenn Ihr Text immer wesentlich länger ist als der entsprechende Text in der Mustervorlage, sollten Sie die Mustervorlage entsprechend länger gestalten. Sonst müssen Sie den Text immer manuell positionieren und vorher entsprechend Platz schaffen, indem Sie z.B. eine neue Seite einfügen.

Problem: Text fließt beim Positionieren über eine Grafik und verdeckt diese, obwohl Sie die Grafik mit einem Begrenzungsrahmen versehen haben und bei der Textbehandlung die Option »Herumlegen« gewählt haben.

Ursache: Die betreffende Grafik befindet sich auf der Standardseite.

Lösung: Sie positionieren den Text manuell um die Grafik herum. Sie können aber auch die Grafik noch einmal auf der betreffenden Normalseite placieren. Blenden Sie dazu die Grafik auf der Standardseite aus.

Problem: Beim automatischen Placieren von Text springt dieser nicht über einen bereits positionierten Text, sondern wechselt die Spalte bzw. die Seite.

Ursache: Text kann nicht um einen anderen Textblock herumfließen wie um eine Grafik.

Lösung: Sie müssen den Text manuell um den bereits positionierten Textblock herumführen.

Problem: Neu positionierter Text ist nicht sichtbar.

Ursache: Der Text wird in der Farbe [Papier] dargestellt.

Lösung: Wählen sie eine sichtbare Farbe für den Text. Ändern Sie auch die Farbstandardvorgabe. Sie müssen dazu im Editor sein und es darf kein Text markiert sein.

13.3 Probleme beim Exportieren von Text

Problem: Beim Exportieren eines Textes in das ASCII-Format werden Umlaute nicht übertragen.

Ursache: Ein Fehler im Exportfilter der frühen Versionen.

Lösung: Installieren Sie den korrekten Filter.

Problem: Sie arbeiten mit Microsoft Word und können einen aus einer PageMaker-Datei nach Word exportierten Text nicht mit Word öffnen.

Ursache: Die Datei hat das falsche Suffix .DOC statt .TXT.

Lösung 1: Geben Sie beim Öffnen der Datei das Suffix .DOC mit dem Dateinamen an.

Lösung 2: Benennen Sie das Suffix der Datei auf der DOS-Ebene um in .TXT.

Lösung 3: Modifizieren Sie den Abschnitt [PMExports] der Datei WIN.INI und ersetzen Sie in der Zeile

```
Microsoft Word=MSExport,DOC,Word 3.1
```

das Suffix DOC durch das in der deutschen Version von Word verwendete TXT. Die Zeile sieht dann so aus:

```
Microsoft Word=MSExport,TXT,Word 3.1
```

13.4 Probleme mit Grafiken

Problem: Ein Element kann nicht markiert werden.

Ursache 1: Es wird von einem anderen, darüberliegenden verdeckt.

Lösung: Drücken Sie beim Anwählen die Ctrl-Taste.

Ursache 2: Das Element liegt auf der Standardseite.

Lösung: Blättern Sie zur Bearbeitung des Elementes auf die Standardseite.

Problem: Sie wollen nachträglich einen Rahmen um einen Text zeichnen. Der Rahmen verdrängt aber den Text.

Ursache: Der Rahmen hat einen Begrenzungsrahmen, und die Option »Herumlegen« ist bei der Textbehandlung angewählt.

Lösung: Ändern Sie die Standardvorgaben im Dialogfeld »Konturenführung...« im Menü »Optionen« entsprechend. Dazu darf keine Grafik angewählt sein.

Problem: Sie versuchen, mit den Zeichenwerkzeugen von PageMaker etwas zu zeichnen, aber es erscheint nichts am Bildschirm.

Ursache 1: Sie zeichnen in der Farbe [Papier]. Die Zeichnung hat dieselbe Farbe wie der Untergrund und ist deshalb unsichtbar.

Ursache 2: Sie zeichnen in der Linienausführung »Keine«.

Lösung: Wählen Sie den Befehl »Alles markieren«. Dadurch werden die Anfasser der unsichtbaren Zeichnung sichtbar. Entweder ent-markieren Sie nun die anderen Elemente auf der Seite einzeln (bei gedrückter Shift-Taste), oder Sie merken sich die Position des unsichtbaren Elementes, ent-markierern alle Elemente und markieren anschließend wieder das unsichtbare Element. Versehen Sie das Element nun mit einer anderen Farbe bzw. einer anderen Linienausführung. Ändern Sie evtl. die Standardvorgabe in eine sichtbare Farbe bzw. Linienausführung. Die Maus muß dabei in der Pfeilfunktion sein. Beim Anwählen der Farbe bzw. Linienausführung darf kein Element markiert sein.

Problem: Grafiken werden nicht mehr vollständig dargestellt, Menüs werden nicht mehr angezeigt. PageMaker scheint nicht mehr zu arbeiten.

Ursache: Sie arbeiten mit sehr wenig Speicher.

Lösung: Wenn nicht mehr genug Arbeitsspeicher vorhanden ist, kann es zu dieser reduzierten Darstellung kommen. Es kann auch die Fehlermeldung "Nicht genug Speicher" angezeigt werden. In diesem Fall sollten Sie nicht benutzte Anwendungsprogramme beenden und prüfen, ob vielleicht unbenützte Grafiken oder Textblöcke auf der Montagefläche vergessen wurden. Löschen Sie auch solche überflüssigen Elemente.

13.5 Probleme mit Farben

Problem: Sie definieren eine neue Farbe. Das angewählte Element nimmt diese Farbe nicht an.

Ursache: Wie bei den Druckformaten gibt es im Dialogfeld »Farbe definieren...« die Felder »OK« und »Schließen«. Sie haben auf »Schließen« geklickt.

Lösung: Klicken Sie beim Verlassen des Dialogfeldes auf »OK«. Sie können das angewählte Element auch über die Farbpalette mit einer Farbe versehen.

Problem: Eine neu importierte Grafik nimmt nicht die als Standardvorgabe gewählte Farbe an.

Ursache: Es gibt zwei verschiedene Standardvorgaben, eine für Text, eine für Grafiken. Befinden Sie sich beim Festlegen der Standardfarbe im Editor, setzen Sie die Standardvorgabe für Text fest.

Lösung: Wechseln Sie zum Festlegen der Standardfarbe für Grafiken in die Pfeilfunktion.

Problem: Eine importierte mehrfarbige Grafik wird auf dem Bildschirm richtig dargestellt, druckt aber als Farbauszug nicht auf verschiedenen Blättern, auch wenn die Option »Volltonfarbauszüge« im Dialogfeld »Drucken...« angewählt ist.

Ursache: PageMaker sieht die Grafik als ein zusammenhängendes Gebilde und trennt die Farben nicht automatisch.

Lösung: Die Grafik muß im Originalprogramm in verschiedene einfarbige Grafiken aufgelöst werden. Importieren Sie dann die einzelnen Grafiken in Ihre PageMaker-Datei und setzen Sie diese dort wieder zusammen. Jede Teilgrafik nimmt zunächst die Farbstandardvorgabe an und muß neu gefärbt werden.

Problem: Die Farben einer mehrfarbigen Grafik drucken übereinander.

Ursache:Die Option »Aussparungen« im Dialogfeld »Drucken...« war nicht angewählt.

Lösung: Wählen Sie diese Option an. Die oberste Farbe wird dann vollständig gedruckt, die anderen Farben entsprechend ausgespart.

Problem: Sie haben selbst eigene Paßkreuze in einem mehrfarbigen Dokument gesetzt. Diese drucken nur auf einer Seite.

Ursache: Sie haben den Paßkreuzen nicht die Farbe [Paßkreuze] zugeordnet.

Lösung: Versehen Sie alle Paßkreuze mit der Farbe [Paßkreuze] von der Farbpalette.

Problem: Die Paßkreuze sowie die Farb- und Schneidemarken drucken nicht.
Ursache 1: Die Optionen »Beschnittzeichen« und »Volltonfarbauszüge« im Dialogfeld »Drucken...« sind nicht angewählt.

Lösung: Wählen Sie die Optionen an.

Ursache 2: Das gewählte Seitenformat des Dokumentes ist zu groß für das Papierformat Ihres Druckers.

Lösung: Verwenden Sie größeres Papier oder, falls dies nicht möglich ist, wählen Sie die Option »Unterteilen:« an. PageMaker druckt dann jede Dokumentseite auf mehrerern Blättern aus. Eventuell können Sie auch das Format Ihres Dokumentes im Dialogfeld »Seite einrichten...« verkleinern.

13.6 Probleme beim Drucken

Problem: Sie drucken eine PageMaker-Datei über einen anderen Computer aus und erhalten ein unbrauchbares Resultat.

Ursache: Der Computer, auf dem die Datei erstellt wurde, und der Computer, den Sie zum Drucken der Datei verwendeten, sind nicht auf den gleichen Drucker eingestellt.

Lösung 1: Stellen Sie sicher, daß der Reindrucker, den Sie beim Erstellen der PageMaker-Datei wählen, mit dem Drucker identisch ist, auf dem die Datei ausgedruckt wird.

Lösung 2: Drucken Sie zunächst in eine Datei DRUCK.PRN und kopieren Sie diese dann in der DOS-Ebene auf Ihren Drucker (Befehl COPY A:\DRUCK.PRN/B LPT1, wenn die Datei auf einer Diskette im Laufwerk A: ist und Ihr Drucker an LPT1 liegt). Dadurch wird jegliche Veränderung der Originaldatei ausgeschlossen.

Problem: Sie können Ihre PageMaker-Datei nicht ausdrucken.

Ursache 1: Sie haben den falschen Druckertreiber für den von Ihnen verwendeten Drucker.

Lösung: Stellen Sie sicher, daß der verwendete Druckertreiber der richtige für Ihren Drucker ist.

Ursache 2: Ihre PageMaker-Datei enthält zu viele Grafiken und ist deshalb zu umfangreich und überlastet den Arbeitsspeicher des Druckers. Der Drucker druckt die Datei dann nur teilweise oder gar nicht aus.

Lösung: Reduzieren Sie den Bedarf an Arbeitsspeicher, indem Sie z.B. einige Grafiken aus der Datei entfernen oder die Anzahl der in den Druckerspeicher geladenenen Zeichensätze (Softfonts) soweit möglich beschränken. Nötigenfalls müssen Sie den Arbeitsspeicher des Druckers erhöhen.

Ursache 3: Sie haben den falschen Druckerausgang gewählt.

Lösung: Prüfen Sie den Druckeranschluß nach.

Problem: Der Ausdruck ist sehr "unscharf", schräge Linien sind sehr unsauber.

Ursache: Die Auflösung ist auf einen falschen Wert gesetzt.

Lösung: Wählen Sie im druckerspezifischen Dalogfeld eine höhere Auflösung.

Problem: Sie drucken ein längeres Dokument auf einem PostScript-Drucker. Der Spooler meldet, daß der Ausdruck nicht möglich ist.

Ursache: Zur Berechnung komplizierter Druckaufträge benötigt der Drucker eine gewisse Zeit. Dabei kann es vorkommen, daß der Spooler die Warnmeldung anzeigt, er könne nicht drucken.

Lösung: Klicken Sie mit der Maus auf die Schaltfläche »Wiederholen«. Der Ausdruck wird dann normal fortgesetzt.

14 Anhang

In den nachfolgenden Tabellen finden Sie die einzelnen Zeichenvorräte mit den verschiedenen Zeichen. PageMaker benützt normalerweise den ANSI-Zeichensatz, den Windows benützt. Ebenso unterstützt PageMaker auch den ASCII-Zeichensatz. Die verschiedenen Zeichen dieser Zeichensätze haben nicht alle eine eigene Taste auf der Computer-Tastatur. Um diese Zeichen zu verwenden (übrigens auch die, die Sie auf der Tastatur vorfinden), müssen Sie eine Ziffernkombination *auf den numerischen Tasten rechts* an Ihrer Tastatur und gleichzeitig die Alt-Taste drücken. Die Ziffernkombination berechnen Sie folgendermaßen:

(Zeilennummer x 16) + Spaltennummer

Um ein ANSI-Zeichen einzugeben, müssen Sie immer eine vierstellige Ziffernkombination eingeben. Die erste Ziffer ist dabei immer eine Null vor der errechneten dreistelligen Zahl. Ein ASCII-Zeichen geben Sie mit der errechneten dreistelligen Zahl ein.

Wie Sie sehen, enthält der ANSI-Zeichensatz mehr Zeichen als der ASCII-Zeichensatz. Beide Zeichensätze sind zunächst identisch und erst da unterschiedlich, wo es für Nicht-Amerikaner interessant wird, nämlich z.B. bei den Umlauten und beim ß. Das ß müssen Sie als ANSI-Zeichen als Alt + 0223 (Zeilennr. 13 x 16 + Spaltennr. 15 = 223) eingeben, als ASCII-Zeichen als Alt + 225 (Zeilennr. 14 x 16 + Spaltennr. 1 = 225). Nicht jeder Drucker kann sämtliche Zeichen darstellen.

Der Zeichensatz HP Roman-8 ist für die Verwendung von Fontware interessant. Für die mitgelieferten Schriftarten können Sie zwischen ANSI-, ASCII- und HP Roman 8-Zeichensatz wählen.

ANSI-Zeichensatz

Windows ANSI

	0	1	2	3	4	5	6	7	8	9	10	11	12	13	14	15
0																
1																
2		!	"	#	$	%	&	'	(	)	*	+	,	-	.	/
3	0	1	2	3	4	5	6	7	8	9	:	;	<	=	>	?
4	@	A	B	C	D	E	F	G	H	I	J	K	L	M	N	O
5	P	Q	R	S	T	U	V	W	X	Y	Z	[	\	]	^	_
6	`	a	b	c	d	e	f	g	h	i	j	k	l	m	n	o
7	p	q	r	s	t	u	v	w	x	y	z	{	|	}	~	
8																
9		'	'													
10		¡	¢	£	¤	¥	¦	§	¨	©	ª	«	¬	—	®	¯
11	°	±	²	³	´	µ	¶	·	¸	¹	º	»	¼	½	¾	¿
12	À	Á	Â	Ã	Ä	Å	Æ	Ç	È	É	Ê	Ë	Ì	Í	Î	Ï
13	Ð	Ñ	Ò	Ó	Ô	Õ	Ö		Ø	Ù	Ú	Û	Ü	Ý	Þ	ß
14	à	á	â	ã	ä	å	æ	ç	è	é	ê	ë	ì	í	î	ï
15	ð	ñ	ò	ó	ô	õ	ö		ø	ù	ú	û	ü	ý	þ	ÿ

ASCII-Zeichensatz

US ASCII

	0	1	2	3	4	5	6	7	8	9	10	11	12	13	14	15
0																
1																
2		!	"	#	$	%	&	'	(	)	*	+	,	-	.	/
3	0	1	2	3	4	5	6	7	8	9	:	;	<	=	>	?
4	@	A	B	C	D	E	F	G	H	I	J	K	L	M	N	O
5	P	Q	R	S	T	U	V	W	X	Y	Z	[	\	]	^	
6	`	a	b	c	d	e	f	g	h	i	j	k	l	m	n	o
7	p	q	r	s	t	u	v	w	x	y	z	{	|	}	~	
8																
9		'	'													
10			¢			¥	|		"		ª			-		
11		±				u		•			º					
12	À	Á	Â	Ã	Ä	Å	Æ	Ç	È	É	Ê	Ë	Ì	Í	Î	Ï
13	Ð	Ñ	Ò	Ó	Ô	Õ	Ö		Ø	Ù	Ú	Û	Ü	Ý	Þ	
14	á	â	î	a	â	a	a	ç	é	ê	ê	č	ì	í	î	!
15	đ	ñ	ó	ò	ô	o	ô		ø	û	ú	û	û	ý	þ	ÿ

HP Roman-8

HP Roman-8

	0	1	2	3	4	5	6	7	8	9	10	11	12	13	14	15
0																
1																
2		!	"	#	S	%	&	'	(	)	*	+	,	-	.	/
3	0	1	2	3	4	5	6	7	8	9	:	;	<	=	>	?
4	@	A	B	C	D	E	F	G	H	I	J	K	L	M	N	O
5	P	Q	R	S	T	U	V	W	X	Y	Z	[	\	]	^	_
6	`	a	b	c	d	e	f	g	h	i	j	k	l	m	n	o
7	p	q	r	s	t	u	v	w	x	y	z	{	|	}	~	
8																
9		`	'													
10			¢			¥	|		"		a̲			-		
11		+				u		•			o̲					
12	A	Â	A	A	A	A	A	Ç	E	E	Ê	E	I	I	I	I
13	Đ	N	O	O	O	O	O		Ø	U	U	U	U	Y	þ	
14	á	à	â	a	ã	a	a	ç	ĉ	ĉ	ê	ĉ	í	ì	î	ï
15	đ	n	ó	ò	ô	o	õ		ø	û	ù	û	û	ý	þ	ÿ

15 Sachwortverzeichnis